Klaus Schubert
Gisela Müller-Brandeck-Bocquet (Hrsg.)
Die Europäische Union als Akteur
der Weltpolitik

Klaus Schubert
Gisela Müller-Brandeck-Bocquet (Hrsg.)

Die Europäische Union als Akteur der Weltpolitik

Leske + Budrich, Opladen 2000

Die Deutsche Bibliothek – CIP-Einheitsaufnahme
Ein Titeldatensatz für diese Publikation ist bei
Der Deutschen Bibliothek erhältlich

ISBN 978-3-322-93220-4   ISBN 978-3-322-93219-8 (eBook)
DOI 10.1007/978-3-322-93219-8

Gedruckt auf alterungsbeständigem und säurefreiem Papier

Satz: Leske + Budrich, Opladen

Inhalt

Vorwort der Herausgeber

Der vorliegende Band analysiert die Rolle und Bedeutung der Europäischen Union in den internationalen Beziehungen. Dabei verstehen die beiden vorangestellten Beiträge der Herausgeber sich als einführende Überlegungen zum weltpolitischen Rahmen und zu einigen Merkmalen und Erfordernissen möglichst zukunftsfähiger europäischer Außenbeziehungen einerseits und zur konkreten mehrdimensionalen Verfaßtheit der Europäischen Union als außenpolitischer Akteur andererseits. Im Anschluß daran befassen sich vierzehn Fallstudien mit verschiedenen politikfeldspezifischen und regionalen Aspekten des EU-Außenhandelns. Ein Resümee greift wichtige Erkenntnisse und Argumente der einzelnen Artikel nochmals auf und versucht, diese auf die Grundfrage des Buches zu beziehen, nämlich auf die Rolle und Bedeutung der EU als Akteur der Weltpolitik.

Die vorliegende Publikation beruht auf den Ergebnissen einer Arbeitstagung, die am 22. und 23. Juli 1999 an der *Katholischen Universität Eichstätt* stattfand und aus *Jean-Monnet*-Mitteln der Europäischen Union finanziert wurde. Die Herausgeber bedanken sich bei Andreas Bohm, Heidrun Henne (Eichstätt) und Corinna Schukraft (Würzburg) für die technisch-organisatorische Unterstützung, die sehr zum guten Gelingen der Tagung beitrug.

Ziel dieses auch für Diskussions-Beiträge von Studierenden offenen *workshops* war es, in einen gemeinsamen Diskurs über das auswärtige Handeln der EU einzutreten und dessen Ausprägungen, Reichweite und Sinnhaftigkeit zu erörtern. Anschließend legten die Herausgeber den Verfassern der Fallstudien noch vor der Abfassung der schriftlichen Beiträge einige ‚Leitfragen‘ vor, die eine möglichst große Einheitlichkeit des Sammelbandes gewährleisten sollten.

Die Herausgeber bedanken sich herzlich bei allen Referenten/Autoren für den ungezwungen-produktiven Informations- und Meinungsaustausch auf der Eichstätter Tagung sowie für die freundliche Kooperation bei der Vorbereitung der Publikation.

Eichstätt und Würzburg, im April 2000

Auf dem Wege zu neuen Formen der Staatlichkeit und zu einer neuen Qualität von Außenpolitik?

Klaus Schubert

Ausgangspunkt der folgenden Überlegungen ist die Annahme, dass der Umbruch in den Grundkoordinaten der Weltpolitik, zu dem es mit dem Ende des Ost-West-Konflikts kam, den Wandel in der politischen Verfaßtheit mancher modernen Gesellschaft forcierte und die Trennlinien zwischen Innen- und Außenpolitik weiter verschob. Bezogen auf die Europäische Union (EU) stellt sich damit die Frage, inwieweit sich in deren Staatlichkeit und in deren auswärtigen Beziehungen neue Qualitäten entwickelten und welche Folgen daraus resultieren? Um hierauf eine Antwort zu finden, soll zunächst an die veränderte Lage von Staat und Politik in der Neuen Weltordnung bzw. unter den Bedingungen der Globalisierung erinnert (Abschnitte 1 und 2), anschließend auf einige Besonderheiten und Schwerpunkte der EU-Außenbeziehungen hingewiesen (Abschnitte 3 und 4) und schließlich eine Hypothese zu deren Funktionstüchtigkeit formuliert werden (Abschnitt 5).

1. Zur Lage der Staaten-Welt in der Neuen Weltordnung: neue Balancen für neue Ungleichgewichte mit Hilfe von Regionalisierungs-Prozessen

Das Ende des Ost-West-Konflikts war in mancherlei Hinsicht gleichbedeutend mit dem Ende eines Gleichgewichts, das – wie prekär dessen Stabilität auch immer gewesen sein mag – doch in den Jahrzehnten zuvor die Beziehungen zwischen den beiden Ex-Supermächten und den von diesen geführten politischen Lagern geprägt und damit der Welt eine Ordnung verliehen hatte. Eine solche galt es in den neunziger Jahren wiederzufinden. Dies jedoch fiel weder der Praxis noch der Theorie der internationalen Beziehungen leicht, wie manche Debatte über das Ausmaß weltpolitischer (‚wohltätiger‘?) Hegemonie der aus dem Wettbewerb der Systeme siegreich hervorgegangenen USA dokumentiert (Nuscheler 1998; Maynes 1999) und ebenso das Nebeneinander verschiedener Modelle von Weltordnung, die letztere, je nach Perspektive (Macht, Wirtschaft, Kultur), unterschiedlich strukturiert erscheinen lassen, z.B. als unipolar, trilateral oder auch polyzentrisch, als prämodern, modern oder auch postmodern (Cooper 1993, 1996), als von universalistischen Werten immer stärker vereint oder von mutmaßlich konfliktträchtigen kulturellen Grenzen durchzogen.

Eine Herausforderung stellte die Ausbalancierung neuer Ungleichgewichte vor allem für Europa dar, wo es nach dem Fall der Berliner Mauer und mit der Auflösung der Sowjetunion, also zwischen 1989 und 1991, gelang, die deutsche und die europäische Teilung zu überwinden. Dies verhalf dem Alten Kontinent zu einem neuen politischen Gesicht und zugleich zu einem größeren Gewicht in der Weltpolitik – sei es bei der Organisation des Welthandels, der Gewährleistung von Sicherheit, dem Schutz des Klimas oder der Förderung der Menschenrechte etc.. Auf der anderen Seite aber verbanden sich mit der Veränderung seiner politischen Karte für Europa nicht nur neue Chancen; vielmehr wurde es in mancherlei Hinsicht auch verletzbarer, nicht zuletzt infolge des Wiederaufflammens nationaler Leidenschaften und davon befeuerter Kriege, wie denen im ehemaligen Jugoslawien.

Die bislang bedeutsamste Reaktion auf die veränderte Lage des nun von den Demarkationslinien des Ost-West-Gegensatzes wieder befreiten Gemeinsamen Hauses Europa bildete das Projekt einer Ostverschiebung der euroatlantischen Strukturen. Dieses zweifache Vorhaben, das im Falle der Nordatlantischen Allianz eine Neudefinition von deren Zweckbestimmung und Strategie einschloß, fand im Frühjahr 1999 – parallel zur Aufnahme Ungarns, Polens und der Tschechischen Republik in die Nato – einen ersten Abschluß. Die Osterweiterung der Europäischen Union hingegen befindet sich noch in der Vorbereitung und verlangt auch der EU Vorleistungen ab, nämlich jene Reform ihrer Institutionen in Richtung einer weiteren ‚Vertiefung‘, die auf dem EU-Gipfel von Nizza im Dezember 2000 neuerlich zur Beschlußfassung ansteht.

Dabei unterzog die EU sich schon mit den Verträgen von Maastricht (i.K.: 1.11.1993) und Amsterdam (i.K.: 1.05.1999) einer Institutionenreform, die u.a. mit der Begründung einer Gemeinsamen Außen- und Sicherheitspolitik (GASP) als ‚zweiter Säule‘ der Union die Voraussetzungen für die bereits seit den siebziger Jahren angestrebte Kohärenz des auswärtigen Handelns der EU-Mitgliedstaaten erheblich verbesserte (Glöckler-Fuchs 1997; Steltemeier 1998). Parallel dazu realisierte die EU mit der zum 01.01.1999 in Kraft getretenen Europäischen Währungsunion (EWU) weitere Integrationsfortschritte in ihrem Kernbereich der EG, der 1967 aus der Fusion der Organe der drei Ursprungs-Gemeinschaften (EGKS, EAG, EWG) entstanden war, der seit Maastricht als ‚erste Säule‘ firmiert und in dem Brüssel schon immer über eine eigenständige Akteursqualität verfügt, die sich z.B. auf die Außenvertretung der EG-Agrar- und Fischereipolitik und z.T. auf die Entwicklungs- und Assoziierungspolitik erstreckt. Deshalb erscheint eine Einschätzung als angemessen, derzufolge dieser nunmehr als ‚Union‘ bezeichnete Staatenverbund der EU inzwischen umfassender und weitreichender denn je sowohl in seine Mitgliedstaaten hineinzuwirken als auch gegenüber seiner

Außenwelt zu agieren vermag und damit, was seine eigene Staatsqualität betrifft, in ein neues Stadium eingetreten ist (Stüwe 1999; Ziltener 1999).

Dies alles in Fortführung einer alten Tradition, denn immerhin begann schon die Entstehung des neuzeitlichen Staates einst in Europa, nachdem es seit Renaissance und Reformation an den Rändern und auf dem Boden des schließlich untergehenden Alten Reiches zur Ausdifferenzierung einer Vielzahl sich beständig modernisierender Staatswesen kam. Allerdings gestalteten deren Beziehungen zueinander sich häufig kriegerisch oder zumindest – wegen der Nicht-Existenz einer europäischen oder gar einer Welt-Regierung – ‚anarchisch‘. Dies wiederum beflügelte – neben gescheiterten Versuchen (z.B. Napoleons und Hitlers), den europäischen Kontinent mit den Mitteln machtstaatlicher Politik einer einzigen Herrschaft zu unterwerfen – eine Vielzahl intellektueller Visionen und pragmatischer Anstrengungen, die das Miteinander der christlich-abendländischen Souveräne in möglichst friedlichen Bahnen sich vollziehen lassen bzw. Europa zu einer gewissen Einheit verhelfen wollten. Verwiesen sei in diesem Zusammenhang lediglich auf die Friedensschlüsse von Münster und Osnabrück (1648), die das europäische Staatensystem etablierten, und auf die Geschichte des als *Ius Publicum Europaeum* zunächst in Europa wirkmächtig gewordenen Völkerrechts, mit dessen Hilfe der Wiener Kongreß (1815) später versuchte, in Reaktion auf jene Erschütterungen, die die Französische Revolution (1789) und die daraus hervorgegangene *Grande Nation* der alten europäischen Ordnung zugefügt hatten, ein neues europäisches Gleichgewicht zu stabilisieren. Dessen Erfordernisse wurden fortan zu wichtigen Kriterien der internationalen Politik des 19. Jahrhunderts, bis das weltpolitische Zentrum sich aus Europa hinaus und hin zu den us-amerikanischen bzw. sowjetischen Nachfolgern der ehemaligen Flügelmächte (Kontinental-)Europas – Großbritanniens und Russlands – verlagerte, eine Entwicklung, die sich im Zusammenhang mit den beiden Weltkriegen des 20. Jahrhunderts und im Kontext der Begründung des Völkerbunds (1919) bzw. der Vereinten Nationen (1945) vollzog und die der Welt schließlich zwischen 1945/47 und 1989/91 eine bipolare Struktur auferlegte. Die damit eingetretene Spaltung der Welt, einzelner Kontinente (wie Europa) und sogar Länder (wie Deutschland) stellte jedoch für manchen traditionellen Akteur der Weltpolitik ein allzu straffes Korsett dar. Immer mehr alte (Groß-) Mächte fanden sich deswegen – vor allem in Europa und seit den fünfziger Jahren – sukzessive bereit, enger miteinander zu kooperieren und dabei – unter Anwendung der *méthode Monnet* – bislang sorgsam gehütete Hoheitsrechte (von der Wirtschaftsförderung bis zu Teilbereichen der Landesverteidigung) auf supranationale Organe zu übertragen. Der Weg europäischer Gemeinschaftsbildung war damit eingeschlagen, der heute, in einer nach dem Ende der amerikanisch-sowjetischen Doppelhegemonie wieder polyzentrischer gewordenen Welt, nach weiteren Fortschritten in Form der erwähnten Vertiefung verlangt.

So kam es zu jener ‚postmodernen‘ ‚Öffnung‘ des Nationalstaats, also zu jener Modifizierung des hergebrachten Modells ‚moderner‘ Staatlichkeit, die

mit Prozessen der ‚Denationalisierung' und der ‚Deterritorialisierung' einhergeht (Zürn 1992, 1998; Ruggie 1993; Hein 1997; Dittgen 1999; Steinmetz
1999 u.v.a.) und der ein Bedeutungszuwachs von Internationalen Organisationen, Internationalen Regimen und Nichtregierungsorganisationen als weiteren Instanzen politischer Willensbildung korrespondiert, wobei jedoch die
ersteren immer auch Mittel der Staaten bleiben und die Wirkmacht der NROs
nach wie vor in starkem Maße vom Wohlwollen der Staaten abhängt. Als
nicht minder wichtig erscheint, dass der Nationalstaat mit besagter Öffnung
nicht nur auf die veränderte Lage Europas in der Welt, sondern auch auf
Druck ‚von unten', nämlich aus den europäischen Regionen, reagiert(e). Beides führte im Ergebnis dazu, dass der europäische Nationalstaat von jenen
Einheiten, die sich im Zuge der Neuformierung politischer Handlungsräume
sowohl auf subnationaler als auch auf supranationaler Ebene bildeten, in den
Zangengriff genommen wurde und der Regionalismus sich damit als wichtiges Strukturprinzip zu etablieren vermochte (von Bredow 1996; Sachwald
1997 u.v.a.), wenngleich als eines ‚zweiter Ordnung', das vom einzelstaatlichen Strukturprinzip abgeleitet ist und abhängig bleibt (Link 1997: 275).
Verstärkt wurde dieses in Europa besonders signifikante Phänomen der Regionalisierung noch dadurch, dass es seit Beginn der neunziger Jahre im Zuge der Entstehung einer neuen Weltwirtschaftsordnung auch auf globaler
Ebene zu einer Neuordnung der Beziehungen zwischen Zentren und darauf
bezogenen Peripherien kam (Ohmae 1996). Dies wiederum nötigte einzelne
Weltregionen dazu, sich nunmehr verstärkt ihrer Identität zu vergewissern,
ein Desiderat, dem – außer in Lateinamerika oder in Südostasien – vor allem
in Europa entsprochen wurde, was kaum mit dem Integrationswillen der europäischen Eliten allein zu erklären sein dürfte, sondern eher als ein Hinweis
darauf gelesen werden sollte, dass das Regionalismus-Konzept für die Gegebenheiten, Anforderungen und Ambitionen der europäischen Politik, Wirtschaft und Kultur eine besondere Eignung aufweist.

In diesem Sinne scheint die europäische Politik, was die macht- oder geopolitische Seite des Regionalisierungs-Geschehens betrifft, heute mehr denn je
darauf bedacht zu sein, sich weiter von jenem Zustand zu ‚emanzipieren', in
dem die europäischen Souveräne sich immer wieder einmal der Gefahr ausgesetzt sahen, als Objekt der Kalküle rivalisierender Supermächte behandelt
zu werden. Dabei hatten es zwar insbesondere die westeuropäischen Nationen seit den siebziger Jahren, parallel zu ihrem Aufstieg zur weltgrößten
Handelsmacht, zeitweilig durchaus verstanden, die Weltordnung in ihrem
Sinne mitzugestalten. Dennoch aber existierte diesbezüglich in Europa stets
ein gewisser Nachholbedarf, wie die einst von de Gaulle formulierte und in
Frankreich nie verstummte Kritik am sogenannten ‚System von Jalta' bzw. an
der ‚Hyper-Macht Amerika' (Rühl 1999) belegt. Aber auch östlich des Rheins
fand eine dermaßen zugespitzt formulierte Wahrnehmung des weltpolitischen
Rangverlusts (Kontinental-) Europas bzw. des tendenziell uneingeschränkten
Führungsanspruchs der USA verschiedentlich Anklang. So in den sechziger

Jahren und auch später, z.B. in Initiativen von (Alt-) Bundeskanzler Helmut Schmidt, der zusammen mit dem seinerzeitigen französischen Staatspräsidenten Valéry Giscard d´Estaing jene neuerliche Intensivierung der Europäischen Integration einleitete (etwa mit dem 1979 in Kraft getretenen Europäischen Währungssystem [EWS]), die während der achtziger Jahre, also zeitgleich mit dem Niedergang der Sowjetunion und nun maßgeblich von Helmut Kohl und François Mitterrand beeinflußt, respektable Fortschritte machte. Denn die am 17.02.1986 beschlossene Einheitliche Europäische Akte (EEA; i.K. 01.07.1987) und das damit verbundene Binnenmarkt-Projekt machten den Weg frei für den Maastrichter Unions-Vertrag, der dann zu jenem Rahmen wurde, in dem die staatliche Wiedervereinigung Deutschlands für dessen europäische Nachbarn erst akzeptabel und die Einführung des Euro zu einem intendierten Vehikel neuer europäischer Weltgeltung wurde. In Anbetracht all dessen verwundert es nicht, dass der Wunsch, Europa solle jetzt (wieder) als eine *Grande Puissance* auf den Plan treten, inzwischen keineswegs mehr nur in Frankreich zu hören ist, sondern auch anderswo in der EU, so in Deutschland, wo z.B. Friedbert Pflüger (1999: 53), CDU-Abgeordneter im Deutschen Bundestag, einen Zeitschriften-Artikel mit dem Imperativ überschrieb: „Europa muß Weltmacht werden!"

Aber selbst dort, wo ein neuer europäischer Ehrgeiz nicht so ungeniert zum Ausdruck gebracht und lediglich die Frage gestellt wird, ob es nicht besser wäre, wenn Europa militärisch handlungsfähiger würde, liegt derlei geostrategisch motivierten Fragen, wie sie nach der im Frühjahr 1999 zum Zwecke der Befriedung des Kosovo erfolgten 78-tägigen Bombardierung Rest-Jugoslawiens durch die Nato verstärkt geäußert wurden, zumeist die Unterstellung zugrunde, eine Förderung der europäischen Identität sei heute geboten. Damit wird dann in der Regel nicht nur auf die derzeit so intensiv diskutierte Europäische Sicherheits- und Verteidigungsidentität (ESVI), sondern zugleich auf eine kulturelle Identität Europas (Schubert 1998) verwiesen und letztere keineswegs ausschließlich in den durch die ‚américanisation du monde‘ (Guéhenno 1999: 9f) bedrängten alteuropäisch-abendländischen Traditionen begründet gesehen, sondern ebenso in der Geschichte des kontinentaleuropäischen Sozialstaats, der inzwischen, im weltweiten Wettbewerb stehend, durch das den *shareholder value* stärker favorisierende amerikanische oder asiatische Modell von Wirtschaft und Gesellschaft ernstlich bedroht sei.

Damit eng verwoben ist die geoökonomische Dimension aller Bemühungen um eine europäische Identität bzw. – noch dramatischer formuliert – ‚Selbstbehauptung‘. Denn bereits in der ersten Hälfte der neunziger Jahre, also noch während der Uruguay-Runde im Rahmen der GATT-Verhandlungen, zeigte sich, dass sich nach dem Untergang des realen Sozialismus nicht nur der Weltmarkt erheblich erweiterte, sondern auch die Konkurrenz unter den verschiedenen Marktteilnehmern resp. Handlungsräumen massiv verschärfte, was sogar die Rede von der Möglichkeit eines ‚Weltwirtschaftskrieges‘ aufkommen ließ (Luttwak 1994). Deutlich wurde dies angelegentlich manches vor der Welthandelsorganisation (WTO) anhängigen Streits um den ‚freien‘ Handel mit Bananen, Hormonfleisch etc., in den oftmals die EU involviert ist, die dabei zumeist die USA, also ihren nach wie vor wichtigsten (Sicherheits-) Partner, zum Hauptgegner hat. Dies alles im Zusammenhang mit Modernisierungsprozessen, die seit den achtziger Jahren unter dem Etikett der Globalisierung an Dynamik gewannen und mit den parallelen Trends zur Universalisierung und zur Partikularisierung vor allem solchen ökonomischen und politischen Akteuren neue Chancen eröffneten, die es verstanden, sich in neu formierten Regionen – oberhalb und unterhalb der Ebene der Nationalstaaten – effektiv zu organisieren und damit der Welt zu einer neuen Balance zu verhelfen.

2. Zum Wandel der Politik im Zeichen der Globalisierung: weitere Entgrenzung von Innen- und Außenpolitik in (Mehrebenen-) Systemen ‚geteilter Souveränitäten‘

Da die Regionalisierung von Handlungsräumen aber innerhalb der EU, von Katalonien bis Schottland, besondere Fortschritte machte und da die EU sich zunehmend – im Rahmen des GATT, in der internationalen Umweltpolitik etc. – als ein weltpolitisch einflußreicher regionaler Akteur zu profilieren vermochte, erscheint es als konsequent, dass das klassische Modell des modernen Nationalstaats gerade auf dem Alten Kontinent viel von seiner Bedeutung verlor. Anders gesagt: es ist keineswegs zufällig, dass jene von Cooper als ‚postmodern‘ bezeichnete Welt, die durch miteinander – und über traditionelle Staatsgrenzen hinweg – immer enger verschränkte Kompetenzen und wechselseitige Kontrollmöglichkeiten charakterisiert ist, vor allem von EU-Europa repräsentiert wird. Denn gerade hier ist es mit dem europäischen Mehrebenensystem (König/Rieger/Schmitt 1996; Morass 1997 u.v.a.) zur Ausbildung einer Struktur gekommen, die sich, funktionalen Imperativen folgend, als System ‚geteilter Souveränitäten‘ beschreiben läßt (Messner 1998: 19), das die nationalen Innen- wie Außenpolitiken zunehmend einschränkt. So bietet die EU ein aussagekräftiges Beispiel dafür, dass das auf der Souveränität einzelner (National-)Staaten basierende ‚Westfälische System‘ sich jedenfalls in Europa in der Defensive befindet. Dies vor allem infolge jener Globalisierung, zu der es in den neunziger Jahren aufgrund einer bis dato beispiellosen Deregulierung des Welthandels und wegen außergewöhnlicher Fortschritte in den Kommunikationstechnologien sowie beim Transport von Informationen, Kapital, Gütern und Menschen kam (Friedrichs 1997; Kaufmann 1998; Jones 1999 u.v.a.).

Dass all dies sich auf die Organisation oder Sicherung kollektiver und individueller Identität auswirken mußte, liegt ebenso auf der Hand wie der Sachverhalt, dass die Politik selbst in ihrer Eigenschaft als Steuerungs-

Medium moderner Gesellschaften in den Bann des Modernisierungs-Geschehens geriet. Letzteres tangierte besonders das Beziehungsgeflecht zwischen Markt und Staat (Genschel 1998), bezüglich dessen gerade mit Blick auf die ,postnational-transnationale' EU und die dort belebte Standortkonkurrenz (Scharpf 1997), manche ,Verschiebung' registriert wurde. Folge derselben sollte eine ,Schrumpfung' der Reichweiten der Politik sein, ein Befund, der Anlaß für manche Befürchtung bezüglich einer ,Krise der Regierbarkeit', eines ,Rückzugs des Staates' oder daraus erwachsender ,Legitimationslücken' und ,Demokratiedefizite' gab (Neyer 1995; Habermas 1998; Kohler-Koch 2000). In einer breiteren Öffentlichkeit wurden derlei Bedenken besonders im Vorfeld der Amsterdamer Revision des Unionsvertrags geäußert, als die Preisgabe herkömmlicher Beschäftigungspolitik, die die sozialdemokratische ,neue Mitte' inzwischen ebenfalls akzeptierte, noch kontroverser diskutiert wurde und als es noch das Privileg liberal-konservativer Intellektueller war, das tradierte (,Rheinische') Modell von Sozialstaatlichkeit, das seit den Tagen Bismarcks in den kontinentaleuropäischen Gesellschaften integrativ und damit legitimitäts- bzw. identitätsstiftend gewirkt hatte, zum Auslaufmodell zu erklären (vgl. exemplarisch Josef Joffe in: *Süddeutsche Zeitung*, 10.02. 1997). Damit verbundene Plädoyers für eine endgültige Überwindung des vom (Neo-) Keynesianismus ererbten Staats-Interventionismus (nach innen) ließen dementsprechend, besonders vor Einführung des Euro und speziell in der linksrheinischen politischen Öffentlichkeit (von Lafontaine bis Bourdieu), zahlreiche Stimmen sich erheben, die eine Akzentverlagerung hin zu einem Primat der Wirtschaft gegenüber der Politik entdeckten und davon angeblich provozierte Auswirkungen als ,Terror der Ökonomie' anprangerten (Forrester 1997).

Andere Beobachter hingegen sahen die Gestaltungskraft der Politik keineswegs derart geschwächt und verbanden mit der Globalisierung stattdessen die Aussicht auf weiteren politischen Fortschritt – und zwar nicht nur für einzelne Staaten oder Regionen, sondern generell für das *global village* der Menschheit, in dem *global policy, global governance* und nicht zuletzt *good governance* nun besser zur Geltung gebracht werden sollten (Meyers 1999). In dieser Perspektive mutierte Politik zu einem Hoffnungsträger und dementsprechend wurde von den Parteigängern einer neuen ,Weltinnenpolitik' verschiedentlich der Wunsch formuliert, die Politik bzw. der ,politisch-institutionelle Rahmen' moderner (Zivil-) Gesellschaften solle den erweiterten Marktbeziehungen auf der europäischen Ebene ,nachwachsen' (Habermas 1999: 430) und damit – bzw. auf dem von Anthony Giddens und Tony Blair wieder ins Gespräch gebrachten ,dritten Weg' – die Ökonomie ,einhegen', um so die konstatierten Defizite an Demokratie und Legitimation zu kompensieren. Und auch manche mit dem Desiderat der Universalisierung der Menschenrechte seit jeher verbundene Hoffnung auf einen ,Weltstaat' bzw. zumindest auf eine ,Weltpolizei' wurde unter dem Eindruck der Aufweichung des herkömmlich völkerrechtlich als ,geheiligt' geltenden Grundsatzes der Nichteinmischung in die inneren Angelegenheiten souveräner Staaten neu geweckt, einer Aufweichung, die die Nato-Intervention in Jugoslawien bewirkte, die bekanntlich u.a. zu lebhaften Debatten über eine „neuartige, postnationale Politik des *militärischen* Humanismus" in Form „demokratischer Kreuzzüge" auf der Grundlage eines „Kreuzrittertums der Menschenrechte" führte (Beck 1999: 987, 990).

Jenseits der geschilderten Ängste *und* Hoffnungen hinsichtlich der vom Internationalisierungsdruck mutmaßlich ausgehenden Folgen für die Gestaltungsmacht politischen Handelns erkannte die politische Praxis aber die Notwendigkeit einer neuen Balance zwischen Markt und Staat, auch in Europa, wo es letztlich eben doch die Politik war, die mit der Wirtschafts- und Währungsunion einen weiteren Integrationsfortschritt realisierte. Diese Entscheidung verlangte von den beteiligten Staaten zwar einerseits einen Souveränitätsverzicht in Sachen Regulierung ‚nach innen', etablierte andererseits aber den EU-11-Länder-Verbund als Träger einer der drei wichtigsten Weltwährungen und verhalf damit sämtlichen EWU-Teilnehmern zu einem Status, den nicht nur Luxemburg oder Österreich alleine niemals zu erreichen vermöchten. Damit belegt dieses Beispiel eindrucksvoll, wie sich im Zeichen der Globalisierung die Grenzen zwischen Innen- und Außenpolitik weiter verflüssigen und dass auch die zunehmende Internationalisierung weder zur ‚Abdankung' der Politik im Allgemeinen führt, noch zur Rücknahme des Auftrags an die Politik, nach innen wie nach außen gestaltend tätig zu werden. Nur ist ein derartiger Auftrag in einem Mehrebenensystem wie dem der EU, das sich durch die Pluralisierung und Hierarchisierung von Souveränitäten auszeichnet und das dem Subsidiaritätsprinzip verpflichtet ist, anders wahrzunehmen als in einem klassischen Nationalstaat. Dementsprechend wird ein annähernd optimaler Politik*output* am ehesten von einem (postmodernen) Typus eines Institutionensystems erwartet werden können, der auf vielfältige Bedürfnisse heterogen strukturierter europäischer Gesellschaften nicht mit einer starr an nationalstaatlichen Mustern klebenden Verteilung von außen- resp. innenpolitischen Kompetenzen reagiert, sondern der darauf mit einer kreativen Mischung von Institutionen und Verfahren antwortet und dabei so weit als möglich und sinnvoll alle Ebenen politischer Regulierung in die Verantwortung einbindet.

Die (weitere) Entmischung bzw. Neuverteilung herkömmlich außen- und innenpolitischer Kompetenzen, wie sie in der Umwelt- oder Verkehrspolitik, aber auch bei dem Bemühen um innere wie äußere Sicherheit seit langem erkennbar ist, wäre somit als ein Fortschritt zu werten. Denn Herausforderungen von grenzüberscheitenden Dimensionen, die einen Nationalstaat oft genug überfordern, verlangen, jedenfalls in Europa, nun einmal Antworten, die auf europäischer und z.T. sogar auf regionaler Ebene besser formuliert werden können. Stichworte wie Drogenhandel, Migration, gentechnische Manipulation von Lebensmitteln, Rohstoffabhängigkeit, Steuerharmonisierung, Verschränkung nationaler und europäischer Rechtssetzung, die beliebig ergänzt werden könnten, mögen verdeutlichen, dass Politiken, die in herkömmlichen Nationalstaaten eher der Innenpolitik zuzurechnen waren, jetzt häufig – als „innengesteuerte Außenpolitik" (Gasteyger 1999: 4f) – eine außenpolitische Dimension annehmen bzw. zur Agenda einer europäischen Innenpolitik werden, während umgekehrt Themen, die früher exklusiv von der Außenpolitik europäischer Staaten in Beschlag genommen wurden, heute sehr wohl für subnationale Gebietskörperschaften von Bedeutung sein können und deswegen nicht umsonst im Rahmen sogenannter Euregios (Euregio Egrensis; Arge Alp etc.) verhandelt oder von einzelnen Regionen selbst mitbearbeitet werden, wie der Austausch von Handelsvertretungen zwischen Bayern und Kalifornien dies veranschaulichen mag. Es muß deshalb als ein Vorteil angesehen werden, wenn das europäische Institutionensystem sich als genügend flexibel erweist, jeweils derjenigen Ebene (Kommunen, Regionen, Nationalstaaten, EU) diejenigen Aufgaben zuzuweisen, die sie im Interesse des zu einem Ausgleich zu bringenden Gemeinwohls gleichermaßen der partikularen Einheiten wie der gesamten EU am besten zu erfüllen vermag. Dass dabei aber die eine oder andere Domäne klassischer Außenpolitik – wie Außenhandel, Währungsbeziehungen, Sicherheitsvorsorge gegenüber von außen kommenden Bedrohungen – am effektivsten auf einer zentralen Ebene, in Europa also von der EU, wahrzunehmen sein dürfte, ist anzunehmen und sollte aus der Geschichte von *nation-state-building-* oder sonstigen Föderationsprozessen gelernt werden können.

Eine weitere Reorganisation der Verteilung herkömmlich außen- bzw. innenpolitischer Kompetenzen, wie sie in der Bundesrepublik mit der Neufassung des Art. 23 GG und der darin (unter bezug auf die europäische Integration) implizierten Relativierung des Außenvertretungsanspruchs der Bundesebene zugunsten neuer Kompetenzen für die Bundesländer vorgenommen wurde, ist folglich zu begrüßen und als ein Ausdruck der Reformfähigkeit des Institutionensystems zu werten. Dies jedenfalls dann, wenn es dabei zu einer funktionalen und demokratischen Standards nicht widersprechenden Aufteilung außen- wie innenpolitischer Aufgaben auf die verschiedenen Ebenen des EU-Mehrebenensystems kommt, deren Zweck und Anspruch sich daran orientiert, dem *bonum commune* der in den europäischen Staaten und Gesellschaften relevanten Interessen und Werte zu dienen.

3. Zu den Grundlagen und Ausprägungen der EU-Außenbeziehungen: fragmentiert und subsidiär, selektiv und multilateral... – also ‚postmodern'

Vor dem Hintergrund der erwähnten Pluralisierung und Hierarchisierung politischer Entscheidungsebenen und der skizzierten ‚Entgrenzung' von Innen- und Außenpolitik (Voigt 1998; Czempiel 1999; Hillebrand 1999; Messner 1999) soll nun gefragt werden, ob bzw. inwieweit die EU-Außenbeziehungen

sich bereits von den Mustern klassischer Außenpolitik entfernten und als
‚postmodern' zu bezeichnen wären. Dabei ist zunächst zu betonen, dass das
fragliche Etikett keineswegs unterstellt, dass sich im Kontext des während
der letzten Jahrzehnte immer wieder einmal registrierten ‚Eintritts in die
Postmoderne' alles veränderte oder fundamental ändert, was die Moderne
hervorgebracht hat. Andererseits soll aber doch manche Spezifik der Moderne eine Art Gestaltwechsel erfahren – in unserem Fall also jene Form von
Staatlichkeit und verschiedene Muster politischen Handelns, die der auf ein
hohes Maß an Autonomie bedachte klassische Nationalstaat repräsentierte.
Mit dieser Einschränkung läßt sich auf der Ebene der EU ein neuer Typus
von Außenbeziehungen identifizieren, der dem herkömmlichen auswärtigen
Handeln von Nationalstaaten z.T. ähnelt, sich von diesem aber auch gravierend unterscheidet.

Dabei sind die EU-Außenbeziehungen denjenigen von tradierten Nationalstaaten insoweit gewiß mehr oder weniger ähnlich als beide sowohl auf
endogene Bedürfnisse als auch auf exogene Anforderungen reagieren. Auch
der EU geht es nämlich darum, eigene, d.h. ihren Mitgliedstaaten gemeinsame Interessen und Werte, die sich etwa mit Stichworten wie Identität, Freiheit, Wohlfahrt, Sicherheit etc. charakterisieren ließen, gegenüber der Systemumwelt der EU zur Geltung zu bringen. Trotz dieser Nähe zum Modell klassischer Außenvertretung tritt die EU aber nicht nur wie ein gewöhnlicher einzelstaatlicher Akteur auf den Plan, sondern zusätzlich als Bevollmächtiger eines
organisierten Zusammenschlusses von Staaten, der seine Klientel gleichermaßen gegenüber einzelnen Mächten oder in Internationalen Organisationen
und Regimen vertritt sowie – im Zeichen eines „kooperativen Interregio-
nalismus" (Link 1999: 142) – als regionaler Akteur gegenüber ähnlich strukturierten Zusammenschlüssen (ASEAN, Mercosur usw.).

Auf die Außenpolitik des regionalen Staatenverbundes der EU wirkt sich
dabei aus, dass die von ihr vertretenen Interessen und Werte in der Regel weniger homogen oder einheitlich sind als diejenigen, die üblicherweise der
Formulierung nationaler Außenpolitiken zugrunde liegen und dass von der
EU – gemäß dem Prinzip begrenzter Einzelzuständigkeit – nur ausgewählte
Bereiche der auswärtigen Belange der europäischen Gesellschaften und Staaten ‚selektiv' wahrgenommen werden. Infolgedessen präsentiert der Staatenverbund der EU sich seiner Außenwelt gegenüber eben nicht als ein jederzeit
einheitlicher, sondern als ein fragmentierter Akteur, der, je nachdem, welches
Politikfeld zur Bearbeitung ansteht, entweder wie ein – mit einer eigenen
Rechtspersönlichkeit ausgestatteter – herkömmlicher Staat (z.B. als EG im
Kontext der WTO) agiert, der ferner, zusammmen mit den EU-Mitgliedstaaten,
sogenannte ‚gemischte Abkommen' abschließt (z.B. mit den AKP-Staaten)
oder lediglich, so im Rahmen der GASP, eine auf Kohärenz ihrer nationalen
Politiken bedachte Gemeinschaft von Staaten vertritt (z.B. gegenüber Weiß-
russlands Mißachtung diplomatischer Gepflogenheiten) und der daneben
auch ganze Bereiche der Außenbeziehungen seiner Mitgliedstaaten weiterhin

deren Kompetenz überläßt – so etwa der deutschen Außenpolitik deren besondere Beziehungen zur Tschechischen Republik oder Frankreich die Pflege
der Francophonie – jeweils aber innerhalb des größeren Rahmens spezieller
EU-Politiken, nämlich zur Osterweiterung oder zu den Nord-Süd-Beziehungen.

Eine weitere wichtige Besonderheit der Außenbeziehungen der EU liegt
ferner dort, wo es sie gibt, seit ihren Anfängen darin, nicht nur nach außen
(gegenüber der Systemumwelt der EU) zu wirken, sondern auch nach innen,
in die eigene Gemeinschaft hinein. Denn Ziel der europäischen Außenbeziehungen ist es immer auch gewesen, die innereuropäische Kooperation und
Ressourcen-Allokation zu effektivieren, z.B. bei der Produktion von Stahl
oder Nahrungsgütern, um damit letztlich einem übergeordneten politischen Ziel
zu dienen, nämlich der Abarbeitung ererbter europäischer Konfliktpotenziale
– eine Zielsetzung, die nach dem Zweiten Weltkrieg auf der europäischen
Agenda ganz oben stand und die nach dem Ende der deutschen und europäischen Teilung neuerlich an Bedeutung gewann. Denn ‚final‘ ging und geht es
dem vielgestaltigen System der europäischen Außenbeziehungen stets *auch* um
einen Ausgleich interner Interessen- und Wertdivergenzen, die unter den nach
wie vor souveränen Trägerstaaten von EG/EU bzw. des EU-11-(Euro-)Ver-
bunds oder der im Aufbau befindlichen ESVI ja stärker ausgeprägt sein können als dies in herkömmlichen National- oder Bundesstaaten – also etwa in
den USA mit ihren immerhin 50 Gliedstaaten – in der Regel der Fall ist.

So sind es, neben der selektiven Handlungsweise eines fragmentierten
Akteurs, der je nachdem, ob er im Rahmen der ersten oder der zweiten Säule
des EU-‚Tempels‘ handelt, mit (teil-) integrierter oder koordinierter Politik
aufwartet, vor allem die außergewöhnlich weitreichende Vorentschiedenheit
der EU für supranationale Kooperation und, dadurch geprägt, deren Multilateralismus, die den EU-Außenbeziehungen ihren besonderen, hier als postmodern bezeichneten Charakter verleihen. Denn mehr als andere auswärtige
Beziehungen sind diejenigen der EU und ihrer Mitgliedstaaten in besagte und
z.T. sogar über differierende Mitgliedschaften (z.B. in EU und WEU) verfügende Systeme ‚geteilter Souveränitäten‘ eingebettet, und dies gleichermaßen
innerhalb des EU-Mehrebenensystems wie bei dessen Interaktion mit dem
‚Rest‘ der Welt. Auf der Grundlage einer derartigen Errungenschaft, gespeist
aus einer eigenen Lern-Erfahrung, scheint das Handlungssystem der EU aber
für die allenthalben konstatierte Entwicklung der internationalen Beziehungen in Richtung zunehmender ‚komplexer Interdependenz‘ nicht schlecht gerüstet zu sein. Ob dem tatsächlich so ist, ob deren postmoderne Organisation
also den EU-Außenbeziehungen die nötige Zukunftsfähigkeit verbürgt, soll
deshalb noch kurz bedacht werden. Dazu empfiehlt es sich, zumindest grob
zu systematisieren, welche Schwerpunkte oder Prioritäten sich in den EU-
Außenbeziehungen erkennen lassen.

4. Zur Ausrichtung der EU-Außenbeziehungen: flexibel, aber doch klar auf den Willen eines ‚ökonomischen Riesen‘ bezogen, mehr als ein ‚politischer Zwerg‘ zu sein... – also ‚funktional‘

Auf der Skala der Außenbeziehungen der EU ganz oben rangiert die weithin gemeinschaftlich organisierte Vertretung europäischer Interessen und Werte gegenüber dem nahen Ausland der EU bzw. die Einflußnahme auf das Geschehen in deren regionalen ‚Vorgärten‘ – unter besonderer Berücksichtigung nationaler Traditionen und Ambitionen in Mittelosteuropa und rund um das Mittelmeer, das in der alteuropäischen Tradition ja zeitweilig als *mare nostrum* firmierte (Stichworte: Erweiterung; Barcelona-Prozess). Dabei gebührt die vorrangige Aufmerksamkeit der EU den bisher nicht zur EU gehörigen Nachbarn im ‚Gemeinsamen Europäischen Haus‘, insoweit die EU-Außenbeziehungen nämlich bestrebt sind, die MOE-Länder an die EU ‚heranzuführen‘ bzw. das vom Europarat und seinen Konventionen repräsentierte zivilisatorische Modell möglichst weit nach (Süd-) Osten auszuweiten oder Konflikterde, wie sie im Einflußbereich der ehemaligen Sowjetunion entstanden, aber auch im Nahen Osten oder in Nordafrika schwelen oder drohen, befrieden zu helfen. Herausragende Motive der EU-Außenbeziehungen wären somit zum einen die Wahrnehmung einer Art ‚Mission‘ gegenüber ihrer direkten Nachbarschaft, betreffend die Förderung von Marktwirtschaft und Demokratie in den sogenannten Transformationsländern, und zum anderen, von ersterem jedoch nicht zu trennen, Krisen-Prävention, zumal Flüchtlingsströme und sonstige (Armuts-) Migrationsbewegungen bereits zu den europäischen Realitäten gehören und weitere Gefahren, wie Stürmer (1994: 45) u.a. sie aus dem an Europa im Süden und Osten angrenzenden ‚islamischen Krisenbogen‘ u.U. erwachsen sahen, ebenfalls nach Vorbeugung verlangen.

Als kaum minder wichtig für die Außenbeziehungen der ‚großen Regionalmacht‘ EU erscheint, zweitens, die wiederum weithin gemeinschaftliche und – Huntington (1999: 556) zufolge – ‚antihegemonial‘ ambitionierte Vertretung europäischer Interessen und Werte gegenüber Partnern und Konkurrenten, die in der Hierarchie der Mächte ähnlich gut oder sogar besser als die EU positioniert sind, also gegenüber anderen Regionalmächten, z.B. in der ehemaligen Zweiten Welt oder in Asien, und nicht zuletzt gegenüber den USA mit ihrem derzeit einzigartigen Potenzial einer Hegemonialmacht. Denn die Vereinigten Staaten interessieren sich ihrerseits ja ebenfalls seit langem und sehr intensiv für die Europa rein geographisch näher liegenden Probleme des Balkan oder des Kaukasus oder für die Lage in Maghreb und Maschrek oder für die Rolle der Türkei. Zudem irritieren die USA in Europa immer wieder einmal mit diversen Plänen und Praktiken (Stichworte: *Star-Wars*-Raketenabwehrsystem *National Missile Defense*; elektronisches Abhörsystem *Echelon*; 98 Hinrichtungen in 1999, darunter auch deutsche Staatsbürger; Piloten-Freispruch im *Cava-*

lese-Prozess [Dolomiten-Seilbahnunglück] etc.), während die USA sich umge-kehrt an neueren europäischen Vorhaben stören, wie demjenigen zum Aufbau einer eigenständigen Rüstungsindustrie (Deutch/Kanter/Scowcroft 1999: 64).

Zunehmend an Bedeutung gewann in den EU-Außenbeziehungen wäh-rend der letzten Jahre ferner, drittens, die Vertretung europäischer Interessen und Werte zum Schutz bzw. zur Förderung sogenannter kollektiver Güter der Menschheit (Frieden, Menschenrechte, Bewahrung der natürlichen Lebens-grundlagen etc.) – eine Zielsetzung, die die EU vor allem durch ihre Mitarbeit in Internationalen Organisationen und in Internationalen Regimen (zur ‚Ban-nung' von Minen und FCKWs, zur Erhaltung der Arten-Vielfalt etc.) sowie auf Internationalen Konferenzen verfolgte und dabei nicht selten – z.B. zugunsten der Weiterentwicklung einer Internationalen Strafgerichtsbarkeit zur Ahndung schwerer Menschenrechtsverletzungen – eine Vorreiter-Rolle übernahm.

Als etwas nachrangiger, jedoch keineswegs unwichtig, ist, viertens, die Vertretung europäischer Interessen und Werte gegenüber dem ferneren Aus-land zu nennen, also an den – aus Sicht der EU – ‚Rändern' der Weltpolitik, in denen die EU aber ebenfalls Flagge zeigt – vor allem dort, wo ein isoliertes En-gagement für einzelne EU-Mitglieder zu wenig attraktiv oder zu belastend wä-re, eine völlige Absenz Europas aber noch nachteiliger. Dabei ließen die Staa-ten und Regionen in der ‚Peripherie' sich gewiß noch einmal danach klassifizie-ren, in welchem Maße die EU ihnen gegenüber spezielle Interessen und Werte hegt und dementsprechend eigene Akzente zu setzen gewillt ist, so z.B.

– gegenüber den AKP-Staaten
– oder gegenüber verschiedenen, von den USA herkömmlich so genannten ‚Schurkenstaaten', die, wie Iran, von US-Sanktionen betroffen sind, wel-che z.B. allen Firmen weltweit den Abschluß von Ölförder-Verträgen verbieten (vgl. SZ, 15.03.2000)
– oder gegenüber sonstigen Herausforderungen der internationalen Bezie-hungen, die die EU zu eigenen Initiativen veranlaßten, sei es zum Zwecke
– der Friedens-Stiftung (so in Mittelamerika: *San-José*-Prozess) oder der Stabilisierung politischer Krisenherde (Algerien),
– der Förderung demokratischer Umgestaltung (z.B. durch Wahl-Beobachtung in Indonesien),
– der Unterstützung von Regionalisierungsprozessen (z.B. der Ent-wicklungsgemeinschaft des Südlichen Afrika SADC) oder
– der Sicherung von Ressourcen (auch am Kaspischen Meer),
– der Pflege von Märkten (z.B. in Lateinamerika) etc..

So fällt insgesamt auf, dass der ‚ökonomische Riese' EU sich während der letzten Jahre vermehrt bemühte, nicht länger ein ‚politischer Zwerg' zu sein oder zu bleiben, sondern dass er zunehmend eine mondialistische Politik be-trieb und zwar kooperierend und gelegentlich auch rivalisierend mit den USA oder anderen Regionalmächten und verschiedentlich sogar in Uneinig-keit mit einzelnen EU-Mitgliedstaaten – wie z.B. in Sachen Bananen-Marktordnung oder auf dem Feld der Nord-Süd-Beziehungen oder in der VN-Menschenrechtskommission (in der Deutschland im April 1997, anders als Dänemark und neun weitere EU-Staaten, eine Verurteilung der VR China ablehnte) und nicht zuletzt, vor allem während der ersten Hälfte der neunziger Jahre, in bezug auf das Geschehen im ehemaligen Jugoslawien.

Dass in den genannten Hinsichten noch manche Verdoppelung oder sogar Gegenläufigkeit selbst zwischen der Außenpolitik einzelner EU-Mitglieder und der von Brüssel konzipierten Politik zu registrieren war, ist deshalb nicht zu bestreiten. Gleichwohl können derartige Schieflagen, egal ob ihnen divergierende nationale Interessen oder bloße Abstimmungsprobleme zugrunde liegen, nicht darüber hinwegtäuschen, dass die EU-Mitgliedstaaten sich während der letzten Jahre zunehmend daran interessiert zeigten, eine ganze Reihe hochkarätiger Herausforderungen – von der Osterweiterung über den Schutz kollektiver Güter der Menschheit bis zur weiteren Deregulierung des Welthandels etc. – als EG/EU und in einem multilateralen Kontext zu bearbeiten. Zumal vor dem Hintergrund des Zustandekommmens der EWU und mit Blickrichtung auf Fortschritte in Richtung ESVI läßt dies den Schluß zu, dass ein – wenn auch nicht in jeder Hinsicht voll *integriertes*, so doch zumindest weitgehend *koordiniertes* – gemeinsames Vorgehen für die im EU-Mehrebenensystem ,föderierten' nationalen Akteure diesen einen größeren Gewinn an Effizienz oder an Handlungsspielräumen verspricht als eine isolierte außenpolitische Vorgehensweise. Wenn aber dem Verlangen der einzelnen EU-Mitgliedstaaten nach Funktionalität ihrer Außenbeziehungen insoweit immer stärker mit Hilfe der EU entsprochen werden sollte, dann legt dies die Annahme nahe, dass die Grundlagen und Verfahren der EU-Außenbeziehungen, also deren skizzierte Eigenschaft, einen recht unorthodox organisierten Verbund (teil-) integrierter EU-Politiken mit intergouvernemental koordinierten nationalen Außenpolitiken darzustellen, möglicherweise sogar besser sind als ihr Ruf.

5. Die EU-Außenbeziehungen: besser als ihr Ruf, wenngleich entwicklungsfähig

Dabei ist zuzugestehen, dass dort, wo ,jenseits des Nationalstaats' regiert wird, also in einem über eine ausgeprägte ,Komitologie' verfügenden ,Netzwerk' wie dem der EU, generell mit schwierigen Prozessen des Aushandelns von (Außen-) Politik gerechnet werden muß und dementsprechend immer wieder einmal mit Ergebnissen, die hinter den Erwartungen zurückbleiben. Homogen strukturierte Nationalstaaten könnten es diesbezüglich tatsächlich leichter haben. Andererseits aber ließe sich gewiß auch aus deren Geschichte, neben der einen oder anderen und oft genug kriegsträchtigen Fehlleistung, mancher außenpolitische Kompromiß in Erinnerung bringen, der – ähnlich den berühmt-berüchtigten ,EU-Paket-Lösungen' – nur mit Mühen zwischen unterschiedlichen Interessengruppen oder ideologischen Lagern erreicht und dann vielleicht nur ebenso halbherzig oder widersprüchlich zur Geltung gebracht wurde, wie das eine oder andere EU-Außenhandeln sich dies nachsagen lassen muß. Dies ebenfalls in Rechnung gestellt, bleiben nun noch einige mutmaßliche Vorzüge der spezifischen Organisation der EU-Außenbeziehungen überblicksartig zu benennen.

So kann die supranationale Koordination nationaler Außenpolitiken im regionalen Verbund dazu beitragen, was nicht das schlechteste Argument ist, Kosten zu sparen, nicht nur für gemeinsam unterhaltene diplomatische Vertretungen und deren gewöhnliche Tätigkeit, wie die Beschaffung von Informationen, die Vertretung eigener Interessen und Werte oder die (Notfall-) Betreuung der eigenen Staatsbürger-Klientel. Über derlei Vorteile hinaus kann supranationale Koordination ferner dazu beitragen, überfällige, aber – vor dem Hintergrund nationaler Erblasten – zuweilen nur mühsam zu realisierende Richtungswechsel oder Akzentverlagerungen nationaler Außenpolitiken leichter zu legitimieren, wie dies etwa für die deutsche Nahost-Politik im Rahmen des Europäisch-Arabischen-Dialogs möglich war. Ein weiterer Pluspunkt liegt darin, unter den europäischen Staaten Sonderwege zu vermeiden und Streitfälle zu domestizieren, indem bei der Formulierung einer gemeinsamen Außenpolitik regelmäßig ein EU-interner Interessenausgleich mitbedacht wird, was den europäischen Nationalstaaten jene Kosten erspart, die einst durch z.T. gewalttätig ausgetragene Rivalitäten und Eifersüchteleien oder durch ehrgeizige Prestigeprojekte bewirkt wurden. Obwohl gerade den letztgenannten Aspekt betreffend noch Wünsche offen bleiben, vor allem im sicherheitspolitischen Bereich, wo ein gewisser Nuklearnationalismus im Budget einzelner Staaten weiterhin hohe Summen bindet, sind aber im Zeichen der GASP – trotz des Festhaltens am französischen und britischen Privileg eines Ständigen Sitzes im Sicherheitsrat der Vereinten Nationen – Alleingänge und Streitfälle unter den europäischen Staaten deutlich in die Schranken gewiesen und überall dort Erfolge bei der Entwicklung einer eigenständigen Akteursqualität der EU zu verzeichnen, wo Vertreter der EU-Kommission als Bevollmächtigte der EU in Internationalen Organisationen oder auf Internationalen Konferenzen Anerkennung finden, sei es zusätzlich zu Vertretern von EU-Mitgliedstaaten (wie im Rahmen der G7/8) oder, wie im Falle der EU-Außenhandelspolitik, als einzig legitimierte Sachwalter der letzteren (so bei der Behandlung bestimmter Materien im Rahmen der WTO).

Ferner bieten die heterogenen resp. multikulturellen Grundlagen der EU-Außenbeziehungen eine Reihe von Chancen: im regionalen Politikverbund können nämlich selbst kleine Länder aus dem Kreis der EU oder sehr spezielle Anliegen einzelner EU-Mitglieder weltpolitikfähig werden, wozu sie isoliert kaum eine Chance hätten – vgl. z.B. die Einflußnahmen Portugals auf die Entwicklung in Ost-Timor, seiner ehemaligen Kolonie, oder die Möglichkeiten Finnlands, sich innerhalb der EU vor einem Rückfall in die Zeiten seiner ‚Finnlandisierung' zu schützen. Ferner können einzelne EU-Länder von

den Sonderbeziehungen anderer EU-Mitgliedstaaten zu außereuropäischen
Ländern oder Regionen profitieren, z.b. Deutschland von den Beziehungen
Spaniens zu Lateinamerika im Allgemeinen oder zu Kuba im Besonderen.
    Weiterhin gibt die Ausdifferenzierung einer funktionalen Hierarchie im
europäischen Mehrebenensystem und die vielfach multilateral organisierte
Integration der EU in die internationalen Beziehungen den EU-Mitgliedstaaten die Möglichkeit, besonders zielstrebig auf endogene Bedürfnisse und
exogene Anforderungen zu reagieren und dabei sogar widersprüchlichen
Zielen mit einem hohen Maß an Flexibilität zu entsprechen. So ließ sich z.b.
die Situation der Menschenrechte in China auf der EU-Ebene kritisieren und
parallel dazu auf verschiedenen nationalen Ebenen eine Ausweitung der Handelsbeziehungen forcieren etc. (Friedrich 1998), eine Praxis, die im einen
oder anderen Falle als anstößig, wenn nicht als zynisch erscheinen mag, die
in der Außenpolitik anderer Mächte aber ebenfalls nicht seltener vorkommt
als sogenannte ‚Notlügen‘ im privaten Bereich.
    Schließlich verspricht eine über supranationale Politikkoordination hin-
ausreichende integrierte Vorgehensweise der EU manchen Vorteil, jedenfalls
dann, wenn es ihr gelingen sollte, künftig noch stärker mit einer Stimme
(z.b. derjenigen ihres Hohen Vertreters für die GASP) zu sprechen, wie dies
im Welthandel in der Regel der Fall ist und der EU dazu verhalf, den USA
immer ebenbürtiger und potenziell sogar überlegen zu werden. Denn der
Aufstieg der EU zur weltgrößten Handelsmacht wäre ohne eine gemeinsame
europäische Opposition gegen diverse Praktiken der us-amerikanischen Au-
ßen(handels)politik kaum möglich gewesen, die, wie das *Helms-Burton*-Ge-
setz oder wie der *D´Amato-Act*, eine extraterritoriale Geltung für amerikani-
sches Recht beanspruchten oder, wie die sogenannte FSC-Steuergesetz-
gebung, jahrzehntelang Teile der us-amerikanischen Exportindustrie (*Foreign
Sales Corporations*) wie *Microsoft* und *Boeing* – auf eine von der WTO inzwischen für illegal befundene Weise – subventionierten und damit nicht nur
gegen multilaterales Recht verstießen, sondern auch ihre Mitbewerber auf
dem Weltmarkt schädigten (vgl. NZZ, 01.11.1999; SZ, 25.02.2000).
    Dies bedenkend dürften für manches unzulängliche Resultat der Außen-
beziehungen des fragmentierten Akteurs EU also weniger die gleichermaßen
flexible wie selektive Wahrnehmung der Belange der EU-Mitglieder noch
die institutionenorientierte Ausrichtung des auswärtigen Handelns der EU
verantwortlich zu machen sein, sondern allzu nationalegoistische Kalküle
einzelner EU-Mitgliedstaaten oder Fehlleistungen des auf der europäischen
Ebene handelnden Personals und *last but not least* die faktische Begrenzung
des EU-Handlungsspielraums durch den zum Teil gegenläufigen politischen
Willen anderer (Regional-) Mächte und/oder der USA und deren vielfach
klassisch machtstaatlich motivierte Abneigung, Probleme der internationalen
Beziehungen auf multilaterale Weise zu regulieren – etwa im Rahmen von
Welt- oder Regionalorganisationen wie den VN oder der OSZE oder unter
Rekurs auf die Dienste Internationaler Regime usw. usf.

Deshalb soll abschließend die Hypothese formuliert werden, dass die weitere Entwicklung der EU-Außenbeziehungen nicht an deren postmodernem Charakter leiden oder gar scheitern muß. Im Gegenteil könnte eine derartige und gegenüber den anderen wichtigen weltpolitischen Akteuren noch entschiedener zur Geltung gebrachte Prägung des auswärtigen Handelns der großen Regionalmacht EU durchaus von Vorteil für letztere sein, wenn es nämlich gelänge, die Partner und Konkurrenten der EU noch stärker multilateral einzubinden, um auf diese Weise manche Eigenmacht oder manchen Alleingang des derzeitigen Hegemons zu erschweren, was sogar im wohlverstandenen Interesse der USA liegen (Kissinger 1998: 58) und auch das eine oder andere suboptimale Ergebnis europäischer Außenbeziehungen künftig vermeiden könnte. Denn von der Ostverschiebung der euro-atlantischen Strukturen über die Reform der Nato und weiter über die Frage des richtigen Umgangs mit Bagdad und Belgrad bis zur Bewältigung der Währungskrisen in Mexiko, Asien oder Brasilien oder zu Fragen der Entwicklung des Welt-Rechts (Stichwort: *International Criminal Court*) oder der Welt-Ökologie (Stichworte: Klimaschutz; POP-Konvention zum Verbot schädlicher Pflanzenschutzmittel etc.) favorisierten die USA während der letzten Jahre durchaus eigene Prioritäten und versuchten sie immer wieder einmal Lösungen durchzusetzen, die in Europa nicht als besonders sachdienlich bewertet wurden. Bei der Gestaltung der Weltpolitik eine europäische Handschrift zur Geltung zu bringen, war und ist also beileibe nicht selbstverständlich. Dass es in den gegenwärtigen internationalen Beziehungen eine solche aber überhaupt nicht gäbe, geschweige denn eine solche künftig nicht deutlicher hervortreten könnte, ist damit jedoch längst nicht gesagt. Wo aber eine europäische Handschrift in der aktuellen Weltpolitik (derzeit schon oder noch nicht) zu finden ist, bleibt in den fallstudienartigen Analysen dieses Buches zu entdecken.

Literaturverzeichnis

Beck, Ulrich: Über den postnationalen Krieg. In: Blätter für deutsche und internationale Politik, Jg. 44 (1999), S. 984-990

Bredow, Wilfried von: Globalisierung und Regionalisierung des internationalen Systems im Spannungsfeld von Weltordnungsanspruch und Pluralismus. In: Krüger, Peter (Hrsg.): Das europäische Staatensystem im Wandel. Strukturelle Bedingungen und bewegende Kräfte seit der Frühen Neuzeit, München, Oldenbourg, 1996, S. 249-265

Cooper, Robert: Gibt es eine neue Welt-Ordnung? In: *Europa-Archiv*, 48. Jg. (1993) 18, S. 507-516

Cooper, Robert: Gibt es eine neue Welt-Ordnung? In: *Konrad-Adenauer-Stiftung (KAS) Auslands-Informationen*, (1996) 5, S. 3-14

Czempiel, Ernst-Otto: Kluge Macht. Außenpolitik für das 21. Jahrhundert, München, Beck, 1999

Deutch, John/Kanter, Arnold/Scowcroft, Brent: Saving NATO´s Foundation. In *Foreign Affairs*, Vol. 78 (1999) 6, S. 54-67

Dittgen, Herbert: Grenzen im Zeitalter der Globalisierung. Überlegungen zur These vom Ende des Nationalstaates. In: *Zeitschrift für Politikwissenschaft*, Jg. 9 (1999) 1, S. 3-27

Forrester, Viviane: Der Terror der Ökonomie, Wien, Paul Zsolnay Verlag, 1997

Friedrich, Hans-Joachim: Europa und China in den neunziger Jahren. Verlust der neugewonnenen politischen Bedeutung der EU? In: *Aus Politik und Zeitgeschichte. Beilage zur Wochenzeitung Das Parlament*, (1998) 27, S. 36-46

Friedrichs, Jürgen: Globalisierung – Begriff und grundlegende Annahmen. In: *Aus Politik und Zeitgeschichte. Beilage zur Wochenzeitung Das Parlament*, (1997) B 33-34, S. 3-11

Gasteyger, Curt: Grundzüge künftiger Weltpolitik In: *Internationale Politik*, (1999) 8, S. 1-8

Genschel, Philipp: Markt und Staat in Europa. In: *Politische Vierteljahresschrift (PVS)*, Jg. 39 (1998) 1, S. 55-79

Giddens, Anthony: Der dritte Weg. Die Erneuerung der sozialen Demokratie, hrsg. von Ulrich Beck, Frankfurt am Main, Suhrkamp, 1998

Glöckler-Fuchs, Juliane: Institutionalisierung der europäischen Außenpolitik, München und Wien, Oldenbourg, 1997

Guéhenno, Jean-Marie: Américanisation ou mondialisation? In: *Politique étrangère*, 64e année (1999) 1, S. 7-20

Habermas, Jürgen: Der europäische Nationalstaat unter dem Druck der Globalisierung, in: *Blätter für deutsche und internationale Politik*, Jg. 44 (1999), S. 425-436

Habermas, Jürgen: Die postnationale Konstellation und die Zukunft der Demokratie. In: *Blätter für deutsche und internationale Politik*, Jg. 43 (1998), S. 804-817

Hein, Wolfgang: Das ‚Scheitern der Großen Theorie‘, der Globalisierungsprozeß und die Krise nationaler Gesellschaften – Ein Thesenpapier. In: *Peripherie. Zeitschrift für Politik und Ökonomie in der Dritten Welt*, Jg. 17 (1997) 65/66, S. 109-132

Hillebrand, Ernst: Mikro-Außenpolitik: Über die Rückgewinnung außenpolitischer Wirkungsmacht im Zeitalter der Globalisierung. In: *Aus Politik und Zeitgeschichte. Beilage zur Wochenzeitung Das Parlament*, (1999) 23, S. 17-22

Huntington, Samuel: Die einsame Supermacht. In: *Blätter für deutsche und internationale Politik*, Jg. 44 (1999), S. 548-560

Jones, R. J. Barry: Globalization and change in the international political economy. In: *International Affairs*, Vol. 75 (1999) 2, S. 357-367

Kaufmann, Franz-Xaver: Globalisierung und Gesellschaft. In: *Aus Politik und Zeitgeschichte. Beilage zur Wochenzeitung Das Parlament*, (1998) 18, S. 3-10

Kissinger, Henry A.: Genialer Revolutionär. Wie organisiert man eine Weltordnung? Bismarcks Antwort behält auch an der Jahrtausendwende ihren Wert. In: *Die Politische Meinung*, (1998) 348, S. 51-58

Kohler-Koch, Beate: Regieren in der Europäischen Union. Auf der Suche nach demokratischer Legitimität. In: *Aus Politik und Zeitgeschichte. Beilage zur Wochenzeitung Das Parlament*, (2000) 6, S. 30-38

König, Thomas/Rieger, Elmar/Schmitt, Hermann (Hrsg.): Das europäische Mehrebenensystem, Frankfurt am Main und New York, Campus, 1996

Link, Werner: Alternativen deutscher Außenpolitik. In: *Zeitschrift für Politik (ZfP)*, Jg. 46 (1999) 2, S. 125-145

Link, Werner: Zur internationalen Neuordnung – Merkmale und Perspektiven. In: *Zeitschrift für Politik (ZfP)*, Jg. 44 (1997) 3, S. 258-277

Luttwak, Edward: Weltwirtschaftskrieg. Export als Waffe – aus Partnern werden Gegner, Reinbek, Rowohlt, 1994

Maynes, Charles William: Supermacht Amerika? Ist es mit der Pax Americana vorbei? In: *Internationale Politik*, (1999) 8, S. 9-16

Messner, Dirk: Architektur der Weltordnung. Strategien zur Lösung globaler Probleme. In: *Internationale Politik*, (1998) 11, S. 17-24

Messner, Dirk: Globalisierung, Global Governance und Entwicklungspolitik. In: *Internationale Politik und Gesellschaft (IPG)*, (1999) 1, S. 5-18

Meyers, Reinhard: Internationale Organisationen und *global governance* – eine Antwort auf die internationalen Herausforderungen am Ausgang des Jahrhunderts? In: *Politische Bildung. Beiträge zur wissenschaftlichen Grundlegung und zur Unterrichtspraxis*, Jg.32 (1999), S. 8-28

Morass, Michael: Mehrheitsdemokratie versus Föderalismus. Demokratie im Mehrebenensystem der Europäischen Union. In: Antalovsky, Eugen/Melchior, Josef/Puntscher Riekmann, Sonja (Hrsg.): Integration durch Demokratie. Neue Impulse für die Europäische Union, Marburg, Metropolis-Verlag, S. 223-241

Neyer, Jürgen: Globaler Markt und territorialer Staat. Konturen eines wachsenden Antagonismus. In: *Zeitschrift für Internationale Beziehungen (ZIB)*, Jg. 2 (1995) 2, S. 287-315

Nuscheler, Franz: Eine neue Weltpolitik. Multilateralismus statt Pax Americana. In: *Internationale Politik*, (1998) 11, S. 10-16

Ohmae, Kenichi: Der neue Weltmarkt: das Ende des Nationalstaates und der Aufstieg der regionalen Wirtschaftszonen, Hamburg, Hoffmann und Campe, 1996

Pflüger, Friedbert: Europa muß Weltmacht werden. Weichenstellungen der deutschen Ratspräsidentschaft. In: *Internationale Politik*, (1999) 1, S. 53-58

Ruggie, John Gerard: Territoriality and beyond: problematizing modernity in international relations. In: *International Organization*, Vol. 47 (1993) 1, S. 139-174

Rühl, Lothar: Frankreich und »die Hyper-Macht Amerika« Begrenzter Konflikt aus dem Streben nach Ebenbürtigkeit. In: *Neue Zürcher Zeitung*, 03.11.1999, S. 6

Sachwald, Frédérique: La mondialisation comme facteur d'intégration régionale. In: *Politique étrangère*, 62ᵉ année (1997) 2, S. 257-264

Scharpf, Fritz W.: Konsequenzen der Globalisierung für die nationale Politik. In: *Internationale Politik und Gesellschaft (IPG)*, (1997) 2, S. 184-192

Schubert, Klaus: European identity: The scope of a postnational concept, in: Martini, Massimo (ed.): Ethnic and national consciousness in Europe, Firenze, Angelo Pontecorboli Editore, 1998, S. 23-34

Steinmetz, George: Introduction: Culture and State. In: Steinmetz, George (ed.): STATE/CULTURE. State-Formation after the Cultural Turn, Ithaca and London, Cornell University Press, 1999

Steltemeier, Rolf: Utopie oder Realität? Die Europäische Union auf dem Weg zu einer gemeinsamen Außen- und Sicherheitspolitik, Baden-Baden, Nomos, 1998

Stürmer, Michael: Deutsche Interessen. In: Kaiser, Karl/Maull, Hanns W. (Hrsg.): Deutschlands neue Außenpolitik. Band 1: Grundlagen, München, Oldenbourg, 1994, S. 39-61

Stüwe, Klaus: Der Staatenbund als europäische Option. Föderative Entwicklungsperspektiven der Europäischen Union. In: *Aus Politik und Zeitgeschichte. Beilage zur Wochenzeitung Das Parlament*, (1999) 36-2, S. 22-31

Voigt, Jürgen: Ende der Innenpolitik? Politik und Recht im Zeichen der Globalisierung. In: *Aus Politik und Zeitgeschichte. Beilage zur Wochenzeitung Das Parlament*, (1998) 29-30, S. 3-8

Ziltener, Patrick: Strukturwandel der europäischen Integration: die Europäische Union und die Veränderung von Staatlichkeit, Münster, Westfälisches Dampfboot, 1999

Zürn, Michael: Jenseits der Staatlichkeit: Über die Folgen der ungleichzeitigen Denationalisierung. In: *Leviathan. Zeitschrift für Sozialwissenschaft*, Jg. 20 (1992) 4, S. 490-513

Zürn, Michael: Regieren jenseits des Nationalstaates. Globalisierung und Denationalisierung als Chance, Frankfurt am Main, Suhrkamp, 1998

Die Mehrdimensionalität der EU-Außenbeziehungen

Gisela Müller-Brandeck-Bocquet

1. Dimensionen des EU-Außenhandelns

Seit dem Ende des Ost-West-Konflikts, insbesondere aber in Folge des 2. Golfkriegs und des Zerfallsprozesses im ehemaligen Jugoslawien wird in Politik und Wissenschaft intensiv debattiert, welche internationale Rolle die Europäische Union (EU) künftig spielen kann und soll. Denn die neuen Turbulenzen in den internationalen Beziehungen legen den Schluß nahe, daß die EU trotz ihrer herausragenden Position als Wirtschafts- und Handelsmacht keinen – etwa den USA vergleichbaren – außenpolitischen Machtfaktor darstellt. Die Besonderheiten der Gemeinsamen Außen- und Sicherheitspolitik (GASP), die auf zwischenstaatlicher Zusammenarbeit der Mitgliedstaaten beruht, und speziell das Fehlen einer gemeinsamen europäischen Verteidigungskapazität werden gemeinhin als Beleg dafür angesehen, daß die EU zu einer Groß- oder Weltmachtposition grundsätzlich nicht befähigt sei.

Diese gängige Argumentation, die einem traditionellen Verständnis von internationaler Politik und außenpolitischer Macht anhängt, greift zu kurz und ist deshalb nicht in der Lage, den Umfang, die Bedeutung und die Qualität der EU-Außenbeziehungen und damit das wahre Gewicht der EU als Akteur der Weltpolitik angemessen zu erfassen. Dies kann nur ein Ansatz leisten, der die verschiedenen Dimensionen des EU-Außenhandelns und die spezifische Art ihres Zusammenwirkens berücksichtigt. In der Tat sind die EU-Außenbeziehungen geprägt von dem Dualismus zwischen der GASP (zweite Säule des Unionsvertrags) und dem Außenhandeln der EG (erste Säule), die die höchst bedeutende gemeinsame Wirtschafts- und Außenhandelspolitik, eine umfangreiche Vertragspolitik sowie intensive entwicklungspolitische Aktivitäten umfaßt. Mit der Verwirklichung der Währungsunion Anfang 1999 wurde eine neue, dritte Dimension der EU-Außenbeziehungen eröffnet, die künftig die weltweite währungspolitische Handlungsfähigkeit der Union stärken wird[1]. Diese Mehrdimensionalität charakterisiert folglich die EU-Außenbeziehungen. Sie kann als Potential für einen neuen, vielversprechenden Typ von Außenpolitik interpretiert werden, sie macht die Union

---

1 Obgleich die EWU Bestandteil der ersten Säule ist, eröffnet sie der EU eine neue Handlungsdimension.

jedoch zu einem internationalen Akteur mit deutlich fragmentiertem Profil oder – um es positiver auszudrücken – mit einem „multi-faceted" Profil (Bretherton/Vogler 1999: 31). Denn die einzelnen Dimensionen des EU-Außenhandelns verfolgen unterschiedliche Zielsetzungen, beruhen auf unterschiedlichen primärrechtlichen Grundlagen, implizieren unterschiedliche Integrationsmethoden und unterschiedliche Entscheidungsregeln, ja sie implizieren – bei der EWU beispielsweise – gar unterschiedliche Mitgliedschaften. Das facettenreiche, fragmentierte außenpolitische Profil der EU ist mithin für die weit verbreitete Geringschätzung ihrer internationalen Rolle ursächlich. Daher soll im folgenden näher untersucht werden, welche Auswirkungen die Mehrdimensionalität auf die Gestaltung und Qualität der EU-Außenbeziehungen entfaltet und ob es Anzeichen für ihre Überwindung gibt.

2. Die GASP oder das Außenhandeln der Zweiten EU-Säule

Im Mittelpunkt einer Analyse des fragmentierten außenpolitischen Profils der EU muß die GASP der Union stehen, die 1993 die seit Anfang der 70er Jahre praktizierte Europäische Politische Zusammenarbeit (EPZ) ablöste und neu belebte. Während der intensiven Vorbereitungsarbeiten zur jüngsten Reform des europäischen Integrationswerkes, die im Juni 1997 im Abschluß des Vertrages von Amsterdam gipfelten, war die in Maastricht gefundene Lösung der Errichtung einer zweiten Säule für die GASP nicht ernsthaft in Frage gestellt worden (Pippan 1997: 31). Damit bleibt die GASP auch auf der Grundlage des im Mai 1999 in Kraft getretenen Amsterdamer Vertrages von den drei Gemeinschaften (EG, EGKS, EAG) der ersten Säule getrennt und behält ihren weitgehend zwischenstaatlichen (intergouvernementalen) Charakter.

2.1 Zielsetzungen der GASP

Die Zielsetzungen der GASP sind in Titel V Art. 11[2] formuliert: „Die Union erarbeitet und verwirklicht eine Gemeinsame Außen- und Sicherheitspolitik, die sich auf alle Bereiche der Außenpolitik- und Sicherheitspolitik erstreckt". Als Ziele werden „die Wahrung der gemeinsamen Werte, der grundlegenden Interessen, der Unabhängigkeit und der Unversehrtheit der Union..., die Sicherheit der Union in all ihren Formen, die Wahrung des Friedens und die Stärkung der internationalen Sicherheit..., die Förderung der internationalen Zusammenarbeit" sowie „die Entwicklung und Stärkung der Demokratie und

---

2   In der konsolidierten Fassung des Amsterdamer Vertrages wurde eine neue Nummerierung der Artikel des EUV und des EGV eingeführt; im folgenden wird ausschließlich diese Nummerierung verwendet.

Rechtsstaatlichkeit sowie die Achtung der Menschenrechte und Grundfreiheiten" genannt.

Obwohl die „Unversehrheit" und „Sicherheit" der Union zu den GASP-Zielsetzungen zählen, wurde 1997 eine gemeinsame europäische Verteidigung nur als Zukunftsprojekt anvisiert. So heißt es in Art. 17 Abs. 1 EUV : „Die GASP umfaßt sämtliche Fragen, welche die Sicherheit der Union betreffen, wozu auch die schrittweise Festlegung einer gemeinsamen Verteidigungspolitik... gehört, die zu einer gemeinsamen Verteidigung führen könnte, falls der Europäische Rat dies beschließt". Weiter wird explizit auf die Verpflichtungen derjenigen Mitgliedstaaten verwiesen, die der NATO angehören; es wird versichert, daß die einschlägige Politik der Union vereinbar sei mit der im Nordatlantikvertrag festgelegten gemeinsamen Sicherheits- und Verteidigungspolitik. Das früher die Debatten prägende Dilemma zwischen Atlantizismus und (gaullistischem) Streben nach einer eigenständigen europäischen Verteidigungspolitik ist inzwischen zugunsten des Ausbaus eines europäischen Pfeilers innerhalb der NATO gelöst worden.

Die Westeuropäische Union (WEU), die seit Maastricht ein „integraler Bestandteil der Entwicklung der Union" ist, soll dieser nun den Zugang „zu einer operativen Kapazität" eröffnen. Dadurch wird die Interventionsfähigkeit der EU gestärkt, sind doch die sog. „Petersberger Aufgaben" (humanitäre Aufgaben, Rettungseinsätze, friedenserhaltende Aufgaben sowie Kampfeinsätze bei der Krisenbewältigung einschließlich friedensschaffender Maßnahmen, Art. 17 Abs. 2) zu GASP-Aufgaben erklärt worden. Weiterhin haben die beiden Gipfeltreffen des Jahres 1999, der Kölner Gipfel vom Juni und der Gipfel von Helsinki im Dezember im sicherheits- und verteidigungspolitischen Bereich beachtliche Fortschritte gebracht. Denn bis 2003 wollen die Europäer nun eine etwa 60 000 Mann umfassende Truppe aufstellen, die in europäischen Krisenregionen schnell und effizient eingreifen können wird. Sie soll dies gegebenenfalls auch ohne Mitwirken der USA tun können, dafür aber je nach Lage auf Ressourcen und Einrichtungen der Nato zurückgreifen können [3].

Trotz dieser Fortschritte bleibt jedoch offensichtlich, daß die Schaffung einer europäischen Sicherheits- und Verteidigungsidentität auch heute noch in Kinderschuhen steckt. Die disparate Zugehörigkeit der Mitgliedstaaten zu NATO und WEU sowie die EU-Mitgliedschaft von vier neutralen Staaten sind außerdem als ernstes Integrationshemmnis zu veranschlagen. Vorläufig ist mithin Philip H. Gordon Recht zu geben, der die EU wegen des Fehlens einer „military power to back up its diplomatic and economic initiatives" die EU als einen „incomplete international actor" bezeichnet (Gordon 1997: 89 und 76).

---

3   Zur Thematik eventueller WEU-geleiteter Kampfeinsätzen mit Rückgriff auf NATO-joint combined task forces vgl. Gordon 1997: 91-96 .

2.2 Handlungsinstrumente und Entscheidungsverfahren der GASP

Aber nicht nur das langjährige verteidigungspolitische Defizit stellt eine Re-
striktion der europäischen Außenpolitik dar; auch die Instrumente und Entscheidungsverfahren der GASP verdeutlichen die zwar nicht unerheblichen,
gleichwohl aber begrenzten Handlungsspielräume einer weitgehend intergouvernemental verfaßten Außenpolitik[4] – und unterstreichen erneut den sui-
generis Charakter der Union. Während der dynamischen Aufbauphase der
EPZ/GASP wußten die Mitgliedstaaten ihre prioritäre Rolle in der gemeinsamen Außenpolitikgestaltung zu verteidigen und verweigerten den Gemein-
schaftsorganen Kommission und Parlament gleichberechtigte Mitspracherechte. Auch nach Amsterdam bleiben die Mitgliedstaaten die zentralen Akteure der GASP, wie sich an der herausgehobenen Rolle des Europäischen
Rates ablesen läßt[5]. Der Europäische Rat faßt grundsätzlich im Konsens Beschluß, so daß hier die nationalen Interessen gewahrt werden (können). Die
beiden hochrangigsten Handlungsinstrumente der GASP, die „Grundsätze
und allgemeinen Leitlininien" sowie die – im Amsterdamer Vertrag neu eingeführten – „gemeinsamen Strategien" (Art. 13 EUV) werden vom Europäischen Rat, folglich einstimmig, beschlossen. Die nachgeordneten Handlungsinstrumente der „gemeinsamen Aktion" und des „gemeinsamen Standpunk-
tes" (Art. 14 u. 15 EUV) sind in die Hände des Rats gegeben[6]: Dieser faßt in
der GASP generell zwar ebenfalls einstimmig Beschluß; basieren seine Beschlüsse auf einer „gemeinsamen Strategie" oder handelt es sich um Durchführungsmaßnahmen „gemeinsamer Aktionen" oder „gemeinsamer Standpunkte", so beschließt er mit qualifizierter Mehrheit (Art. 23 Abs. 2 EUV);
diese erfordert 62 gewichtete Stimmen, die aus 10 Mitgliedstaaten stammen
müssen. In der Tradition des Luxemburger Kompromisses kann ein Ratsmitglied „aus Gründen, die es auch nennen muß" (Art. 23 Abs. 2 Satz 2 EUV)
die Mehrheitsregel außer Kraft setzen; ggfls wird die Materie dann an den
Europäischen Rat zur einstimmigen Beschlußfassung überwiesen.

---

4   De facto ist die GASP nicht strikt zwischenstaatlich, so daß Regelsberger und Wes-
    sels von einem „dritten Weg" der GASP zwischen Intergouvernementalität und Su-
    pranationalität sprechen; Regelsberger/Wessels 1966
5   Eine wichtige Änderung im Amsterdamer Vertrag darf aber nicht unerwähnt bleiben:
    Hieß es im Maastrichter Vertrag in Art. J.1 Abs.1 noch: „Die Union und ihre Mit-
    gliedstaaten erarbeiten und verwirklichen eine gemeinsame Außen- und Sicherheits-
    politik...", so postuliert der neue Vertrag nunmehr: „Die Union erarbeitet und ver-
    wirklicht..." (Art. 11 Abs.1).
6   Dies gilt auch für die im Vertrag nicht explizit benannten Handlungsformen der Erklä-
    rungen, Demarchen, Memoranden etc, die de facto einen Großteil der GASP-Maß-
    nahmen ausmachen; so nahm die EU zwischen 1993 und 1995 188 Erklärungen, aber
    nur 14 gemeinsame Standpunkte und 19 gemeinsame Aktionen an (Wessels 1997: 128)

2.3 Kohärenz der GASP

Diese komplexen Bedingungen des europäischen Außenpolitikprozesses vermögen die vielbeklagte Schwäche und Schwerfälligkeit der GASP[7] zu erklären. Gleichwohl wurden in Amsterdam Vorkehrungen zugunsten einer stärkeren Einheitlichkeit und Kohärenz der GASP getroffen, die mit Uwe Schmalz als „dualism management" bezeichnet werden können (Schmalz 1998: 439). So dient die neu eingeführte Möglichkeit der sog. „konstruktiven Enthaltung" einer erleichterten gemeinsamen Beschlußfassung: Ein sich enthaltendes Ratsmitglied ist zwar nicht verpflichtet, den Beschluß durchzuführen, es „akzeptiert jedoch, daß der Beschluß für die Union bindend ist. Im Geiste gegenseitiger Solidarität unterläßt der betreffende Mitgliedstaat alles, was das „Vorgehen der Union beeinträchtigen oder behindern könnte" (Art. 23 Abs. 1 EUV). Auf diese Weise kann ein entscheidungsverhinderndes Veto einzelner Mitgliedstaaten im Rat umgangen und mithin eine Flexibilisierung der GASP erreicht werden (Müller-Brandeck-Bocquet 1997: 24). Auch der Auftrag an den Rat, „für ein einheitliches, kohärentes und wirksames Vorgehen der Union Sorge zu tragen" (Art. 13 Abs. 3 EUV), zielt auf eine größere Einheitlichkeit und Geschlossenheit der GASP ab.

Diese vertikale Kohärenz, die eine möglichst große Übereinstimmung zwischen den außenpolitischen Maßnahmen der einzelnen Mitgliedstaaten und der Union als eigenständigem GASP-Akteur sichern soll, bestimmt auch die Regeln über das internationale Auftreten der EU. Relevant sind hier die neu formulierten Vertragsnormen, die die Mitgliedstaaten zur Koordination ihres Handelns in internationalen Organisationen verpflichten, dort vertretene Mitgliedstaaten müssen sich auch im Namen der nicht vertretenen für gemeinsame Standpunkte einsetzen. Insbesondere die ständigen Mitglieder des VN-Sicherheitsrates Großbritannien und Frankreich sehen sich zu Abstimmung untereinander und zur Wahrung der Standpunkte und Interessen der Union verpflichtet (Art. 19 EUV)[8].

Die vertikale Kohärenz zwischen Mitgliedstaaten und Union in der GASP wird schließlich vom Grad der Mitwirkung der Gemeinschaftsorgane Kommission und Europäisches Parlament (EP) konkret bestimmt. Obgleich der Vertrag seit Maastricht von einem „einheitlichen institutionellen Rah-

---

7 Zwischen Ende 1993 und Mitte 1997 wurden 22 gemeinsame Standpunkte und 18 gemeinsame Aktionen angenommen (Pippan 1997: 30), letztere umfaßten beispielsweise die humanitäre EU-Hilfe in Bosnien-Herzegowina, Wahlbeobachtung in Rußland, die Verabschiedung des Stabilitätspakts für Mittel- und Osteuropa. Eine vorzügliche kritische Bestandsaufnahme zur GASP findet sich bei: Willaert/Marqués-Ruiz 1995: 56-83.

8 Ob diese Vertragsbestimmungen allerdings die deutsche Forderung nach einem ständigen Sitz im Sicherheitsrat die Grundlage entziehen (Tietje 1997: 219), sei dahingestellt.

men" der Union spricht (Art. 3 EUV, Art. C alt)[9], sind die Befugnisse der
einzelnen Organe in den verschiedenen Säulen sehr unterschiedlich angelegt.
Je stärker ihre Einbindung aber ist, um so deutlicher tritt ein eigenständiges
Profil der Union zutage. Daher dient die in Amsterdam erneut verstärkte
Mitwirkung der Kommission an der GASP der vertikalen Kohärenz: sie ist
nun „in vollem Umfang an deren Arbeiten beteiligt" (Art. 27 EUV), d.h. daß
sie sowohl an den Europäischen Rats- und Ratstreffen als auch an den Treffen der Arbeitsebene des Rats (Arbeitsgruppen und Coreper, nicht aber am
Politischen Komitee) teilnimmt (Schmalz 1998: 438). Die nach wie vor mar-
ginale Einbeziehung des EP in die GASP, das lediglich über Informations-
und Anhörungsrechte verfügt (Art. 21 EUV), zeigt das Beharrungsvermögen
der Mitgliedstaaten, die ihren Vorrang zu wahren verstanden. Hier haben
sich jedoch gewisse Veränderungen dadurch ergeben, daß nach Amsterdam
alle operativen GASP-Ausgaben – mit Ausnahme verteidigungspolitischer Kosten – aus dem EG-Haushalt zu bestreiten sind (Art. 28 EUV). Diese Ausgaben gelten als nicht-obligatorisch, so daß bei deren Bewilligung auch die vergleichsweise substantiellen Haushaltsbefugnisse des EP in Kraft treten (Re-
gelsberger/Jopp 1997: 259)[10]. Da das EP auch in der Außenpolitik häufig „das
Gewissen Europas" verkörpert – in Menschenrechtsfragen beispielsweise vertritt es eine strengere Position als Rat oder Kommission – hat seine weitgehende Ausgrenzung Folgen für die Qualität der GASP.

Auch die Umgestaltung der Troika und die Berufung eines Hohen Vertreters für die GASP dienen der Stärkung der vertikalen Kohärenz und damit
der Geschlossenheit der europäischen Außenpolitik. So wird künftig der
(halbjährlich wechselnde) Ratspräsident von dem Hohen Vertreter und der
Kommission unterstützt, die beide der Außenvertretung der EU mehr Kontinuität verleihen. Diese Troika wird ggfls. um das nachfolgende Präsident-
schaftsland zur „Quadriga" (Regelsberger/Jopp 1997: 258) erweitert. Die in
Amsterdam gefundene Lösung, dem Generalsekretär des Rats die GASP-
Vertretung zu übertragen, ist zwar weniger ehrgeizig als die v.a. von Frankreich erhobene Forderung, eine hochrangige politische Persönlichkeit mit der
Außenvertretung zu betrauen und direkt dem Europäischen Rat zu unterstel-
len; dennoch könnte unter günstigen Umständen auch der Hohe Vertreter,
der zugleich Chef der in Amsterdam beschlossenen Strategieplanungs- und
Frühwarneinheit sein wird[11], in beachtlichem Maß zu einer größeren Ge-

---

9   Unter Wissenschaftlern ist umstritten, ob die Gemeinschaftsorgane Kommission und
    Parlament lediglich per „Organleihe" im Bereich der Zweiten Säule erscheinen oder
    ob sie nicht zugleich auch Organe der Union sind, so daß eine Organleihe nicht statt-
    findet (Pippan 1997: 32; Wessels 1997: 115) Art. 3 und 5 EUV sprechen für letztere
    Auslegung.

10 Über seine Zuständigkeit für das Haushaltsrecht wird künftig auch der EuGH in die
    GASP eingebunden sein.

11 Die Strategieplanungs- und Frühwarneinheit, die sich aus Personal des Generalse-
    kretariats, der Kommission, der Mitgliedstaaten und der WEU zusammensetzt, soll

schlossenheit und Sichtbarkeit der GASP beitragen. Momentan ist allerdings noch offen, welchen Gestaltungsspielraum die Fünfzehn dem ersten Hohen Vertreter, Javier Solana, einräumen werden.

Zweifel an einem deutlichen Willen zur Stärkung der GASP ergeben sich aus der Tatsache, daß in Amsterdam die Mitgliedstaaten der Union die Zuerkennung einer eigenständigen Rechtspersönlichkeit verweigerten, so daß sie auch künftig keine ausdrückliche Völkerrechtssubjektivität besitzt[12]. Obgleich in der Wissenschaft umstritten ist, ob die Union dieser explizit überhaupt bedürfe oder ob sie aufgrund ihrer Zielsetzungen und Aufgaben nicht bereits über eine abgeleitete (implied) Völkerrechtssubjektivität verfüge (Wessels 1997: 122-129, Bretherton/Vogler 1999: 16-20), schwächt diese Verweigerung seitens der Mitgliedstaaten die rechtliche Position der Union in der Außenvertretung. Allerdings kann der Vorsitz künftig vom Rat zum Abschluß völkerrechtlicher Abkommen mit Drittstaaten ermächtigt werden; diese „offensichtlich aus den unbefriedigenden Erfahrungen mit der EU-Verwaltung in Mostar" resultierende Neuerung (Regelsberger/Jopp 1997: 257) könnte die künftige Reaktionsgeschwindigkeit der GASP erhöhen und somit die Union als internationalen Akteur auch ohne explizite Völkerrechtsfähigkeit durchaus stärken. Außerdem beabsichtigt das EP, die Frage der Völkerrechtsfähigkeit der Union auf die Agenda der Regierungskonferenz 2000 zu setzen.

2.4 Perspektiven der GASP

Die Frage lautet nun, ob die dargestellten GASP-Akteursmerkmale als absolute Handlungsrestriktionen europäischer Außenpolitik interpretiert werden müssen oder ob sie nicht auch Grundlage eines neuen Typs von Außenpolitik sein könnten. Nachdem sich die Wissenschaft in einer eher mageren Bilanzierung der bisherigen GASP einig ist (Hill 1993; Willaert/Marqués-Ruiz 1995, Regelsberger/de Schoutheete de Tervarebt/Wessels 1997, Gordon 1997), gibt es derzeit in der EU Anzeichen für einen „fundamentalen Perspektivenwechsel von der in den ersten fünf Jahrzehnten des Integrationsprozesses vorherrschenden Introvertiertheit hin zu einer stärkeren Wahrnehmung und Gestaltung ihrer Außenwelt" (Schmalz 1999: 201). In der Tat scheint angesichts der Ereignisse im Kosovo im Frühsommer 1999 eine neue außenpolitische Entschlossenheit die EU erfaßt zu haben. Die positive Rolle der EU im Ko-

---

der Union die dringend benötigten konsistenten Lageberichte zu internationalen Ereignissen und Analysen geeigneter gemeinsamer Handlungsoptionen erarbeiten.

12 Vom irischen und niederländischen Ratsvorsitz – hierin unterstützt von Österreich, Spanien und Luxemburg - war vorgeschlagen worden, die bestehenden Rechtspersönlichkeiten der drei Gemeinschaften (EG, EAG, EGKS) und die – zu schaffende – der Union „in einer in der Union konzentrierten Rechtspersönlichkeit" zu verschmelzen; dies wurde aber von Großbritannien, Frankreich und Dänemark abgelehnt (Pippan 1997: 35; Wessels 1997: 129)

sovo führt Schmalz auf mehrere Faktoren zurück: angesichts der Erinnerungen an Bosnien sei politischer Handlungswille und die nötige Geschlossenheit vorhanden gewesen, um als Impulsgeber und Vermittler tätig zu werden. Die geglückte Abstimmung zwischen der EU und der Kontaktgruppe, eine effiziente internationale Arbeitsteilung sowie eine auf die Ernennung von Sonderbeauftragten gestützte sichtbare Außenvertretung der Union habe die Konfliktbewältigung ermöglicht. Schließlich habe die EU durch die beachtliche Kohärenz ihrer Maßnahmen „ihre eigentliche Stärke in der zivilen Konfliktprävention (einbringen) und frühzeitig eine Schlüsselrolle für die Gestaltung der Nachkriegsordnung in Südosteuropa" übernehmen können (Schmalz 1999: 192-194).

Mag diese Sichtweise auch etwas euphorisch anmuten, so weist sie doch darauf hin, daß die EU u.U. bereits heute als effizienter außenpolitischer Akteur auftreten kann. Die geschichtlich gewachsenen vielfältigen und verschiedenartigen Kontakte und Kapazitäten der Mitgliedstaaten, die Ausrichtung europäischer Außenpolitik auf Multilateralität und Zivilmacht sowie ihre Bereitschaft zu internationaler Arbeitsteilung bei der Krisenbewältigung stellen durchaus außenpolitische Potentiale dar, die es in einem dynamischen Prozeß zu nutzen und zu erweitern gilt. Denn in keinem anderen Politikfeld läßt sich heutzutage der Mehrwert der Integration besser und eindringlicher darlegen als in dieser zweiten Säule, zumal eine wohlverstandene Interpretation des Subsidiaritätsprinzips, das ja auch die GASP prägt, geradezu exemplarisch für ihren dezidierten Ausbau spricht. Allerdings ist auch längerfristig nicht mit einer Überführung der GASP in die erste Säule zu rechnen[13], so daß sie auch künftig eine eigenständige Dimension des EU-Außenhandelns darstellt und das fragmentierte bzw. „multi-faceted" Außenprofil der EU verstetigen wird.

3. Das Außenhandeln der EG (Erste Säule)

Die Außenpolitik eines jeden Staates oder Staatengruppe basiert zu einem erheblichen Teil auf wirtschaftlicher Zusammenarbeit und Vertragspolitik. Beide Kategorien des Außenhandelns sind im Falle Europas in den Zuständigkeitsbereich des supranationalen EG-Gefüges der ersten Säule gegeben. Daher ist eine Bewertung der außenpolitischen Kapazitäten Europas, die sich – wie dies häufig geschieht – nur auf den Output der GASP bezieht, nicht in der Lage, die internationale Rolle der EU angemessen zu erfassen. Denn wie wäre beispielsweise die internationale Bedeutung der USA einzuschätzen,

---

13 Die Helsinkier Beschlüsse zum Aufbau einer Kriseninterventionstruppe werden mit Sicherheit die Konstruktion der getrennten Säulen verstetigen; denn es ist schwer vorstellbar, daß die Mitgliedstaaten im hochsensiblen verteidigungspolitischen Bereich zu substantiellen Souveränitätsverzichten bereit sein könnten.

wenn deren zentrale Stellung im Weltwirtschaftssystem und die damit verbundenen Einflußmöglichkeiten unberücksichtigt blieben? Analog müssen daher auch die Außenaktivitäten der EG in eine Bestandsaufnahme der internationalen Rolle Europas einbezogen werden.

Da die europäische Integrationsgemeinschaft als Wirtschaftsgemeinschaft mit dem Ziel der Binnenmarktverwirklichung entstanden ist, gehört die Gemeinsame Handelspolitik seit jeher zu den zentralen Kompetenzen der EWG/EG, sie ist der eigentliche Kern ihres Außenhandelns (Meunier/Nicolaidis 1999: 478). Sowohl bei den Beziehungen zu anderen europäischen Industriestaaten wie den EFTA-Staaten als auch bei den Beziehungen zu den aufstrebenden Schwellenländern Südostasiens oder zu Staaten der Dritten Welt stehen Fragen des Marktzugangs und der wirtschaftlichen Zusammenarbeit an erster Stelle. Insbesondere die umfangreiche Entwicklungspolitik der EU ist aufs engste mit ihrer Außenhandelspolitik verknüpft wie sich an den Assoziierungsabkommen mit den Mittelmeer-Ländern im Rahmen der Euro-Mediterranen Partnerschaft (EMP) und mit den AKP-Staaten im Rahmen der Lomé-Abkommen ablesen läßt. Auch die EU-Politik gegenüber den Staaten Mittel- und Osteuropas und künftig den Balkan-Staaten ist stark von handelspolitischen Aspekten geprägt, besteht die beste Aufbauhilfe doch darin, den aktuellen und potentiellen EU-Beitrittskandidaten Zugang zum lukrativen Binnenmarkt zu verschaffen. Mit den jüngsten Abkommen, die die EU mit der südamerikanischen Integrationsgemeinschaft des Mercosur und mit Rußland geschlossen hat, existiert heute ein umfangreiches und komplexes Netz an Verträgen und Kooperationsabkommen, das die EU mit vielen Staaten und Regionen des Erdballs verwebt. Man spricht von einer „Präferenzpyramide" der EU, die heute zu 117 Staaten präferentielle Handelsbeziehungen unterhält; zu den wichtigsten WTO-Partnern allerdings, also zu den USA und Japan, bestehen solche Abkommen nicht (Bretherton/Vogler 1999: 62).

Merkmal all dieser außengerichteten Aktivitäten der ersten Säule ist, daß die „Abgrenzung zwischen wirtschaftlichen und politischen Abkommen immer schwieriger wird, auch wenn die Intention oder die Instrumente relativ unproblematisch als ‚wirtschaftspolitisch' charakterisiert werden können. Zu eng sind heute die Verknüpfungen zwischen Wirtschaftspolitik und ‚allgemeiner' Politik bzw. Außenpolitik" (Lecheler 1994: 6).

3.1 Kompetenzen

Die wirtschaftlichen Außenbeziehungen der EU sind hochgradig vergemeinschaftet. Schon in den römischen Gründungsverträgen haben die Mitgliedstaaten der Gemeinschaft hier substantielle Befugnisse übertragen. So ist die Gemeinschaft im Bereich der Handelspolitik (Art. 133 EGV) und dem Abschluß von Abkommen mit dritten Staaten oder Organisationen (Art. 300 EGV) der handlungsberechtigte Akteur, der – anders als die Union – Rechtspersönlichkeit und damit Völkerrechtsfähigkeit besitzt (Art. 281). Obwohl die Kompetenzausstattung der Gemeinschaft in den Außenwirtschaftsbeziehungen nicht unbegrenzt ist, hat sich durch die Rechtssprechung des EuGH de facto eine ausschließliche Regelungsbefugnis und eine beachtliche Ausweitung des Umfangs der Handelspolitik zugunsten der Gemeinschaft ergeben. „Diese dynamische Interpretation bedeutet beispielsweise auch, daß entwicklungspolitisch motivierte Handelsmaßnahmen noch in den Bereich der Gemeinschaftszuständigkeit unter der Gemeinsamen Handelspolitik fallen können" (Monar 1999: 71).

Die Gemeinschaftskompetenz in den Außenwirtschaftsbeziehungen impliziert, daß sie dem institutionellen Arrangement und den Regeln des vergemeinschafteten Politikprozesses der ersten Säule unterliegen. Während dem EP in der Handelspolitik keine Mitspracherechte zustehen (Maurer 1999: 9) spielt insbesondere die Kommission hier eine herausragende Rolle; sie unterhält „alle zweckdienlichen Beziehungen" zu den Organen der VN und anderen internationalen Organisationen wie GATT/WTO (Art. 302 EGV), vertritt die Gemeinschaft bei allen internationalen Verhandlungen und verfügt über ein Vorschlags- und Verhandlungsmonopol (Art. 133 EUV). Dieses Verhandlungsmonopol wird allerdings vom Rat streng überwacht; in aller Regel stattet er die Kommission mit einem höchst detaillierten Verhandlungsmandat aus und verpflichtet sie zu intensiven Berichtspflichten, die einem besonderen Ratsausschuß, dem berühmt-berüchtigten Ausschuß nach Artikel 133 (113 alt) vorzutragen sind. Derzeit ist eine gewisse Abkehr vom Prinzip der ausschließlichen Kompetenz der EG in Handelsfragen zu beobachten. In Folge des EuGH-Urteils über die Kompetenzverteilung zwischen EG und Mitgliedstaaten bei den neuen WTO-Abkommen (General Agreement on Trade in Services-GATS und Trade-Related Aspects of Intellectual Property-TRIPs) bestimmt der einschlägige Art. 133 Abs. 5 nun, daß der Rat der Kommission hierzu einstimmig ein Verhandlungsmandat erteilen kann; damit garantierten sich die Mitgliedstaaten ein Vetorecht. Die Kommission wird also auf dieser unsicheren Kompetenzgrundlage in die Milleniums-Runde der WTO eintreten müssen, was ihre Position in den voraussichtlich harten Verhandlungen schwächen dürfte (Meunier/Nicolaidis 1999: 488-499, Bretherton/Vogler 1999: 56).

3.2 Entscheidungsverfahren

Bezüglich der konkreten Entscheidungsverfahren in den Außenwirtschaftsbeziehungen ist zu bedenken, daß internationale Handelsverträge häufig auf mehrere Rechtsgrundlagen abgestützt werden müssen. „Die gewählte Grundlage (oder Kombination von Grundlagen) entscheidet sowohl über die erforderliche Mehrheit im Rat (qualifizierte Mehrheit oder Einstimmigkeit) als auch über den Grad der Beteiligung des Europäischen Parlaments" (Monar

1999: 73). Denn zahlreiche Abkommen, z.B. die Europaabkommen mit den MOE-Staaten, die EMP oder auch das Rahmenabkommen mit dem Mercosur gehen über bloße Handelsabkommen hinaus und verlassen somit den Bereich eindeutiger Gemeinschaftskompetenz. Bei der Verhandlung und dem Abschluß dieser als „gemischt" bezeichneten Abkommen treten neben der Kommission dann auch die Mitgliedstaaten als eigenständige Akteure auf. Dies kann zu Kompetenzstreitigkeiten und gewissen Dysfunktionalitäten führen. Im Fall des 1995 geschlossenen „interregionalen Rahmenabkommen über die Zusammenarbeit zwischen der EU und dem Mercosur (IRA)" beispielsweise konnte wegen der dualen Rechtsgrundlage der Beschlußprozeß bisher noch nicht abgeschlossen werden, so daß lediglich die handelspolitischen Aspekte in Kraft gesetzt wurden (Müller-Brandeck-Bocquet 1999: 42).

Durchführungsmaßnahmen im Bereich der Außenwirtschaftsbeziehungen obliegen im wesentlichen der – auch hier streng vom Rat kontrollierten – Kommission, die ihren administrativen Unterbau in die Aufgabenbewältigung einbindet. Wenn insgesamt die Initiativfunktion und Handlungsfähigkeit der Kommission die Gemeinsame Handelspolitik im Vergleich zur GASP in positivem Lichte dastehen läßt, so waren in der Vergangenheit auch innerhalb des Kommissionsgefüges gravierende Strukturdefizite zu konstatieren. In der im März 1999 zurückgetretenen Santer-Kommission waren die Außenbeziehungen der Gemeinschaft auf vier Kommissare in zwei Generaldirektionen (GDI, GDIA, GDIB und GD VIII) verteilt. Häufig beteiligten sich auch die Kommissare für Wettbewerb (GDIV) und Landwirtschaft (GD VI) an der Gestaltung der wirtschaftlichen Außenbeziehungen. In der neuen, am 15.9.1999 vom EP bestätigten Kommission unter Führung Romano Prodis wurden die Außenbeziehungen – wie vom Amsterdamer Europäischen Rat gefordert – nun in einer GD gebündelt und von dem britischen Kommissar Chris Patten wahrgenommen, während der Außenhandel in den Kompetenzbereich des französischen Kommissars Pascal Lamy fällt. Patten wird sich die Kommissionskompetenzen im Rahmen der GASP mit Prodi teilen. Auch die Zuständigkeiten für Entwicklungspolitik und humanitäre Hilfe wurden zusammengelegt und dem dänischen Kommissar Poul Nielson anvertraut. Als zuständiger Kommissar für die Ost-Erweiterung ist der Deutsche Günter Verheugen ebenfalls an der Gestaltung der Außenpolitik zentral beteiligt. Diese Neugliederung der Kommissionsdienststellen, der bald eine umfassende Verwaltungsreform folgen soll, hat die Pluralität der außenpolitischen EG-Akteure folglich besser strukturieren, nicht aber beseitigen können (Müller-Brandeck-Bocquet 2000).

Insgesamt betrachtet weisen die wirtschaftlichen Außenbeziehungen der Gemeinschaft eine höchst positive Bilanz auf. Die EU hat sich zu einem wirtschaftlichen Riesen, zu einer Handelsmacht par excellence entwickelt. So erzeugt die EU derzeit 31% der Weltproduktion an Waren und Dienstleistungen – gegen 27 % für die USA, die EU bestreitet 20% des Welthandels – gegen 18 % für die USA (Czempiel 1999: 13), im BIP sind beide Regionen in etwa gleich auf und seit Jahren weist die EU eine positive Handelsbilanz auf. Mittels dieser als „soft power" zu verstehenden immensen Wirtschaftsmacht ist die EU zu einem zentralen Akteur der Weltwirtschaft aufgestiegen, der seine Interessen und Grundwerte durchaus effektiv wahrzunehmen versteht. Als größter Geber der öffentlichen Entwicklungshilfe unterhalten die EU und ihre Mitgliedstaaten außerdem zu mehr als 90% der armen Staaten dieser Welt vertraglich geregelte Beziehungen, die Union kann als „principal voice of the developed world in relation with the South" bezeichnet werden (Hill 1993: 311).

Wenn dennoch die internationale Rolle der EU gemeinhin als gering und ungenügend eingestuft wird, so liegt dies großteils an der mangelhaften Verknüpfung und wechselseitigen Verstärkung der beiden analysierten Dimensionen ihres Außenhandelns. Daher wird das außenpolitische Potential der Union nicht optimal ausgeschöpft. Außerdem ist sich die öffentliche und veröffentlichte Meinung in keinster Weise der Existenz dieser Mehrdimensionalität bewußt.[14]

4. Der Dualismus: Schwachstelle oder Potential der EU-Außenbeziehungen?

Der Dualismus von GASP und Außenhandeln der EG ist insbesondere für Drittstaaten, also für die Kooperationspartner der EU, nur schwer verständlich. „Les pays tiers ont du mal à distinguer clairement les responsabilités des différentes parties de l'Union et les pouvoirs de chacune d'elles" (Willaert/-Marqués-Ruiz 1995: 89).

Nun muß anerkannt werden, daß die Union bei den beiden letzten Vertragsreformen deutliche Anstrengungen unternommen hat, um die horizontale Kohärenz zwischen dem Außenhandeln der beiden Säulen und damit die Wirksamkeit und Wahrnehmbarkeit ihrer gesamten Außenpolitik zu erhöhen. So soll der in Art. 3 EUV angesprochene „einheitliche institutionelle Rahmen" der Union die „Kohärenz und Kontinuität der Maßnahmen" der Union sicherstellen. Abs. 2 lautet: „Die Union achtet insbesondere auf die Kohärenz aller von ihr ergriffenen außenpolitischen Maßnahmen im Rahmen ihrer Außen-, Sicherheits-, Wirtschafts- und Entwicklungspolitik". Als Garanten der horizontalen, also pfeilerübergreifenden Kohärenz werden in dieser Norm explizit Rat und Kommission benannt: „Der Rat und die Kommission sind

---

14 Ein treffendes Beispiel liefert hier die EU-Nahostpolitik: Zwar werden die USA als Vermittler und Gesprächspartner von beiden Konfliktseiten der Union eindeutig vorgezogen; andererseits ist festzuhalten, „daß europäische finanzielle und technische Hilfe das palästinensische Gemeinwesen...überhaupt erst überlebensfähig macht" (Perthes 1999: 176)

für diese Kohärenz veranwortlich und arbeiten zu diesem Zweck zusammen".

De facto sind die beiden EU-Säulen in einigen Aspekten ihres Außenhandelns stärker verflochten als gemeinhin angenommen. Hier ist nochmals auf die in Amsterdam verstärkte Einbindung der Kommission in die GASP, insbesondere in konkrete Durchführungsmaßnahmen von „gemeinsamen Aktionen", zu verweisen, die die erste und zweite Säule institutionell deutlich verzahnen; die konkreten Aufgaben werden von den zuständigen GDs ausgeführt. Auch bei der Verhängung von Wirtschaftssanktionen, die auf der Grundlage von GASP-Beschlüssen (Art. 14 und 15 EUV) erfolgen kann[15], sind deutlich pfeilerübergreifende Momente zu konstatieren: Hier kommt Art. 301 EGV zur Anwendung, demgemäß der Rat auf Vorschlag der Kommission mit qualifizierter Mehrheit, also nach dem supranationalen Entscheidungsmodus der ersten Säule, beschließt[16].

Derzeit scheint die EU in wachsendem Maße zu einer pfeilerübergreifenden Ausrichtung ihrer Außenpolitik überzugehen. So läßt sowohl der „Stabilitätspakt Südosteuropa", der den Wiederaufbau des Kosovo bewerkstelligen soll, als auch die vom Kölner Gipfeltreffen angenommene „gemeinsame Strategie zu Rußland" einen eindeutig pfeilerübergreifenden Ansatz erkennen: Denn politische und wirtschaftliche Unterstützungsmaßnahmen wurden aufs engste verzahnt und „decken einen das gesamte Spektrum der EU-Politikbereiche umfassenden Handlungsrahmen" ab (Schmalz 1999: 199). Damit ist die Chance gegeben, den bisherigen Dualismus der europäischen Kooperations- und Partnerschaftsabkommen zu überwinden.

Wenn der sich abzeichnende neue Ansatz in der EU-Außenpolitik zu begrüßen ist, weil er die Effektivität, die Kohärenz und auch die Sichtbarkeit europäischen Außenhandels deutlich erhöhen könnte, darf doch nicht übersehen werden, daß diese Strategie den heute bereits extrem hohen Arbeits- und Zeitaufwand, der für die außenpolitische Abstimmung zwischen den beiden Säulen nötig ist, noch weiter steigern dürfte. So sind auch einige Neuerungen des Amsterdamer Vertrages, die eine Verzahnung der Säulen implizieren, durchaus kritisch zu betrachten. Denn sowohl die neue Vertragsschlußbefugnis des GASP-Vorsitzes als auch die Berufung des „Herrn GASP" müssen nicht notwendig zu einer Beschleunigung und Qualitätssteigerung der Außenpolitik führen; denkbar sind auch neue „Abstimmungsschleifen" und Kompetenzstreitigkeiten zwischen den EU-Organen – insbe-

---

15 EU-Wirtschaftssanktionen wurden beispielsweise im November 1993 gegen Libyen verhängt, ein Waffenembargo im März 1994 gegen Sudan (Tietje 1997 : 222/223). Im September 1999 wurde Indonesien wegen des Osttimor-Konfliktes mit einem Waffenembargo belegt.
16 Wie schon bei der Finanzierung von GASP-Maßnahmen kann auch bei der Verhängung von Sanktionen der EuGH quasi durch die Hintertür der Vernetzung von 1. Und 2. Säule zur Überprüfung des GASP-Handelns aufgerufen sein.

sondere die Zuständigkeiten von Solana, Prodi, Patten.und Lamy weisen de facto viele Überschneidungen auf.

Schließlich bleibt fraglich, ob der pfeilerübergreifende Ansatz das zentrale Charakteristikum des bisherigen europäischen Außenhandelns wird überwinden können; dieses bestand in der relativen Stärke des Außenhandelns der ersten Säule im Vergleich zur schwächeren GASP-Seite, wofür die unterschiedlichen Entscheidungsverfahren und Implementationsmethoden ursächlich sind. Daher konnte die Union bisher „mehr wirtschaftliche als politische Entscheidungen" hervorbringen (Monar 1999: 79), wie sich auch an der Sanktionspolitik, Europas „main political weapon" (Hill 1993: 324), ablesen läßt. Der pfeilerübergreifende Ansatz wird daher nur dann seine positive Wirkung entfalten können, wenn weitere Fortschritte bei der Ausgestaltung der GASP erzielt werden.

Der bisherige Dualismus der EU-Außenbeziehungen, der den wirtschafts- und handelspolitischen Output der Gemeinschaft bedeutender ausfallen läßt als den politischen, bestätigt das Wort von der EU als wirtschaftlichem Riesen und politischem Zwerg. Grundsätzlich stellt sich hier die Frage, ob die EU-Mitgliedstaaten als Herren der Verträge überhaupt die weitreichende Ökonomisierung der gemeinschaftlichen Außenbeziehungen, die für ihre nationalen Wirtschaftsinteressen ein ideales Umfeld zu schaffen vermocht haben, zugunsten einer stärkeren Betonung der genuinen außenpolitischen Rolle der Union verändert sehen wollen. Denn die politische Schwäche der GASP etwa im Umgang mit menschenrechtsverletzenden Staaten wie China oder mit den sog. „Schurkenstaaten" erlaube es den einzelnen Mitgliedstaaten – so eine mögliche These –, weiterhin „business as usual" zu betreiben (Rudolf 1999: 18).

Andererseits mehren sich die Anzeichen, daß die Union die intern und extern geäußerten Forderungen nach einer substantiellen internationalen Verantwortungsübernahme zunehmend ernst nimmt. Dies läßt sich insbesondere an der in Ansätzen beobachtbaren Ausformung einer gemeinschaftlichen außenpolitischen Identität ablesen; so zeigt sich, daß selbst in der intergouvernementalen Konstruktion der GASP die einzelstaatlichen Interessen zunehmend durch die EU-Mitgliedschaft geprägt werden und daß sich durch langjährige EU-Mitgliedschaften ein Gemeinschaftsinteresse herauskristallisiert, das auf die einzelstaatliche Interessenperzeption zurückwirkt (Schumann 1996: 161).

Mehrdimensionalität und Fragmentiertheit aber werden die EU-Außenbeziehungen auch in Zukunft charakterisieren. Denn wenn der Euro die währungspolitische Entscheidungsmacht der Europäer steigert, so ist seine Einführung gleichwohl mit einer weiteren Zersplitterung der EU-Außenrolle verknüpft: Sowohl die Euro-Abstinenz von vier heutigen Mitgliedstaaten als auch die Schaffung des Euro11-Rates zur wirtschafts- und währungspolitischen Abstimmung in Euroland sowie schließlich die problematische Außenvertretung des Euro in IWF/Weltbank und auf G7-Gipfeln sorgen für zusätzliche Facetten. Auch die bevorstehende Osterweiterung wird zu einer weiteren Pluralisierung der außenpolitischen Interessenlagen führen. Damit ergibt sich ein dringender Klärungsbedarf, welche internationale Rolle sich auf der Grundlage dieser Akteursmerkmale prinzipiell entwerfen und ausfüllen läßt. Zur Lösung der künftigen Probleme der internationalen Politik bedarf es eines neuen außenpolitischen Leitbildes, das auf Multilateralität, Multipolarität, Dialog mit den Staaten des Südens, ziviler Konfliktprävention, Interessenausgleich und wirtschaftliche Anreizsysteme angelegt ist. Die charakteristischen Akteursmerkmale der EU stellen hier durchaus ein entwicklungsfähiges Potential dar. Allerdings hat die Union noch einen mühsamen Weg vor sich, bis sie im Lichte eines solchen zukunftsgewandten, postmodernen außenpolitischen Leitbildes zur Übernahme einer zentralen internationalen Rolle im Sinne einer reifen Zivilmacht fähig sein wird.

Literaturverzeichnis

Bretherton, Charlotte/Volger, John: The European Union as a global actor, London and New York 1999

Czempiel, Ernst-Otto: Europa und die Atlantische Gemeinschaft, in: APuZ B1.2/99, S. 12-21

Gordon, Philip H.: Europe's Uncommon Foreign Policy, in: International Security, Vol. 22/Summer 1997, S. 74-100

Hill, Christopher: The Capability-Expectation-Gap or Conceptualizing Europe's International Role, in: Journal of Common Market Studies, Heft 1, 1993, S. 305-328

Lecheler, Helmut: Die Pflege der auswärtigen Beziehungen in der Europäischen Union, in: Archiv des Völkerrechts, 1994, S. 1-23

Meunier, Sophie/Nicolaidis, Kalypso: Who Speaks for Europe? The Delegation of Trade Authority in the EU, in: Journal of Common Market Studies, Nr. 3/1999, S. 477-501

Monar, Jörg: Die interne Dimension der Mittelmeerpolitik der Europäischen Union: Institutionelle und verfahrensmäßige Probleme, in: Wulfdiether Zippel (Hrsg.): Die Mittelmeerpolitik der EU, Baden-Baden 1999, S. 65-90

Müller-Brandeck-Bocquet Gisela: Der Amsterdamer Vertrag zur Reform der Europäischen Union: Ergebnisse, Fortschritte und Defizite, in: APuZ, B 47/97, S. 21-29

Müller-Brandeck-Bocquet Gisela: Der Mercosur: Partner für die Europäische Union, in: Zeitschrift für Politikwissenschaft Heft1/1999, S. 27-46

Müller-Brandeck-Bocquet Gisela: Baustelle Europäische Union. Reformaufträge an die Regierungskonferenz 2000 und weitere Umbaumaßnahmen, in: Politische Studien, März April 2000

Perthes, Volker: Der Mittelmeerraum, der nahöstliche Friedensprozeß und die europäische Union: Die Suche nach einer politischen Rolle, in: Wulfdiether Zippel (Hrsg.): Die Mittelmeerpolitik der EU, Baden-Baden 1999, S. 173-184

Pippan, Christian: Die Europäischen Union nach Amsterdam: Stärkung ihrer Identität auf internationaler Ebene?, in: APuZ, B 47/97, S. 30-39

Regelsberger, Elfriede/Wessels Wolfgang: The CFSP Institutions and Procedures: A Third Way for the Second Pillar, in: European Foreign Affairs Review, Nr. 1/1996, S. 29-54

Regelsberger, Elfriede/Jopp, Mathias: Und sie bewegt sich doch! Die GASP nach den Bestimmungen der Amsterdamer Vertrages, in: Integration Heft4 1997, S. 255-263

Regelsberger/de Schoutheete de Tervarebt/Wessels(Hrsg.): Foreign Policy of the European Union. From EPC to CFSP and Beyond, Boulder 1997

Rudolf, Peter: Stigmatisierung bestimmer Staaten – Europa bevorzugt den politischen Dialog, in: Internationale Politik, Heft 6/1999, S. 15-22

Schmalz, Uwe in: The Amsterdam Provisions on External Coherence: Bridging the Union's Foreign Policy Dualism? in: European Foreign Affairs Review Nr. 3/1998, S. 421-442

Schmalz, Uwe: Aufbruch zu neuer Handlungsfähigkeit. Die Gemeinsame Außen-, Sicherheits- und Verteidigungspolitik unter deutscher Ratspräsidentschaft, in: Integration, Heft 3 1999, S. 191-204

Schumann, Wolfgang: Neue Wege der Integrationstheorie. Ein policy-analytisches Modell zur Interpretation des politischen Systems der EU, Opladen 1996

Tietje, Christian: The Concept of Coherence in the Treaty on European Union and the Common Foreign and Security Policy, in: European Foreign Affairs Review, Heft 2 1997, S. 211-233

Wessels, Ramses A.: The International Legal Status of the European Community, in: European Foreign Affairs Review, Heft 1, 1997, S. 109-130

Willaert, Philippe/Marqués-Ruiz, Carmen: Vers une politique étrangère et de sécurité commune: Etats des lieux, in: Revue du marché unique européen, 1995, S. 35-95

No business as usual: Die Osterweiterung der EU als Herausforderung eigener Art

Beate Neuss

1. Problemkonzeption: Osterweiterung als Herkulesaufgabe

Mit dem Ende des Ost-West-Konflikts und dem Zerfall der Sowjetunion trat ein tiefgreifender Wandel der europäischen und weltpolitischen Strukturen ein, der die EU vor grundsätzlich neue Aufgaben gestellt hat. Sätze, die so oder ähnlich lauteten, sind tausendfach gesprochen und geschrieben worden. Ihre Wiederholung relativiert nicht die politisch-strategische Bedeutung der beschriebenen Zäsur, trug und trägt jedoch zur Veränderung in der Wahrnehmung europäischer Strukturen bei. Mit Fug und Recht lässt sich konstatieren, dass im Laufe des inzwischen vergangenen Jahrzehnts Bürger, aber auch die EU und ihre Politiker erst langsam den Wandel und seine Bedeutung voll zu erfassen begannen.

In der Tat steht die EU vor der größten Herausforderung in ihrer Geschichte. Die Region jenseits der deutschen Ostgrenze muss einen alle Bereiche des gesellschaftlichen, politischen und wirtschaftlichen Lebens umfassenden Transformationsprozess durchlaufen. Alle Staaten kämpfen mit inneren Problemen, die für diese jungen Demokratien bedrohlich werden können. Grenzüberschreitende Minderheitenprobleme, vor allem aber die Unkalkulierbarkeit der Entwicklung Russlands sind weitere Faktoren der Instabilität. Alles spricht dafür, dass die „Pufferstaaten" zwischen der EU und Russland bzw. der GUS ohne Aussicht auf eine Integration wenig Chancen für eine stabile Entwicklung hätten. Vielmehr würden gesellschaftliche oder innenpolitische Verwerfungen und außenpolitische Bedrohungsperzeptionen den Transformationsprozess verlangsamen. Die Region würde zur Quelle sicherheitspolitischer Gefährdungen für die EU-Mitgliedstaaten, deren Gesellschaften z.B. durch die Ausbreitung von organisiertem Verbrechen verletzlich sind. Deutschland und Österreich wären davon in erster Linie betroffen. Wie aber die kriegerischen Auseinandersetzungen auf dem Balkan gezeigt haben, reicht die Streuweite einer instabilen Region weit über die unmittelbare Nachbarschaft hinaus. Sie hat europa- und weltpolitische Implikationen.

Der EU als direktem Nachbarn der ostmitteleuropäischen Region und als einzigem Stabilitätsanker in Europa obliegt somit die Verantwortung für die Stabilisierung der Region. Kein anderer Akteur könnte ihr diese Aufgabe abnehmen. Vom Erfolg des Modernisierungsprozesses hängt die Sicherheit, aber auch der Wohlstand der EU ab.

Gelingt es jedoch, in Ostmitteleuropa die Entwicklung zu Demokratie und Marktwirtschaft zu verstetigen, wird die EU von dieser Entwicklung profitieren. Dies kann zudem positiv auf Russland ausstrahlen.

Das für die EU folgenreichste und problematischste Ergebnis der Umwälzungen von 1989/90 ist das Bestreben der ostmittel- und südosteuropäischen Länder, der Europäischen Union beizutreten. Sie sehen allein in der Mitgliedschaft ihre Zukunftsinteressen gewahrt. Die europäischen Verträge sind offen für den Beitritt europäischer Staaten, die demokratisch und marktwirtschaftlich verfasst sind. Langfristig wird sich die EU keinem Land verschließen können, das diese Kriterien erfüllt und den Beitritt begehrt. Derzeit sind dies 13 Staaten. In Zukunft werden weitere Antragsteller hinzukommen. Das heißt: Die EU kann auf mehr als 30 Mitglieder anwachsen.

Bereits quantitativ erreicht die Osterweiterung der EU eine Größenordnung, die Probleme aufwirft. Die EU hat in keiner Erweiterungsrunde mit so einer großen Zahl von Mitgliedern gleichzeitig verhandeln müssen. Seit März 1998 wird in einer „ersten Welle" mit Estland, Polen, Tschechien, Slowenien, Ungarn und Zypern verhandelt. Mit der Entscheidung des Europäischen Rates von Helsinki im Dezember 1999, auch Verhandlungen mit Bulgarien, Rumänien, Litauen, Lettland, Malta und der Slowakei aufzunehmen, kehrten die Staats- und Regierungschefs zum 1997/98 umstrittenen „Startlinienmodell" zurück, das alle Beitrittswilligen unabhängig von ihrem wirtschaftlichen und rechtlichen Entwicklungstand formal gleichbehandelt. Die Türkei erhielt ebenfalls den Status eines Kandidaten zugesprochen, muss aber bis zur Aufnahme von Verhandlungen noch „Hausaufgaben" erledigen[1].

Der Verhandlungsprozess als solcher ist bereits eine extreme Herausforderung für den EU-Apparat und die Mitgliedstaaten. Noch nie wurde in einer Erweiterungsrunde mit sechs Kandidaten verhandelt. Um so größer ist die Belastung, wenn nun mit 12 Staaten parallel beraten werden muss. In 2000 Verhandlungsgruppen werden die 90 000 Seiten des acquis communautaire verhandelt, 700 Beamte der Kommission auf Jahre ausschließlich für diese Materie abgestellt. Noch nie war auch die Zahl der EU-Mitglieder, die die Verträge ratifizieren müssen, so groß wie heute. Hinzu kommt die komplexe Verhandlungsmaterie, denn die Kandidaten müssen sich in eine Union einfügen, deren Integration in einem halben Jahrhundert so vertieft wurde, dass der acquis eine deutlich größere Hürde darstellt, als in jeder vorherigen Erweiterungsrunde. Der Maastrichter Vertrag von 1993 bedeutete diesbezüg-

---

1 Diese Entwicklung war bereits auf dem Kölner Gipfel in Aussicht genommen worden. Vgl. Schlussfolgerungen des Vorsitzes des Europäischen Rates am 3. und 4. Juni 1999 in Köln, in: IP 11/1999, S. 67; Programm der finnischen EU-Ratspräsidentschaft vom 24. Juni 1999, ebd., S. 76f.

lich einen qualitativen Sprung; er setzte die Messlatte höher als alle Verträge und Vereinbarungen seit 1958.

Die Kandidaten der letzten Erweiterung waren über Jahrzehnte eng mit dem Rechtsverständnis und Rechtsraum der EU verbunden, sie haben intensiven Handelsaustausch gepflegt und waren mit dem Währungssystem z.T. enger verflochten als manche Altmitglieder. Nun geht es erstmalig nicht mehr um die Aufnahme von westeuropäischen Staaten. Geschichte, Rechtskultur und Tradition aller Anwärter – am deutlichsten wohl die der Türkei – unterscheiden sich von den derzeitigen Mitgliedern. Von kaum geringerem Gewicht für den schwierigen Verhandlungsprozess ist der wirtschaftliche Abstand zwischen Altmitgliedern und Kandidaten. Die Union wird zu einer „Entwicklungsgemeinschaft" (Lippert 1998: 26). Keines der Länder erreicht derzeit auch nur annähernd den Durchschnitt des Pro-Kopf-BIP der EU; die Kandidaten kommen durchschnittlich lediglich auf ein Drittel. Mittelfristig kann damit gerechnet werden, dass einige Anwärter den Anschluss an Griechenland, das ärmste Mitgliedsland, erreichen (Piepenschneider/Steppacher: 1998: 8).

Da die EU auch nach dem Amsterdamer Vertrag noch nicht in der Lage ist, eine größere Anzahl Beitretender zu integrieren, ohne ihre Handlungsfähigkeit einzubüßen, müssen zwei Reformprozesse – der der Kandidaten und der der EU – parallel bewältigt werden. Die Erweiterung verlangt beiden Seiten jeweils tiefgreifende Reformen ab. Sie belasten einerseits den sozialen Frieden in den Kandidatenländern, andererseits aber auch die Politik der Union. Um die Verdoppelung der Mitgliedstaaten verkraften zu können, muss die EU ihre Finanzverfassung über die Reformen der Agenda 2000 hinaus anpassen. Der Erfolg der Erweiterung wird von erheblichen Transferleistungen nach Osten abhängen; alle Beitrittsländer werden in die Ziel 1-Fördergebiete der EU fallen. Dies führt zu Belastungen für die Solidarität unter den Altmitgliedern. Erklärtes Ziel ist es zudem, die für nur sechs Mitglieder konzipierten EU-Institutionen den Herausforderungen einer größeren Zahl von Mitgliedstaaten anzupassen, um die EU auch mit 25 oder 30 Mitgliedern handlungsfähig zu erhalten. Der institutionelle Umbau greift schmerzhaft in Besitzstände ein. Verteilungskonflikte sind unvermeidlich.

Ferner ist der Integrationsprozess der erweiterten Union gefährdet. Eine bisher nicht gekannte Heterogenität der Mitglieder wird besonders auch dann zu Spannungen führen, wenn vertragliche Regelungen eine differenzierte Entwicklung innerhalb der Union ermöglichen. Es besteht die Gefahr, dass die EU zudem Minderheitenkonflikte importiert. Die Vorstellungen der Kandidaten von der finalité politique des Integrationsprozesses sind unbekannt oder als vorläufig anzusehen, weil deren Institutionen und politischen Kräfteverhältnisse noch nicht ausgereift sind. In der Zeit sowjetischer Dominanz sahen alle Bewerber die Nation und den Nationalstaat als Kristallisationspunkt und Refugium eigener, antisowjetischer Identität und Selbstbestimmung. Die Integration verlangt ihnen nun, nach Jahrzehnten des von der sowjetischen Hegemonialmacht erzwungenen Verlusts von Souveränität, erneut den Verzicht ab, wenn auch in Form eines freiwilligen Transfers. Die Bürger wie die politischen Eliten in den Transformationsländern werden dies als schmerzhaften Vorgang erfahren, der innenpolitische Rückwirkungen haben kann. Die Bürger der Mitgliedstaaten müssen hingegen überhaupt erst von der Notwendigkeit überzeugt werden, arme Nachbarn, die über billige und z.T. auch gut ausgebildete Arbeitskräfte verfügen, aufzunehmen. Die EU ist also, nach der Bewältigung der Wirtschafts- und Währungsunion und der Schaffung einer neuen, gemeinsamen Währung erneut in ein Großprojekt der Integration eingetreten. Sein Schwierigkeitsgrad übertrifft den der Bestrebungen in den neunziger Jahre bei weitem.

2. Grundlagen und Ziele: Von der ‚Vertiefung vor Erweiterung‘ zur ‚Vertiefung und Erweiterung‘

Die EU ergriff die Chance der Osterweiterung nicht mit Begeisterung in Anbetracht künftiger Chancen, sondern zögernd, weil sich keine Alternativen boten. Zwar war 1990 sowohl in den Hauptstädten als auch in Brüssel unumstritten, dass den sich demokratisierenden Staaten Ostmitteleuropas die Annäherung an die Europäische Gemeinschaft/Union in Aussicht gestellt werden müsse. Die Beitrittsoption sollte ihnen jedoch erst dann eröffnet werden, wenn die politischen und wirtschaftlichen Voraussetzungen für die Mitgliedschaft erfüllt seien. Das Interesse der Mitglieder lag indessen in der festeren Einbindung des vereinten Deutschlands in die Union, die Vorbedingung für die Zustimmung zur deutschen Einheit gewesen war. Lediglich Großbritannien sah in einer Vertiefung der Integration eine Verstärkung des deutschen Einflusses. Es zeigte sich daher sehr früh geneigt, durch Erweiterung der Integration den Zug zur Vertiefung zu verlangsamen: „There is no need to surrender any more sovereignity to Europe", stellte John Major kurz nach seiner Amtsübernahme fest; er teile auch „Mrs. Thatcher's views that extra countries should rapidly be recruited to the European Community, so slowing the momentum for a federal union".[2] Dieses Interesse teilten die europäischen Führungsmächte Frankreich und Deutschland nicht. Der deutsche Bundeskanzler machte im Anschluss an das Maastrichter Gipfeltreffen am 9. und 10. 12. 1991 seine Rangfolge klar. Voraussetzung für die Erweiterung sei die Vertiefung (BPA-Bulletin 142, 1991: 1153; 1158). Im Vertrag von Maastricht, der am 7. Februar 1992 unterzeichnet wurde, setzten sich die Interessen Deutsch-

---

2   Changing tracks with Mr. Major, in: Economist, 8.12. 1990. Vgl. dazu Magaret Thatcher: The Downing Street Years, London 1993, S. 769f., die in den ostmitteleuropäischen Staaten zudem „Britain's natural allies" gegen eine deutsche Dominanz sah.

lands, Frankreichs und der Kommission unter ihrem Präsidenten Jacques Delors durch: Einbindung Deutschlands und Neutralisierung seines Gewichts
durch Vertiefung, d.h. in erster Linie durch Gründung einer Wirtschafts- und
Währungsunion. Auch die anderen Partner hatten kein Interesse an einer raschen Osterweiterung: Die ärmeren Mitglieder waren ohnehin besorgt, dass
der innerdeutsche Ressourcentransfer zu ihren Lasten gehen würde – um so
mehr, wenn auch noch die arme osteuropäische Verwandtschaft hinzustoßen
würde. Allen standen die notwendigen inneren und äußeren Anstrengungen
der Erweiterung sowie das Problem ihrer Vermittlung an zunehmend euro-
paskeptische Bürger vor Augen. Die von Rückschlägen gekennzeichnete Ra-
tifikation des Maastrichter Vertrages band zudem die Interessen und Ressourcen.

Zum Paradigmenwechsel trug entscheidend die politische Entwicklung
in Russland und der beginnende Zerfall Jugoslawiens bei. Der gewaltsame
Verfassungskonflikt zwischen Präsident Jelzin und der Duma, Bürgerkriege
und bürgerkriegsähnliche Zustände in den Nachfolgerepubliken der Sowjetunion, der Niedergang der russischen Wirtschaft, vor allem aber die Wieder-
entdeckung Osteuropas als politische Einflusssphäre Russlands beunruhigte
West- und Ostmitteleuropäer gleichermaßen (Bomsdorf 1996: 9). Das im
Bürgerkrieg zerfallende Jugoslawien stand als Menetekel vor Augen. Es erwies sich, dass die USA als „Pacifier" (Joffe: 1994: 64) nicht bereitstanden,
sondern mit Russland primär in Fragen eigenen Interesses – wie der nuklearen Abrüstung – kooperierten bzw. erst eingriffen, nachdem europäische Sta-
bilisierungs- und Vermittlungsversuche gescheitert waren, wie in Jugoslawi-
en. Die Entwicklung in Ost- und Südosteuropa zeigte die Gefährdungspoten-
tiale für die EU auf: Ohne Konfliktprävention würde der Raum östlich der
deutschen Grenze zur Sicherheitsbedrohung für die EU. Da die Reformstaa-
ten nun vehement den Beitritt zu NATO und EU verlangten, drohte bereits
die weitere Verzögerung ohne konkrete Perspektiven für Bewerber zu einem
destabilisierenden Faktor zu werden. Die feste Aussicht auf die Mitgliedschaft und damit auf die finanzielle Unterstützung durch die EU versprachen,
den Modernisierungsprozess zu beschleunigen.

Insbesondere deutsche Politiker, Bundeskanzler Kohl, Außenminister
Kinkel und Verteidigungsminister Rühe, sahen nun in inhaltlich und zeitlich
konkretisierten Beitrittsaussichten die unabdingbare Voraussetzung für die
Stabilisierung der angrenzenden Region, zumal die NATO Beitrittsangebote
ebenfalls noch nicht konkretisiert hatte und diese Option ohnehin nur wenigen Staaten offen stehen würde. Auf dem Gipfel von Kopenhagen im Juni
1993 ging die EU von der unverbindlichen und für die Ostmitteleuropäer
wenig Vertrauen erweckenden, weil unbestimmten Beitrittsperspektive ab
und legte einen Kriterienkatalog für die Mitgliedschaft vor. Der Beitrittsprozess wurde damit in Gang gesetzt.

3. Politikformulierung: Prärogative der Mitgliedstaaten

Die Erweiterung der Union ist ein Rechtsakt, durch den ein Staat mit der Ratifizierung des Beitrittsvertrags und durch dessen Hinterlegung in Rom der EU beitritt. Wie in bisherigen Erweiterungsrunden auch, richten die Bewerber ihren Antrag an den Rat, der nach Anhörung der Kommission einstimmig beschließen muss. Auch das Europäische Parlament muss mit absoluter Mehrheit zustimmen (Art. 49 AV). Rat und Mitgliedstaaten beschließen auch die Aufnahme von Beitrittsverhandlungen. Wer diese führt, lässt der Vertrag offen. In der ersten Erweiterung hat sich jedoch ein Verfahren etabliert, das bis heute beibehalten wurde: Die Kommission erarbeitet auf Ersuchen des Rates Vorschläge, auf deren Basis die gemeinsame Haltung festgelegt wird. Die Mitgliedstaaten einigen sich im Rat auf alle den Beitritt betreffenden Fragen. Die amtierende Ratspräsidentschaft vertritt die Auffassungen für die Gemeinschaft gegenüber den Anwärtern. Ferner mandatiert der Rat die Kommission zu Verhandlungen mit den Beitrittskandidaten im Rahmen der vom Rat vorgegeben Beschlüsse. Über die Ergebnisse der Verhandlungen befindet wiederum der Rat (Beutler u.a.: 1993: 750f.). Dieses Verfahren wird auch in der gegenwärtigen Erweiterung praktiziert.

Es handelt sich bei den Beitrittsabkommen nicht um einen Vertrag zwischen der Union und dem jeweiligen Staat, sondern um Regierungsabkommen zwischen den Mitgliedstaaten und dem jeweiligen beitretenden Staat. Alle Mitgliedsstaaten – also Regierungen und Parlamente – müssen dem Vertragswerk gemäß nationalen Regeln zustimmen.

Das Einstimmigkeitsprinzip im Rat der EU und die nationalen Ratifizierungsverfahren bedingen ein großes Gewicht der Staaten im Verhandlungsprozess. Das heißt, dass die vielschichtigen und divergierenden Interessen der Mitglieder im Vorfeld austariert werden müssen. Der Kommission kommt hierbei für die Vorbereitung von Lösungsvorschlägen eine bedeutende Rolle zu. Auf die intergouvernemental geprägten Verfahren der Willensbildung im Rat, in dem die nationalen Interessen koordiniert werden müssen, folgt die einheitliche Vertretung gegenüber den Beitrittswilligen in bilateralen Regierungskonferenzen, in denen die Kommission als „Überbringer der Botschaften der Mitgliedstaaten im Rat" agiert. Die Belange der Mitgliedstaaten werden vom Coreper I und II wahrgenommen. Arbeitsebene für die Wahrung der nationalen Interessen dort ist die ‚Arbeitsgruppe Erweiterung' des Rates. Die Verhandlungsmaterie ist in 31 Kapitel aufgeteilt, die vom Rat eröffnet und schließlich geschlossen werden müssen. Da der Rechtsbestand bei der Osterweiterung nicht zur Disposition gestellt wird, wird im wesentlichen um die Feststellung der Angleichung an den acquis bzw. um die Gewährung von Übergangsfristen gerungen. Die Kommission als Beauftragte der Mitgliedstaaten agiert hier nicht eigenständig, sondern in ständiger Rückkoppelung mit den Mitgliedern im Rat, de facto mit der ‚Arbeitsgruppe Erweiterung' im Rat.

Die Verhandlungsmaterie betrifft das gesamte Vertragswerk, also den gesamten primären und sekundären Rechtsbestand aller drei Säulen. Der Löwenanteil der zu regelnden Materie entstammt der ersten Säule, dort findet sich der Rechtsbestand des „hard acquis".

Über den Verhandlungsprozess, der schließlich zur Aufnahme neuer Mitglieder führt, sagt der Vertrag nichts aus. Bestimmte Verfahren – wie die Rolle der Kommission als Kompromissschmiede für einen einheitlichen Standpunkt der Mitglieder und als Verhandlungspartner im Auftrag der Mitglieder –, haben sich in den ersten vier Erweiterungen etabliert. Die gewaltige Herausforderung, postkommunistische Staaten mit großem Modernisierungsrückstand mitten im Transformationsprozess aufnehmen zu wollen, hat jedoch zur Entwicklung neuer Instrumente geführt.

Dazu gehört die Einigung der EU auf die „Kopenhagener Kriterien" von 1993. Sie sind als Maßstab für die Beitrittsfähigkeit der Kandidaten und die Aufnahmefähigkeit der EU zur Grundlage des Prozessmodells geworden, dem die EU seither folgt. Demnach müssen Kandidaten

– eine „institutionelle Stabilität als Garantie für demokratische und rechtsstaatliche Ordnung, für die Wahrung der Menschenrechte sowie die Achtung und den Schutz von Minderheiten",
– eine „funktionsfähige Marktwirtschaft sowie die Fähigkeit, dem Wettbewerbsdruck und den Marktkräften innerhalb der Union standzuhalten", nachweisen
– und die Übernahme der „aus einer Mitgliedschaft erwachsenden Verpflichtungen" gewährleisten, wie „sich auch die Ziele der politischen Union sowie der Wirtschafts- und Währungsunion zu eigen machen können".

Die EU ihrerseits muss „die Fähigkeit der Union, neue Mitglieder aufzunehmen, dabei jedoch die Stoßkraft der europäischen Integration zu gewährleisten", sicherstellen.[3]

3.1 Die Kommission: Federführend im Heranführungsprozess

Bisherige Beitrittskandidaten sahen sich nicht mit einem so weitreichenden Forderungskatalog konfrontiert; auch hat die Union Erweiterungen noch nie explizit an eigene Reformen gebunden. Damit die Osterweiterung erfolgreich wird, entwickelte die Kommission nach der Grundsatzentscheidung des Europäischen Rats für die Erweiterung im Dezember 1994 in Essen eine „Heranführungsstrategie", die als komplexe und langfristig angelegte Modernisierungsstrategie die Beitritte vorbereiten soll. Das Bündel an Instrumenten umfasst die Europaabkommen, die Phare-Maßnahmen und die Öffnung von

---

3   Schlussfolgerungen des Vorsitzes des Europäischen Rates am 21. und 22. Januar 1993 in Kopenhagen. In: Weidenfeld / Wessels 1994: 420.

Gemeinschaftsprogrammen für die Kandidaten, den strukturierten Dialog, der auf dem Europäischen Rat von Luxemburg (Dezember 1997) durch die Beitrittspartnerschaften ersetzt wurde. Letztere strukturieren die Vorbereitung auf den Beitritt durch die EU inhaltlich und zeitlich, sind aber keine Beitrittsverhandlungen. Mit ihnen entstand eine zweite Verhandlungsebene neben den Regierungsverhandlungen. Da die Materie der ersten Säule entstammt, also in die Gemeinschaftszuständigkeit fällt, tritt die Kommission hier als Exekutive der EG auf und kann eigenständig agieren. In bilateralen Verhandlungen einigt sich die Kommission mit den einzelnen Kandidaten über Prioritäten bei der Übernahme des acquis, über Zwischenziele, Zeitpläne, von deren Einhaltung finanzielle Zuwendungen abhängig gemacht werden, und über technische Mittel zur Heranführung.[4] Die Kommission berichtet dem Rat über Vorhaben und erreichte Ergebnisse.

Da sich die Heranführungsstrategie über einen langen Zeitraum erstreckt, nimmt die Kommission eine starke Stellung im Erweiterungsprozess ein, denn sie befindet über die Ausgestaltung und Umsetzung der Heranführungsstrategie und kann Einfluss auf das Tempo der Verhandlungen nehmen (Lippert 1998: 27).

Die Beitrittsverhandlungen werden dieses Mal kompliziert durch die Notwendigkeit, in der Union selbst schmerzhafte Anpassungsprozesse vorzunehmen. Das heißt: neben der Ebene der Heranführungsstrategie und der der Regierungsverhandlungen mit den Beitrittskandidaten finden auf einer weiteren, dritten Ebene zwischen den EU-Mitgliedern Regierungskonferenzen zur Reform der Institutionen statt.

Die Kandidaten werden mit der geballten Verhandlungsmacht der Union konfrontiert. Bereits im Heranführungsprozess bekommen sie Zuckerbrot (finanzielle Zuwendungen) und Peitsche (Zeitpunkt des Beitritts) der EU zu spüren, bleiben aber abhängig von der Union, die den Beitritt nicht nur von Reformfortschritten des Kandidaten, sondern auch von der eigenen Reformfähigkeit abhängig gemacht hat. Aufgrund stark divergierender Interessen der Mitgliedsregierungen, denen die Erweiterung höchst unterschiedlich am Herzen liegt und die mit den EU-Reformen ebenso unterschiedliche Ziele verbinden, sind Beitrittsverhandlungen noch nie so schwierig und zugleich so offenkundig asymmetrisch gewesen.

Es ist noch schwer abzuschätzen, wie sich in dem insgesamt wohl über ein Jahrzehnt dauernden Prozess die Gewichte zwischen Kommission und Rat bzw. Nationalstaaten verteilen werden. Auf den zwei entscheidenden Verhandlungsebenen – der Regierungskonferenz zur EU-Reform und den Beitrittsverhandlungen – haben die Mitgliedstaaten das abschließende, einstimmige Votum. Ihre Grundsatzentscheidungen sind maßgeblich für den Fortgang der Gespräche. So ist davon auszugehen, dass die Entscheidung des

---

4   Der Europäische Rat von Luxemburg, Luxemburg, 12. und 13. Dezember 1997. In: Europäische Kommission 12/1997: 8ff.

Gipfels von Helsinki im Dezember 1999, im Februar 2000 mit weiteren sechs Staaten Verhandlungen aufzunehmen und die Türkei als Kandidaten zu akzeptieren, zur Verzögerung des Prozesses bei den Staaten der „ersten Runde" führt. Ablesbar war dies im Jahr 1999 beispielsweise an der Konzentration der Aktivitäten des Rates auf die Eröffnung der „zweiten Runde". Für die „erste Runde" kam es zwar zur Eröffnung weiterer Verhandlungskapitel, aber die Zahl der vorläufig abgeschlossenen blieb mit drei (Forschung, Bildung, Mittelstandspolitik) konstant. Die Kommission ist unabdingbar für die Vorbereitung gemeinsamer Standpunkte, die Prioritätensetzung im Beitrittsprozess liegt jedoch bei den Mitgliedern.

4. Begrenzte Handlungsspielräume durch inkohärente Interessen in der EU

Der gesamte Mechanismus der Verhandlungen auf verschiedenen Ebenen wirkt wie ein Räderwerk, in dem Zahnräder ineinander greifen. Der enorme Aufwand an Zeit und Personal auf Seiten der Mitgliedstaaten, vor allem aber bei der Kommission, dient dem Inganghalten des Maschinenwerks. Reibungsverluste im Dreieck zwischen Mitgliedstaaten, Kommission und Kandidaten sind dabei nicht zu vermeiden. Die Kommission sitzt aufgrund ihrer Sachkompetenz in einer zentralen Scharnierfunktion. Sie hält über ihre auf Kompromiss orientierten Reformpakete auseinanderstrebende Kräfte zusammen. Der Antrieb kommt jedoch von den Mitgliedstaaten bzw. vom Rat, der aufgrund widersprüchlicher Interessen und der doppelten Anforderung von Verhandlungen mit externen Akteuren und internen Reformen zu gleichmäßiger Bewegung nicht fähig ist. Das „Gegenrad" auf Seiten des jeweiligen Kandidaten kann den Prozess verlangsamen, beschleunigen jedoch nur, wenn es im Interesse der Mitgliedstaaten ist, seine Anstrengungen zu honorieren. Da der Kommission die Vermittlung des acquis obliegt, während die Mitglieder über die letztlich politischen Fragen des Zeitpunktes der Eröffnung und des Abschlusses von Verhandlungen und der Einstufung von Staaten als Kandidaten entscheiden, zeigt sich in diesem Bereich gemeinsamer Außenpolitik ein arbeitsteiliges Verfahren, das der politischen Struktur der EU angepasst ist. Allerdings verzögern Interessendivergenzen besonders im Rat, aber auch zwischen Rat und Kommission den Prozess.

Die Handlungsspielräume der Beitrittskandidaten gegenüber der Europäischen Union und ihren Mitgliedstaaten sind leicht zu definieren. Den Kandidaten obliegt die Übernahme des acquis und der integrationspolitischen Ziele der Union, die nicht verhandelbar sind. Die EU ist bestrebt, vor allem in der Binnenmarktmaterie nach Möglichkeit keine Übergangsfristen und befristeten Ausnahmen zuzulassen – außer sie wünscht sie für sich selbst, wie Deutschland und Österreich in der Frage der Freizügigkeit. Da der Kreis von

nunmehr zwölf Beitrittswilligen außerordentlich groß ist und Zugeständnisse
Schule machen werden, verbleibt den Kandidaten wenig Spielraum. Die EU
diktiert.

Die Kommission vertritt auch im Erweiterungsprozess das Unionsinteresse. Ihr Gewicht im Prozess der Beitrittspartnerschaften ist groß, weil sie
hier eigenständig agiert und den Adressaten, dicke Bretter bohrend, die Komplexität des Beitritts verdeutlicht. Da die Kandidaten überwiegend geneigt
sind, den acquis communautaire zu unterschreiben, ohne die verwaltungsgerechte Umsetzung mitzubedenken, erfüllt die Kommission eine wichtige
Funktion als Berater, Mahner, Kontrolleur. Diese Rolle kann in ihrer Bedeutung für das Funktionieren der erweiterten Union nicht hoch genug eingeschätzt werden. Auch die jährlichen Fortschrittsberichte sind ein Instrument
zur Wahrung des Gemeinschaftsinteresses. Sie dämmen den Spielraum des
Rates für primär politisch gefärbte Entscheidungen zugunsten oder zu Lasten
von Kandidaten aus anderen als integrationskonformen Erwägungen ein. Offensichtlich ist aber, dass besondere Beziehungen einiger Mitglieder zu einigen Kandidaten hilfreich sind: Das Baltikum profitiert von der skandinavischen Fürsprache, Polen, Ungarn, in geringem Maße Tschechien von deutscher und österreichischer. Bulgarien und besonders Rumänien findet Unterstützung in Paris. Der Selektionsprozess unter den Kandidaten war nicht frei
von Bestrebungen, historische oder aktuelle Partner in der ersten Verhandlungsrunde, mindestens jedoch in einer zweiten unterzubringen, selbst wenn
der Abstand es – wie im Fall Rumäniens und Bulgariens – als kaum begründet erscheinen lässt.

Zentral ist die Rolle der Kommission aber auch im Reformprozess der
EU. Mit der Agenda 2000 legte sie ein kompromissfähiges Dokument vor,
das ebenso wie ihre vorbereitenden Überlegungen zur Amsterdamer Regierungskonferenz wie für die im Februar 2000 eröffnete, dritte Regierungskonferenz in nur einem Jahrzehnt, entscheidende Impulse gab.

Auf der Ebene der Regierungsverhandlungen ist die Kommission jedoch
eng eingebunden in das Mandat der Mitglieder. Solange die Mitglieder untereinander keinen Konsens über Sachfragen der einzelnen Verhandlungskapitel
erreicht haben, wie dies nach wie vor bei einigen der 31 Kapitel der Fall ist,
kann sie lediglich über präzise Sachkenntnisse den zumeist weniger spezialisierten Rat beeinflussen. Ihre Aktionsfähigkeit ist durch die Heterogenität der
Interessen der Mitglieder begrenzt. Erweiterungsfremde politische Interessen
und Blockaden behindern eine stringente, zügige Erweiterungsstrategie.

4.1 Erweiterung als Stop and Go-Prozess

Verzögerungen im Erweiterungsprozess gab es zunächst durch die Orientierung der Mitglieder auf die Integration Ostdeutschlands und die Einbindung
der Bundesrepublik. Zwar konnten die östlichen Partner, aufbauend auf Han-

dels- und Kooperationsabkommen, die die Kommission im Auftrag des Rates zwischen 1988 und 1990 ausgehandelt hatte, von 1991 an die sogenannten Europa-Abkommen abschließen. Sie unterschieden sich von traditionellen Assoziierungsabkommen durch die Beitrittsperspektive. Das Bestreben, den östlichen Nachbarn mit Abkommen einen Hoffnungsanker zuzuwerfen, die Brisanz ihrer Integration jedoch durch Vertagung zu entschärfen, ist unübersehbar (Weise 1997: 33f). Ankerleinen waren gewissermaßen die mit den Assoziierungsabkommen verbundenen politischen Dialoge auf multi- und bilateraler Ebene, die vor allem in außen- und sicherheitspolitischen Fragen eine Einbindung der östlichen Nachbarn ohne Verpflichtungen für die EG/-EU bedeuteten.

Der Maastrichter Vertrag vertiefte die Integration – hier setzten sich vor allem die Interessen Frankreichs und Deutschlands an einer Währungsunion durch –, berücksichtigte jedoch nicht die Anforderungen, die von den Veränderungen in Ostmitteleuropa ausgingen. Diese Linie verfolgte auch die Kommission unter Delors, aus der nachvollziehbaren Sorge, eine nicht vertiefte Gemeinschaft werde bei wachsender Heterogenität die Kraft zur Vertiefung nicht mehr aufbringen und zu einer Freihandelszone degenerieren. Die Regelungen für „sensible" Produkte – Stahl, Textil, Agrargüter – in den Abkommen mit den Ostmitteleuropäern zeigte die geringe Bereitschaft, das eigene Schutzsystem zur Disposition zu stellen. Frankreich, Spanien und Portugal, aber auch das als Anwalt der Ostmitteleuropäer auftretende Deutschland setzten sektorbezogene Schutzmaßnahmen durch.

Äußere Einflüsse wie die unkalkulierbare Entwicklung Russlands und die kriegerischen Auseinandersetzungen in Jugoslawien bewirkten einen Stimmungswechsel von der Euphorie über eine friedliche gesamteuropäische Zukunft hin zu größerer Skepsis. Dies weckte besonders in Bonn das Interesse, bei seinen Partnern aber auch die Einsicht, dass es weitergehender Schritte zur Stabilisierung der östlichen Partner bedürfe. Auf dem Kopenhagener Gipfel von 1993 regierten die Staats- und Regierungschefs auf die neue Dringlichkeit und erklärten, dass assoziierte Staaten, „die dies wünschen, Mitglieder der Europäischen Union werden können". Dazu nannten sie die Beitrittsbedingungen.[5] Als Zäsur kann jedoch die deutsche Präsidentschaft angesehen werden, die mit der auf dem Essener Gipfel beschlossenen Heranführungsstrategie die EU und die Kandidaten vor konkrete Anpassungsanforderungen stellte und somit die Beitrittsperspektive mit Inhalt füllte.[6] Hier war Deutschland der drängende Partner, der im Ratsvorsitz den notwendigen Kompromiss schmiedete: Die Interessen der östlichen Mitglieder wurden zu-

---

5 Europäischer Rat von Kopenhagen, 21. und 22. Juni 1993, Schlussfolgerungen des Vorsitzes. In: EG-Nachrichten Nr. 5 der Kommission der Europäischen Gemeinschaften, S. 10f.

6 Schlussfolgerungen des Vorsitzes des Europäischen Rates zur Ratstagung am 9. und 10. Dezember 1994 in Essen. In: Weidenfeld / Wessels 1995: 438ff.

gleich mit einem Mittelmeerprogramm, das den Interessen der südlichen
Mitglieder entsprach, kompensiert. Umstritten blieb aber, nach welchem Verfahren den Ostmitteleuropäern der Beitritt gewährt werden sollte und in welchem Volumen die Anpassungsmaßnahmen finanziell unterstützt werden
könnten.

Der strukturierte Dialog brachte als multilaterales Element im Annähe-
rungsprozess die Fachminister der Ostmitteleuropäer mit dem Rat der Europäischen Union regelmäßig zu Gesprächen zusammen. Auch der Europäische
Rat trifft seit 1996 mit den Staats- und Regierungschefs der Kandidaten zusammen und unterrichtet sie über die Verhandlungen. Diese können zwar
Stellung nehmen, werden aber nicht beobachtend einbezogen. Zwar reagierte
die Union mit den Zusammenkünften auf den gestiegenen Kommunikations-
bedarf, aber die Treffen, die sektorspezifisch in rascher Folge stattfanden,
wirkten bald als „strukturierter Monolog" (Lippert 1996: 232) mit ritualisier-
tem Ablauf und unverbindlichem Ausgang. Die Überfülle an Themen, bei
mangelnder Vor- und Nachbereitung trug nicht dazu bei, den Beitrittsprozess
voranzutreiben. Jeder Wechsel im Vorsitz bewirkte einen Bruch in den Diskussionen. Erst 1996 konnten Reformen in der Arbeitsweise zu größerer Effizienz führen, da die Kommission nun mit der Erstellung von Arbeitspapie-
ren eingebunden wurde (Lippert 1996: 232). Da die beitrittswilligen Staaten
lediglich konsultiert wurden, aber nicht beteiligt waren, blieb aus ihrer Sicht
das Verfahren unbefriedigend. Das Europäische Parlament wurde in den
strukturierten Dialog nicht einbezogen, somit blieb seine Mitwirkung auf
zwei Zusammenkünfte pro Jahr mit den Parlamentsvorsitzenden der Partner
beschränkt. Als weitere Ebene für Implementationsfragen agierten die bilateralen Assozlationsinstitutionen.

Die Ausgestaltung der Heranführungsstrategie und die Vorbereitung für
den Beitritt in den Binnenmarkt oblagen der Kommission, die dazu auf dem
Gipfel von Cannes 1995 ein Weißbuch vorlegte.[7] Dennoch öffnete sich die
Tür der EU nur einen Spalt: Zypern, das mit Griechenland einen Paten am
Ratstisch hat, und Malta wurden Ende 1995 Beitrittsverhandlungen sechs
Monate nach Abschluss der Regierungskonferenz in Amsterdam in Aussicht
gestellt. Der Grund für die Bevorzugung der beiden Länder dürfte nicht zuletzt in Divergenzen über das grundsätzliche Verfahren der Erweiterung zu
sehen sein. Noch war nicht klar, wie die Abfolge von EU- und NATO-Er-
weiterung aussehen sollte, und welche Staaten jeweils von Beitrittsangeboten
begünstigt würden. In Anbetracht von zehn beitrittswilligen ostmitteleuropäischen Ländern konnte sich der Rat auf keine Modalität für die Verhandlungen – gleichzeitig oder abgestuft – bzw. für die Beitritte einigen. Als Ent-
scheidungshilfe für eine Differenzierung unter den Beitrittskandidaten erar-
beitete die Kommission einen umfassenden Fragenkatalog, der die Fähigkeit

---

7   Vorbereitung der assoziierten Staaten Mittel- und Osteuropas auf die Integration in
     den Binnenmarkt der Union, Brüssel, KOM (95) 163 endg.

zur Anwendung und Durchsetzung von Rechtsvorschriften der Union prüfte und mit seinen 160 Fragen ein präzises Gesamtbild des jeweiligen Aspiranten zu erstellen versuchte.[8] Ferner beauftragte der Europäische Rat in Madrid im Dezember 1995 die Kommission, die Auswirkung der Erweiterung auf die Gemeinschaftspolitiken und die Mitgliedstaaten zu untersuchen:

Trotz der Vorarbeiten der Kommission trat die Union also vorerst auf der Stelle, auch weil bei den Reformen der Union als Voraussetzungen für die Erweiterung keine Fortschritte erreicht werden konnten (Nötzhold 1995: 13). Die Kommission verzichtete daher darauf, die Reformansätze in der EU und in Ostmitteleuropa zu parallelisieren und machte klar, dass es im Beitrittsprozess keinen Automatismus geben könne. Insgesamt trugen die Evaluierungen und die Gesprächsbegegnungen zu einer Ernüchterung der EU bei, da der Reformbedarf der Union und die sozialen und wirtschaftlichen Folgewirkungen der Beitritte für alle Beteiligten deutlich wurden.

Der Eintritt in die entscheidende Phase der Verhandlungen gelang schließlich erst 1997. Die EU selbst hatte durch den Amsterdamer Vertrag begonnen, das sie betreffende Kriterium des Kopenhagener Katalogs zu erfüllen, wenn auch der neue Vertrag die institutionelle Reform wiederum vertagt hatte. Da die Beitrittsperspektive mit dem Vertrag von Amsterdam nun zeitlich konkret wurde, hatte das von der Kommission geschmiedete Reformpaket „Agenda 2000" eine Chance. Es muss vorwiegend dem Druck der Erweiterung zugeschrieben werden, dass es der neuen deutschen Regierung gelang, wichtige Teile daraus 1999 umzusetzen. Die Verhandlungen hatten zum Zeitpunkt der Einigung schon begonnen. Deutschland, wirtschaftlich und politisch an der Osterweiterung besonders interessiert, verzichtete dafür auf eine Entlastung seiner Nettozahlerposition. Die ebenso dringliche Agrarreform steht noch aus, da sich die Interessen zwei großer, gewichtiger Mitglieder – Deutschland und Frankreich – in dieser Frage blockieren.

4.2 Zielkonflikt: Geostrategische versus integrationspolitische Interessen

Die Entscheidung für die Erweiterung der NATO um Polen, Ungarn und Tschechien blieb nun nicht ohne Folgen für die EU: einerseits schien ausgeschlossen, die künftigen NATO-Partner nicht auch schnellstmöglich in die EU aufzunehmen, andererseits musste die Enttäuschung der Zurückgewiesenen aufgefangen werden. Die Überzeugung, die Anstrengungen der Aspiranten auch honorieren zu müssen, tat ein übriges. Die Stellungnahmen der Kommission gaben einen Maßstab zur Differenzierung unter den Kandidaten. So fiel dann im Dezember 1997 die Entscheidung, neben den drei künf-

---

8 Die Kommission stützte sich schließlich jedoch weniger auf die Antworten der Kandidaten als auf Daten der OECD und des IWF.

tigen NATO-Mitgliedern auch Estland und Slowenien Verhandlungen anzubieten. An Zypern hielt Griechenland ultimativ fest, obwohl die Situation auf der geteilten Insel die Verhandlungen belasten musste und die EU mit der Insel ein hochgerüstetes Spannungsgebiet inkorporieren wird.

Nicht von ungefähr traf die Kommission ihre Entscheidung unmittelbar nach dem Madrider NATO-Gipfel, der die Folgen einer doppelten Zurückweisung für die Antragsteller diskutiert hatte. Insbesondere die USA hatten auf die Einbeziehung der von der NATO zurückgewiesenen Balten gedrängt. Trotz aller Beteuerung der Kommission, hier handele es sich um zwei sich ergänzende, aber sich nicht bedingende Prozesse, aus denen keine kompensatorischen Entscheidungen abgeleitet werden könnten, dürften geopolitische – Stabilisierung der Region – Überlegungen den Ausschlag gegeben haben. Bis zum Schluss umstritten war allerdings die Frage geblieben, ob die EU nach dem „Startlinienmodell" mit allen Beitrittswilligen die Verhandlungen aufnehmen und der Differenzierungsprozess erst während des folgenden Prozesses erfolgen sollte, oder ob die Fortgeschrittensten in einer „ersten Welle" starten würden. Insbesondere die Kommission hatte sich aufgrund ihrer Länderanalysen, aber auch in Hinblick auf Folgewirkungen für den Aufnahmeprozess schon frühzeitig für das „Startlinienmodell" ausgesprochen (Handelsblatt, 17.7.1997). Ihre Konzeption des Verfahrens hielt aber den Prozess für Nachholer offen, um jeden exklusiven Charakter zu vermeiden. Sobald genügend Fortschritte gemacht worden seien, sollen die übrigen aufschließen können. Bei ihrer Entscheidung für das „Startlinienmodell" hatte die Kommission auch die Meinungsbildung im Rat im Auge. Die Diskussion hier zeigte, dass die Beitritte aufkommensneutral realisiert und liebgewordene Pfründe wie der Kohäsionsfonds nicht geopfert werden sollten. So unterstützte die Kommission Spanien, das kein Interesse an der Aufnahme der armen ostmitteleuropäischen Nachbarn hat, in seiner Forderung, den Kohäsionsfonds auch für Teilnehmer der Währungsunion beizubehalten.[9] Der Europäische Rat von Luxemburg im Dezember 1997 folgte nach langen Diskussionen um „Gruppenmodell" und „Startlinienmodell" dem Vorschlag der Kommission. Er beschloss die Aufnahme von Verhandlungen mit einer „ersten Welle" und erklärte, „dass die Türkei für einen Beitritt zur Europäischen Union in Frage kommt".[10] Der Status eines Kandidaten wurde ihr jedoch nicht zugestanden.

Die Frage des Umgangs mit dem türkischen Beitrittsantrag hatte sich als besonderes Problem erwiesen. Die USA übten sowohl auf die Union direkt wie durch die Bestärkung der Türkei in ihrem Vorhaben indirekt besonderen Druck aus, das geostrategisch wichtige Scharnierland zwischen Europa und

---

9   Vgl. Agenda 2000, KOM (97) 2000, Teile I und II, 15.7.1997.
10 Europäischer Rat von Luxemburg. Tagung der Staats- und Regierungschefs der Europäischen Union, Schlussfolgerungen des Vorsitzes, in: Bulletin Nr. 12, 16.2.1998, S. 142f.

Zentralasien als Mitglied einzubinden. Bestrebungen, die Türkei über eine letztlich zu ihrer Einbindung konzipierten „Europakonferenz" zu kompensieren, schlugen fehl, weil die Türkei die Teilnahme absagte und die Beziehungen zur EU auf einem niedrigeren Niveau einfror. Die Türkei konnte, als nichteingebundener externer Akteur, über ihre Einwirkung auf Nordzypern nun die Chancen der Erweiterung mitbeeinflussen.

Seit dem Fall der Berliner Mauer ist erkennbar, dass die EU zwischen geostrategischen Erwägungen und integrationspolitischen Notwendigkeiten oszilliert. Um so augenfälliger ist dies bei den jüngsten Entscheidungen zur Erweiterung, die von den Entwicklungen auf dem Balkan geprägt sind: Der NATO-Einsatz in Bosnien zwang die EU dazu, der Region eine Zukunftsperspektive zu bieten. Wie zuvor, als es in den achtziger Jahren um die Stabilisierung der jungen südeuropäischen, dann Mitte der neunziger Jahre um die mittelosteuropäischen Demokratien ging, schien auch in Hinblick auf den Balkan das Angebot eines Beitritts nach einer erfolgreichen Demokratisierung als das Mittel der Wahl. Da den Nachfolgerepubliken Jugoslawiens und Albanien die Beitrittsoption eröffnet wurde, konnte sie der Türkei, der sie bereits in ihrem Assoziationsvertrag von 1963 zugesagt worden war, nicht länger verweigert werden. Die Selbstisolierung der Türkei erschien als nicht hinnehmbar. So beschloss der Rat von Helsinki im Dezember 1999, die Türkei in die Reihe der Kandidaten aufzunehmen, ohne bereits Verhandlungen zu beginnen. Für die Aufwertung der Staaten auf dem Balkan und der Türkei bedurfte es einer Kompensation für die Länder, die bereits Mitgliedsanträge gestellt hatten. Es waren wohl überwiegend Interessen der Staats- und Regierungschefs, die für die Eröffnung von Verhandlungen mit Lettland, Litauen, Rumänien, Bulgarien, der Slowakei und dem wieder beitrittswilligen Malta plädierten und so de facto zu einem modifizierten „Startlinienmodell" zurückkehrten. Die Differenzierung unter den Beitrittskandidaten wird sich jetzt im Verhandlungsprozess ergeben müssen. Zu befürchten ist allerdings, dass die spezifische Dynamik von Verhandlungen mit zwölf Kandidaten zu Lasten der am weitesten fortgeschrittenen Aspiranten geht. Ferner ist davon auszugehen, dass die Kandidaten in Gruppen beitreten, einerseits weil Einzelbeitritte jeweils aufs Neue Ratifikationsverfahren und gegebenenfalls Referenden zur Folge hätten, andererseits, weil enge Wirtschaftsbeziehungen unter Staatengruppierungen durch Einzelbeitritte unterbrochen würden.[11] Obwohl der zuständige Kommissar Verheugen die Verhandlungen nicht verzögern will und die Kandidaten der ersten Runde den 1. Januar 2003 als Beitrittsdatum anstreben, sind die Mitgliedstaaten offenkundig daran interessiert, den Termin möglichst weit nach hinten zu verlagern.

---

11 Die drei baltischen Staaten unterhalten eine Freihandelszone, Tschechien und die Slowakei eine Zollunion.

5. Erfolg/Misserfolg: Mittelfristiger Erfolg bei langfristigem Scheitern?

Zehn Jahre nach dem Fall der Blockgrenzen verhandelt die EU mit zwölf Beitrittskandidaten; rund fünf weiteren Staaten wird der Beitritt als Zukunftsperspektive angeboten – ohne dass die EU bereits eine konkrete Vorstellung von ihrer Zukunft als Union der dreißig hätte. Die reizvolle Vorstellung, im Osten neue Märkte zu gewinnen – der extraregionale Export in diese Märkte wächst überproportional[12] – ist dabei nicht der treibende Faktor, vielmehr sind es geopolitische Zwänge: Die Sicherheit der EU. Die Öffnung für immer neue Kandidaten erscheint als verzweifelte Flucht nach vorn, in der Hoffnung, dass es die Zeit schon irgendwie regeln werde und die Aussicht auf Verdoppelung der Mitglieder auch den notwendigen internen Reformwillen stimulieren wird. Zwar ist dem Europäischen Rat mit seiner Entscheidung über die Agenda 2000 und besonders über den EU-Haushalt bis 2006 ein Durchbruch gelungen, aber die grundlegenden Probleme sind keineswegs gelöst. Ob die im Februar 2000 beginnende Regierungskonferenz zur Reform der Institutionen den großen Sprung bringen wird, kann aufgrund der Erfahrungen mit den vorhergehenden Regierungskonferenzen mit gutem Grund bezweifelt werden. Die Verhältnisse sind noch komplizierter und die Vorstellungen von der finalité politique noch diffuser geworden. Das Wissen, dass eine Strukturreform mit 20 und mehr Mitgliedern kaum möglich sein wird, mag dazu führen, dass die Überbleibsel („left-overs") von Amsterdam aufgearbeitet werden – sehr viel mehr dürfte auch in Anbetracht von 12 verhandelnden Kandidaten nicht möglich sein. Mit großen Hoffnungen ist noch jede Regierungskonferenz gestartet und die problematische Reaktion auf die Regierungsbeteiligung der FPÖ in Österreich dürfte manchem, nicht nur kleinem Land, zu denken geben.

Kurz, die EU weiß letztlich nicht, wo sie die Grenzen ziehen will, die geographischen und die politischen, und wie sie ihre Rolle definieren will. Sie weiß also nicht wie ihr Endziel aussieht. Dies ist nichts Neues und hat bisher zwar ihre Handlungsfähigkeit, nicht aber ihre Anziehungskraft beeinträchtigt. Allerdings sind die Herausforderungen, vor denen sie im kommenden Jahrzehnt steht, von einer neuen Qualität.

Für eine erfolgreiche Osterweiterung ist zweierlei notwendig: Die Erfüllung der Kriterien von Kopenhagen durch die EU und die Kandidaten sowie eine konkrete Vision von der Rolle der EU im Europa des 21. Jahrhunderts. Letztere ist noch ungeklärt und umstritten.[13] Ersteres wird auch davon

---

12 Davon profitiert insbesondere Deutschland. Vgl. András Inotai/Krisztina Vida: Mittel- und Osteuropa. In: Weidenfeld/ Wessels: Jahrbuch der Europäischen Integration 1998/99, Bonn 1999, S. 255f.

13 Vgl. Jacques Delors' Bemühungen, in Frankreich eine Diskussion über die Zukunft Europas zu initiieren, in: FAZ, 16.2.2000, sehr viel vorsichtiger der Bericht der „Drei Weisen": Richard v. Weizsäcker/Jean-Luc Dehaene/David Simon: Die institutionel-

abhängen, ob sicherheitspolitische Konstellationen, nationale Interessen oder die Eigendynamik der Erweiterung die EU zu frühzeitig für eine zu große Welle von Staaten öffnet. Immer wieder haben EU-Organe oder einzelne Regierungschefs, wie z.b. Bundeskanzler Kohl, Staaten der „ersten Welle" einen Termin kurz nach der Jahrhundertwende in Aussicht gestellt. Warnungen der Kommission, die strengen Einzelfallprüfungen beizubehalten, können durch Entscheidungen der Ratsmitglieder konterkariert werden. Andererseits würde eine durch die Fortschrittsberichte der Kommission und den Verhandlungsstand nicht gedeckte Verzögerung durch die EU einen gravierenden Vertrauensverlust in Ostmitteleuropa zur Folge haben.

6. Bilanz und Ausblick: Chancen für ein handlungsfähiges Europa?

Erweiterungsprozesse sind der EU zwar inzwischen geläufig, aber dennoch ein Sonderproblem ihrer Außenbeziehungen. Erfolge und Defizite lassen sich am ehesten bewerten, wenn der gegenwärtige Prozess mit vorhergehenden Runden verglichen wird. Der Beitrittsprozess ist dieses Mal klarer strukturiert, die Ziele und der Weg sind, auch für die Kandidaten, definiert. Dazu tragen die Kopenhagener Kriterien und die Beitrittspartnerschaften in besonderer Weise bei. Sie ermöglichen der Kommission, den Kandidaten geschlossen gegenüber zu treten – ein deutlicher Fortschritt zu den ersten Erweiterungsrunden. Zugleich zeigt die Mehrebenen-Strategie, wie weit sich das gemeinschaftliche Agieren der Union und ihrer Mitglieder bereits von traditioneller Außenpolitik entfernt hat. Den Preis dafür spüren – im positiven wie im negativen – die Kandidaten: Noch nie sind Machtgefälle und Asymmetrie der Strukturen zwischen Union und Kandidaten so deutlich zu Tage getreten.

Nach anfänglichen Reibungsverlusten bei Treffen zwischen den Fachministerräten und ihren Pendants in Ostmitteleuropa haben verschiedene Arbeitsebenen offenbar Tritt gefasst. Assoziationsausschüsse bzw. -räte setzen die Verpflichtungen aus den Europaabkommen um, die Heranführungsstrategie mit ihrem bilateralen acquis screening bereitet die Beitrittswilligen auf die Herausforderungen des Binnenmarktes vor. Der multilaterale Dialog zwischen den Institutionen der Union und den Beitrittsregierungen widmet sich allen drei Pfeilern und ist Sache des Rates und der ‚Arbeitsgruppe Erweiterung' des Rates. Das Europäische Parlament, das den Beitritten schließlich mit der Mehrheit seiner Mitglieder zustimmen muss, unterhält eigene Kontakte mit den Parlamentspräsidenten der östlichen Nachbarn.

len Auswirkungen der Erweiterung. Bericht an die Europäische Kommission, Brüssel, 18. 10. 1999.

Die fragmentierte Politik, die den Beitritt auf verschiedenen Ebenen durch verschiedene Akteure vorbereitet und gestaltet, bindet die Kapazitäten der EU in einem bisher nicht gekannten Ausmaß: Bezogen auf die Zahl ihrer Beamten in der gehobenen Laufbahn sind mehr als 10% des Personals im Verhandlungsprozess gebunden – der Preis für bilaterale Verhandlungen. Es ist schwer vorstellbar, dass die Union in der Lage wäre, neben der Herkulesaufgabe der Erweiterung noch andere, unvorhergesehene Herausforderungen adäquat zu bewältigen.

Für das Ingangsetzen des Erweiterungsprozesses waren Akteure außerhalb der Union entscheidend. Sie trugen zum Einstellungswandel bei und beeinflussten die Auswahl der Kandidaten: So führte die Entscheidung der NATO, keines der baltischen Länder in die erste Erweiterungsrunde aufzunehmen, zur Einladung der EU an Estland, die Verhandlungen in der „ersten Welle" zu beginnen. Den geostrategisch exponierten Staaten sollte signalisiert werden, dass auch sie einen sicherheitspolitischen Anker im Westen finden würden. Die Rolle der Türkei als Störfaktor für die Verhandlungen mit Zypern bzw. die Rolle der USA als Fürsprecher für das Land am Bosporus veränderte das Meinungsbild in der Union ebenso wie der Krieg im Kosovo hinsichtlich der Mitgliedschaft der Balkan-Staaten. Das geopolitische Kalkül ist bisher aufgegangen: Die verhandelnden Länder sind politisch stabilisiert, wirtschaftlich auf dem Weg der Konsolidierung; die Türkei – auch auf Zypern – kooperativer und Kroatien auf dem Wege zur Demokratie.

Es fragt sich jedoch, ob die Medizin „Erweiterung zur Stabilisierung" nicht allzu leichtfertig verabreicht wird und es nicht besser gewesen wäre, attraktive Alternativen zu entwickeln. Zwar hat sich die Union immer nur unter erheblichem Druck zu Reformen fähig gezeigt. Aber in Anbetracht einer anstehenden Verdoppelung der Mitgliederzahl und einer bisher nur geringen Reformfähigkeit reicht das bisherige „muddling through" nicht mehr aus.

Daher ist eine Aussage darüber, ob nach der wohl in mehreren Schüben stattfindenden Erweiterung ein Europa der 27 oder 30 noch handlungsfähig ist und auf externe Herausforderungen adäquate Antworten findet, nicht möglich. Entscheidend wird sein, ob, wann und in welchen Strukturen es gelingt, einer Avantgarde von Staaten die tiefere Integration offen zu halten und den Gründungsgedanken weiter zu verfolgen. Dass dem gravierenden Dilemma zwischen Erweiterung und Vertiefung auf der Ebene der Staats- und Regierungschefs nicht mit aller Konsequenz auf den Grund gegangen wird, muss bedenklich stimmen. Ohne eine Erweiterung ist die politische, wirtschaftliche und sicherheitspolitische (auch ökologische) Stabilität Europas gefährdet, mit einer Erweiterung jedoch das Agieren der Union angesichts von Bedrohungen in einer globalisierten Welt.

Sollte die Erweiterung gelingen, d.h. der Region Demokratie, Wohlstand und Stabilität bei weitreichender Handlungsfähigkeit eines Kerns zuteil werden, der den Tanker Europa manövrierfähig hält, gewinnt Europa die Chance, aktiv die Weltpolitik des 21. Jahrhunderts mitzugestalten. Amerika hat eine Vision von sich und seiner Rolle, Europas Selbstbild gleicht der Reflexion eines Zerrspiegels. Solange ein klares Selbstbild fehlt, wird es schwer für die großeuropäische Zukunft Lösungen und Strategien zu definieren. Von der Fähigkeit, Europa auch jenseits der deutschen Grenze in Stand zu setzen, zu agieren und nicht nur zu reagieren, wird es abhängen, ob sich in den kommenden Jahrzehnten eine europäische Identität herausbildet.

Literatur

Beutler/Bieber/Piepkorn/Streil: Die Europäische Union. Rechtsordnung und Politik, Baden-Baden, 4. Aufl. 1993.

Bomsdorf, Falk: Grundtendenzen und Grundprobleme der russischen Außenpolitik, in: Winrich Kühne (Hrsg.): Die Außenpolitik der Russischen Föderation : Großmachtanspruch – ungelöste Transformationsaufgaben – Innere Schwäche, Stiftung Wissenschaft und Politik, Ebenhausen März 1996, S. 7-19.

Europäische Kommission: Bulletin der Europäischen Union, 12/1997, Luxemburg, 1997.

Inotai, András/Vida, Krisztina: Mittel- und Osteuropa. In: Weidenfeld/Wessels: Jahrbuch der Europäischen Integration 1998/99, Bonn 1999, S. 251-258.

Joffe, Josef: Europe's American Pacifier, in: Foreign Policy 54, Spring 1994, S. 61-78.

Lippert, Barbara: Mittel- und Osteuropa, in: W. Weidenfeld/W. Wessels: Jahrbuch der Europäischen Integration 1995/96, Bonn 1996, S. 232.

Lippert, Barbara: Der Gipfel von Luxemburg: Startschuss für das Abenteuer Erweiterung, in: Integration 1/1998, S. 12-31.

Nötzhold, Jürgen: Europäische Union und Ostmitteleuropa: Erwartungen und Ungewißheiten, in: Außenpolitik 1/1995, S. 13-24.

Piepenschneider, Melanie/Steppacher, Burkard: Agenda 2000 und Ost-Erweiterung. In: EU-Magazin 1-2/1998, S. 8-15.

Weidenfeld, Werner/Wessels, Wolfgang: Jahrbuch der Europäischen Integration 1990ff, Bonn 1991ff.

Weise, Christian u.a.: Ostmitteleuropa auf dem Weg in die EU – Transformation, Verflechtung, Reformbedarf, Berlin 1997, S. 33ff.

v. Weizsäcker, Richard/Dehaene, Jean-Luc/Simon, David: Die institutionellen Auswirkungen der Erweiterung. Bericht an die Europäische Kommission, Brüssel, 18. 10. 1999.

Auswärtige Politikgestaltung im EU-Mehrebenensystem
Eine Analyse der strukturellen Probleme am Beispiel der Euro-Mediterranen Partnerschaft

Annette Jünemann

1. Die Euro-Mediterrane Partnerschaft: Ein qualitativ neuer Ansatz europäischer Regionalpolitik

Bis Mitte der 90er Jahre konzentrierten sich die Außenbeziehungen der Europäischen Union (EU) zu den Mittelmeer-Drittländern (MDL) auf die Bereiche Wirtschaft und Handel. Dabei stand die europäische stets im Schatten der rein bilateralen Beziehungsebene, deren hervorgehobener Stellenwert auf die historisch gewachsenen Beziehungen einiger EU-Mitgliedstaaten (MS) zu bestimmten MDL zurückzuführen ist. Eine europäische Mittelmeerpolitik im eigentlichen Sinne wurde erst durch die im November 1995 in Barcelona eingeführte Euro-Mediterrane Partnerschaft[1] (EMP) begründet, die sowohl zu einer *Europäisierung* als auch zu einer *Politisierung* der EU-Außenbeziehungen im südlichen Mittelmeerraum führte (Jünemann 1999). In Analogie zur KSZE besteht die EMP aus drei Körben, die durch eine *linkage*-Politik miteinander verbunden sind: Korb I, die Politische und Sicherheitspartnerschaft, Korb II, die Wirtschafts- und Finanzpartnerschaft und Korb III, die Partnerschaft im kulturellen, sozialen und menschlichen Bereich. Finanziert wird die EMP über das MEDA-Programm (Verordnung (EG) Nr. 1488/96), dessen Budget die EU unilateral festlegt und verwaltet.[2]

Eine Neugestaltung der EU-Mittelmeerpolitik war aufgrund der als bedrohlich wahrgenommenen Destabilisierung des südlichen Mittelmeerraums nach dem Ende des Ost-West-Konflikts notwendig geworden. Das qualitativ neue, nicht-militärische Bedrohungspotential – gemeint ist die Ausbreitung militant-islamistischer Bewegungen, die Verschärfung von Regionalkonflikten und die Zunahme von Drogenhandel, organisierter Kriminalität und internationalem Terrorismus – erforderte grundlegend neue Problemlösungsstrategien. Einen ersten Ansatz dazu stellt die EMP dar, die nicht auf Konfrontation, sondern auf *partnerschaftliche Kooperation* setzt.

---

1   Für die Einführung der EMP definierte die EU eine Gruppe der „Mittelmeerpartner": Marokko, Algerien, Tunesien, Ägypten, Israel, Libanon, Syrien, Jordanien, Palästinensische Autonomiegebiete, Türkei, Zypern und Malta.

2   Von 1995-1999 betrug das Budget 4,685 Millionen ECU. Auf der euro-mediterranen Außenministerkonferenz von Stuttgart im April 1999 wurde für MEDA II erneut eine Summe von ca. 4,7 Millionen ECU veranschlagt.

Innerhalb der EU herrscht Konsens darüber, daß die zunehmende Destabilisierung des südlichen Mittelmeerraumes vorwiegend sozio-ökonomisch
bedingt ist. Es liegt folglich im europäischen Interesse, die Probleme an der
Wurzel zu fassen und den MDL bei deren wirtschaftlicher Entwicklung zu
helfen. Substantieller Kern der EMP sind deshalb die pluri-bilateralen Euro-
Med-Assoziierungsabkommen, die zwischen der EU und ihren MS auf der
einen, und jeweils einem MDL auf der anderen Seite abgeschlossen werden.
Zusammengenommen sollen diese Abkommen bis 2010 eine euro-mediterrane Freihandelszone (FHZ) begründen. Die FHZ sieht nicht nur eine inter-
regionale, sondern auch eine intra-regionale Vernetzung der Handelsbeziehungen vor und will damit wirtschaftliche Integrationsprozesse im südlichen
Mittelmeerraum fördern. Von einer solchen Regionalisierung erhofft man
sich in der EU neben dem angestrebten wirtschaftlichen Aufschwung *spill
over*-Effekte auf die politische Ebene, da sie Interdependenzen entstehen
läßt, die sich positiv auf die Eindämmung bzw. Lösung von Regionalkonflikten auswirken können (Miller 1993: 58f).

Normative Ziele der EMP sind die Stärkung der Demokratie und der
Schutz der Menschenrechte. Diese Zielsetzung hat einen entwicklungstheoretischen Hintergrund, demzufolge nachhaltige Entwicklung nur möglich ist,
wenn wirtschaftliche und politische Reformen einander ergänzen (Entelis
1995: 47). Das Bekenntnis zu Demokratie und Menschenrechten wurde den
autoritär verfaßten Regimen unter den MDL mehr oder minder aufgezwun-
gen, indem die EU es zur Voraussetzung einer vertieften wirtschaftlichen Zusammenarbeit machte. Seiner praktischen Umsetzung stellt sich jedoch immer wieder der ebenfalls in Barcelona verbriefte Souveränitätsanspruch der
MDL entgegen. So gesehen steht das normative Ziel der Demokratisierung in
einem gewissen Widerspruch zu dem ebenfalls normativ zu verstehenden
Anspruch auf gleichberechtigte Partnerschaft.

Der qualitative Fortschritt der in Barcelona begründeten EMP gegenüber
der vormaligen europäischen Mittelmeerpolitik besteht in der Komplexität
des Ansatzes, die den Interdependenzen zwischen ökonomischen und politischen Stabilitätsproblemen in der Region Rechnung trägt, und in dem kooperativen „Partnerschaftsgeist" (Jünemann 1998). Damit unterscheidet sich die
EMP konzeptionell von der EU-Politik gegenüber ASEAN und Mercosur,
die sich weitgehend auf die Bereiche Handel und Wirtschaft beschränkt. Der
viel beschworene Partnerschaftsgeist darf allerdings nicht vergessen machen,
daß die EMP eine europäische Initiative ist, der eine Perzeption des südlichen
Mittelmeerraumes als *Krisenregion* zugrunde liegt. Aufgrund dieser Perzeption zielt die EMP, im Gegensatz zur EU-Politik gegenüber den Mittel- und
Osteuropäischen Ländern, nicht auf Integration, sondern lediglich auf kon-
trollierte Annäherung.

2. Defizite bei der Implementierung der EMP aufgrund auseinanderdriftender Interessen

Die Konzeption der EMP fand auf europäischer Seite in ungewöhnlich enger Kooperation zwischen supranationaler und nationaler Entscheidungsebene statt. Zusammen mit der Kommission und dem EP bildeten die südeuropäischen MS eine strategische Koalition, die notwendig war, um die Einführung der EMP gegen den Widerstand der wenig interessierten mittel- und nordeuropäischen MS durchzusetzen. Dabei spielten neben den bereits erörterten sicherheitspolitischen Faktoren auch endogene Anforderungen eine Rolle, d.h. Anforderungen, die wenig mit dem Mittelmeerraum an sich, aber viel mit den internen Problemen der EU nach Ende des Ost-West-Konflikts zu tun haben.

Das gesteigerte EU-Engagement in Mittel- und Osteuropa seit Ende des Ost-West-Konflikts hatte bei den südlichen MS Marginalisierungsängste ausgelöst, die durch die EU-Norderweiterung von 1995 noch verschärft wurden. Sorgen um die innere Machtbalance der EU bereitete auch das wiedervereinigte Deutschland, das in der Ostpolitik schnell eine Art regionaler Führungsrolle übernommen hatte. Die Idee zur Gründung der EMP entsprang somit auch dem Interesse der Südeuropäer, innerhalb der EU die Machtbalance zwischen nördlichen und südlichen MS wieder herzustellen. Dabei ging es nicht zuletzt um eine gerechte Kostenverteilung der Stabilisierungspolitik im südlichen Mittelmeerraum.

Zur Durchsetzung einer gemeinschaftlichen EU-Mittelmeerpolitik bedienten sich die südeuropäischen MS einer zusammengesetzten Strategie aus politischer Überzeugungsarbeit und politischem Druck. Überzeugen konnten sie ihre nördlichen Nachbarn von dem zu erwartenden Bedeutungsverlust geographischer Faktoren nach Inkrafttreten des Schengener Abkommens, da mit Wegfall der innereuropäischen Grenzen die nord- und mitteleuropäischen MS von den Folgen der Destabilisierung im südlichen Mittelmeerraum gleichermaßen betroffen sein werden wie die südeuropäischen MS. Politischen Druck übten sie aus, indem sie ihre Zustimmung zur EU-Ostpolitik an die verbindliche Zusage eines adäquaten EU-Engagements im Süden knüpften.

Voraussetzung für das Funktionieren der strategischen Koalition zwischen der Kommission, dem EP und den südeuropäischen MS war die Zurückstellung nationaler Sonderinteressen, wie sie insbesondere Frankreich und Spanien in der Region verfolgen (Gillespie 1997: 38ff), zugunsten des übergeordneten Ziels der Etablierung einer gesamteuropäischen Mittelmeerpolitik. Die *Konzeption,* für die die Kommission maßgebliche Vorarbeiten leistete, und die *Einführung* der EMP können somit als gelungenes Beispiel europäischer Politikgestaltung bezeichnet werden. Weniger erfolgreich verläuft indes die *Implementierung* der EMP, wie eine nüchterne Bilanz der ersten vier Jahre offenbart. Auf Seiten der EU erklären sich die Defizite bei der praktischen Umsetzung der EMP mit einem zunehmenden Auseinanderdriften der Interessen.[3]

Seitdem die EMP fest etabliert ist, scheint sich der politische Wille, den Partnerschaftsgeist mit Leben zu erfüllen, zu verflüchtigen. Die Umsetzung der EMP wird zunehmend von den begrenzten Partikularinteressen einzelner Akteure innerhalb der EU dominiert, insbesondere von den nationalen Sonderinteressen der MS. Das *Gesamtkonzept* der EMP ist schon unmittelbar nach ihrer Einführung aus dem politischen Blickfeld der maßgeblichen Akteure geraten. Unter diesen Bedingungen machten sich bald strukturelle Schwächen der EMP bemerkbar.

In Ermangelung einer gemeinsamen Strategieplanungseinheit, deren Einrichtung im Rahmen der GASP erst durch die Vertragsrevision von Amsterdam erfolgte, basierte die EMP noch auf den unterschiedlichen Problemanalysen der Kommission und der einzelnen, vornehmlich südlichen MS. Größere Abweichungen zwischen den verschiedenen Problemanalysen sind insbesondere dann gegeben, wenn es um MDL geht, zu denen einige MS historisch bedingte Sonderbeziehungen unterhalten (z.B. Frankreich/Algerien), oder um Regionalkonflikte, in die einzelne MS involviert sind (z.B. Griechenland/Zypernkonflikt). Dissens besteht des weiteren über angemessene Strategien zur Bewältigung gemeinschaftlich identifizierter Probleme in der Region, insbesondere darüber, in welchem Ausmaß die EMP zur Durchsetzung der normativen Ziele der Demokratisierung und des Menschenrechtsschutzes politisiert werden sollte.

Zusammenfassend kann festgestellt werden, daß die EU den MDL gegenüber zunehmend als inkohärenter und widersprüchlicher Akteur auftritt. Damit untergräbt sie den Partnerschaftsgeist, der die EMP qualitativ von der traditionellen europäischen Mittelmeerpolitik unterscheidet.

„It is in fact not really a partnership (i.e. a relationship between equal partners), but the aggregation of the non-EU Mediterranean Partners to the Union's institutions of political co-operation in a satellite status." (Aliboni 1999:1)

3. Die Entscheidungsstrukturen der EMP: Grenzen des EU-Mehrebenensystems im Rahmen einer inter-regionalen Partnerschaft

Für die Analyse der EMP ist zwischen der multilateralen Beziehungsebene (EU+MS/alle MDL) und der pluri-bilateralen Beziehungsebene (EU+MS/-

---

3   Auf die Defizite der MDL, die sich insbesondere im mangelnden Reformwillen der autoritären Machteliten manifestieren, kann hier nicht näher eingegangen werden.

einzelnes MDL) zu differenzieren.[4] Die multilaterale Beziehungsebene mani-
festiert sich im sogenannten „Barcelona-Prozeß", der alle 18 Monate in Form
von euro-mediterranen Außenministerkonferenzen öffentlichkeitswirksam
wird[5] und dessen wenig spektakuläre Umsetzung dem euro-mediterranen
Ausschuß für den Barcelona-Prozeß obliegt, kurz Euro-Med-Ausschuß genannt. Wichtige Elemente des Barcelona-Prozesses sind die Politische- und
Sicherheitspartnerschaft im Rahmen von Korb I sowie die sektoralen Konferenzen im Rahmen von Korb II (z.B. zu den Themen Industriekooperation,
Energie oder Wasser)[6] und Korb III (z.B. zu den Themen kulturelles Erbe
oder Gesundheit).[7] Zu nennen sind des weiteren Regionalprogramme zur
Vernetzung der subnationalen Ebene, inklusive der Zivilgesellschaften.[8]

Die pluri-bilaterale Beziehungsebene (EU+MS/einzelnes MDL) manife-
stiert sich vorwiegend in den Euro-Med-Assoziierungsabkommen und in den
nationalen Indikativprogrammen, mit denen die EU die Mittelzuweisung aus
dem MEDA-Budget an die einzelnen MDL regelt. Daß die pluri-bilaterale
Kooperation den substantiellen Kern der EMP ausmacht belegt die Tatsache,
daß ca. 90% des MEDA-Budgets in diesen Bereich fließen.[9]

Eine zweite Differenzierung, die zum Verständnis der komplexen Strukturen der EMP notwendig ist, ergibt sich aus ihrer innovativen politischen
Dimension. Durch sie berührt die EMP den ersten und den zweiten Pfeiler
des EUV und weist damit den für die EU-Außenbeziehungen typischen Dualismus von *vergemeinschafteter* Außenhandels- und Entwicklungspolitik ei-

---

4   Die bilateralen Beziehungen zwischen einzelnen MS und einzelnen MDL spielen in
    den *formalen* Strukturen der EMP keine eigenständige Rolle. In der politischen *Pra-
    xis* sind sie gleichwohl von hoher Relevanz, wie im späteren Verlauf des Aufsatzes
    noch ausgeführt wird.

5   Barcelona im November 1995, Malta im April 1997, Palermo im Juni 1998 (infor-
    mell) und Stuttgart im April 1999.

6   Euro-mediterrane Ministertreffen zum Thema Industriekooperation fanden 1996 in
    Brüssel und 1998 in Klagenfurt statt, zum Thema Energie 1996 in Triest und 1998 in
    Brüssel und zum Thema Informationsgesellschaft 1996 in Rom. Vgl. Europäische
    Kommission, GD Auswärtige Beziehungen (ER/F.1), Oktober 1999 (http:www.euro-
    med.net)

7   Euro-mediterrane Konferenzen auf Expertenebene zum Thema kulturelles Erbe fan-
    den 1996 in Bologna statt; zum Thema Gesundheit 1999 in Montpellier. Vgl. Euro-
    päische Kommission, GD Auswärtige Beziehungen (ER/F.1), Oktober 1999
    (http:www.euromed.net)

8   Wichtige Regionalprogramme im Rahmen von Korb II sind z. B. das Energieforum
    und das Transportforum. Unter den Regionalprogrammen im Rahmen von Korb III
    sind Euromed Heritage, Euromed Audiovisuell und Euromed Youth sowie die der-
    zeit aufgrund von Mißmanagement stornierten Programme Med-Media, Med-
    Campus und Med-Urbs hervorzuheben.

9   Ebenfalls pluri-bilateral ist das Programm MEDA-Democracy organisiert, das im
    Rahmen von Korb III zur gezielten Unterstützung gesellschaftlich schwacher Grup-
    pen in den MDL eingerichtet wurde, allerdings über eine eigene Budgetlinie finan-
    ziert wird.

nerseits und *intergouvernementaler* GASP andererseits auf (Monar 1999: 77ff).[10] Die daraus resultierende Komplexität erhöht sich durch den weiteren Umstand, daß eine trennscharfe Abgrenzung zwischen vergemeinschafteten und intergouvernementalen Entscheidungsverfahren der EU kaum mehr möglich ist. Für diese Komplexität prägte Eric Philippart den stilistisch zwar unschönen, analytisch aber hilfreichen Begriff der *Interpillarisation*:

„Interpillarisation corresponds to a form of horizontal fragmentation (policy domain split among different pillars) often complicated by a vertical fragmentation (each pillar has its own form of multi-level governance interaction)." (Phillipart 1998: 7)

Interpillarisation ist z.B. durch die primärrechtliche Trennung von Entwicklungs- und Außenpolitik gegeben,[11] oder durch die unvollständige Überführung der Migrationspolitik vom dritten in den ersten Pfeiler des EUV.[12] Beide Beispiele sind für die EMP von hoher Relevanz und verdeutlichen die primärrechtlich bedingten Probleme der EU, Drittstaaten gegenüber als homogener Akteur aufzutreten. Die MDL sind mit der schwierigen Situation konfrontiert, daß die Verhandlungen mit der EU im Rahmen des zweiten Pfeilers des EUV gänzlich anderen Spielregeln folgen als die im Rahmen des ersten Pfeilers. Damit nicht genug, sind in beiden Pfeilern je nach Politikfeld weitere Differenzierungen zwischen unterschiedlichen Entscheidungsverfahren notwendig.

3.1 Der Barcelona-Prozeß: Multilateralismus unter starkem Einfluß der Kommission

Für die Umsetzung des Barcelona-Prozesses ist der Euro-Med-Ausschuß zuständig, der vierteljährlich auf Botschafterebene tagt. Ihm obliegt es, die einzelnen Sektoren der Kooperation zu evaluieren und auf ihre Kohärenz mit dem Gesamtprojekt hin zu überprüfen (Köhler 1998:25). Im Euro-Med-Ausschuß, der von der jeweiligen EU-Präsidentschaft geleitet wird, sitzen Vertreter der Troika, aller 12 MDL sowie Beobachter aus den übrigen MS. Da der Euro-Med-Ausschuß über kein eigenes Sekretariat verfügt, finden Vor- und Nachbereitung des Euro-Med-Ausschusses sowie aller sektoralen euro-mediterranen Treffen im Rahmen von Korb II und Korb III in der Ge-

---

10 Mit Überführung der Migrations- und Asylpolitik vom dritten in den ersten Pfeiler im Zuge der Amsterdamer Vertragsreform hat der dritte Pfeiler seine anfängliche Relevanz für die EMP verloren.

11 Während die Entwicklungszusammenarbeit den Entscheidungsverfahren und dem institutionellen Arrangement des ersten Pfeilers unterliegt (Titel XX, Art. 177-181 EGV), folgt die ihr thematisch eng verwandte Außenpolitik den intergouvernementalen Entscheidungsverfahren des zweiten Pfeilers (Titel V, Art. 11-17 EUV).

12 Unvollständig ist sie deshalb, weil die MS für eine Übergangszeit von fünf Jahren ihre nationale Souveränität für diese beiden Politikbereiche auch im Rahmen des ersten Pfeilers behalten (Wessels 1997: 122).

neraldirektion (GD) Außenbeziehungen der Kommission statt.[13] Der Kommission kommt somit die politisch einflußreiche Aufgabe des *Agendasetting* zu. Weitere Möglichkeiten der politischen Steuerung ergeben sich durch die Ausarbeitung von Textentwürfen und nicht zuletzt durch die Verwaltung der zahlreichen im Rahmen des Barcelona-Prozesses begründeten Regionalprogramme.

Da die Kommission auf diese Aufgabenfülle nicht vorbereitet war und man ihr zunächst auch keine zusätzlichen Stellen bewilligte, kam es in der Anfangszeit der EMP zu mehreren Verwaltungspannen, die erhebliche Irritationen in den MDL auslösten. So beispielsweise, als den Regierungen der MDL wichtige Dokumente verspätet, d.h. später als den MS zugeleitet wurden (Monar 1999: 83), oder als die MED-Programme zur Vernetzung der Zivilgesellschaften im Rahmen von Korb III aufgrund eines negativen Berichts des Europäischen Rechnungshofes gestoppt werden mußten (Europäischer Rechnungshof 1996). Ausgelöst wurden die Irritationen nicht nur durch den objektiv entstandenen Schaden, sondern auch durch das prinzipielle Unverständnis gegenüber dem heterogenen Akteur EU. Da das komplexe Entscheidungssystem der EU in den MDL nur bedingt durchschaut wird, wurde beispielsweise hinter der verzögerten Dokumentenübermittlung eine politische Strategie „der EU" vermutet, mit der die MDL (scheinbar) in eine defensive Verhandlungsposition gedrängt werden sollten. Analog dazu schlossen Vertreter der Zivilgesellschaft, die von der Stornierung ihrer Programme betroffen waren, auf ein nachlassendes Interesse „der EU" an Demokratisierungsprozessen in der Region. Ihnen blieb unverständlich, daß die Kommission sich dem Votum des Europäischen Rechnungshofes und des EP hatte beugen müssen.

Die Verwirrung in den MDL über die Kompetenzverteilung innerhalb der EU wurde dadurch verstärkt, daß vor der internen Reform der Kommission mehrere GD mit unterschiedlichen Aspekten der EMP betraut waren, die ihre Arbeit nur mäßig koordinierten. Die Koordinationsprobleme innerhalb der Kommission werden durch die Einrichtung einer einzigen GD für den Bereich Außenbeziehungen künftig vermutlich abnehmen. Da in der Gruppe der Mittelmeerpartner jedoch drei EU-Beitrittskandidaten sind (Türkei, Zypern, Malta) und die EMP zudem viele unterschiedliche Politikfelder umfaßt, wird sie auch künftig auf die Kooperationsfähigkeit verschiedener GD angewiesen sein.[14]

---

13 Federführend ist die Direktion F „Nahost, Südlicher Mittelmeerraum". Je nach Sektor wird mit den entsprechenden Direktionen anderer GD kooperiert.
14 Neben der federführenden GD Außenbeziehungen sind die GD Erweiterung und Handel von besonderer Relevanz für die EMP.

3.1.1 Die Politische und Sicherheitspartnerschaft: Zuständigkeitsbereich der GASP

Eindeutig intergouvernemental arbeitet die EU im Rahmen von Korb I, der Politischen und Sicherheitspartnerschaft. Da sie Kernbereiche der GASP betrifft, wird sie auch in deren Rahmen finanziert und nicht über das MEDA-Budget. Aufgrund des wechselseitigen Mißtrauens (inter-regional und intra-regional) und insbesondere in Anbetracht virulenter Regionalkonflikte geht es in der Politischen und Sicherheitspartnerschaft bislang um wenig mehr als um einen politischen Dialog. Die Konzeption der Politischen und Sicherheitspartnerschaft ging maßgeblich auf das Engagement der südlichen MS zurück, die damit ihr prioritäres Interesse an sicherheitspolitischen Aspekten der euro-mediterranen Beziehungen zum Ausdruck brachten. In diesem Kontext ist auch das derzeit diskutierte Projekt einer euro-mediterranen Stabilitätscharta zu interpretieren, das insbesondere von Frankreich vorangetrieben wird, dem die arabischen MDL aufgrund der einseitigen Ausrichtung an europäischen Sicherheitsinteressen jedoch mit Skepsis begegnen.[15] Unabhängig von der Verwirklichung einer Stabilitätscharta ist mittelfristig eine euro-mediterrane Kooperation in den Bereichen Rüstungskontrolle (langfristig Abrüstung), Krisenprävention und Konfliktmanagement geplant.

Die laufenden Arbeiten zur Umsetzung der Politischen und Sicherheitspartnerschaft werden im Rahmen von „Senior Official Meetings on Political and Security questions" geleistet, die personell allerdings mit dem Euro-Med-Ausschuß weitgehend identisch sind:

„Es sind zumeist die für den Wirtschaftsbereich Verantwortlichen aus den Ständigen Vertretungen in Brüssel, die im Barcelona-Komitee (Euro Med-Ausschuß, A. J.) teilnehmen, während die Hohen Beamten des Sicherheitsdialoges aus den jeweiligen Hauptstädten delegiert werden. Nur für die jeweilige Troika gilt die Regel der Personalunion für den EMP-Bereich Sicherheit und das Barcelona Komitee. ... Allerdings haben inzwischen Italien, Spanien und Frankreich einen nationalen Koordinator für die gesamte EMP eingesetzt, der an beiden Foren teilnimmt" (Köhler 1998: 32).

Um nationale Souveränitätseinbußen gering zu halten, werden die den Korb I betreffenden Sitzungen nicht in der Kommission, sondern im Generalsekretariat des Rates und im Außenministerium der jeweiligen EU-Präsidentschaft vor- und nachbereitet. Analog zu den organisatorischen Defiziten der (alten) Kommission ist es allerdings auch dem Generalsekretariat des Rates noch nicht gelungen, die Kompetenzen für die EMP an einer Stelle zu bündeln, so

---

15 In der französischen Regierung hofft man, die Stabilitätscharta auf der nächsten euro-mediterranen Außenministerkonferenz Ende 2000 unter französischer EU-Präsidentschaft verabschieden zu können. Vgl. Interview mit Ambassadeur Jean Pierre Courtois, Coordinateur Français du Processus de Barcelone, Ministère des Affaires Étrangères, Paris 12.10.1999.

daß es hier ebenfalls zu Inkohärenzen und Kommunikationsproblemen mit den MDL kommt (Consulting Engineers and Planners u.a.1998: 46f).

Eine parlamentarische Teilhabe am Entscheidungsprozeß in der Politischen und Sicherheitspartnerschaft ist lediglich über die Kompetenzen des EP im Bereich des Budgets gewährleistet. Dabei ist eine Stärkung des EP aufgrund der in Amsterdam beschlossenen Neuregelung der GASP-Finanzierung zu erwarten, derzufolge die operativen Ausgaben der GASP nunmehr als nicht obligatorische Ausgaben eingestuft werden (Art. 28 EUV). Zu hoch sollte man die Erwartungen an diese Neuregelung jedoch nicht hängen, denn bevor operative Ausgaben anfallen, bedarf es der gemeinsamen Entscheidung aller MS, überhaupt politisch aktiv zu werden. Wie schwierig dies ist, belegen die zähen Verhandlungen um eine „gemeinsame Strategie für den Mittelmeerraum."

3.1.2 Der ungelöste Nahostkonflikt als Bedrohung der EMP

Das Kernproblem der Politischen und Sicherheitspartnerschaft ist jedoch kein EU-internes, sondern ein euro-mediterranes. Für die meisten der arabischen MDL macht es wenig Sinn, dem Wunsch der EU zu folgen und mit Europa über Sicherheit im Mittelmeerraum zu reden, da nach wie vor Israel ihr prioritäres Sicherheitsproblem darstellt. In der Tat ist der ungelöste Nahostkonflikt als eine der größten Herausforderungen der EMP im allgemeinen und der Politischen und Sicherheitspartnerschaft im besonderen anzusehen. Nicht umsonst wurde die EMP erst 1995 ins Leben gerufen, als man in der EU davon ausging, daß der nahöstliche Friedensprozeß bereits unumkehrbar geworden sei. Unerwartete Rückschläge, die insbesondere von der israelischen Regierung Netanjahu zu verantworten waren, überschatteten zunehmend die EMP, wie sich u.a. in der Erfolglosigkeit der zweiten euro-mediterranen Außenministerkonferenz von Malta manifestierte (Jünemann 1997). Um eine vollständige Blockade der EMP durch weitere Rückschläge im nahöstlichen Friedensprozeß zu vermeiden, beschloß die EU, die Nahostpolitik der vorrangigen Verantwortung des EU-Beauftragten für den Nahen Osten, Miguel Moratinos, zu überlassen (Bertelsmann 1998: 9). Moratinos, dessen Team im Rahmen einer gemeinsamen Aktion der GASP operiert, nimmt für die EU-Nahostpolitik die Funktion eines regionalen „Herrn GASP" ein, indem er sich für ein kohärentes nahostpolitisches Profil der EU einsetzt und dieses nach außen repräsentiert. Die Gestaltung der EU-Nahostpolitik findet damit außerhalb der EMP-Strukturen statt, in denen sich das EU-Engagement auf die Bereiche der sektoralen Kooperation und der finanziellen Unterstützung (auch der Zivilgesellschaft) beschränkt. Für die notwendige Kohärenz der damit zweigeteilten EU-Nahostpolitik sorgt u.a. die regelmäßige Teilnahme Moratinos an den euro-mediterranen Außenministerkonferenzen.[16]

---

16 Auch formal gibt es keine vollständige Trennung zwischen der Moratinos-Mission und der EMP. Das Moratinos-Team wird zum Teil aus MEDA-Mitteln finanziert und

Die „Auslagerung" des Nahostkonflikts aus der EMP wird von den arabischen MDL allerdings nur bedingt akzeptiert. Das von Frankreich vorangetriebene Projekt der euro-mediterranen Stabilitätscharta wird nicht zuletzt deshalb von einigen arabischen MDL abgelehnt, weil es das aus arabischer Perspektive größte Sicherheitsproblem in der Region, den Nahostkonflikt, thematisch ausspart. Dessen ungeachtet bleibt abschließend festzustellen, daß die EMP das einzig verbliebene Forum ist, das die Hauptakteure im arabisch-israelischen Konflikt, Palästinenser, Israelis, Syrer und Libanesen an einem Tisch vereint. Die pragmatische Zusammenarbeit in den unterschiedlichen Sektoren der EMP kann für sich genommen bereits als erfolgreiche vertrauensbildende Maßnahme bewertet werden.

3.2 EU-interne Divergenzen in der Wirtschafts- und Finanzpartnerschaft

Das primäre Interesse der meisten MDL gilt der Wirtschafts- und Finanzpartnerschaft, deren Umsetzung sie sich möglichst losgelöst von der politisch-normativen Dimension der EMP wünschen. Damit kommen die MDL den Interessen der Kommission entgegen, die sich ebenfalls, wenn auch aus gänzlich anderen Gründen, gegen eine zu starke Politisierung der EMP stemmt. Zum einen verfügt die Kommission in der *vergemeinschafteten* Außenhandels- und Entwicklungspolitik über sehr viel mehr Kompetenzen als in der *intergouvernementalen* GASP, zum anderen dominiert innerhalb der Kommission ein Ansatz, demzufolge Demokratisierungsprozesse in der Region nicht durch externen politischen Druck erzwungen, sondern lediglich durch wirtschaftliche Anreize unterstützt werden sollen (Bertelsmann Stiftung 1998: 8). Die treibende Kraft für den politischen Wandel muß nach Meinung der Kommission aus den MDL selbst heraus kommen, wobei den im Zuge der wirtschaftlichen Konsolidierung entstehenden Mittelschichten eine Schlüsselrolle zugeschrieben wird.[17]

Unterstützt wird der Ansatz der Kommission von den südlichen MS, die zwar die Notwendigkeit politischer Reformen in den MDL sehen, aber auch die damit verbundenen Risiken turbulenter Transformationsprozesse. Da die Bedrohung, die aus EU-Sicht vom südlichen Mittelmeerraum ausgeht, eher in der Schwäche als in der Stärke staatlicher Macht begründet liegt, sollte alles unterlassen werden, was die staatliche Macht in den MDL schwächen könnte. In diesem Sinne plädieren die Südeuropäer für äußerste Zurückhal-

---

fertigt auch informelle Stellungnahmen zur politischen Opportunität bestimmter MEDA-Projekte an (Geoffrey/ Phillipart 1997: 21).

17 Dieser Ansatz wird von zahlreichen Vertretern der Zivilgesellschaft kritisiert, die von den neuen Mittelschichten lediglich ein begrenztes politisches Engagement zugunsten eigener wirtschaftlicher Interessen erwarten.

tung bei der Einforderung politischer Reformen und nehmen um der gewünschten Stabilität willen die Zusammenarbeit mit autoritären Regimen in Kauf. Allein das EP setzt sich auf Seiten der EU konsequent für eine aktive Demokratisierungspolitik im südlichen Mittelmeerraum ein.

3.2.1 Politische Konditionalisierung: Pro und Contra

Das wichtigste Instrument der politischen Einflußnahme im Rahmen der EMP sind die sogenannten Suspensionklauseln in den Euro-Med-Assoziierungsabkommen. Sie erlauben der EU, die Kooperation teilweise oder vollständig zu suspendieren, wenn das jeweilige MDL die demokratischen Spielregeln grob verletzt oder sich schwere Menschenrechtsverletzungen zu Schulden kommen läßt. Eine entsprechende Klausel wurde auch in die MEDA-Verordnung aufgenommen. Über die Anwendung der Suspensionsklauseln entscheidet der Rat mit qualifizierter Mehrheit, auf Vorschlag der Kommission, aber ohne formale Einbeziehung des EP. Der Ausschluß des EP geht auf die Vorbehalte einiger MS zurück, die die größere Stringenz des in Menschenrechtsfragen profilierten EP fürchten (Gillespie 1997: 35). So ist es wenig verwunderlich, daß die Möglichkeiten der politischen Konditionierung bislang ungenutzt blieben, obwohl die innenpolitische Entwicklung in einigen MDL genügend Anlaß gegeben hätte.

Da das EP von der Entscheidung über die Anwendung der Suspensionsklauseln ausgeschlossen ist, beschränken sich die politischen Einflußmöglichkeiten auf seine Haushaltskompetenzen. Zwar ist es weder an der Aufstellung der regionalen, noch der nationalen Indikativprogramme im Rahmen der MEDA-Verordnung beteiligt, aber da es dem gesamten MEDA-Budget abschließend zustimmen muß, verfügt es über ein faktisches Vetorecht. Damit versucht das EP vor allem auf die *nationalen* Indikativprogramme Einfluß zu nehmen, also auf die Mittelzuweisung an einzelne MDL.[18] Solange das EP jedoch nur über dieses faktische Vetorecht verfügt, kann es keine abgestuften Strategien entwickeln, sondern lediglich mit einer vollständigen Blockade drohen. Eine solche Drohung machte es im September 1996 wahr, nachdem sich die Türkei einer EP-Entschließung zufolge fortgesetzter Menschenrechtsverletzungen schuldig gemacht hatte. Um Blockaden durch das EP zu vermeiden, versucht die Kommission in der Regel, die Vorbehalte des EP von Anfang an mit zu berücksichtigen. Dem sind jedoch Grenzen gesetzt,

---

18 Die nationalen Indikativprogramme orientieren sich an einer Prioritätenliste, die von der Kommission mit dem jeweiligen MDL ausgehandelt wird, sowie an sogenannten Leitlinien, die von der EU vorgegeben werden. Relevant für die Höhe der Mittel sind die erreichten Fortschritte bei der wirtschaftlichen Liberalisierung, die erfolgreiche Verwendung früherer EU-Finanzhilfen und - zumindest theoretisch - Fortschritte im Demokratisierungsprozeß. Seitens der MDL wird kritisiert, daß die unilateral festgelegten Kriterien der EU nirgends *detailliert* definiert worden sind (Consulting Engineers and Planners u. a. 1998: 43).

da das EP grundsätzlich höhere Standards an die Demokratisierungsprozesse
in den MDL anlegt als die Kommission und die MS.

Den MDL ist nicht verborgen geblieben, daß die maßgeblichen Akteure
innerhalb der EU es mit dem postulierten Willen zur Stärkung von Demokratie und Menschenrechten nicht so ernst nehmen. Im Zweifelsfall kann sich
ein MDL auf die Unterstützung des MS verlassen, der aufgrund historischer
Bindungen innerhalb der EU jeweils eine Art „Schutzmachtfunktion" aus-
übt.[19] Je mehr Kompetenzen das EP im Zuge des fortschreitenden EU-Inte-
grationsprozesses jedoch erhält, desto mehr relativiert sich die Schutzmachtfunktion einzelner MS. Vorausgesetzt, daß das EP mit wachsender Kompetenz – und trotz neuer Mehrheitsverhältnisse[20] – sein normatives Engagement für Demokratie und Menschenrechte aufrecht erhält, könnte der externe
Druck zur Demokratisierung zumindest graduell steigen.

3.2.2 Freihandel versus Finanzhilfe

Während die Kommission und die südlichen MS bei der Abwehr einer (in ihrer Wahrnehmung) zu starken Politisierung der EMP an einem Strang ziehen,
werden sie zu Kontrahenten, sobald es um die Frage geht, mit welchen Strategien den MDL wirtschaftlich unter die Arme gegriffen werden soll: durch
Freihandel und/oder verstärkte Finanzhilfe? Die Südeuropäer plädieren aus
Furcht vor der Konkurrenz südlicher Mittelmeerprodukte für verstärkte Finanzhilfen und eine nur begrenzte Marktöffnung. Die nord- und mitteleuropäischen MS – insbesondere die sogenannten Netto-Zahler – plädieren hingegen für eine Reduktion der Finanzhilfen, fürchten in Bezug auf einige Produkte aber ebenfalls die Konkurrenz der MDL. Als konsequente Verfechterin
von Freihandel *und* großzügigen Finanzhilfen tritt allein die Kommission
auf, die sich mit dieser Doppelstrategie bislang allerdings nicht gegenüber
den MS durchsetzen konnte.[21]

Daß diese Strategie der Kommission der Problemlage im südlichen Mittelmeerraum angemessen wäre, wird von Ökonomen mittlerweile bestätigt
(u.a. Nienhaus: 1999). Sie warnen, daß das Projekt der FHZ für die MDL fa-
tal enden wird, wenn sie ihre Zolleinnahmen aus europäischen Importen verlieren, ohne ihre wichtigsten Produkte (insbesondere aus dem Agrarbereich)
in die EU exportieren zu können. Auch die von der EU geforderte Strukturanpassung kann zum Bumerang werden, wenn nicht genügend Finanzhilfen vorhanden sind, um die kurz- und mittelfristigen Nebenwirkungen (u.a.

---

19 So konnte sich z. B. das algerische Regime nach seinem „Kalten Putsch" von 1992
    darauf verlassen, daß Frankreich eventuelle Negativreaktionen der EU verhindern
    würde (Jünemann 1997a).

20 Seit den letzten Wahlen zum EP im Juni 1999 bildet nicht mehr die SPE, sondern die
    EVP die stärkste Fraktion im EP.

21 Ziel dieser Strategie ist freilich, daß sich die MDL wirtschaftlich soweit stabilisieren,
    daß sie mittel- bis langfristig vom Tropf externer Finanzhilfen unabhängig werden.

erhöhte Arbeitslosigkeit, Preissteigerungen, Inflation) abzufangen. Scheitert die wirtschaftliche Konsolidierung der MDL jedoch, ist mit einer weiteren Destabilisierung in der Region zu rechnen – mit allen Konsequenzen für die sicherheitspolitischen Interessen der EU und ihrer MS.

Dessen ungeachtet zeigte sich bei den Verhandlungen der bisherigen Euro-Med-Assoziierungsabkommen, daß die Regierungen der MS die langfristigen Konsequenzen einer verfehlten Außenwirtschaftspolitik offenbar aus den Augen verloren haben. Die Euro-Med-Assoziierungsabkommen sind *gemischte* Abkommen, die in die Kompetenz des Rates fallen. Ausgehandelt werden die Abkommen jedoch von der Kommission, die dafür ein Mandat vom Rat erhält. Lediglich die Themenbereiche, die intergouvernementale Politikfelder betreffen, werden vom Rat selber verhandelt. Für die MDL bedeutet dies, daß sie es mit unterschiedlichen, aufgrund der rotierenden Ratspräsidentschaft zum Teil auch wechselnden Verhandlungspartnern zu tun haben. Aber auch die Kommission befindet sich in einer mißlichen Situation. Da ihr Mandat nur begrenzt ist, muß sie in zwei Richtungen verhandeln: mit den MS, mit denen sie sich permanent abstimmen muß, und mit dem eigentlichen Verhandlungspartner, dem jeweiligen MDL. Da die Kommission eine weitgehende Marktöffnung der EU befürwortet, kommt sie den MDL oft weiter entgegen, als es den MS Recht ist.

Ein Extrembeispiel für diesen innereuropäischen Konflikt bot das Assoziierungsabkommen mit Jordanien, das am Rande der zweiten euro-mediterranen Außenministerkonferenz von Malta im April 1997 paraphiert worden war. Zwei Wochen später mußten die Verhandlungen neu aufgerollt werden, weil die Kommission nach Ansicht einer Gruppe von MS ihr Verhandlungsmandat zugunsten Jordaniens überschritten hatte.[22] Damit wollten einige MS auch die Gelegenheit nutzen,

„die Grenzen der Verhandlungsvollmacht der Kommission im Bereich der Außenwirtschaftsbeziehungen neu zu bekräftigen, Grenzen, welche die Kommission ihrer Auffassung nach in den vergangenen Jahren in mehreren Fällen überschritten hatte." (Monar, S. 86).

Der innereuropäische Konflikt bewirkte, daß das Abkommen mit Jordanien erst im November 1997 unterzeichnet werden konnte. Mit ihrem Manöver hatten die MS allerdings nicht nur – wie beabsichtigt – die Autorität der Kommission beschädigt, sondern das Image der gesamten EU, das ohnehin schon angeschlagen war. Das zähe Feilschen der EU bzw. ihrer MS um Quoten für Schnittblumen und Tomatenmark stößt in den MDL zunehmend auf Kritik, und die Tatsache, daß seit Beginn der EMP im Oktober 1995 erst fünf Assoziierungsabkommen unterzeichnet werden konnten,[23] von denen erst

---

22 Jordanien war eine Klausel zur automatischen Überprüfung der Importquote für jordanisches Tomatenmark zugestanden worden.
23 Tunesien (Juli 1995), Israel (November 1995), Marokko (Februar 1996), PLO (Februar 1997) und Jordanien (November 1997) (Euro-Mediterranean Information Note No. 10, European Commission, Unit IB/A.1, March 1998).

zwei ratifiziert und in Kraft getreten sind,[24] läßt in den MDL zunehmend Zweifel am politischen Willen der EU zur Implementierung des Partnerschaftsprojektes aufkommen.

4. Politische Impulse und strukturelle Reformen sind notwendig

Die *Konzeption* und die *Einführung* der EMP wurden eingangs als gelungenes Beispiel europäischer Politikgestaltung bewertet, zum einen, weil der komplexe Ansatz der EMP den vielschichtigen Problemlagen im Mittelmeerraum angemessen ist und zum anderen, weil die maßgeblichen Akteure sehr koordiniert vorgegangen sind. Für die *Umsetzung* trifft die positive Beurteilung allerdings kaum mehr zu, wobei die Defizite auf europäischer Seite in erster Linie auf ein Auseinanderdriften der Interessen zurückzuführen sind:

„Die verschiedenen Akteure innerhalb der EU setzen je nach Funktion im Gemeinschaftsrahmen partielle Akzente. Für die Kommission mißt sich der Erfolg an den Fortschritten in den vertraglichen Beziehungen mit den Partnerstaaten zur Errichtung der FHZ. Für den Rat stehen stabilitätspolitische Kriterien im Vordergrund. Die EU-Mitgliedstaaten erwarten je nach geographischer Nähe zur Region Fortschritte in der Öffnung von Märkten und Stabilisierung der ökonomischen Entwicklung. Für das Europäische Parlament ist die Förderung von Demokratie und Menschenrechten in den Partnerstaaten ein zentrales Kriterium für den Erfolg der EMP. Allen Akteuren gemeinsam scheint die Tendenz einer funktionalen Reduktion auf Teilaspekte der EMP." (Köhler 1998:1)

Die kaum noch kompatiblen Schwerpunktsetzungen der einzelnen EU-Akteure haben dazu geführt, daß das Gesamtkonzept der EMP bei der praktischen Umsetzung zunehmend aus dem Blickfeld geraten ist. Entsprechend schwer fällt es den MDL, eine klare politische Linie der EU-Politik im Rahmen der EMP zu erkennen. Um mit dem heterogenen und zum Teil auch widersprüchlichen Akteur EU umzugehen (bzw. ihn gegebenenfalls auch zu umgehen), stützen sich die MDL auf einzelne MS, zu denen sie jeweils besonders gute bilaterale Beziehungen unterhalten. Diese Strategie konterkariert jedoch sowohl die Entwicklung intra-regionaler Integrationsprozesse im südlichen Mittelmeerraum, als auch die erreichte *Europäisierung* der EU-Mittelmeerpolitik und damit nicht zuletzt das langfristig angelegte Ziel der Etablierung inter-*regionaler* Beziehungen.

Besonders bedenklich ist, daß die Dominanz europäischer Partikularinteressen sowohl auf der multilateralen, als auch der pluri-bilateralen Beziehungsebene einseitig zu Lasten der MDL geht. Sollten sich diese jedoch von der EMP abwenden, verlöre die EU erheblichen Einfluß auf die Entwicklungen in einer Region, von der sie sich zunehmend bedroht fühlt. Um die EMP

---

24 PLO (Juli 1997) und Tunesien (März 1998) (Euro-Mediterranean Information Note No. 10, European Commission, Unit IB/A.1, March 1998)

als dauerhaften Rahmen für die Stabilisierung der inter- und intra-regionalen Beziehungen zu konsolidieren, ist eine Rückbesinnung auf das Ursprungskonzept notwendig, das die Gewährleistung eines *fairen Interessenausgleichs* anstrebte.[25] Dazu bedarf es starker politischer Impulse.

Solche Impulse könnten sowohl von der neuen GD Außenbeziehungen unter Kommissar Christopher Patten ausgehen, als auch von dem neu eingesetzten Hohen Vertreter für die GASP, wobei es hilfreich sein mag, daß dieser Posten als erstes mit dem am Mittelmeerraum besonders interessierten Spanier Javier Solana besetzt wurde. Von beiden wird erhofft, daß sie durch intensive Zusammenarbeit die Kohärenz zwischen der intergouvernementalen GASP und der vergemeinschafteten Außenhandels- und Entwicklungspolitik verbessern und damit die strukturellen Defizite in den EU-Außenbeziehungen abbauen helfen.[26] Eine solche *Strukturverbesserung* käme auch der EMP zugute, entscheidend ist letztendlich jedoch der *politische Wille* aller Beteiligten, das gleichermaßen fragile wie ambitionierte Partnerschaftsprojekt voranzutreiben.

Bibliographie:

Aliboni, Roberto (1999): The Charter for Peace and Stability in the Mediterranean. Rom (unveröffentlicht).

Consulting Engineers and Planners/Netherlands Economic Institute/Andante (Hrsg.) (1998): Evaluation of Aspects of EU-Development Aid to the MED-Region. Final Synthesis Report. Brüssel.

Entelis, John P. (1995): Civil Society and the Authoritarian Temptation in Algerian Politics. Islamic Democracy Versus the Centralized State. In: Norton, Augustus Richard (Hrsg.): Civil Society in the Middle East. Leiden, S. 45-86.

Europäischer Rechnungshof (1996): Sonderbericht Nr. 1/96 über die Mittelmeerprogramme zusammen mit den Antworten der Kommission. Luxemburg.

Geoffrey, Edwards/Phillipart, Eric (1997): The Euro-Mediterranean Partnership – Fragmentation and Reconstruction. European Foreign Affairs Review, Winter 1997, Vol.2, Nr. 4, S. 465-489.

Gillespie, Richard (1997): Spanish Protagonismo and the Euro-Med Partnership Initiative. In: Mediterranean Politics, 2 (Summer 1997) 1, Special Issue on the Euro Mediterranean Partnership, S. 33-48.

Jünemann, Annette (1999): Europas Mittelmeerpolitik im regionalen und globalen Wandel: Interessen und Zielkonflikte. In: Zippel, Wulfdiether: Die Mittelmeerpolitik der EU, Baden-Baden, S. 29-63.

---

25 In diesem Kontext ist auf die Debatte um eine Reform der EMP-Entscheidungsstrukturen zu verweisen, die in diesem Aufsatz nicht vertieft werden kann (Aliboni: 1999).

26 Interessant ist ein Vorschlag des EP, den Hohen Vertreter für die GASP und die gemeinsame Strategieplanungs- und Frühwarneinheit nicht im Generalsekretariat des Rates, sondern in der Kommission institutionell zu verankern.

Jünemann, Annette, (1998): Europe's interrelations with North Africa in the new framework of Euro-Mediterranean Partnership – A provisional assessment of the „Barcelona-concept". In: European Commission GD X (Hrsg.): Third ECSA-World Conference – The European Union in a Changing World, Brüssel 19. – 20. September 1996. A Selection of Conference Papers, Brüssel, S. 365-384.

Jünemann, Annette: (1997): Die Euro-Mediterrane Partnerschaft vor der Zerreißprobe? Eine Bilanz der zweiten Mittelmeerkonferenz von Malta. In: Orient 38 (1997) 3, S.465-475.

Jünemann, Annette (1997a): Die Algerienpolitik der Europäischen Union: Demokratischer Beistand oder Angst vor dem islamistischen Nachbarn? In: Hafez, Kai (Hrsg.): Der Islam und der Westen. Fischer Taschenbuch Verlag, Frankfurt a. M. S. 125-138. Eine übersetzte und aktualisierte Neuauflage erscheint bei Brill Academic Publishers, London 2000 (im Druck).

Köhler, Martin (1998): La Politique Méditerranéenne: Suivi de la conférence de Barcelone. EP-Expertise angefertigt im Auftrag der Generaldirektion Wissenschaft, (unveröffentlicht).

Miller, Gary (1993): An integrated communities approach. In: Journal of Arab Affairs. Special Issue: The EEC and the Arab World. 12 (Spring 1993) 1, S. 53-100.

Monar, Jörg (1999): Die interne Dimension der Mittelmeerpolitik der Europäischen Union: Institutionelle und verfahrensmäßige Probleme. In: Zippel, Wulfdiether (Hrsg.): Die Mittelmeerpolitik der EU. Baden Baden, S. 65-90.

Nienhaus, Volker (1999): Euro-mediterrane Freihandelszone: Intensivierung der Wirtschaftsbeziehungen und Förderung nachhaltiger Entwicklung? In: Zippel, Wulfdiether (Hrsg.): Die Mittelmeerpolitik der EU. Baden-Baden, S. 91-116

Phillippart, Eric (1998): Deconstruction and reconstruction of EU pillars: the Euro-Mediterranean Partnership and the Middle East Peace Process. Third Pan-european International Relations Conference, Wirtschaftsuniversität Wien, 16.-19. September 1998 (unveröffentlicht).

Schlußerklärung der Europa-Mittelmeer-Konferenz von Barcelona (auch Deklaration von Barcelona genannt, A. J.) 27./28. November 1995. In: Agence Europe, 6. Dezember 1995, S. 1-6.

Verordnung (EG) Nr. 1488/96 des Rates über finanzielle und technische Begleitmaßnahmen (MEDA) zur Reform der wirtschaftlichen und sozialen Strukturen im Rahmen der Partnerschaft Europa-Mittelmeer.

Wessels, Wolfgang (1997): Der Amsterdamer Vertrag – Durch Stückwerksreformen zu einer effizienteren, erweiterten und föderalen Union? In: Integration, Jg. 20, August 1997, Nr. 3, S. 117-135.

http:www.euromed.net

Die Europäische Union und die Konfliktbearbeitung in Ex-Jugoslawien 1991-1998 – Mühl- oder Meilenstein?

Jörg Nadoll

1. Einleitung

Seit nunmehr acht Jahren stellt die Balkan-Region eine nachhaltige Herausforderung für die Akteure der internationalen Gemeinschaft dar. Verkündete der damalige luxemburgische Außenminister Jacques Poos zu Beginn des Konfliktes im Jahre 1991 noch optimistisch den Anbruch der „Stunde Europas"[1], gelten die Bürgerkriege im ehemaligen Jugoslawien heute bei vielen als „Synonym für Europas außen- und sicherheitspolitische Handlungsunfähigkeit" (Schmalz 1999: 191).

Die Entwicklungsgeschwindigkeit der europäischen Integration hat sich seit Ende der achtziger Jahre im Vergleich zu den vorherigen drei Jahrzehnten überproportional erhöht. Im Verlauf des Jugoslawien-Konflikts, der als Katalysator zu einer beschleunigten Wandlung und Anpassung der Organisationen und Institutionen in Europa an die neuen Bedingungen nach dem Ende des Kalten Krieges beigetragen hat, nahmen die Europäische Union und ihre Mitgliedstaaten verschiedenartige Rollen bei der Konfliktbearbeitung ein. Die Mehrzahl der wissenschaftlichen Abhandlungen zu diesem Themengebiet setzt sich mit dem europäischen Engagement im Zuge der Konflikteindämmung während der Jahre 1991 bis 1993 bzw. 1991 bis 1995 auseinander (Calic 1993, Stanley 1996, Giersch 1997, Kintis 1997). Trotz partieller Unterschiede in der Gewichtung mancher Ereignisse herrscht hinsichtlich der Beurteilung der europäischen Jugoslawienpolitik im genannten Zeitraum weitgehend Konsens: zu unentschlossen, zu langsam, ineffektiv und insgesamt gescheitert.

Am 12. Dezember 1995 – also zwei Tage vor der formellen Unterzeichnung des Friedensvertrages für Bosnien und Herzegowina in Paris – wurde vom Rat auf Grundlage des Artikels J.3 EUV eine ‚Gemeinsame Aktion' betreffend die Beteiligung der Union an der Umsetzung der Friedensregelungen für Bosnien-Herzegowina angenommen. Seit diesem Zeitpunkt versucht die EU mit großem Engagement zur Stabilisierung des kriegs- und krisengeschüttelten Landes beizutragen. Während bisherige Bilanzierungen des Frie-

---

[1] „This is the hour of Europe, not the hour of the Americans." Jacques Poos, the Financial Times, 1. Juli 1991.

densprozesses nur bedingt positiv ausfallen, wurde der diesbezügliche Beitrag der EU und ihrer Mitgliedstaaten bislang noch nicht systematisch untersucht.

Die folgende Abhandlung stellt einen Versuch dar, die Rolle der EG/EU im Rahmen der Konfliktbearbeitung im ehemaligen Jugoslawien zu skizzieren. Dabei wird der Frage nachgegangen, ob das Engagement der EG/EU weitgehend als Misserfolg zu werten ist und sich die nachhaltigen Belastungen des Krisenmanagements als Mühlstein für die EU als Akteur der Weltpolitik erweisen oder ob die Herausforderungen ein Zusammenwachsen der EU-Mitgliedstaaten bewirkt und zu einer gesteigerten Handlungsfähigkeit der Union insgesamt geführt haben. Im letzten Fall könnte die gemeinsame Konfliktbearbeitung als ein Meilenstein für die EU auf ihrem Weg zu einer gemeinsamen Außenpolitik und einer entsprechenden globalen Bedeutung betrachtet werden.

Die Beurteilungskriterien zur Beantwortung dieser Frage orientieren sich damit an den Funktionen einer Institution. Grundsätzlich wird zwischen allgemeinen und spezifischen Funktionen unterschieden. Die allgemeinen Funktionen beeinflussen das Verhalten der an der Institution beteiligten Staaten im Sinne kooperativer Verhaltensweisen, so dass trotz gegensätzlicher Interessen über einen längeren Zeitraum hinweg Kooperation zustande kommt (Kreft 1997: 167). Demgegenüber bestehen die spezifischen Funktionen in den besonderen Aufgaben, welche die Institution erfüllen soll; in diesem Fall die Regulierung eines ethnopolitischen Konflikts und die Stabilisierung eines Friedensprozesses.[2] Als Erfolgskriterium gilt hierbei die Realisierung der selbstgesteckten Ziele.

2. Europas Versuch der Krisenbewältigung 1991-1995

Der Kriegsausbruch im ehemaligen Jugoslawien traf die europäischen Institutionen in einer Phase des Umbruchs: Im Zentrum amerikanischer und europäischer Aufmerksamkeit standen der Golfkrieg und die Entwicklung in der Sowjetunion. Die EG-Staaten waren darüber hinaus mit den Auswirkun-

---

2   Ein ethnopolitischer Konflikt ist dadurch gekennzeichnet, dass ethnonationale oder ethnoregionale Identitätsbezüge gezielt durch politische, wirtschaftliche oder militärische Eliten zur Durchsetzung bestimmter – meist machtpolitischer und ökonomischer Interessen – instrumentalisiert werden. Langfristig führt eine solche Instrumentalisierung zur Umdefinition des gesamten politischen Lebens entlang ethnischer Linien, wodurch die eigentlichen Konfliktursachen verdeckt werden. Ethnopolitische Auseinandersetzungen lassen sich als besonders komplexe, langwierige und eskalationsanfällige Konflikte beschreiben, die eine historische und psychosoziale Tiefendimension aufweisen und nur als Kombination von Konkurrenzen, Spannungen und Antagonismen auf der Interessen- und der Identitätsebene zu verstehen sind.

gen der deutschen Wiedervereinigung und den Verhandlungen über den Maastrichter Vertrag beschäftigt. Die KSZE strebte eine festere Struktur als europäische Sicherheitsorganisation an.

2.1 Selektive Problemperzeption

Rückblickend stellte sich das Fehlen einer gemeinsamen Analyse- und Planungseinheit als gravierender institutioneller Mangel dar. In der Frühphase des Konfliktes unterlagen die EG-Mitgliedstaaten einer stark selektiven Wahrnehmung zentraler Krisenindikatoren, was zu einer frappierenden Fehlinterpretation der jugoslawischen Probleme als Ethno- und sogar „Religionskonflikte" mit nur lokaler Bedeutung geführt hat. Die Nationalitäten- und Minderheitenproblematik, auf die sich anfänglich alle Vermittlungsversuche der EG konzentrierten, bildete indes nur einen schmalen Strang in einem dichten Konfliktbündel.[3] Lange Zeit gingen die EG-Staaten davon aus, dass die Ereignisse im ehemaligen Jugoslawien ihre vitalen Interessen nicht berührten. Mit dem Ende des Ost-West-Konflikts hatte der ehemals blockfreie Staat seine zentrale geostrategische Bedeutung verloren. Erst die rasch eskalierenden Kampfhandlungen und die damit verbundenen Flüchtlingsströme festigten die Erkenntnis, dass der Region eine immense Bedeutung für die sicherheitspolitische und ökonomische Stabilität Gesamteuropas zukommt.

Die „Stunde Europas" beschwörend, drängte sich die EG als einziger Vermittler beim Jugoslawienkonflikt auf; sie war bestrebt die Vereinten Nationen (UNO) von dem Prozess auszuschließen (Owen 1997: 33). Gestärkt durch die voranschreitende Integration wollte die EG ihre Handlungsfähigkeit als regionale Führungsmacht unter Beweis stellen und betrachtete die Krise zugleich als Möglichkeit, das eigene Zusammenwachsen weiter zu fördern. Bei der mitschwingenden Bereitschaft größere Verantwortung innerhalb Europas zu übernehmen, war man sich aber der Tragweite einer solchen Aufgabe nicht bewusst.

2.2 Inkohärente und konzeptionslose Jugoslawienpolitik

Die Politikformulierung der EG war vor allem im ersten Konfliktjahr durch eine fehlende äußere und inhaltliche Kohärenz gekennzeichnet. Die EG wurde zu Beginn des Konflikts in erster Linie durch die Troika der Außenminister im Rahmen der Europäischen Politischen Zusammenarbeit (EPZ) reprä-

---

3   Die Reduktion auf ethnonationalistische Konfliktlagen hat die Anfälligkeit für kulturzentristische Argumentationsmuster auf der Interpretationsebene erhöht, welche die Konfliktparteien gezielt für ihre Auseinandersetzung instrumentalisierten. Siehe Calic (1993: 13).

sentiert, die über keine eigenen Machtbefugnisse verfügte und sich primär des traditionellen Politikinstruments der Erklärung bediente. Aufgrund des halb-jährlichen Präsidentschaftswechsels traten den Konfliktparteien regelmäßig neue Verhandlungspartner gegenüber. Neben diesem allgemeinen Defizit in der Außendarstellung gelang es der EG, ab Ende 1993 der EU nicht, die eigene Interessenlage klar zu definieren. Nachdem zunächst die territoriale Einheit des jugoslawischen Staates als vorrangiges Ziel betont wurde, passten sich die variierenden EG-Positionen im Zuge des Konfliktverlaufs den kriegsbedingten Gegebenheiten – einer Teilung des Staates nach ethnischen Kriterien – an (Calic 1996: 186-206). Die langandauernde Konzeptionslosigkeit der europäischen Jugoslawienpolitik ist neben der Verkennung der Relevanz des Konflikts nicht zuletzt auch auf diver-gierende nationale Bewertungen hinsichtlich seiner Bewältigung zurückzuführen. Diese resultierten aus unterschiedlich gelagerten Interessen, die aber teilweise von historisch tradierten Bündnisloyalitäten und vermeintlichen konfessionell-kulturellen Sympathien überwölbt waren. So standen Großbritannien und Frankreich eher Serbien nahe und waren bemüht, den jugoslawischen Vielvölkerstaat zu erhalten, während die Bundesrepublik Deutschland die kroatische Sache unterstützte und damit für ethnische Selbstbestimmung eintrat.

Da es den EG-Mitgliedstaaten grundsätzlich widerstrebte, Krisen in Europa durch Gewaltanwendung zu bewältigen, war die EG von Beginn an bemüht, eine Konfliktlösung auf dem Verhandlungswege herbeizuführen. Ergänzend versuchte die EG durch wirtschaftliche Anreize sowie durch die Suspendierung der diplomatischen Beziehungen ihren Bestrebungen Nachdruck zu verleihen. Sie stellte sich auf die Seite der Slowenen und Kroaten und verließ dadurch zwangsläufig die ursprünglich intendierte Position eines Unparteiischen. Die EG gab somit das Prinzip der territorialen Integrität des Gesamtstaates zugunsten der nationalen Souveränität von Einzelstaaten auf, womit sie sich in Widerspruch zu ihren bisherigen Äußerungen begab.

Der europäische Ansatz der Verhandlungsdiplomatie war insgesamt der Wirklichkeit des Konfliktes nicht angemessen. Nachdem zahlreiche Versuche, einen Waffenstillstand herbeizuführen gescheitert waren, favorisierten einige Mitgliedsländer der EG, insbesondere Frankreich und Italien, die Entsendung eigener Streitkräfte unter dem Kommando der WEU, um die Kampfhandlungen gewaltsam einzudämmen. Vor allem Großbritannien lehnte jedoch Militäraktionen außerhalb der NATO – und damit ohne die USA – ab. Letztlich schreckten aber auch alle anderen Mitgliedsländer der Gemeinschaft vor einer militärischen Intervention zurück.

Die Friktionen zwischen den Mitgliedstaaten erklärten sich auch daraus, dass dem Umgang mit der Jugoslawienkrise in dreifacher Hinsicht symbolische Bedeutung beigemessen wurde: Erstens galt sie als Test- und Präzedenzfall für das Management zukünftiger Konflikte. Zweitens ging von ihrer Bewältigung eine Signalwirkung auf andere Spannungsregionen aus. In diesem Zusammenhang war insbesondere die Anerkennung der ehemaligen jugoslawischen Teilrepubliken Slowenien, Kroatien und Bosnien-Herzegowina ein Streitpunkt zwischen den Mitgliedstaaten. Länder wie Frankreich, Großbritannien, Spanien und Italien, die ihrerseits mit Autonomiebewegungen konfrontiert waren, wollten jede Form der Zustimmung zur Sezession vermeiden (Burg 1995: 240). Mit ihrer vorzeitigen Anerkennung stellte sich die Bundesrepublik Deutschland gegen die Mehrheitsposition innerhalb der EG und zwang die übrigen Mitgliedstaaten zu einer Entscheidung, die der zuvor formulierten Position diametral gegenüberstand. Drittens diente die Krise auch als Instrument, um das innereuropäische Kräfteverhältnis zu definieren. Vor allem Frankreich befürchtete eine Zunahme des deutschen Einflusses in Ost- und Südosteuropa. Vorschläge zur Konfliktlösung wurden folglich zuerst dahingehend analysiert, welche Auswirkungen sie auf die Rangordnung innerhalb der EG haben könnten. Insgesamt wurde der Entwurf einer koordinierten Jugoslawienpolitik in hohem Maße durch die EG-internen Interessengegensätze behindert, die eine gemeinsame Entscheidungsfindung erschwerten (Schwirz 1995: 24f).

2.3 Innovative Instrumente jenseits der institutionalisierten Handlungsmechanismen

Das Unvermögen entscheidend auf die Konfliktparteien einzuwirken und die Kampfhandlungen einzudämmen, begründete sich aber nicht allein durch das Fehlen eines einheitlichen Willens. Im Grunde hat sich die EG in das Konfliktmanagement eingeschaltet, ohne hierfür die notwendigen Entscheidungsstrukturen und Instrumentarien zu besitzen.[4] Mit Ausnahme des Außenhandels waren die außenpolitischen Instrumente der EG kaum entwickelt. Die EPZ wirkte vor allem als Konsultationsmechanismus und hielt keine adäquaten Handlungsmechanismen bereit. Da die EG in der Frühphase der Krise bemüht war, die UNO aus der Konfliktbearbeitung auszuschließen und über den Einsatz anderer Organisationen zwischen den Mitgliedstaaten lange Zeit keine Einigung bestand, blieben den Europäern nur sehr allgemeine Erklärungen und die Offerierung von Finanzhilfen als Instrumente zur Eindämmung der Kampfhandlungen. Als die Kämpfe in Kroatien aber weiter anhielten, entschieden sich die Außenminister der EG im September 1991 die UNO nun doch in die Konfliktbearbeitung einzubeziehen. Während diese im Bereich friedenserhaltender Maßnahmen aktiv wurden, sollte sich die EG weiter um die Vermittlung einer politischen Lösung bemühen (Calic 1993: 12). In dieser Phase machte Frankreich aber den UN-Sicherheitsrat zum zentralen Schauplatz seiner Jugoslawienpolitik, so dass eine einheitliche Position der Gemeinschaft in noch weitere Ferne rückte (Koslowski 1996: 362).

---

4 „The lesson of Yugoslavia is, that no coordinated European security policy exists, no instruments are in place,..." Eyal (1993: 80).

Zeitgleich mit dem Ausbruch der Kämpfe im Juli 1991 befanden sich die EG-Staaten in den entscheidenden Verhandlungen über tiefgehende Reformen. Im Dezember 1991 unterzeichneten die Staats- und Regierungschefs in Maastricht den Vertrag über die Europäische Union, der am 1. November 1993 in Kraft trat. Mit diesem Vertrag wurde die Gemeinsame Außen- und Sicherheitspolitik (GASP) geschaffen und als gleichberechtigte Säule neben die Europäische Gemeinschaft gestellt. Die mit diesem Schritt institutionalisierten neuen Entscheidungsverfahren erwiesen sich im Hinblick auf die gestellten Anforderungen allerdings als wenig flexibel. Das Einstimmigkeits- und Konsenserfordernis mit nationalem Vetorecht hatte langwierige Willensbildungsprozesse zur Folge und reduzierte daher die Reaktionsmöglichkeiten der EU. Wenn generell bemängelt wurde, dass der GASP außerdem wirkungsvolle Handlungsinstrumente zur Durchsetzung der mühsam getroffenen Entscheidungen fehlten, ist in Rechnung zu stellen, dass die Mitgliedstaaten bedeutend häufiger auf herkömmliche Politikinstrumente der EPZ wie „Erklärungen" zurückgriffen, als die neuen Mechanismen der GASP zu nutzten. In letzter Konsequenz bedeutet dies, dass der politische Wille zur Kooperation seitens der Mitgliedstaaten weniger weit reichte, als es der Maastrichter Vertrag zugelassen hätte.[5]

Trotzdem zeigte sich die EG/EU jenseits der bislang institutionalisierten Formen der Zusammenarbeit durchaus innovativ. So war z.B. die Schaffung einer zivilen Beobachtermission zunächst in Slowenien, dann in Kroatien und Bosnien ohne Vorbild. Im Hinblick auf die unbefriedigende Vermittlungstätigkeit der Troika schuf die EG außerdem eine neue Institution: Den Europäischen Unterhändler, der nach Weisung des Europäischen Rats arbeitet und von der Gemeinschaft finanziert wird (Schwarz 1997: 26f). Seit 1991 waren zunächst zwei Unterhändler als Vermittler im Auftrag der EG tätig: Lord Carrington und Lord Owen. Allerdings besaßen diese nicht die Autorität wie die regionalen US-Sonderbeauftragten, die in der Regel auf der Grundlage eines politischen Konzepts, einer geschlossenen Position sowie der Fähigkeit zur Machtprojektion agieren. Obwohl die Vermittlungs-versuche nur sehr begrenzt von Erfolg gekrönt wurden, erwies sich diese institutionelle Neuerung als wichtiger und bis dahin weitreichendster Schritt auf dem Weg zu einer gemeinsamen Außenpolitik. Dementsprechend hielt auch die EU an der Ernennung von Sonderbeauftragten fest. Dazu gehören seit 1993 auch das Amt des EU-Verwalters (Mostar) sowie die mit der Implementierung der zivilen Teile des Dayton-Abkommens betrauten Hohen Repräsentanten Carl Bildt, Carlos Westendorp und derzeit Wolfgang Petritsch. Der Einsetzung eines zivilen Hohen Repräsentanten gingen erhebliche Auseinandersetzungen zwischen den USA und einigen EU-Mitgliedstaaten insbesondere Deutschland, Frankreich und Großbritannien voraus. Während die Amerikaner die

---

5   Hieran ist zu erkennen, dass sich im Zuge der Europäischen Integration die Form
     z.T. schneller und weitgehender entwickelte als die Festlegung der Funktionen.

Autorität des IFOR-Befehlshabers absichern wollten, setzten sich die Europäer für ein weitreichendes Mandat des zivilen Sonderbeauftragten ein. Auf Grund der Differenzen zwischen den Verbündeten im Zuge der Dayton-Verhandlungen, die sich neben inhaltlichen Fragen auch auf Stil und Methode erstreckten, wurden die Kompetenzen des Hohen Repräsentanten nur sukzessive erweitert. Vor allem Carl Bildt, aber auch der EU-Verwalter Hans Koschnick beklagten einen Mangel an Rückendeckung während ihrer Amtszeit.

Aus der Unfähigkeit der EG/EU, den Konflikt einzudämmen bzw. die Führungsrolle in der internationalen Jugoslawienpolitik zu übernehmen, folgte im April 1994 die Bildung der sogenannten Kontaktgruppe aus Vertretern Deutschlands, Frankreichs, Großbritanniens, Rußlands und den USA. Angesichts der Abstimmungsprobleme innerhalb einer großen Staatengruppe kann es als Vorteil der EU gewertet werden, dass ihr institutionelles Gefüge es den Mitgliedstaaten erlaubt, eine Vielzahl von Handlungsmechanismen und unterschiedliche Organisationsformen zu nutzen, wie etwa Ad-hoc-Koalitionen gewichtiger Mitgliedstaaten. Diese Form der nicht-institutionalisierten Zusammenarbeit hat zweifellos eine größere Flexibilität und Effizienz zur Folge, führt aber auch zu einer Beeinträchtigung der Geschlossenheit in der GASP und steht daher einer Vertiefung der sicherheitspolitischen Integration entgegen. Auch wenn die EU-Partner konsultativ in den Beratungsprozess einbezogen wurden, war es insbesondere für die Niederlande und für Italien – das erst zwei Jahre später zur Kontaktgruppe stieß – nicht einfach, einen solchen zeitweiligen Ausschluss aus dem Vermittlungsprozess zu akzeptieren.

2.4 Bilanz: Fehlende Handlungsfähigkeit aufgrund mangelhafter Entscheidungsfähigkeit

Insgesamt erwies sich das Krisenmanagement im ehemaligen Jugoslawien in den Jahren 1991-1995 mitnichten als die „Stunde Europas". Die aufgedeckten Mängel im internen Entscheidungsverfahren und in der Außendarstellung sowie die Lücke zwischen Anspruch und Wirklichkeit des außenpolitischen Handelns der EG/EU haben innerhalb Europas zynische Zweifel über das Ziel der GASP hervorgerufen und außerhalb Europas die Glaubwürdigkeit der EU als regionale Ordnungsmacht nachhaltig erschüttert.

Das Scheitern der EG/EU in Jugoslawien lässt sich auf drei Hauptgründe zurückführen: Erstens auf die grundlegenden Meinungsverschiedenheiten seitens der Mitgliedstaaten hinsichtlich der Bewertung der Konflikte in Kroatien und Bosnien sowie der Mittel zu deren Bewältigung. Zweitens auf das anfängliche Zögern, externen Akteuren ihren Anteil am Konfliktmanagement zuzubilligen. Statt komplementär zu agieren, erwiesen sich EG, NATO, und UNO vielfach als rivalisierende Institutionen. Drittens auf die mangelnde Bereitschaft bzw. Fähigkeit, ihre Friedensinitiativen durch frühe, gezielte Wirtschaftssanktionen und die glaubwürdige Androhung bzw. nachhaltige Anwendung von militärischer Gewalt zu unterstützen. Kurz: der EG ist es nicht gelungen ihr selbstgestecktes Ziel – Herbeiführung einer Konfliktlösung – zu realisieren.

Bei der Bilanzierung des EG/EU-Krisenmanagements, sollte der Blick aber nicht allein auf die Erfüllung von spezifischen Funktionen der Institution gerichtet sein. Der Beginn der Jugoslawienkrise fiel in einen Zeitraum, in dem die EG eine Erhöhung ihres institutionellen Konsolidierungsgrades anstrebte. Dieser Umstand ist bei der Beurteilung der Leistungen der EG/EU in Rechnung zu stellen. In diesem Zusammenhang ist daher auch die Erfüllung der allgemeinen Funktion, also die u.a. durch Regeln und Verfahren bedingte Förderung von Kooperation zwischen den Mitgliedstaaten von Bedeutung.

Aufgrund des Fehlens einer gemeinsamen Position sowie ungeeigneter EPZ-Verfahren und nur restriktiv genutzter GASP-Instrumente, war die EG/EU als außenpolitischer Akteur nur bedingt entscheidungsfähig. Allerdings sind die Mitgliedstaaten der Gemeinschaft trotz mancher Divergenzen nicht in tradiertes rein nationales Verhalten zurückgefallen. Obwohl beispielsweise die von Deutschland insbesondere gegen den Willen Frankreichs und Großbritanniens durchgesetzte Anerkennungspolitik den Zusammenhalt in der EG in erheblichem Maße strapaziert hatte, wurde die Notwendigkeit eines gemeinsamen Vorgehens nicht grundsätzlich in Frage gestellt. Durch die EG und später die EU wurde ein ständiger Informationsaustausch zwischen den Mitgliedstaten gewährleistet und deren Konsultationsbereitschaft gefördert. Insgesamt ist die Kooperation auf der Kommunikationsebene im Zuge des Konflikts gestiegen. Damit hatte die EG/EU ihre allgemeine Funktion – wenn auch in begrenztem Maße – durchaus erfüllt.

Ein Blick auf das Engagement der EU im Rahmen der Friedenskonsolidierung im ehemaligen Jugoslawien ab 1995 lässt ein noch differenzierteres Bild des europäischen Akteurs entstehen.

3. Die Rolle der EU im Friedensprozess in Bosnien-Herzegowina

3.1 Ausgangslage: Ein politisch, wirtschaftlich, sozial und moralisch zerrütteter Staat

Die Konfliktsituation in Bosnien-Herzegowina stellte sich als ein komplexes Phänomen dar, bei der sich Interessen-, Werte-, Beziehungs- und Zielkonflikte unterschiedlichster Gewichtung und Tragweite überlagerten. Nach Beendigung der dreijährigen Kampfhandlungen im Jahre 1995 erreichte die industrielle Produktion nur noch 10 Prozent des Vorkriegsniveaus. 80 Prozent des Wohnraums waren beschädigt oder zerstört. Im Zuge des mit gezielten Vertreibungen einhergehenden Bürgerkrieges sind etwa 250.000 Menschen getötet worden. 2,3 Mio. Menschen mussten als Flüchtlinge oder Vertriebene ihren Heimatort verlassen. 80 Prozent der verbliebenen Bevölkerung waren auf humanitäre Hilfe angewiesen. Die gezielte Ethnisierung der Politik hat zusammen mit der innerstaatlichen Anarchie ein individuelles und kollektives Sicherheitsdilemma entstehen lassen. Die damit verbundenen diversen Greultaten haben eine nachhaltige Traumatisierung der Gesellschaft zur Folge, so dass die interethnischen Beziehungen vor allem durch Misstrauen und Hass geprägt sind. Zusammenfassend ist die bosnische Gesellschaft durch den Krieg in machtpolitischer, ökonomischer und sozialpsychologischer Hinsicht mit schwerwiegenden Hypotheken belastet.

Mit dieser grob skizzierten Ausgangslage sahen sich die Vertreter der internationalen Gemeinschaft konfrontiert, als sie sich die Umsetzung des am 14.12.1995 in Paris unterzeichneten Friedensabkommens von Dayton zur Aufgabe gemacht haben.

3.2 Ambitionierte Ziele

Die eskalative Entwicklung des Konflikts, die mit großen Flüchtlingsbewegungen einherging, hatte eine Veränderung in der Konfliktwahrnehmung der EU-Mitgliedstaaten bewirkt. Nachdem die Ereignisse im ehemaligen Jugoslawien anfänglich nicht als sicherheitspolitisches Problem wahrgenommen wurden, besteht heute kein Zweifel mehr darüber, dass die politische und ökonomische Stabilität dieser Region sehr eng mit der sicherheitspolitischen Stabilität und den wirtschaftlichen Entwicklungschancen in Gesamteuropa verknüpft ist. Daraus erklärt sich – abgesehen von dem Wunsch die humanitäre Not zu lindern – die Bereitschaft der EU und ihrer Mitgliedstaaten trotz oder gerade wegen ihres erfolglosen Konfliktmanagements der Jahre 1991/92 erneut und in größerem Maße Verantwortung in und für Europa zu übernehmen. Damit übernahm die EU ab 1996 eine neue Rolle, indem sie zum Exporteur von Stabilität avancierte.

Neben der EU und ihren Mitgliedstaaten sind etwa vierzig weitere Staaten und internationale Organisationen sowie zahlreiche Nichtregierungsorganisationen (NRO) an dem Friedensprozess in Bosnien-Herzegowina beteiligt. Doch zählt die EU zu den größten Geldgebern für den Wiederaufbau im ehemaligen Jugoslawien. Für den Zeitraum 1996-1999 haben der Rat und das Parlament der Kommission einen Betrag in Höhe von 1 000 Mio. ECU zur Verfügung gestellt. Zu diesem Betrag kommen die von der Haushaltsbehörde jährlich beschlossenen humanitären Hilfen hinzu, die sich zwischen Anfang 1996 und Ende 1997 auf 315 Mio. ECU beliefen (Europäischer Rechnungshof 1998: 30). Die Höhe der eingebrachten Finanzmittel unterstreicht den Willen der EU, sich als Regionalmacht zu profilieren. Der Ende 1995 von

der Kommission parallel zum Friedensabkommen von Dayton formulierte
Zielkatalog der EU umfasste die Unterstützung des Wiederaufbauprozesses,
die Wiederbelebung der Wirtschaft, die Förderung der wirtschaftlichen regionalen Zusammenarbeit sowie die Schaffung sozialer und wirtschaftlicher
Rahmenbedingungen für die weitere Entwicklung der begünstigten Länder
(Europäische Gemeinschaften 1996). Die Verwirklichung dieser weitgefass-
ten Zielkategorien stellte zugleich die zentrale Strategie zur Erreichung eines
vor allem für die Bundesrepublik Deutschland prioritären Ziels dar: Die
Rückkehr der Flüchtlinge. Bei ihrem Engagement konzentrierte sich die EU
verstärkt auf die (macht-)politische und die ökonomische Dimension des
Friedensprozesses in Bosnien-Herzegowina. Konkret stellte sie beispielsweise finanzielle Mittel zur Reparatur von Brücken und Straßen sowie Wohnungen und Industrieanlagen zur Verfügung und half bei der Etablierung demokratisch strukturierter Institutionen und Verwaltungsbehörden.

3.3 Politikgestaltung im Wege eines „Drei-Säulen-Ansatzes"

Zur Durchsetzung ihrer sehr ambitionierten Ziele, die ein Engagement in einer Vielzahl einzelner Sektoren erforderlich machte, griff die EU auf institutionalisierte und formalisierte Handlungsmechanismen aus allen drei Säulen
zurück. Die Einigung der Mitgliedstaaten über eine gemeinsame Beteiligung
an der Umsetzung des Dayton-Abkommens sowie die dafür notwendigen
Entscheidungen fallen in den Bereich der GASP. Von Dezember 1995 bis
März 1999 hatte sich der Rat viermal auf einen ‚Gemeinsamen Standpunkt'
auf der Grundlage des Art. J.2 EUV[6] hinsichtlich der Vorgehensweise in
Bosnien-Herzegowina festgelegt. Im gleichen Zeitraum wurden sechs ‚Gemeinsame Aktionen' aufgrund von Art. J.3 EUV vom Rat angenommen, die
beispielsweise die Unterstützung der von der OSZE durchgeführten Wahlen
zum Gegenstand hatten. Neben der Entsendung eigener Wahlbeobachter, leisteten die EU-Mitgliedstaaten den Hauptbeitrag zum OSZE-Haushalt für die
Überwachung nationaler Wahlen in Bosnien-Herzegowina. Insgesamt machten die Mitgliedstaaten im Rahmen der Friedenskonsolidierung seit Ende
1995 häufiger von den Mechanismen der GASP Gebrauch als dies im entsprechenden Verhältnis von 1993 bis Mitte 1995 der Fall war. Allerdings
griffen sie bei der Gestaltung des Friedensprozesses auch verstärkt auf das
traditionelle Politikinstrument der ‚Erklärung' zurück. Im Bereich der Zweiten Säule erwiesen sich außerdem die mit einigen beitrittswilligen Staaten geschlossenen Assoziierungsabkommen als Handlungsinstrument mit Drittwir-
kung. Die EU hat bereits assoziierte Länder teilweise in ihre Abstimmungs-
mechanismen und Kooperationsformen eingebunden und sie zur Verstärkung

---

6   Diese Angaben zu den Rechtsgrundlagen beziehen sich auf den Maastrichter Ver-
     trag.

des politischen Drucks auf Bosnien-Herzegowina gedrängt (Rat der Europäischen Union 1996 und 1997). Außerdem kann die EU häufig schon dadurch das Verhalten beitrittswilliger Länder beeinflußen, dass sie ihnen die Aufnahme engerer Beziehungen in Aussicht stellt. In einer Mitteilung an den Rat und das Europäische Parlament vom 26. Mai 1999 empfiehlt die Kommission in naher Zukunft auch Bosnien-Herzegowina ein Assoziierungsabkommen anzubieten.

Mit der Durchführung der einzelnen Maßnahmen wurde die Kommission beauftragt. Die konkrete Unterstützung des politischen und wirtschaftlichen Wiederaufbaus sowie die humanitäre Hilfe sind damit in der Ersten Säule verankert. Auf diese Weise versuchten die Mitgliedstaaten zur Durchsetzung ihrer auf der intergouvernementalen Ebene getroffenen Entscheidungen, die Ressourcen der Gemeinschaftsebene zu nutzen.

Darüber hinaus waren im Zuge der von der EU durchgeführten Maßnahmen zur Stabilisierung des Landes zum Teil auch Politikbereiche betroffen, die in der Dritten Säule (Zusammenarbeit in der Justiz- und Innenpolitik) angesiedelt sind und nicht generell der konkreten Gestaltung der EU-Außenbeziehungen dienen. Darunter fielen beispielsweise die Aufnahme und Rückführung der Flüchtlinge (Art. K.1 (3) EUV), die gezielte Angleichung der neu zu schaffenden Rechtsordnung an EU-Standards (Art. K.1 (6/7) EUV), die Etablierung eines neuen Zollsystems (Art. K.1 (8) EUV) und die Unterstützung der EU-Mitgliedsländer bei der Umstrukturierung und Ausbildung von ethnisch gemischten Polizeieinheiten [Art. K.1 (9) EUV).

3.4 Der aktuelle Stand des Friedensprozesses

Friedenskonsolidierung ist ein enorm vielschichtiger Prozess. Aus analytischen Gründen empfiehlt es sich daher bei der Bilanzierung eines Friedensprozesses entsprechend der von Volker Matthies angeregten Unterteilung zwischen sicherheitspolitischen, (macht-)politischen, ökonomischen und sozialpsychologischen Problemfeldern zu differenzieren (Matthies 1995: 23ff). Eine entsprechende Bilanz der bisherigen Implementierung des Dayton-Abkommens fällt nach fast vier Jahren nur bedingt positiv aus (Nadoll 1999: 98-185).

Bei der sicherheitspolitischen Dimension zeigt sich ein ambivalentes Bild. Aufgrund des Einsatzes der NATO-geführten IFOR-Truppe konnte die militärische Komponente gemäß Anhang 1A des Dayton-Abkommens – Trennung und Demobilisierung der Konfliktparteien – erfolgreich umgesetzt werden. Da ein militärisches Kräftegleichgewicht unter demokratischer Kontrolle auf absehbare Zeit aber nicht zu erreichen sein wird, bleibt eine internationale Militärpräsenz weiterhin erforderlich. Aus der zunehmenden organisierten Kriminalität sowie den anhaltenden Übergriffen gegen Angehörige von Minderheiten ergibt sich zudem eine latente Bedrohung der öffentlichen

Sicherheit. Außerdem behindert die Verwicklung staatlicher Autoritäten in die sich ausbreitenden Mafiastrukturen nachhaltig die Etablierung von Demokratie und Rechtsstaatlichkeit.

Mit Blick auf die politische Dimension des Friedensprozesses haben sich die gesamtstaatlichen Institutionen überwiegend als nicht funktionsfähig erwiesen. Im Dayton-Abkommen wurde festgelegt, dass die vom Krieg zerrissene ehemalige Teilrepublik als ein Staat bestehen bleiben soll, jedoch in zwei „Entitäten" – die Föderation von Bosnien und Herzegowina und die Serbische Republik – geteilt wird. Ein Zusammenwachsen der beiden Entitäten ist derzeit kaum absehbar. Administrative und legislative Errungenschaften, wie die Einführung einheitlicher Pässe und Autokennzeichen, gehen zumeist auf die autoritativen Entscheidungen des Hohen Repräsentanten zurück, dessen Kompetenzen erst im Dezember 1997 durch die Vertreter der Staatengemeinschaft entsprechend erweitert wurden. Die bosniakisch-kroatische Föderation, der die Funktion einer Hauptsäule der Nachkriegsordnung zugeschrieben wurde, besteht bis heute nur auf dem Papier. Bereits während des Krieges haben die Kroaten auf dem heutigen Föderationsgebiet parallele Strukturen geschaffen, die bislang nicht aufgelöst wurden. Trotz der Etablierung verschiedener Institutionen und eines hohen internationalen Engagements ist die Einhaltung der Menschenrechte in vielen Bereichen nicht gewährleistet.

Im Rahmen des ökonomischen Problemfeldes zeichnen sich deutliche Verbesserungen der Infrastruktur ab.[7] Straßen, Eisenbahnen und Wohnraum sind zum Großteil wieder instandgesetzt. Die Entwicklung der allgemeinen Wirtschaftssituation bleibt aber hinter den Erwartungen zurück. Obwohl verschiedene Reformbemühungen unternommen wurden, geht die Privatisierung nur schleppend voran. Der angestrebten Einführung der freien Marktwirtschaft stehen neben Korruption und postkommunistischer Bürokratie die während des Krieges entstandene Schattenwirtschaft entgegen. Zusammen mit einer Arbeitslosigkeit von etwa 40 Prozent stellt sie ein strukturelles Hindernis für eine dauerhafte sozio-ökonomische und politische Konsolidierung dar. Darüber hinaus wirken sich die extremen wirtschaftlichen Disparitäten, die sich aufgrund der ungleichen Verteilung der Finanzhilfen zwischen der Föderation und der Serbischen Republik ergeben haben, negativ auf die ökonomische Entwicklung des Gesamtstaates aus.[8]

---

7   Allgemeine Wirtschaftindikatoren ergeben sich aus den *Economic Newsletters,* die durch das Büro des Hohen Repräsentanten für den zivilen Wiederaufbau in Bosnien-Herzegowina (OHR) erstellt werden und im Internet abrufbar sind unter: http://194.215.227.4/newsletter.htm.

8   Bereits im März 1996 verständigten sich Vertreter der wichtigsten Geberländer über die Konditionierung der Wirtschaftshilfe. Aufgrund einer demonstrativen Obstruktionspolitik im Hinblick auf die Umsetzung des Dayton-Abkommens seitens der Führung in der Serbischen Republik erhielt diese von den bis Mitte 1998 ausgegebenen Hilfsgeldern lediglich zwei Prozent.

Die sozialpsychologische Dimension eines Friedensprozesses ist einer Evaluierung nur eingeschränkt zugänglich, da es an eindeutig verifizierbaren Indikatoren fehlt. Im Hinblick auf Bosnien-Herzegowina ist zu konstatieren, dass viele Kriegsverbrecher bislang nicht in adäquater Weise zur Verantwortung gezogen worden sind, weshalb es an einem psychologisch wichtigen Sühneprozess fehlt. Ohne diesen kann der wünschenswerte Zustand der Läuterung nicht herbeigeführt und eine Bewältigung der Vergangenheit nicht erreicht werden. Die begrenzten Maßnahmen zur Reformierung des Schulsystems sind ohne Erfolg geblieben, so dass eine schulische Aufarbeitung der Vergangenheit nicht stattfindet. Seit Beginn des Friedensprozesses war die Rückkehr der etwa 1,2 Mio. ins Ausland geflohenen Menschen eines der Hauptanliegen der Aufnahmeländer und insbesondere Deutschlands. Bis Ende 1999 werden etwa 320 000 Flüchtlinge aus Westeuropa zurückgekehrt sein. Danach ist nicht mit weiteren Rückkehrern zu rechnen. Im Hinblick auf die interethnischen Beziehungen ist die geringe Anzahl der sogenannten „minority returns", also der Rückkehr in das Herrschaftsgebiet einer anderen ethnischen Gruppe, besonders aussagekräftig. Bislang sind nur etwa zehn Prozent aller Flüchtlinge in Minderheitengebiete zurückgekehrt. Die zentralen Medien stehen überwiegend unter politischer Kontrolle und tragen durch nationalistische Meinungsmache eher zur Desintegration als zur Aussöhnung bei. Aus den skizzierten Indikatoren lässt sich schließen, dass gegenseitiges Misstrauen und Hass sowie tiefenpsychologische Traumata den Friedensprozess nachhaltig behindern werden.

Im Ergebnis ist die von Vertretern der Staatengemeinschaft betonte Zielkategorie einer „selbsttragenden Stabilität" noch lange nicht erkennbar. Hier ist zu bedenken, dass seit der Unterzeichnung des Friedensvertrages von Dayton erst vier Jahre vergangen sind. Mit Blick auf die Intensität und Dauer der gewaltsamen Auseinandersetzungen ist dies ein recht kurzer Zeitraum für die Friedenskonsolidierung. Eine Bewertung des Friedensprozesses zu diesem Zeitpunkt sollte sich daher nicht an den in der wissenschaftlichen Literatur thematisierten Zeitabläufen, sondern an den selbstgesetzten Zielen und den eingebrachten Mitteln der am Friedensprozess beteiligten Akteure orientieren.

3.5 Hintergründe der nur bedingt positiven Entwicklung

Die ambivalente Bilanzierung lässt sich auf das Zusammenwirken von drei Faktoren zurückführen: Erstens auf die widersprüchliche Konstruktion des Dayton-Abkommens. Einerseits akzeptiert es die vom Krieg geschaffenen Realitäten, nämlich eine Aufteilung Bosnien-Herzegowinas nach ethnischen Kriterien, andererseits hält es programmatisch an der Unteilbarkeit des Staates und der Freizügigkeit seiner Bewohner fest. Das Grundproblem liegt darin, dass die im Abkommen bestimmte Staatskonstruktion gesellschaftliche

Grundbedingungen voraussetzt, die im Zuge des Friedensprozesses erst geschaffen werden sollen.

Zweitens erklärt sich die Entwicklung aus der schwierigen Situation vor Ort, die zu Beginn des EU-Engagements durch gewaltsame Übergriffe, vielfach ungeklärte Eigentumsansprüche, das Fehlen eines zuverlässigen Bankensystems sowie eine ineffiziente Verwaltung gekennzeichnet war. Am gravierendsten wirkt sich aber nach wie vor die gezielte Obstruktionspolitik der lokalen Autoritäten auf den Friedensprozess aus, denen der Wille zur Kooperation untereinander und mit den auswärtigen Akteuren fehlt. Erschwerend kommt hinzu, dass ein Großteil der Bevölkerung – geprägt durch die erlebten Gräueltaten – nicht zum Zusammenleben mit Angehörigen anderer Volksgruppen bereit ist.

Drittens ist der aktuelle Stand des Friedensprozesses auf die Vorgehensweise der an der Implementierung des Dayton-Abkommens beteiligten Kräfte zurückzuführen. Eine grundsätzliche Problematik ergab sich bereits aus der anfänglich unrealistischen Zeitplanung, die kurzfristige Strategien zur Folge hatte. So war ursprünglich vorgesehen, die NATO-geführte IFOR-Truppe bereits nach zwölf Monaten wieder abzuziehen. Für die Friedenskonsolidierung wurde im November 1996 von den maßgeblichen Implementierungskräften ein Zeitraum von insgesamt zwei Jahren eingeplant.[9] Dementsprechend drängten die Vertreter der Staatengemeinschaft auf einen sehr frühen Wahltermin, wodurch Bosnien für zwei Jahre fest in den Händen der nun „demokratisch legitimierten" Vertreter der nationalistischen Parteien verblieb. Ursächlich für diese unrealistische Zeitplanung war, neben dem Bestreben einiger Staaten sich nicht zu lange in der Region zu binden, eben jene Fehlinterpretation der Konfliktlage, die die EG schon 1991 zum Ergreifen der falschen Maßnahmen geführt hat. Da die elementare Bedeutung der tiefenpsychologischen Beziehungsebene dieses ethnopolitischen Konfliktes unterschätzt wurde, konzentrierten sich die Vertreter der Staatengemeinschaft primär auf die Sachebene des Konfliktes und versuchten durch ökonomische Anreize sowie administrative und legislative Maßnahmen den vordergründigen wirtschaftlichen Disparitäten und machtpolitischen Interessengegensätzen gerecht zu werden. Die tieferliegenden Probleme einer ethnisierten Gesellschaft kamen dadurch zu kurz.

---

9   Nach dem Beschluss des Peace Implemetation Council (PIC), dem Vertreter der wichtigsten Geberländer und zahlreicher internationaler Organisationen angehören, sollte die Priorität während dieser zweijährigen Konsolidierungsphase auf dreizehn Punkte gelegt werden: 1. Regionale Stabilisierung, 2. Sicherheit, 3. Menschenrechte, 4. Demokratisierung, 5. Wahlen, 6. Bewegungsfreiheit, 7. Flüchtlinge und Vertriebene, 8. Kriegsverbrechen, 9. Wiederaufbau, 10. Freie Marktwirtschaft, 11. Aussöhnung, 12. Erziehung, 13. Minenräumung. Siehe hierzu: Office of the High Representative: OHR-Bulletin No. 25, vom 25. November 1996, S. 2. Die Berichte, die durch das Büro des Hohen Repräsentanten (OHR) erstellt werden, können über das Internet abgerufen werden unter: http://www.ohr.int/bulletins.

3.6 Gründe für die begrenzte Gestaltungsfähigkeit der Europäischen Union

Obwohl die EU zur Sicherstellung der Finanzierung der bis 1999 für den Wiederaufbau veranschlagten Summe von 5,1 Mrd. US-Dollar in Zusammenarbeit mit der Weltbank vier internationale Geberkonferenzen organisierte und zu den größten Gebern im Kreise der internationalen Gemeinschaft zählte, spielte sie in der Praxis nicht die Rolle, die ihr angesichts des Umfangs der von ihr bereitgestellten Mittel eigentlich zugekommen wäre. Im Hinblick auf die Hilfe der EU für das ehemalige Jugoslawien wird daher in den Medien die „tiefe Kluft zwischen Absicht und Realität" kritisiert.[10] Die Gründe für diesen Befund liegen einerseits in der dargestellten, ungünstigen Konstellation vor Ort und sind andererseits wesentlich auf endogene Restriktionen der EU selbst zurückzuführen.

Während die politischen Entscheidungen über die Gewährung der EU-Hilfen angesichts der Dringlichkeitslage sehr schnell getroffen wurden, stieß die Mobilisierung dieser Mittel auf eine Reihe von Hindernissen. Dabei handelte es sich zumeist um technische und administrative Organisationsprobleme, von denen die übrigen Geldgeber in geringerem Maße betroffen waren. Trotz des sehr ehrgeizig formulierten Zielkatalogs hatte die Kommission keinen stufenweisen, sektorenbezogenen Durchführungsplan für eine koordinierte Umsetzung ihrer weitgefaßten Strategie angenommen, wodurch sich erhebliche Koordinierungsprobleme zwischen den einzelnen Kommissionsdiensten ergaben (Europäischer Rechnungshof 1998: 9).

Die Rechts- und Finanzinstrumente der EU waren zu kompliziert und zu wenig flexibel. Das Nebeneinander von verschiedenen Verordnungen hat zur Anwendung unterschiedlicher Bestimmungen für ähnliche Maßnahmen geführt. Ein Teil dieser Probleme resultierte bereits aus den unterschiedlichen Quellen der für den Wiederaufbau im ehemaligen Jugoslawien bereitgestellten Finanzhilfe in Höhe von 1000 Mio. ECU: 600 Mio. ECU kamen aus dem PHARE-Programm, in das Bosnien-Herzegowina im Juni 1996 aufgenommen wurde. Der Restbetrag in Höhe von 400 Mio. ECU stammt aus einer Reserve, die im Jahre 1995 auf dem Gipfel in Cannes für den Zeitraum 1996-1999 im Rahmen der Rubrik IV (außenpolitische Maßnahmen) der Finanziellen Vorausschau freigegeben wurde. Diese beiden Finanzierungsquellen unterliegen damit unterschiedlichen Rechtsgrundlagen. Mit der Verwaltung des gesamten Finanzrahmens wurde die Generaldirektion IA (Europa und Neue Unabhängige Staaten) beauftragt. Diese Hilfe für den Wiederaufbau wird ergänzt durch die humanitäre Hilfe, die von einer anderen Kommissionsdienststelle, nämlich dem Amt für humanitäre Hilfe der Europäischen Gemeinschaft (ECHO), verwaltet wird. Da es an einem sektorenbezogenen Durchführungsplan fehlte, waren die von ECHO und der GD IA verfolgten

---

Ansätze nicht immer adäquat aufeinander abgestimmt, so dass mögliche Synergieeffekte zumeist ausblieben (Europäischer Rechnungshof 1998: 8, 18, 24).

Neben diesen internen Koordinierungsproblemen gelang es der EU auch in ihrem Außenverhalten nur sehr begrenzt, sich mit anderen relevanten Akteuren abzustimmen bzw. auf diese Einfluss zu nehmen. Anhang 10 des Friedensvertrages von Dayton überträgt die Verantwortung für die Koordinierung der an der Implementierung beteiligten Akteure dem Hohen Repräsentanten für den Wiederaufbau. Die Abstimmung mit dessen Büro (OHR) seitens der EU war unzureichend, so dass es bis 1998 an der notwendigen Koordinierung zwischen EU und NATO sowie dem UNHCR fehlte. Aufgrund ihrer knappen personellen Ressourcen vor Ort stellte die Kommission in keiner der Arbeitsgruppen des OHR den Vorsitz und konnte daher nicht in dem Maße auf die übrigen Beteiligten Einfluss nehmen, wie es der Höhe der eingebrachten Mittel entsprochen hätte.

Obwohl die Geberkonferenzen unter Federführung der EU abgehalten wurden, gelang es dieser nicht die Projekte der einzelnen Geberländer untereinander zu koordinieren. Daher entschieden sich die meisten Geldgeber, durch bilaterale Vereinbarungen mit den jeweiligen Empfängern zu arbeiten. Auch in diesem Punkt blieben mögliche Synergieeffekte somit aus (Sharp 1997/98: 129).

Ein weiteres Hindernis für eine erfolgreiche Durchsetzung der eigenen Ziele war die bis Ende 1998 außerordentlich geringe politische Präsenz der EU in Bosnien-Herzegowina. Der Finanzrahmen wurde auf intergouvernementaler Ebene beschlossen, ohne dass zuvor eine adäquate Beurteilung der Verwaltungskapazitäten der Kommission stattgefunden hatte. Die Verwaltung der Hilfen erfolgte daher im Gegensatz zu der bei PHARE-Programmen üblichen Verfahrensweise und entgegen der in Mostar gesammelten Erfahrungen weitgehend zentral. Aufgrund der sehr weit gefassten Interventionsbereiche kam es zu einer großen Streuung der Maßnahmen, welche die Kommission wegen einer zu geringen Bereitstellung von Humanressourcen nicht bewältigen konnte. Bereits angelaufene Projekte mussten zum Teil unterbrochen werden, weil es die Kommissionsdienste ihrerseits den örtlichen Behörden überließen, die benötigten Güter zu ermitteln und diese zu verteilen, dabei aber deren Verwaltungskapazität überschätzt hatten. Zur Umsetzung ihrer Strategie setzte die Kommission aufgrund ihrer eigenen personellen Defizite zu sehr auf die Projektvorschläge von NRO. Hierbei übertrug sie ihre Zuständigkeit auf NRO, zahlte ihnen Vorschüsse, konnte danach aber keine ausreichende Kontrolle über sie ausüben. Für die Prüfung der von den NRO vorgeschlagenen Vorhaben wurden während der ersten beide Jahre des EU-Engagements keine systematischen und transparenten Kriterien festgelegt (Europäischer Rechnungshof 1998: 10).

Die EU beteiligte sich finanziell an einer Vielzahl von unterschiedlichen Projekten, ohne auf die direkte Umsetzung der Vorhaben Einfluss zu nehmen. Beispielsweise wurden anstatt der geplanten Instandsetzung von Häusern nur deren Dächer repariert. Zahlreiche bereits instandgesetzte Wohnungen blieben leer, da man es versäumt hatte, parallel Maßnahmen zur Verbesserung der Infrastruktur einzuleiten. Gelieferte Güter blieben vielfach ungenutzt, weil die örtlichen Unternehmen nicht über die erforderlichen Verteilungsressourcen verfügten. Die Hilfen der EU wurden insgesamt auf zu viele verschiedene Sektoren verteilt, ohne dass sie dort zu adäquaten Fortschritten führten.

Das erfolgreichere Engagement der EU ist überdies kaum sichtbar. Kleine, zum Teil uneinheitliche Aufkleber an Straßenbahnen und Bussen sowie ein häufiger Wechsel der Büro- und Projektleiter vor Ort tragen nicht gerade zu einer positiveren Wahrnehmung der EU bei. Erkennbare Verbesserungen der Infrastruktur als Ergebnis von EU-Aktivitäten bleiben weiten Teilen der begünstigten Bevölkerung sowie der Öffentlichkeit in den Mitgliedstaaten der Union verborgen. Eine verbesserte Außendarstellung würde die allgemeine Akzeptanz der EU fördern und hätte im Innenverhältnis eine identitätsstiftende Wirkung.

3.7 Bilanz

Im Gegensatz zu den Bemühungen im Zuge der Konfliktregulierung der Jahre 1991-1995 gelang es den EU-Mitgliedstaaten im Rahmen der Friedenskonsolidierung seit Ende 1995 besser, sich untereinander abzustimmen und gemeinsame Entscheidungen herbeizuführen. Durch die erhöhte Kooperation auf der Handlungsebene, die auch in der verstärkten Nutzung der GASP-Instrumente zum Ausdruck kommt, präsentierte sich das auswärtige Handeln der EU deutlich kohärenter als zuvor. Dies lag vor allem in der einheitlichen Bewertung der Bedeutung der Region für die zukünftige Entwicklung Europas seitens der EU-Mitgliedstaaten. Infolge dessen war man sich über die Notwendigkeit von stabilisierenden Maßnahmen grundsätzlich einig. In Bereichen, in denen ein gemeinsamer Handlungswille vorherrschte, zeigten sich die EU und ihre Mitgliedstaaten bei ihrem Engagement durchaus innovativ und flexibel, indem sie auf institutionalisierte und formalisierte Handlungsmechanismen aus allen drei Säulen zurückgriffen und zusätzlich neue Organisationsformen und inter-institutionelle Verbindungen geschaffen haben. Hier lassen sich die Vorzüge des besonderen Charakters der EU erahnen, der zumindest theoretisch ein situationsbezogenes und effizientes Handeln ermöglichen könnte.

Der Blick auf die in Bosnien-Herzegowina gesammelten Erfahrungen ergibt allerdings ein ambivalentes Bild. Der Versuch, die GASP-Diplomatie mit dem Gemeinschaftsinstrumentarium zu koppeln war nur bedingt erfolgreich. Die Kommission war mit der Umsetzung der auf intergouvernementaler Ebene beschlossenen Gemeinsamen Aktionen überfordert, da sie bereits die tragende Rolle in den Außenhandelsbeziehungen innehatte und das diesbezügliche Instrumentarium nur eingeschränkt auf die Konfliktbearbeitung übertragbar war. Darüber hinaus ergaben sich Meinungsverschiedenheiten bei Problemstellungen, von denen die Mitgliedstaaten in unterschiedlicher Weise betroffen waren, wie etwa hinsichtlich der Rückführung der Flüchtlinge und eines entsprechenden Lastenausgleichs.[11]

Die Ausführungen verleiten dazu, die Schwäche des außenpolitischen Profils mit dem „fehlenden gemeinsamen politischen Willen" zu begründen. Eine solche Reduktion erscheint jedoch unzureichend, da dieses oft herangezogene Argument offenlässt, was politischer Wille im Einzelfall ausmacht (Algieri 1998: 89). Die Darstellung zeigt, dass es zumindest mit dem Vorliegen eines politischen Willens im abstrakt-generellen Sinne nicht getan ist. Die grundsätzliche Bereitschaft, ein bestimmtes Thema im Rat zu erörtern, ist nicht mit der Durchführung konkreter Maßnahmen gleichzusetzen. Eine erweiterte Handlungsfähigkeit der EU setzt daher eine Verbesserung des gemeinsamen Willensbildungsprozesses im konkreten Einzelfall voraus.

4. Schlussbetrachtung

Nachdem die EG mit ihren Bemühungen, den Bosnien-Konflikt durch humanitäre Hilfe und auf dem Verhandlungswege initiierte Waffenstillstandsabkommen einzudämmen, gescheitert war, wurde die NATO und damit die USA zum wichtigsten Akteur in der Region. Nach Inkrafttreten des Dayton-Abkommens sollte jedoch die EU wieder zum Hauptakteur werden, da es nun vor allem um die finanzielle Sicherung des Wiederaufbaus ging. Da sich die EG in den Jahren 1991-1993 als eine primär an nicht-militärischen Mitteln orientierte „Zivilmacht" präsentierte, war ab Ende 1995 davon auszugehen, dass nun die verfrüht prophezeite „Stunde Europas" anbrechen würde. Denn gerade im Rahmen der Friedenskonsolidierung kommt es auf die Fähigkeiten einer wirtschaftlich starken, konsensbezogenen und prozessorientierten Zivilmacht an. Mit anderen Worten: Das Anforderungsprofil der Friedenskonsolidierung deckt sich mit dem formalen Leistungsprofil der EU.

Dennoch sind es zweifellos die USA, die die Wahrnehmung des Friedensprozesses in der Öffentlichkeit maßgeblich bestimmen, obwohl sie nur einen geringen Teil der Unterstützung zum Wiederaufbau leisten und in der SFOR deutlich geringer vertreten sind als die Länder der EU. Dass die Amerikaner in höherem Maße in der Lage waren, ihre Politiken durchzusetzen, lag einerseits daran, dass sie von administrativen und technischen Problemen weniger betroffen waren als die EU. Während beispielsweise von der bereitgestellten Finanzhilfe der EU teilweise nur unter 50 Prozent tatsächlich abge-

---

11 Zur unterschiedlichen Flüchtlingspolitik der einzelnen europäischen Staaten und der damit verbundenen Rückkehrproblematik siehe Widgren (1999).

flossen sind, lag die Abflussrate der US-Hilfe bei über 90 Prozent. Denn die amerikanischen Institutionen können einen größeren Prozentsatz der insgesamt bereitgestellten Mittel für die Programmverwaltung verwenden als dies der Kommission möglich ist, außerdem verfügen sie über flexiblere Verfahren.

Zudem verstehen es die USA weit besser als die EU, Zustimmung und praktische Unterstützung für ihre jeweilige Politik zu aktivieren. Da ihre Vertreter auf der Grundlage eines einheitlichen Konzepts sowie einer nach außen geschlossenen Position agieren und über die Fähigkeit zur Machtprojektion verfügen, gelingt es den USA wesentlich leichter, die Führungsrolle in Krisensituation zu übernehmen, den eigenen Standpunkt positiv darzustellen und dafür zu werben. Ein deutliches Beispiel stellt das Dayton-Abkommen dar, an dessen Vorbereitung zwar auch einige EU-Staaten, insbesondere die Bundesrepublik Deutschland, wesentlich mitgewirkt haben, das aber in letzter Konsequenz als ein Erfolg der USA einzustufen ist (Raffone 1996: 235, Schlotter 1997: 1).

Der angestellte Vergleich sollte nicht zu der verkürzten Schlussfolgerung führen, die EU müsse schlicht „amerikanischer" werden. Er gibt aber Anhaltspunkte für notwendige Veränderungen, damit die EU zukünftig in der Lage ist, eine ihrem wirtschaftlichen Potential angemessene außenpolitische Rolle einzunehmen.

Der Vertrag von Amsterdam lässt bereits erste, begrenzte Ansätze erkennen. Mit der Ernennung eines Hohen Vertreters für die GASP (Art. 18 Abs. 2 und Art. 26 EUV-A) ist ein Schritt zur Personifizierung und damit zur besseren Sichtbarkeit der GASP getan worden. Er kann die bisherigen Probleme in der Außendarstellung überwinden helfen und zu einer kohärenteren Politikformulierung beitragen. Dass damit sogleich eine gesteigerte außenpolitische Handlungsfähigkeit der EU einhergeht, ist zumindest kurzfristig aber nicht zu erwarten, da die Schwierigkeiten einer Kopplung von GASP-Diplomatie und Gemeinschaftsinstrumentarium nicht beseitigt wurden und „Herrn GASP" ein adäquater Handlungsapparat fehlt..

Da der Mangel an Ressourcenausstattung bei zentralen EU-Organen nicht durch die Vermehrung von schwachen Institutionen ausgeglichen werden kann, bedarf es entweder einer Neuorganisation und personellen Aufstockung der Kommissionsdienste oder der Schaffung eines eigenen, weitaus größeren personellen Unterbaus der Zweiten Säule. Im Falle einer erneuten Krisensituation könnte ansonsten ein EU-spezifischer Zustand, der als „Capability-Expectations-Gap" bezeichnet wird (Hill 1993), noch deutlicher zu Tage treten. Denn während die Fremderwartungen angesichts des neuen Erscheinungsbildes der EU steigen und auch ihre selbstgesteckten Ziele ambitioniert sind, fehlen nach wie vor adäquate Instrumente zu deren Durchsetzung. Sie bereitzustellen liegt bei den Mitgliedstaaten, deren Bereitschaft zur Übertragung von Souveränitätsrechten jedoch nur begrenzt vorhanden ist.

In den ersten Jahren drohte die Krise im ehemaligen Jugoslawien zum Mühlstein für die erst entstehende GASP zu werden. Betrachtet man aber das

Engagement der EG/EU vom Beginn des Jugoslawienkonflikts im Jahre 1991 bis zum Konflikt in Kosovo Anfang 1999, wird eine stetige Weiterentwicklung der Entscheidungsverfahren und der Handlungsinstrumente sichtbar. Auch wenn die EU mit ihrer Gestaltungsfähigkeit bislang hinter ihren Möglichkeiten zurückblieb, hat die gemeinsame Konfliktbearbeitung – insbesondere im Rahmen der Friedenskonsolidierung – ein engeres Zusammenrücken der Mitgliedstaaten bewirkt und eine Art außenpolitischer Kooperationstradition entstehen lassen, die der EU während des Kosovo-Konflikts zu mehr Geschlossenheit und inhaltlicher Kohärenz verhalf. Die Konfliktbearbeitung im ehemaligen Jugoslawien kann daher als Meilenstein des gemeinsamen Außenhandelns betrachtet werden. Allerdings wird sich die EU trotz ihres hohen wirtschaftlichen Potentials auch weiterhin die Rolle des Juniorpartners an der Seite der USA gefallen lassen müssen, wenn es ihr nicht gelingt, die getroffenen Entscheidungen durch ein wirksameres Instrumentarium umzusetzen, ihre erzielten Erfolge entsprechend sichtbar zu machen und in höherem Maße Zustimmung und Unterstützung für die eigene Politik zu aktivieren.

Literaturverzeichnis

Algieri, Franco: Die Reform der GASP – Anleitung zu begrenztem gemeinsamen Handeln. In: Weidenfeld, Werner (Hrsg): Amsterdam in der Analyse. Strategien für Europa. Gütersloh: Bertelsmann Stiftung, 1998, S.89-120.

Burg, Steven L.: The International Community and the Yugoslav Crisis. In: Esman, Milton J./Telhami, Shibley (Hrsg.): International Organizations and Ethnic Conflict. London: Cornell University Press, 1995, S.235-271.

Calic, Marie-Janine : Jugoslawienpolitik am Wendepunkt. In: Aus Politik und Zeitgeschichte 43,2 (1993) 37, S. 11-20.

Calic, Marie-Janine: Krieg und Frieden in Bosnien-Herzegowina. Frankfurt a.M.: Suhrkamp, 1996, S.186-206.

Europäische Gemeinschaften: Verordnung (EG) Nr. 1628/96 des Rates vom 25. Juli 1996. In: Amtsblatt der Europäischen Gemeinschaften L 204 vom 18.08.1996.

Europäischer Rechnungshof: Sonderbericht Nr. 5/98 über den Wiederaufbau im ehemaligen Jugoslawien (im Zeitraum 1996-1997) zusammen mit den Antworten der Kommission. In: Amtsblatt der Europäischen Gemeinschaften 98/C 241. Brüssel 1998.

Eyal, Jonathan: Europe and Yugoslavia: Lessons from a Failure. Dorset: Sherrens Printers, 1993.

Giersch, Carsten: Konfliktregulierung in Jugoslawien 1991-1995. Die Rolle von OSZE, EU, UNO und NATO. Baden-Baden: Nomos, 1997.

Hill, Christopher: The capability-expectations-gap, or conceptualizing Europe's international role. In: Journal of Common Market Studies 31 (1993) 3, S. 305-328.

Hoffmann, Stanley: Yugoslavia: Implications for Europe and for European Institutions. In: Ullman, Richard H. (Hrsg.): The World and Yugoslavia's Wars. New York: Council on Foreign Relations, 1996, S. 97-121.

Kintis, Andreas G.: The EU's Foreign Policy and the War in Former Yugoslavia. In: Holland, Martin (Hrsg.): Common Foreign and Security Policy. The Record and Reforms. London, Washington: Pinter, 1997, S. 148-173.

Koslowski, Gerd: Bosnien: Scheitern der Institutionen und Mächtebalance in Europa. In: Außenpolitik 47 (1996) 4, S. 359-366.

Kreft, Michael: Die Europäische Integration als Sicherheitsinstitution. In: Haftendorn, Helga/Keck, Otto (Hrsg.): Kooperation jenseits von Hegemonie und Bedrohung. Sicherheitsinstitutionen in den internationalen Beziehungen. Baden-Baden: Nomos, 1997, S. 165-190.

Matthies, Volker: Der Transformationsprozeß vom Krieg zum Frieden – ein vernachlässigtes Forschungsfeld. In: Ders. (Hrsg.): Vom Krieg zum Frieden. Kriegsbeendigung und Friedenskonsolidierung. Bremen: Ed. Temmen, 1995, S. 8-38.

Nadoll, Jörg: Probleme der Friedenskonsolidierung bei ethnopolitischen Konflikten. Eine Untersuchung am Beispiel von Bosnien-Herzegowina. Ms. (unveröff.) 1999.

Owen, David: Eine wirksame Außen- und Sicherheitspolitik für die Zukunft. In: The Philip Morris Institute for Public Policy Research (Hrsg.): Wie kann Europa Konflikte verhindern? Brüssel, November 1997, S. 30-41.

Raffone, Paolo: Der Weg nach Dayton. Diplomatische Stationen eines Friedensprozesses. In: Blätter für deutsche und internationale Politik 41,1 (1996) 2, S. 231-240.

Rat der Europäischen Union: Erklärung der Europäischen Union und der assoziierten mittel- und osteuropäischen Länder betreffend die Ausfuhr von Rüstungsgütern nach dem ehemaligen Jugoslawien, vom 28.02.1996. In:
http://ue.eu.int/pesc/article.asp?lang =de&id=190605307.

Rat der Europäischen Union: Erklärung der Europäischen Union, der mit der Europäischen Union assoziierten mittel- und osteuropäischen Länder, des ebenfalls assoziierten Landes Zypern sowie der EFTA-Länder, die Mitglieder der EWR sind, zu Bosnien und Herzegowina, vom 29.09.1997. In: http://ue.eu.int/pesc/article.asp?lang =de&id= 19710752.

Schlotter, Peter: Ein Jahr Dayton-Friedensabkommen. Eine Bilanz der zivilen Implementierung. In: HSFK-Report Nr. 1/1997 vom Januar 1997.

Schmalz, Uwe: Aufbruch zu neuer Handlungsfähigkeit. Die Gemeinsame Außen-, Sicherheits- und Verteidigungspolitik unter deutscher Ratspräsidentschaft. In: Integration 22 (1999) 3, S. 191-204.

Schwarz, Hans-Peter: Krisen- und Konfliktmanagement aus europäischer Sicht. Eine Fallstudie: Reaktionen auf die Kriege im ehemaligen Jugoslawien 1991-1996. In: KAS/Ausländerinformation 13 (1997) 6, S. 21-37.

Schwirz, Wolfgang: Die Rolle der Europäischen Union und der Vereinten Nationen im Jugoslawien-Konflikt. Ein historischer Abriß. In: Politische Studien, Sonderheft 46 (1995) 3, S. 12-32.

Sharp, Jane M.O.: Dayton Report Card. In: International Security 22 (1997/98) 3, S. 101-137.

Widgren, Jonas: Rückkehr nach Bosnien-Herzegowina. Lektionen für eine europäische Migrationspolitik. In: Internationale Politik 54 (1999) 4, S. 31-38.

EU – Rußland: Von pragmatischer Zusammenarbeit zu strategischer Partnerschaft?

Christian Meier

Vorbemerkung

Der Rahmen für die Entwicklung der Beziehungen zwischen der EU und Rußland wird von zwei Eckpunkten maßgeblich bestimmt. Der eine ist das bilaterale Partnerschafts- und Kooperationsabkommen[1], das am 1. Dezember 1997 in Kraft getreten ist, und der andere ist die Gemeinsame EU-Strategie für Rußland[2], die auf dem EU-Ratsgipfel in Köln am 3. und 4. Juni 1999 beschlossen wurde. Aus den Inhalten beider Dokumente ergibt sich für das bilaterale Verhältnis eine programmatische Leitlinie, die sich in der bündigen Formel „von pragmatischer Zusammenarbeit zu strategischer Partnerschaft" zusammenfassen läßt.

Was die inhaltliche Bestimmung beider Begriffe anbelangt, so ist der Terminus „pragmatische Zusammenarbeit" unstrittig. Dagegen gibt es für den Begriff „strategische Partnerschaft" bis heute noch keine klare Definition. Rein formal gesehen, bedeuten „Strategie" soviel wie „die umfassende Planung zur Verwirklichung von Grundvorstellungen" und „Partnerschaft" soviel wie „die Gemeinsamkeit und Zusammenarbeit gleichberechtigter Akteure". Daraus könnte man ableiten, daß strategische Partnerschaft eine langfristig angelegte Zusammenarbeit gleichberechtigter Partner (Staaten) zur gemeinsamen Verwirklichung von Grundvorstellungen und zur Lösung gemeinsamer Aufgaben in Schlüsselbereichen ihrer Beziehungen ist. Ganz allgemein verstanden, sollte eine „strategische Partnerschaft" allerdings von einem hohen Maß an gegenseitigem Vertrauen und Verständnis, von weitgehender Übereinstimmung in den Grundwerten und den Prinzipien der politischen Demokratie, von kompatiblen Wirtschaftsordnungen und engen wirtschaftlichen Verflechtungen, von gleichgerichteten außen- und sicherheits-

---

1 Die vollständige Fassung des Abkommens einschließlich der dazu gehörenden Anhänge, Protokolle, gemeinsamen Erklärungen und Briefwechsel findet sich in: Kommission der Europäischen Gemeinschaften, Vorschlag für einen Beschluß des Rates und der Kommission der Europäischen Gemeinschaften und ihrer Mitgliedstaaten einerseits und der Russischen Föderation andererseits, Brüssel 1994

2 Gemeinsame Strategie der Europäischen Union für Rußland. In: Europäischer Rat/-Generalsekretariat (GDF), Gemeinsame Außen- und Sicherheitspolitik (GASP), Köln 1999

politischen Interessen sowie von gemeinsamen Verpflichtungen im System der internationalen Beziehungen geprägt sein (Alexandrova 1997: 7f.).

Um herauszufinden, ob die Voraussetzungen für ein strategisches Partnerschaftsverhältnis zwischen der EU und Rußland bereits erfüllt sind, ist es erforderlich, die erkennbare Interessenlage der Partner aufzuzeigen, Ergebnisse und Probleme der Zusammenarbeit im Kontext des bilateralen Partnerschafts- und Kooperationsabkommen und der neuen Gemeinsamen EU-Strategie für Rußland zu untersuchen sowie den Stand der Einbindung der Russischen Föderation in die von der EU geförderte regionale Kooperation in Europa zu ermitteln.

1. Zu den Grundinteressen von EU und Rußland

Für die EU ist die Vermeidung neuer Trennlinien in Europa der wichtigste Grund, um parallel zur Einbindung der ostmittel- und südosteuropäischen Staaten enge Vertragsbeziehungen mit Rußland herzustellen. Aus Brüsseler Sicht bilden die EU und Rußland die beiden Hauptmächte in Europa, wobei Rußland als ein für die Sicherheit des Kontinents zentraler Faktor eingestuft und auf sein großes, für eine wechselseitig vorteilhafte Kooperation ungenutztes Wirtschafts-, Handels- und Wissenschaftpotential verwiesen wird. Eine erfolgreiche Systemtransformation und Wirtschaftssanierung würde Rußland für seine Nachbarn zu einem berechenbaren Stabilitätspartner machen und die Bestrebungen der EU erleichtern, in einem abgestuften Vorgehen die europäischen Integrationsräume nach Osten zu erweitern. Deutschland ist daran aufgrund seiner Geschichte, seiner geographischen Nachbarschaftslage und seiner ökonomischen Interessen besonders gelegen. Umgekehrt würde ein schwache, zerrissene oder gar zerfallende „Großohnmacht" Rußland erhebliche sicherheitspolitische, soziale, ökonomische und ökologische Risiken für Ostmittel- und Westeuropa gleichermaßen heraufbeschwören (Borko/Timmermann 1999: 5f.; Vogel 1996: 38f.).

Für Rußland seinerseits bildet die EU den wichtigsten Bezugspunkt für eine erfolgversprechende Entwicklungs- und Transformationspartnerschaft, die zugleich einer befürchteten Ausgrenzung des Landes aus den europäischen Integrationsprozessen entgegenwirkt. Dabei setzt die Moskauer Führung zum einen auf die Bereitschaft der wichtigsten EU-Staaten, sich umfassend beim Aufbau neuer Wirtschaftsstrukturen in Rußland zu engagieren und sich dort vorteilhafte Marktpositionen zu sichern. Zum anderen erhofft sie sich eine weitreichende politische Unterstützung der EU nicht nur bei der Einbindung Rußlands in den institutionellen Mechanismus zur Steuerung der Weltwirtschaft, sondern auch beim Zugriff auf die technischen und finanziellen Ressourcen internationaler Organisationen für eine Beschleunigung der marktwirtschaftlichen Umgestaltungsprozesse in der Russischen Föderation. Schließlich fungiert der Raum der EU als der wichtigste Absatzmarkt für das große Reservoir russischer Energieträger und Rohstoffe (Höhmann/ Meier 1998: 18f.).

Trotz dieser eindeutigen Interessen ist eine fortbestehende ambivalente Haltung der russischen Führungselite zu den europäischen Strukturen nicht zu übersehen. Die Gründe für diese Ambivalenz sind verschiedener Natur. Zum einen gibt es nach wie vor Unsicherheiten und Kontroversen über die Frage, welchen Staaten oder Staatengruppen bei der Bildung strategischer Partnerschaften der Vorzug gegeben werden soll. Zum anderen sind Bestrebungen unverkennbar, um Rußland herum einen eigenen Schwerpunkt zu bilden sowie das Umfeld zu integrieren, nicht aber selbst integriert zu werden. Rußland möchte zu eigenen Bedingungen an den europäischen Strukturen teilnehmen. Schließlich ist nicht zu übersehen, daß sich das außenpolitische Denken und Handeln immer noch vorwiegend in den Kategorien eines strikten Bilateralismus vollzieht und jede Erfahrung im Umgang mit multilateralen Integrationsräumen und Integrationsprozessen, wie sie sich in der EU vollziehen, fehlt (Timmermann 1999a: 7f.).

2. Zum politischen Kontext der Beziehungen und seinen Wirkungen

2.1 Das bilaterale Partnerschafts- und Kooperationsabkommen (PKA)

Das aus einer partiell komplementären Interessenlage geschlossene PKA (1994) bietet, wenn seine Dimensionen – Politischer Dialog, Wirtschaftskooperation, Kultur – voll ausgeschöpft werden, Rußland trotz der fehlenden EU-Beitrittsperspektive gute Chancen für eine Vernetzung mit der EU, die angesichts der evolutionär ausgerichteten Vertragsbestimmungen mittelfristig zur Errichtung einer Freihandelszone führen und insgesamt dicht an die Schwelle einer formalen Mitgliedschaft heranreichen kann.

Die bislang bescheidene Wirkung des PKA in den wechselseitigen Beziehungen ist im wesentlichen auf vier Ursachen zurückzuführen (Meier 1999: 377f.). Eine erste Ursache ist darin zu sehen, daß es von der Unterzeichnung des PKA (24. Juni 1994) über das Interimsabkommen (1. Februar 1996) bis zur Inkraftsetzung des PKA am 1. Dezember 1997 fast dreieinhalb Jahre dauerte, ehe die Voraussetzungen dafür geschaffen waren, daß der für die Implementierung des PKA notwendige institutionelle Mechanismus Anfang 1998 installiert werden konnte. Dabei handelt es sich um ein mehrstufiges System gemeinsamer Entscheidungs- und Arbeitsgremien: Außer den im Halbjahresturnus stattfindenden Treffen zwischen der EU-Spitze und der russischen Staats- und Regierungsführung sind dies der jährlich tagende Kooperationsrat auf Ministerebene, der über die Arbeitsprogramme entscheidet, sowie das aus Fachleuten gebildete Kooperationskomitee mit seinen Unterausschüssen und Arbeitsgruppen, in dem Beschlüsse und Maßnahmen vorbereitet werden. Außerdem ist ein Komitee für parlamentarische Zusammenarbeit geschaffen worden, das aus Mitgliedern des Europaparlaments und der Föderationsversammlung besteht und dem Kooperationsrat jederzeit Empfehlungen unterbreiten kann.

Ein zweiter Grund ist die unterschiedliche Gewichtung der Interessen seitens der Partner: Rußland hat die wirtschaftliche Dimension des PKA in den Vordergrund gerückt und dem politischen Dialog nur einen niedrigen Stellenwert eingeräumt, und zwar in dem Maße, wie sich seine wirtschaftlichen Erwartungen nicht erfüllten. Dagegen hat die EU das Augenmerk stärker auf die politischen Ziele gerichtet und sich auf wirtschaftlichem Gebiet restriktiv verhalten.

Als dritte Ursache ist die Staats-, Finanz- und Wirtschaftskrise in Rußland seit Mitte August 1998 zu nennen. Sie hat bislang nicht nur zu einem beträchtlichen Rückgang der wirtschaftlichen Zusammenarbeit auf allen Gebieten geführt, sondern auch die Aufnahme von Verhandlungen über eine bilaterale Freihandelszone ebenso wie die von der EU unterstützte Einbindung Rußlands in die WTO und die OECD bis auf weiteres vertagt.

Schließlich ist viertens darauf zu verweisen, daß es die EU versäumt hatte, das PKA mit einer Strategie zur Heranführung Rußlands an die von ihr gewünschte Partnerschaft zu verknüpfen, die es der EU analog zu ihrer Heranführungsstrategie für die ostmitteleuropäischen Staaten ermöglicht hätte, statt einer reaktiven eine proaktive Politik gegenüber Rußland zu verfolgen.

2.2 Die Gemeinsame Strategie der EU für Rußland (GS)

Gestützt auf den Amsterdamer Vertrag (Titel V EUV, Art. 13, Abs. 2), der vorsieht, daß Gemeinsame Strategien in den Bereichen beschlossen werden können, „in denen wichtige Interessen der Mitgliedstaaten bestehen" hat die EU, alarmiert durch die unmittelbaren und noch zu erwartenden Auswirkungen der russischen Krise, auf dem Wiener Ratsgipfel Anfang Dezember 1998 die Weichen für eine erste Gemeinsame Strategie gestellt, die auf dem Kölner EU-Ratsgipfel im Juni 1999 verabschiedet wurde. Die zunächst auf vier Jahre angelegte GS, die auf Empfehlung des Rates verlängert, überprüft und gegebenenfalls angepaßt werden kann, konzentriert sich in Übereinstimmung mit gleichlautenden Zielsetzungen auf vier Bereiche:

–   Festigung der Demokratie und des Rechtsstaates sowie Stärkung der staatlichen Institutionen („good governance") und der Bürgergesellschaft in Rußland;

- Einbeziehung Rußlands in einen gemeinsamen europäischen Wirtschafts-
und Sozialraum durch Konsolidierung des wirtschaftlichen Transformationsprozesses und damit Schaffung der Grundlagen für eine soziale
Marktwirtschaft sowie durch Unterstützung des Beitritts zur WTO bzw.
durch die künftige Errichtung einer Freihandelszone zwischen der EU
und Rußland;
- Ausbau und Vertiefung der Zusammenarbeit zur Stärkung der Stabilität
und der Sicherheit innerhalb bzw. außerhalb Europas durch Intensivierung
des Politischen Dialogs, durch Weiterentwicklung der europäischen Si-
cherheitsarchitektur und durch bessere Nutzung der Präventivdiplomatie;
- Zusammenarbeit bei einer Reihe von gesamteuropäischen Herausforderungen auf den Gebieten Energie und nukleare Sicherheit, Umwelt und
Gesundheit, Erscheinungsformen organisierter Kriminalität sowie regionale bzw. grenzüberschreitende Kooperation und Infrastruktur.

Die für diese Bereiche genannten Schlüsselaufgaben sind jeweils in Einzelauf-
gaben aufgefächert, für deren Erfüllung nicht nur Instrumente und Mittel festgelegt worden sind, sondern auch weitere spezifische Initiativen ab Ende 1999
in Aussicht gestellt werden. Bemerkenswert ist in diesem Zusammenhang,

- daß künftig jeder neue Vorsitz dem Rat im Rahmen seines allgemeinen
Programms einen Arbeitsplan für die Umsetzung der GS vorlegen soll,
- daß mindestens jährlich ein Bericht über die Implementierung der GS erfolgen soll;
- daß der Umfang der Zusammenarbeit Rußlands bei der Implementierung
der GS regelmäßig geprüft werden soll; und
- daß sich bereits jetzt die künftigen EU-Beitrittsländer den Aktionen im
Rahmen der GS anschließen sollen.

Mit der Rußland-Strategie, die in keiner Weise das PKA als das Kernstück
der bilateralen Beziehungen ersetzt, sollen dem Anschein nach mehrere Ziele
gleichzeitig verfolgt werden, und zwar

- die Implementierung des PKA stärker zu stream-linen;
- die Zusammenarbeit auf konkrete Projekte zu orientieren und die Regionen stärker miteinzubeziehen;
- die bi- und multilateralen Rußland-Aktivitäten der EU und ihrer Mitgliedstaaten besser zu koordinieren und mit der Tätigkeit anderer europäischer Institutionen – Europarat und OSZE – zu vernetzen;
- die Abstimmung der Rußland-Aktivitäten mit anderen „Global players",
insbesondere den USA und internationalen Finanz- und Wirtschaftsorga-
nisationen zu erleichtern;
- eine gefährliche Abkopplung Rußlands von der fortschreitenden Ver-
dichtung der Beziehungen der EU zu Ostmitteleuropa zu verhindern und
gleichzeitig die Staaten dieser Region zu einer Aktivierung ihrer Ruß-
landpolitik zu ermuntern;

–   mit konsistenten Angeboten einer substantiellen Kooperation und eines
    verbesserten institutionellen Kooperationsmechanismus die durch die
    Rußlandkrise und den Kosovo-Konflikt entstandene Glaubwürdigkeits-
    krise im Verhältnis EU-Rußland zu überwinden und damit jene politi-
    schen Kräfte in Moskau zu stärken, die der Modernisierung nach innen
    und geoökonomischen Ansätzen, d.h. der „Stärkung des wirtschaftlichen
    Vektors der Außenpolitik" den Vorrang geben und die Anbindung Ruß-
    lands an die europäischen Strukturen energischer vorantreiben wollen.

Die russische Regierung wurde in allen Phasen der Entstehung der GS nicht
nur konsultiert, sondern auch zu materiellen Inputs aufgefordert, um damit
von vornherein ihre späteren Implementierungschancen zu erhöhen. Schon
vor der endgültigen Beschlußfassung über das Dokument auf dem Kölner
EU-Ratsgipfel hat sie die komplette Vorlage bei der Tagung des EU-
Rußland-Kooperationsrates am 17. Mai 1999 in Brüssel erhalten. Nach interner politischer Bewertung sind die Moskauer Reaktionen sehr positiv ausge-
fallen, weil die GS in Verbindung mit der Bereitschaft der EU, Rußland in
das Krisenmanagement und in den Stabilitätspakt für den Balkan miteinzu-
bauen, der russischen Seite die Gewißheit vermittelt hat, als gleichberechtigter Partner ernst genommen und nicht, wie in Moskau befürchtet, marginali-
siert zu werden.[3] In der Folgezeit hat sich ein politischer Dialog zwischen
Moskau und Brüssel über die GS entwickelt, in dessen bisherigem Verlauf
von russischer Seite einzelne, zum Teil überarbeitete Papiere einer russischen
Strategie für das Verhältnis Rußland-EU im Zeitraum 2000-2010 übergeben
wurden. Nach den inoffiziellen Informationen strebt Rußland weder eine
volle noch assoziierte EU-Mitgliedschaft innerhalb der nächsten zehn Jahre
an und plädiert für eine pragmatische Partnerschaft mit der EU ohne institu
tionelle Bindungen. Empfohlen wird von russischer Seite die Ausarbeitung
eines gemeinsamen Strategiepapiers über eine abgestimmte Vorgehensweise
auf bestimmten Kooperationsfeldern in den ersten fünf Jahren des neuen
Jahrtausends.[4]
Doch unabhängig vom Ausgang dieses Dialoges hat die EU bereits mit
der Implementierung der GS begonnen. Die finnische Regierung, die am 1.
Juli 1999 turnusmäßig die EU-Ratspräsidentschaft übernahm, konzentrierte
sich dabei erwartungsgemäß auf das von ihr initiierte Konzept der „Nördlichen Dimension der EU".[5] Sie umfaßt ein Gebiet, das sich von Island im
Westen bis nach Nordwestrußland, vom Nordmeer, der Barents- und der Ka-
ra-See im Norden bis zur Südküste der Ostsee erstreckt. In dieser Region leben rund 84 Mio. Menschen, davon 24 Mio. in den fünf nördlichen Ländern,

---

3   Interview mit dem russischen EU-Botschafter in Brüssel, W. Lichatschow. In: euro-
    east (1999) 78, S. 39
4   euro-east (1999) 82, S. 26ff
5   Stenlund, Peter: Policies for the Northern Dimension – Rovaniemi, June 18, 1999.
    In: Http://presidency.finland.fi/netc...

7,8 Mio. in den baltischen Staaten, 38,6 Mio. in Polen und ungefähr 13,5 Mio. in Nordwestrußland einschließlich Kaliningrad. Das Ziel der finnischen Bemühungen ist es, in den Bereichen Infrastruktur einschließlich Verkehr, Energie und Telekommunikation, Handel und Investitionen, natürliche Ressourcen einschließlich Umwelt, Reaktorsicherheit, Humanressourcen, Kriminalität, Gesundheit und Sozialwesen eine grenzüberschreitende Zusammenarbeit der Partner zu organisieren und auf diese Weise den Aufbau neuer Trennungslinien gegenüber Staaten wie Rußland, die keine EU-Beitrittsperspektive haben, zu verhindern. Auf einer Sonderkonferenz am 11. und 12. November 1999 in Helsinki wurden im Beisein des russischen Außenministers Iwanow nicht nur eine Bestandsaufnahme bisheriger Aktivitäten in der Region vorgenommen, sondern auch, gestützt auf Positionspapiere der EU, vorrangige Aufgaben künftiger Zusammenarbeit, insbesondere bei der Diversifizierung der Energieversorgung und bei der umweltverträglichen Entsorgung von Atommüll erörtert.[6] Diese sollen unter Einbeziehung weiterer wichtiger Vorhaben von der EU in einem gemeinsamen Aktionsplan zusammengefaßt werden, den, wie es in den Schlußfolgerungen des EU-Ratsgipfels von Helsinki vom 10./11. Dezember 1999 heißt, die EU-Staaten auf der Tagung des Europäischen Rates im Juni 2000 in Feira (Portugal) beschließen wollen.[7]

3. Aspekte der Wirtschaftsbeziehungen

3.1 Handel, Direktinvestitionen, Kooperation mit russischen Regionen

Seit Beginn des mehrdimensionalen Transformationsprozesses sind die neuen russischen Führungseliten darum bemüht, die EU gleichermaßen als Stabilitäts- und Modernisierungsanker zu nutzen, weil die komplexen Aufgaben insbesondere der wirtschaftlichen Umgestaltung auch bei größten Eigenanstrengungen nicht im Alleingang zu lösen sind. Was die Regionalstruktur des russischen Außenhandels betrifft, so erreichen die Staaten der EU gegenwärtig einen Anteil von 35% am Gesamtumsatz und nehmen damit die Spitzenposition unter den russischen Regionalpartnern ein. Diese Quote dürfte sich nach einem EU-Beitritt ostmitteleuropäischer Länder auf über 50% erhöhen und damit die führende Stellung der EU weiter ausbauen. Zum Vergleich: Der Anteil der GUS-Staaten ist von etwa 55 Prozent (1991) auf mittlerweile

---

6 Conclusions of the Foreign Ministers' Conference on the Northern Dimension, Helsinki, November 11-12, 1999. In: Http://presidency.finland.fi/netc...
7 Helsinki European Council: Presidency Conclusions, December 10-11, 1999. In: Http://presidency.finland.fi/netc...

rund 22 Prozent (1998) geschrumpft. Noch deutlich schwächer sind China (6 %), die USA (4%) und Japan (3%) am russischen Warenverkehr mit dem Ausland beteiligt (Bayou 1998: 16f.).

Was umgekehrt die Bedeutung Rußlands als Handelspartner der EU betrifft, so hält sie sich in engen Grenzen. Die jüngste russische Finanz- und Wirtschaftskrise hat im bilateralen Warenverkehr zu erheblichen Einbrüchen geführt. Nach den vorliegenden statistischen Angaben betrug der Anteil der Russischen Föderation an den EU-Exporten in Drittländern im Jahre 1998 nur 2,9% (1997:3,5%) und lag damit klar unter dem gleichnamigen Wert für Polen (3,8%). Bei den entsprechenden Einfuhren rangierte Rußland mit einer Quote von 3,2% (1997:4%) allerdings wieder vor Polen (2,3%). Ostmitteleuropa – Polen, Tschechische Republik und Ungarn – war 1998 mit Anteilsquoten von 8,4% am Export und 6,4% am Import ein bedeutenderer Regionalpartner als die Russische Föderation.[8] Insgesamt beträgt der Handel zwischen Rußland und der EU nach Berechnungen wissenschaftlicher Institute nur rund ein Drittel des Niveaus, das angesichts des russischen Sozialprodukts und der Nähe Rußlands zu den EU-Märkten zu erwarten wäre.[9]

Die Handelsstruktur ist immer noch weitgehend komplementär geprägt, wie insbesondere der deutsch-russische Warenverkehr z.B. für das Jahr 1998 eindrucksvoll belegt. Die Bundesrepublik Deutschland, der wichtigste russische Außenwirtschaftspartner überhaupt, lieferte wie üblich nach Rußland hauptsächlich industrielle Fertigerzeugnisse (83%) und Lebensmittel (15%) als Folge einer unzureichend entwickelten russischen Agrarwirtschaft. Sie bezog von dort in erster Linie Energie (61%) und Rohstoffe (29%). An der Versorgung der EU-Staaten mit Erdgas und Erdöl ist die Russische Föderation gegenwärtig mit 20% bzw. 16% beteiligt (Sabelnikov/Čebotareva 1999: 2). Für den Durchbruch zu substitutiven, intraindustriellen Formen des Handels, von denen nachhaltige und breite Modernisierungseffekte für die gesamte russische Wirtschaft zu erwarten wären, sind auch weiterhin keine Anzeichen zu erkennen.

Der neue institutionelle Kooperationsmechanismus im Rahmen des PKA hat die Beilegung eines sich über drei Jahre hinziehenden Handelsstreits zwischen der EU und Rußland begünstigt. Ende März 1998 vereinbarten die Partner, alle quantitativen Beschränkungen im bilateralen Textilhandel mit Wirkung vom 1. Mai 1998 aufzuheben. Rußland hat außerdem zugesagt, sein Zertifizierungssystem für Textilien aus dem EU-Bereich, das als schwerwiegendes Handelshemmnis empfunden wurde, neu zu gestalten.[10] Für andere strittige Fragen, die insbesondere den bilateralen Handel mit Produkten aus dem Nuklear-, Lebensmittel- und Chemiebereich sowie die Nutzung des rus-

---

8   Eurostat: Außen- und Intrahandel der Europäischen Union – Monatliche Statistiken (1999) 10, S. 42-43
9   DIW-Wochenbericht (1998) 18, S. 305
10 VWD-Rußland (31.3.1998) 63

sischen Luftraumes betreffen, wurden zumindest institutionelle Schlichtungs-
verfahren vereinbart.

Was die unmittelbaren Direktinvestitionen der Unternehmen aus dem
EU-Raum in der russischen Wirtschaft anbelangt, so tragen schwerwiegende
Investitionshemmnisse, wie z.B. administrative Restriktionen etwa für Inve-
stitionen in „strategischen Bereichen (Energie und Banken), eine willkürliche
Steuergesetzgebung, unzureichende Rechtssicherheit und mangelhafte Infra-
strukturbedingungen maßgeblich dazu bei, daß der ausländische Kapitalzu-
fluß im Unterschied zu Ostmitteleuropa bislang bescheiden blieb. Im ersten
Halbjahr 1999 investierte das Ausland nach Angaben der Russischen Statisti-
kagentur (Rosstatagentstwo) insgesamt 4,271 Mrd. USD in die russische
Wirtschaft. Davon entfiel ein Betrag von 2,429 Mrd. USD (56,9%) auf Di-
rektinvestitionen, was gegenüber dem Vorjahr ein Zuwachs von 919 Mio.
USD (60,9%) bedeutete, auf „übrige" Investitionen eine Summe von 1,835
Mrd. USD (42,9%) sowie auf Portfolio-Investitionen der Restwert von 7 Mio.
USD (0,2%). Was die Herkunft der Gesamtsumme anbelangt, so nahmen die
USA mit einem Anteil von 1,815 Mrd. USD die Spitzenposition ein. Dahinter folgten die Bundesrepublik Deutschland mit 569 Mio. USD, Zypern mit
376 Mio. USD, Großbritannien mit 312 Mio. USD und die Niederlande mit
306 Mio. USD. Eine Unterteilung dieser Länderbeträge nach Direkt-, Portfo-
lio- und übrigen Investitionen wurde nicht ausgewiesen.

Nach den von Rosstatagentstwo veröffentlichten Zahlen summierten sich
alle bis zum 1. Juli 1999 seit Gründung der Russischen Föderation getätigten
ausländischen Direktinvestitionen im Produktionsbereich auf 11,693 Mrd.
USD, die übrigen Investitionen auf 15,795 Mrd. USD und die Portfolio-
Investitionen auf 332 Mio. USD. Schlüsselt man das Gesamtpaket nach Her-
kunftsländern auf, so belegte Deutschland mit 6,480 Mrd. USD den ersten
Platz vor den USA (5,853 Mrd. USD), Großbritannien (3,677 Mrd. USD),
Frankreich (3,345 Mrd. USD) und Zypern (3,241 Mrd. USD). Bei der Ein-
zelsparte „betriebliche Direktinvestitionen" zeigt sich eine andere Rangfolge.
Hier liegen US-Firmen mit 4,099 Mrd. USD an der Spitze, gefolgt von zy-
priotischen Unternehmen mit 2,645 Mrd. USD, bei denen es sich um über
Off-shore-Ausgründungen repatriiertes Fluchtkapital russischer Betriebe han-
deln dürfte. Deutsche Unternehmen haben sich bislang mit insgesamt 950
Mio. USD direkt vor Ort in Rußland engagiert.[11]

Seit kurzem konzentrieren sich die EU und ihre Mitgliedstaaten verstärkt
auf die russischen Regionen, weil hier die Projekte überschaubar, die An-
sprechpartner leicht identifizierbar sind. Vor allem aber tragen solche Beziehungen, die durch eine Vielzahl dezentraler Vereinbarungen zwischen russischen und westeuropäischen Regionen ergänzt werden, zur Anbindung auch
der russischen Regionen an europäische Strukturen bei. Aus russischer Sicht

---

11 Triebel, Jan: Ausländer intensivieren ihr Direktengagement. In: Nachrichten für Außenhandel, 20.9.1999

sind massive westliche Investitionen in regionale Projekte sehr nützlich, da sie – so der frühere Ministerpräsident Stepaschin – zum Aufbau von Zentren beitragen, „um die herum neue Güter, Dienstleistungen und Arbeitsmärkte, kurz: Zentren des Wirtschaftswachstums für das kommende Jahrhundert entstehen".[12] Tatsächlich zeigen viele Regionen Rußlands, die dank der Liberalisierung der Außenwirtschaftsbeziehung und der Entwicklung des Föderalismus umfangreiche Rechte besitzen, ein immer größeres Interesse an der EU und deren Mitgliedstaaten. Das wirtschafts- und finanzpolitische Versagen der Zentralbehörden in Moskau dürfte die Regionen in Zukunft sogar noch stärker in ihrem Bestreben stimulieren, eigene Kooperationsinitiativen zu ergreifen.

3.2 Technische Hilfe und Beratung (TACIS)

Das TACIS-Programm ist das wichtige Instrument zur Realisierung der im PKA genannten Kooperationsabsichten. Es hat die Aufgabe, zur wirtschaftlichen Konsolidierung Rußlands beizutragen und den marktwirtschaftlichen Transformationsprozeß zu unterstützen. Der Transfer westeuropäischen Know-hows soll dabei sowohl auf der gesamtstaatlichen als auch auf der regionalen und lokalen Ebene genutzt werden können. Besonders gefördert wurden dabei bislang die folgenden fünf Bereiche:

- Unternehmensbereich, einschließlich Privatisierung, Konversion, Finanzdienstleistungen, kleine und mittlere Betriebe;
- Humankapital, einschließlich Aus- und Weiterbildung von Führungskräften in Wirtschaft und öffentliche Verwaltung sowie soziale Sicherheit;
- Landwirtschaft und Nahrungsmittelbereich;
- Energie und nukleare Sicherheit;
- Transport und Telekommunikation.

Insgesamt erhielt Rußland zwischen 1991 und 1998 TACIS-Mittel in Höhe von mehr als 1 Mrd. ECU.

Versucht man, die Ergebnisse des TACIS-Programms zu bilanzieren, so kann zweierlei festgestellt werden: TACIS leistet *erstens* einen wesentlichen Beitrag zur Erfüllung der Programmziele, obwohl die Fortschritte geringer ausfallen, als es für die Schaffung eines funktionsfähigen demokratischen Systems und einer effizienten Marktwirtschaft erforderlich wäre. Allerdings konnte man nicht erwarten, daß TACIS in Anbetracht des relativ kleinen Volumens der Mittel und in Anbetracht der gewaltigen Transformationsaufgabe einen größeren Effekt haben würde. Dazu kommt *zweitens*, daß be-

---

12 Rede von Sergej Stepaschin vor dem Weltwirtschaftsforum in Salzburg vom 1. Juli 1999 (Pressemitteilung)

trächtliche Effizienzdefizite bei der Umsetzung von Teilen des Programms erkennbar sind. Die Ursachen dafür sind in konzeptionellen Schwächen, mangelnder Transparenz und einem unzureichenden Controlling von TACIS zu suchen.

Im Lichte der Erkenntnis, daß rein ökonomisch ausgerichtete Programme westlichen Standards scheitern, wenn sie nicht auf entsprechenden institutionellen und professionellen Voraussetzungen gründen, wird die EU in dem neuen TACIS-Budget 2000-2006[13] den Akzent stärker als zuvor auf die Förderung von *good governance* legen, um die Kompatibilität staatlicher und wirtschaftlicher Strukturen zu gewährleisten.

Zu diesen Programmen, die teilweise von EU und Europarat gemeinsam betrieben werden, gehören die Bereiche Demokratie und Rechtsstaatlichkeit, transparente rechtliche und ordnungspolitische Rahmensetzung, Fixierung von Spielregeln und Erzwingung ihrer Einhaltung sowie Herausbildung einer Zivilgesellschaft. Unter den in der GS aufgelisteten Förderfeldern wird diesem Aspekt zu Recht sogar Priorität eingeräumt. Im einzelnen zählen dazu beispielsweise die Professionalisierung und Qualifizierung von Managern aus Industriebetrieben, von Wirtschafts- und Finanzexperten, von Steuer- und Verwaltungsfachleuten. Auf dem Gebiet Bankwesen und Bankenkontrolle, die in Rußland besonders defizitär sind, haben die EU und ihre Mitgliedstaaten umfangreiche Erfahrungen gesammelt, nicht zuletzt bei der Vorbereitung der gemeinsamen Währung EURO. Ein Stichwort wäre Hilfe bei der Repatriierung des Fluchtkapitals, das Schätzungen zufolge zwischen 1993 und 1998 einen Umfang von 136 Mrd. USD erreicht hat.

3.3 Das PKA-Projekt einer Freihandelszone

Was das Projekt einer Freihandelszone EU-Rußland betrifft, so ist im Artikel 3 des PKA festgelegt, daß noch im Jahre 1998 geprüft werden sollte, ob die materiellen Voraussetzungen für die Aufnahme bilateraler Verhandlungen gegeben seien. Aus handelspolitischer Sicht gibt es für die EU wenig Gründe, mit Rußland keine Freihandelszone zu vereinbaren. Ein erheblicher Teil der russischen Ausfuhren, insbesondere Energie und Rohstoffe, gelangt bereits jetzt zollfrei in den EU-Bereich. In einem Teil der sensiblen Branchen wie dem Agrar- und Nahrungsmittelsektor ist die Wettbewerbsfähigkeit Rußlands gering, in anderen Zweigen wie Textilien und Bekleidung könnte sich die ohnehin bereits eingeleitete und vom Weltmarkt erzwungene Strukturwandel allenfalls leicht beschleunigen. Dagegen dürfte in Rußland die Gründung einer Freihandelszone bei dem gegenwärtigen Niveau der Zollsätze zu einer erheblichen Verdrängung der Industriegütereinfuhren von außerhalb der EU, z.B. aus den USA und Japan, durch Lieferanten aus der EU füh-

---

13 Wortlaut des neuen TACIS-Programms. In: euro-east (January 1999) 73, S. 13-26

ren. Da nach den Bestimmungen der WTO das durchschnittliche Niveau der Außenzölle nicht erhöht werden darf, würde die Errichtung einer Freihandelszone mit der EU eine Senkung der russischen Zölle nach sich ziehen, die im Durchschnitt 11 bis 15% betragen, während die durchschnittliche EU-Zollrate für russische Einfuhrgüter bei etwa 1,8% liegt. Die Gründung einer Freihandelszone hätte daher einen deutlichen Rückgang der Zolleinnahmen für Rußland zur Folge, denen allerdings erhebliche Wohlfahrtsgewinne durch eine Belebung des Handels gegenüberstünden (Brenton/Tourdeya/Whalley 1997: 213f.).

3.4 EU-Unterstützung für WTO-Beitritt Rußlands

Was die Hilfe der EU bei der Einbindung Rußlands in die maßgeblichen Institutionen der Weltwirtschaft betrifft, so mag der Fall einer Mitgliedschaft Rußlands in der WTO als Beispiel gelten. Die EU hat den russischen Antrag auf WTO-Mitgliedschaft nicht nur politisch unterstützt. Sie hat als praktischen Beitrag dazu auch die Bildung einer gemischten Expertengruppe vorgeschlagen. Diese soll Lösungsvorschläge für die vor einer WTO-Aufnahme von Rußland zu erfüllenden handels- und systempolitischen Bedingungen erarbeiten. Hier zeigt sich ansatzweise eine Doppelstrategie: Rußland soll mit EU-Unterstützung an die Institutionen der Weltwirtschaft herangeführt werden, um hierdurch wiederum zu einem qualifizierteren Partner für die EU selbst zu werden. Dabei setzt die EU allerdings voraus, daß Rußland selbst große Anstrengungen unternimmt, um die zur Anerkennung als Marktwirtschaft erforderlichen Systemstrukturen zu erreichen. Als praktischer Beitrag dazu ist die Ende April 1998 vom EU-Rat getroffene Entscheidung zu verstehen, Rußland in Anbetracht seiner bislang erzielten marktwirtschaftlichen Fortschritte ab sofort aus der Länderkategorie „Nicht-Marktwirtschaften" zu streichen. Dies hat zur Folge, daß künftig Antidumpingmaßnahmen gegen russische Firmen nur noch auf einer Einzelfallbasis getroffen werden. Die neue Haltung der EU trifft nur auf jene Sektoren zu, die unter marktwirtschaftlichen Bedingungen arbeiten. Diese Einschränkung läßt daher noch viele Bereiche für neue Auseinandersetzungen offen.[14] Nach inoffiziellen Schätzungen belaufen sich die aus den Gegenmaßnahmen der EU resultierenden Kosten für Rußland auf jährlich mehr als 300 Mio. USD.

---

14 Ostwirtschaftsreport (29.5.1999) 11, S. 220

4. Trilaterale Zusammenarbeit EU-Rußland-BEAC/CBSS

Die Zusammenarbeit zwischen der EU und Rußland vollzieht sich nicht nur im bilateralen, sondern auch im trilateralen Rahmen, weil beide als Vollmitglieder zwei wichtigen Regionalorganisationen in Europa angehören: Gemeint sind der euro-arktische Barentssee-Rat (BEAC) und der Rat der Ostsee-Anrainerstaaten (CBSS) (Meier 2000: in Vorbereitung).

4.1 Der euro-arktische Barentssee-Rat (BEAC)

Der am 11. Januar 1993 in Kirkenes gegründete BEAC hat die Mitgliedschaft in diesem Kooperationsverbund auf die nordischen Staaten – Finnland, Norwegen und Schweden – Rußland und die EU-Kommission beschränkt. Da die Zusammenarbeit mit dieser Ländergruppe grundsätzlich für alle interessierten Staaten offensteht, haben Deutschland, Polen, Großbritannien, die USA, Kanada, Japan, die schon zuvor ihre Kooperationsbereitschaft signalisiert hatten, bereits bei der Gründung des BEAC, die Niederlande und Italien dagegen erst später, einen Beobachterstatus erhalten.

Der BEAC versteht sich als eine komplementäre Organisation zum Ostseerat. Deshalb sieht er seine wesentliche außenpolitische Aufgabe in einer politisch-wirtschaftlichen Stabilisierung der nördlichen Teile Europas und ihrer engen Verklammerung mit Zentraleuropa. Die Spannweite der angestrebten Zusammenarbeit ist beeindruckend und umfaßt die Bereiche Wirtschaft und Handel, Wissenschaft und Technologie, Tourismus und Umwelt, Infrastruktur, Bildung und Erziehung sowie die Verbesserung der wirtschaftlichen und ökologischen Lebensbedingungen der Menschen im hohen Norden Europas.

Da die BEAC-Staaten sowohl auf der intergouvernementalen als auch auf der grenzüberschreitenden Gebietsebene zusammenwirken, ist ein differenzierter institutioneller Kooperationsmechanismus geschaffen worden.

Steuerungsorgane für die intergouvernementale Zusammenarbeit sind zum einen der Barentssee-Rat, der einmal pro Jahr als Treffen der Außenminister mit rotierendem Vorsitz tagt, und zum anderen die bis zu zweimal jährlich stattfindenden Konferenzen der Fachminister für die einzelnen Kooperationsbereiche. Außerdem fungieren ein Komitee Höherer Beamter sowie spezifische Fachgruppen zur Erledigung der Interimsarbeiten. Für alle sonstigen organisatorischen Aufgaben ist die jeweils für ein Jahr amtierende Präsidialmacht zuständig. Deshalb hat man bislang auf die Einrichtung eines Ständigen Sekretariats verzichten können.

Steuerungsorgan für die grenzüberschreitende Gebietskooperation ist der Regionalrat, der die entsprechenden intergouvernementalen Vorgaben operationalisieren bzw. mit eigenständigen lokalen Kooperationsinitiativen flankieren soll. Dafür stehen ihm zehn Arbeitsgruppen zur Seite. Im Regionalrat, wo der Vorsitz unter den lokalen Teilnehmern alle zwei Jahre wechselt, sind die BEAC-Staaten mit den folgenden Teilregionen vertreten: Rußland mit den Gebieten Murmansk und Archangelsk sowie mit der Republik Karelien, Norwegen mit den Gebieten Finnmark, Troms und Nordland, Finnland mit dem Gebiet Lappland sowie Schweden mit dem Gebiet Norbotten. Lediglich Beobachterstatus wurde den Gebieten Vasterbotten (Schweden) und Oulu (Finnland) eingeräumt. Die Zuständigkeit des Regionalrates erstreckt sich somit auf ein an Ressourcen sehr reiches Großgebiet, das über eine Fläche von 1,23 Mio. km^2 verfügt, die doppelt so groß ist wie die Frankreichs. Sie wird von nur 4,4 Mio. Einwohnern bewohnt, die zum größten Teil in den russischen Gebieten leben, aber mit neun Sprachen auch kulturell sehr differenziert sind.

Bezugspunkt der Zusammenarbeit innerhalb des BEAC ist das vom Regionalrat im Jahre 1994 festgelegte Fünfjahresprogramm, das Vorschläge für 84 Projekte u.a. auf den Gebieten Infrastruktur, Wirtschaft, Umwelt, Kultur und Erziehung enthält. Sie befinden sich entweder in unterschiedlichen Stadien der Vorbereitung oder werden vereinzelt bereits im bi- bzw. trilateralen Rahmen durchgeführt. Aus Moskauer Sicht sind besonders die Vorhaben von größter Bedeutung, die sich auf die Modernisierung der Häfen von Archangelsk und Murmansk beziehen, die Errichtung eines Werks zur Verschrottung von Schiffen in Murmansk vorsehen sowie die Installierung leistungsfähiger telekommunikativer Netze in dieser russischen Region und die Herstellung einer Eisenbahnverbindung zwischen den norwegischen, finnischen und russischen Kooperationszonen zum Ziel haben.

In diesem Kontext profitiert die Kremlführung z.B. auch vom Eigeninteresse Norwegens, die Sicherheitsdefizite bei der Lagerung großer Mengen an Nuklearabfällen und bei der Entsorgung von atomaren Brennstäben auf der benachbarten russischen Halbinsel Kola zu beseitigen.

Weil der Finanzbedarf für alle BEAC-Projekte sehr hoch ist, unterstützt die russische Regierung die Bemühungen der anderen BEAC-Staaten, die EU in diesen Kooperationsprozeß einzubinden, um sich dadurch neue Finanzquellen z.B. über das EU-Interreg-II Programm Barentssee bzw. die Europäische Bank für Wiederaufbau und Entwicklung (EBRD) zu erschließen. Die Verbesserung der infrastrukturellen Rahmenbedingungen z.B. durch die Einrichtung von neuen Bus-, Luft- und Fährverbindungen, die Schaffung von mehr Grenzübergängen und die Einführung vereinfachter Grenzkontrollverfahren sowie die Errichtung von Konsulaten und Handelsrepräsentanzen hat nicht nur den regionalen Handelsaustausch entscheidend gefördert, sondern auch zu vermehrter Investitionstätigkeit von norwegischen, finnischen und schwedischen Geschäftsleuten geführt, die in den betroffenen russischen Regionen die meisten der 500 ausländischen Unternehmen bzw. Joint-ventures gegründet haben. Vorrangig geht es dabei darum, das große Potential an Holz, Erzen und neuerlich auch Diamanten auf der Halbinsel Kola, in Karelien und im Gebiet Archangelsk zu erschließen und dem Weltmarkt zuzufüh-

ren. Hinzu kommen bedeutende Vorräte an Erdöl und Erdgas in der Barentssee, bei deren Ausbeutung insbesondere Norwegen seine Erfahrungen aus
den Nordseeprojekten einbringen möchte.[15]

4.2 Der Rat der Ostsee-Anrainerstaaten (CBSS)

Der Ostseeraum ist keine geschlossene Kooperationszone, sondern ein Geflecht von mehr oder weniger engen Zusammenschlüssen auf zahlreichen
Ebenen mit unterschiedlichen Kooperationszielen und abgestufter Koopera-
tionsintensität. Alle 11 Ostsee-Anrainerstaaten, darunter auch Rußland mit
einem besonderen Sitz für das Gebiet Königsberg/Kaliningrad, sind schließlich im Ostseerat (CBSS) zusammengeschlossen. Einbezogen in die Aktivitäten dieser Institution ist auch die EU-Kommission. Dem Ostseerat, der auf
eine deutsch-dänische Gemeinschaftsinitiative hin am 6. März 1992 in Kopenhagen gegründet wurde, ist eine Mehrzweckfunktion zugedacht. Er soll
zum einen für eine wirkungsvolle internationale Selbstdarstellung und Interessenvertretung der Ostseeregion sorgen, die vor allem deshalb immer not-
wendiger wird, weil ihr in Gestalt der Mittelmeerregion ein Konkurrent im
Kampf um die Vergabe internationaler Fördermittel, z.B. der EU, erwachsen
ist. Zum anderen soll er nicht nur eine breitgefächerte Kooperation der Ost-
seestaaten untereinander initiieren, sondern auch die kaum noch überschau-
bare »Kooperation von unten«, die sich fächerförmig auf diverse Organisationen, Konferenzen, Büros, Gremien und Kommissionen in der Ostseeregion verteilt, gezielt politisch bündeln und in ihren Einzelprojekten besser aufeinander abstimmen. Ob das am 21. Oktober 1998 in Stockholm gegründete
Ostsee-Sekretariat, das Anfang 1999 sogar den Status einer internationalen
Organisation erhalten hat, zur besseren Erfüllung dieser anspruchsvollen
Aufgabe beitragen kann, bleibt abzuwarten (Östhol 1999: 37).
    Die im Zuge der institutionellen Ausgestaltung des Ostseerates im Jahre
1994 getroffene Entscheidung, einen Kommissar für demokratische Institutionen und Menschenrechte, einschließlich der Rechte von Personen, die
Minderheiten angehören, einzusetzen, gibt der russischen Regierung die
Möglichkeit, dieses Gremium für den von ihr reklamierten Schutz der russischen Bevölkerung in Estland und Lettland zu instrumentalisieren.
    Bei der Zusammenarbeit im Verbund aller Ostsee-Anrainerstaaten ist die
russische Regierung vorrangig an der Integration Rußlands in die europäische Infrastrukturplanung interessiert. Unter den dabei anfallenden Projekten
gilt dies für den schwedischen Vorschlag, einen internationalen Stromring
um die Ostsee zu errichten, der das postsowjetische Stromsystem (IPS), in
welches die baltischen Länder integriert sind, mit den mittel-, west- und
nordeuropäischen Systemen (CENTREL, UCPTE, NORDEL) verbinden soll,

---

15 Neue Zürcher Zeitung, 29.9.1999

um dadurch ökonomische und ökologische Netzwerkvorteile zu erzielen. Für die Planungsstudien, an denen sich 18 Energieunternehmen aus 11 Ländern (Polen, Rußland, Belarus, Deutschland, Dänemark, Schweden, Norwegen, Finnland, Litauen, Lettland und Estland) beteiligten, gab die EU einen finanziellen Zuschuß in Höhe von 2,5 Mio. ECU. Nach dem erfolgreichen Abschluß der Planungsarbeiten am »Baltischen Ring« im Mai 1998 wurde für das weitere Vorgehen die Bildung der »Baltic Ring Electricity Co-operation« (BALTREL) beschlossen, die die institutionelle Infrastruktur für eine künftige Zusammenarbeit bildet (Von Hirschhausen 1998: 413). Nicht minder bedeutsam ist das Projekt »Nordischer Gasring«, das den Auf- und Ausbau der Gaspipelines zwischen Norwegen, Schweden, Dänemark, Finnland, den baltischen Staaten und Rußland zum Ziel hat und langfristig zur Einrichtung eines integrierten nordeuropäischen Erdgasnetzes führen könnte. Ein besonderes russisches Interesse ist zudem auf die prioritären transeuropäischen Korridore Nr. 2 (Berlin-Warschau-Minsk-Moskau) bzw. Nr. 9 (Helsinki-St. Petersburg-Moskau) gerichtet, deren Verknüpfung mit der geplanten »Via Baltica« die Verkehrsanbindung wichtiger russischer Regionen erheblich verbessern würde.

In diesem Kontext wird erkennbar, daß die Integration Kaliningrads in die Zusammenarbeit der Ostseeanrainer für seine wirtschaftliche Lebensfähigkeit von erheblicher Bedeutung ist. Sie erfolgt zum einen durch die Teilnahme an der Bildung von Eurozonen mit eigener Organisationsstruktur, in denen eine grenzüberschreitende Zusammenarbeit zum Teil mit finanzieller Unterstützung der EU praktiziert wird. Hervorzuheben ist hier die am 22. Februar 1998 gegründete Euroregion »Baltika«, die die Gebiete Bornholm (Dänemark), Liepaja (Lettland), Klaipeda (Litauen), die drei schwedischen Provinzen Kalmar, Kronoberg und Blekinge, die russischen Städte Baltijsk und Kaliningrad sowie die vier nördlichen polnischen Wojewodschaften Gdansk, Olsztyn, Slupsk und Elblag umfaßt. Geplant sind gemeinsame Projekte in den Bereichen Ausstellungswesen, Transport, Ökologie, Bildung und Tourismus. Sie konnten wegen erheblicher Anlaufschwierigkeiten erst mit mehr als einjähriger Verspätung Ende April 1999 der Öffentlichkeit vorgestellt werden (Reymann 1999: 191f.; Pichor, 1999: 102). Zum anderen sind die politischen Spitzen vor Ort darum bemüht, daß das Kaliningrader Gebiet als wirtschaftlicher und logistischer Knotenpunkt bei der Ausgestaltung der Verbindungen zwischen Rußland insgesamt und der EU[16] oder mittelfristig sogar als russische Enklave mit Sonderstatus innerhalb der EU fungieren kann (Nicholson 1999: 60f.). Um hierbei schneller voranzukommen, wäre es wünschenswert, der Kaliningrader Führung mehr politischen Handlungsspielraum einzuräumen und sie bei Bedarf in die Verhandlungen mit der EU voll einzubeziehen.[17]

---

16   Ihlau, Olaf: Kaliningrad – Bald ist uns Berlin näher. In: Der Spiegel (1999) 37, S. 210-211
17   Handelsblatt, 21.9.1999.

5. Zur mittelfristigen Perspektive der Beziehungen EU-Rußland

Die Erörterung der wesentlichen Aspekte der Beziehungen zwischen der EU und Rußland dürfte hinreichend verdeutlicht haben, daß der Weg von einer pragmatischen Zusammenarbeit zu einer strategischen Partnerschaft mit Rußland nicht nur sehr weit, sondern vor allem schwierig ist, weil wegen der noch ungelösten russischen Staats-, Finanz- und Wirtschaftskrise immer wieder neue, unerwartete Rückschläge zu erwarten sind, wie es das russische Vorgehen gegen Tschetschenien seit Herbst 1999 und die ersten Reaktionen der EU darauf belegen.

Deshalb werden sich die Beziehungen der EU zu Rußland mittelfristig in der Spannweite zwischen Krisenmanagement bzw. sektoraler Krisenprävention und einer von strategischer Geduld bzw. Beharrlichkeit gegenüber der russischen Führung bestimmten pragmatischen Zusammenarbeit auf einzelnen Politikfeldern bewegen. Dabei wäre es sicherlich schon ein Fortschritt, wenn es gelänge, dieses Zusammenwirken durch eine schrittweise Verbesserung der inneren und äußeren Rahmenbedingungen zu verstetigen und behutsam auf immer mehr Sachgebiete auszuweiten, um so die Grundlage für ein stabiles, realistisches Partnerschaftsverhältnis zu schaffen, das beide danach mit guten Erfolgsaussichten in strategische Partnerschaftsbeziehungen ohne ein Fragezeichen überführen könnten.

Literaturverzeichnis

Alexandrova, Olga: Strategische Partnerschaft" aus russischer Sicht. Berichte des Bundesinstituts für ostwissenschaftliche und internationale Studien (BIOst) 24, 1997

Bayou, Céline: Les relations économiques Union européenne – Russie. De la nécessaire définition d'un projet. In: le courrier des pays de l'Est (November 1998) 434, S. 16-35

Borko, Jurij/Timmermann, Heinz: Rußland und die Europäische Union. Berichte des BIOst 3, 1999

Brenton, Paul/Tourdeya, Natalia/Whalley, John: The Potential Trade Effects on an FTA between the EU and Russia. In: Weltwirtschaftliches Archiv/Review of World Economics (1997) 2, S. 205-225

Höhmann, Hans-Hermann/Meier, Christian: Rußlands „Ökonomische Sicherheit" in europäischer Perspektive. Berichte des BIOst 32, 1998

Meier, Christian: Rußland und die regionale Wirtschaftskooperation in Europa. In: Simon, Gerhard (Hrsg.): Rußland in Europa. In Vorbereitung (März 2000)

Meier, Christian: The Relations between the EU and Russia. In: Tilly, Richard/Welfens, Paul J.J (Hrsg.).: Economic Globalization, International Organizations and Crisis Management – Contemporary and Historical Perspectives on Growth, Impact and Evolution of Major Organizations in an Interdependent World. Berlin, 1999, S. 377-384

Nicholson, Martin: Towards a Russia of the Regions. Adelphi Papers 330, September 1999

Östhol, Anders: Zur Struktur des Ostseeraums. In: WeltTrends (Sommer 1999) 23, S. 31-43

Pichor, Tomasz David: Euroregion »Baltic«: Ein schwieriger Anfang. In: WeltTrends (Sommer 1999) 23, S. 99-102

Reymann, Sybille: Das Kaliningrader Gebiet und seine Beziehungen zu ausgewählten Ostsee-Anrainern. In: Osteuropa-Wirtschaft (1999) 2, S. 177-195

Sabelnikov, Leonid B./Čebotareva, Elena, D.: Vozmoznosti i perspektivj promyslennogo sotrudničestva Rossii s ES. In: Vnešnjaja Torgovlja (1999) 4, S. 2-5

Timmermann, Heinz: Rußland und die internationalen europäischen Strukturen. In: Berichte des BIOst 29, 1999

Vogel, Heinrich: Rußland als Partner der europäischen Politik. in: Berichte des BIOst 8, 1996

Von Hirschhausen, Christian: Litauen, Lettland und Estland auf dem Weg in die EU. Neuorientierung der Infrastruktur, in: DIW (1998) 23, S. 409-416

Kooperative, kompetitive und konfliktive Elemente im Beziehungsgefüge EU – USA

Reinhard Meier-Walser

1. Einleitung

Bei der Lektüre der internationalen Presse entsteht der Eindruck, die Beziehungen zwischen der Europäischen Union und den Vereingten Staaten von Amerika seien in erster Linie von Handelskonflikten und Auseinandersetzungen um die Politik gegenüber sogenannten „Schurkenstaaten" (rogue states) geprägt. Wesentlich häufiger als über die vielfältigen bilateralen Konsultationen und Kooperationen wird über „Bananenstreit", „Stahlstreit", „Hormonfleischstreit" und andere transatlantische Zankäpfel berichtet (Ginsberg 1997: 299), wodurch ein verzerrtes Bild des euroatlantischen Beziehungsgefüges entsteht. Obwohl die Partnerschaft zwischen der EU und den USA nicht frei von Konkurrenz, Dissonanzen und Interessenkonflikten ist, handelt es sich dessen ungeachtet dabei um, so US-Außen-Staatssekretär Stuart E. Eizenstat, „die wichtigsten, einflussreichsten und prosperierendsten bilateralen Beziehungen moderner Zeiten".[1]

Dieser Beitrag fragt nach der politischen und ökonomischen Dimension der vielschichtigen Beziehungen zwischen EU und USA und untersucht dessen Qualität im Hinblick auf Elemente von Kooperation und Konflikt.

Für die Komplexität des euroatlantischen Beziehungsgefüges sind vor allem drei Momente verantwortlich:

– Erstens erfuhr es durch das Ende des Ost-West-Konfliktes eine substanzielle Veränderung, die z.T. mit beiderseitigen Fehlperzeptionen und Missverständnissen bezüglich der außenpolitischen Interessen und Strategien der jeweils anderen Seite einherging.
– Zweitens umfasst es alle drei Dimensionen der EU-Außenbeziehungen und enthält somit Elemente integrierter und koordinierter Politiken – eine für den „einheitlichen Akteur" USA schwer durchschaubare Eigentümlichkeit eines Partners „mit fragmentiertem Profil" (Müller-Brandeck-Bocquet).

---

1 Rede des Staatssekretärs für wirtschaftliche, unternehmerische und landwirtschaftliche Angelegenheiten im amerikanischen Außenministerium, Stuart E. Eizenstat, über die Euroatlantische Partnerschaft vor dem Deutschen Industrie- und Handelstag am 27. Januar 1999 in Bonn, abgedruckt in: Internationale Politik 54 (1999) 4, S.107-116.

– Drittens sind beide Akteure für den jeweils anderen der wichtigste internationale Partner. Nicht zuletzt wegen dieser herausgehobenen Bedeutung und Intensität enthält das Beziehungsgefüge EU-USA sowohl kooperative als auch kompetitive und konfliktive Elemente.

2. Weltpolitischer Umbruch und europäisch-amerikanische Beziehungen: Transatlantische Missverständnisse und Fehlperzeptionen

Die Beziehungen zwischen Europa und den USA waren niemals völlig spannungsfrei. Unterschiedliche Einschätzungen regionaler Krisen, sicherheitspolitische Streitfragen des Burden-sharing, der Nuklearstrategie und der Entspannungspolitik sowie Währungsprobleme und Handelsdispute gehörten „auch in den Tagen des Kalten Krieges zum transatlantischen Geschäft" (Bierling 1998: 9).

Was sich jedoch verändert hat mit dem Ende der Ost-West-Konfrontation ist der Wegfall des Imperativs, etwaige Spannungen und Differenzen unter dem Vorzeichen eines prioritären gemeinsamen Interesses an partnerschaftlicher Kooperation weitgehend zu unterdrücken (Walt 1998/99: 3-11). Wenn auch einige Autoren wie z.B. Miles Kahler (Kahler/Link 1996: 1-28) diese Begründung ablehnen, so resultiert der Meinung der Mehrheit der einschlägigen Experten zufolge die seit Beginn der 90er Jahre konstatierbare neue Qualität der Spannungen und Friktionen zwischen den USA und der EG/EU unmittelbar oder mittelbar aus dem Wegfall der gemeinsamen Bedrohungsperzeption. Mit dieser Veränderung sei für die transatlantischen Partner gleichzeitig die selbstgewählte Verpflichtung zu gemeinsamem Handeln entschwunden (vgl. Bail/Reinicke/Rummel 1997b: 152f; Weidenfeld 1996: 95). Ohne globalen Gegenspieler fallen die Zentrifugalkräfte auf beiden Seiten des Atlantiks stärker ins Gewicht, selbst wenn sie, wie Lothar Rühl befindet, „objektiv nicht stärker als in der Vergangenheit sein mögen. Der Widerstand gegen sie ist geringer geworden, die Bindekraft des Gravitationszentrums lässt nach" (Rühl 1996).

Zusätzlich belastet wurde das transatlantische Verhältnis nach dem Ende des Kalten Krieges durch eine sowohl in den USA als auch in Europa konstatierbare Tendenz zu Fehlperzeptionen und Missverständnissen bezüglich der Interessen und Strategien der jeweils anderen Seite. Die Europäer geißelten einen vermeintlichen amerikanischen Isolationsmus, den sie ab Beginn der Ära Clinton auszumachen glaubten, beklagten aber gleichzeitig einen neuen „Unilateralismus" Washingtons – die Tendenz zu einer am Eigeninteresse orientierten und die europäischen Partner vor vollendete Tatsachen stellenden Außenpolitik. „Zuwenig Führung oder zuviel von der falschen Art? Das sind", so bemerkte die Frankfurter Allgemeine Zeitung im November 1996, „manchmal sogar im selben Einzelfall, vertauschbare Beschwerden" (Meier-Walser 1997: 15).

Auf der anderen Seite forderten die USA von Europa eine verantwortungsvolle Führungsrolle, sie missinterpretierten die diesbezüglichen Vertiefungsbestrebungen der Europäischen Integration jedoch mitunter paradoxerweise als kontinentale Blockbildung („Festung Europa") gegen Amerika. Gleichzeitig befürchteten die USA, dass die Europäer durch die Entwicklung eines genuinen europäischen zweiten Pfeilers im Bereich der Verteidigung der Kohärenz und Effektivität der transatlantischen Sicherheitsallianz Schaden zufügen könnten. „Die Einigung Europas", so Henry Kissinger, „darf nicht auf Kosten der NATO erfolgen" (Kissinger 1992: 43). Im Herbst 1991 stellte der damalige Generaldirektor für Auswärtige Angelegenheiten der EG-Kommission, Horst G. Krenzler, bereits fest, die in „ungewöhnlich scharfem Ton abgefassten Demarchen" der USA an die Regierungen der EG-Mitgliedstaaten verdeutlichten „einerseits die durchaus unterschiedlichen Konzeptionen dieses europäischen Pfeilers diesseits und jenseits des Atlantiks, andererseits aber auch auf amerikanischer Seite eine Fehlperzeption der Ziele und Absichten der EG-Mitgliedstaaten" (Krenzler/Kaiser 1991: 367).

Sowohl in den USA als in Europa entstand mit dem Zusammenbruch der Sowjetunion der Eindruck, als ob man auf der Prioritätenskala des Partners auf der anderen Seite des Atlantiks deutlich gesunken sei. Während die USA die Fokussierung europäischer Anstrengungen auf den Integrationsprozeß als „neue Insel-Mentalität in Westeuropa" (Blackwill 1995) rügten und befürchteten, dass die außenwirtschaftlichen Beziehungen der EU zunehmend von protektionistischen Ambitionen Frankreichs gesteuert würden, glaubten die Europäer schwindendes Interesse der USA an Westeuropa erkannt zu haben und argwöhnten, dass die Vereinigten Staaten „mit dem Gesicht nach Asien und mit dem Rücken zu Europa" (Joffe 1993) stünden.[2]

3. Die Institutionalisierung des euroatlantischen Dialoges in den 90er Jahren: Von der Transatlantischen Erklärung zur Neuen Transatlantischen Agenda und zur Transatlantischen Wirtschaftspartnerschaft

Ungeachtet der mit den weltpolitischen Umbruchsprozessen Ende der 80er/Anfang der 90er Jahre zusammenhängenden erwähnten Missverständnisse und Fehlperzeptionen auf europäischer wie amerikanischer Seite gelang

---

2   In diesem Zusammenhang haben Hans-Jürgen Bieling und Frank Deppe (1996: 504) darauf hingewiesen, dass die Tendenz zu einer „Multipolarisierung und zu einer ‚Triadisierung' des Weltmarktes" die Bedeutung der atlantischen Beziehungen und damit „auch das Gewicht der USA für die Europapolitik deutlich abgeschwächt" habe.

es damals, die euroatlantischen Beziehungen durch die Institutionalisierung
eines permanenten Dialoges auf eine neue Grundlage zu stellen (vgl. Krenz-
ler/Kaiser 1991: 364). Vor allem vor dem Hintergrund der Ereignisse in
Mittel- und Osteuropa hatten europäische Politiker wie EG-Kommissionsprä-
sident Delors und der deutsche Außenminister Genscher ebenso wie dessen
amerikanischer Amtskollege Baker bereits im Jahre 1989 eine Vertiefung der
politischen Beziehungen zwischen der EG und den USA gefordert. Diese Initiativen, die auch die Notwendigkeit einer gestiegenen Verantwortung der
EG in der internationalen Politik reflektierten, mündeten im November 1990
in der Unterzeichnung einer „Transatlantischen Erklärung" (Transatlantic
Declaration, fortan TD), die das beiderseitige Anliegen hervorhob, „markt-
wirtschaftliche Grundsätze zu fördern, dem Protektionismus eine Absage zu
erteilen und das multilaterale Handelssystem auszubauen, zu stärken und
weiter zu öffnen".[3]

Die Bedeutung der TD liegt vor allem in der Schaffung eines Instruments systematischer gegenseitiger Konsultation. Vereinbart wurden u.a.
zweimal jährlich stattfindende Treffen der Staats- und Regierungschefs sowie
der Außenminister sowohl in bilateralen (Amerikanische Regierung und
EG/EU) als auch in multilateralen Foren (diese beiden sowie die Europäische
Ratspräsidentschaft). Außerdem einigten sich beide Seiten auf zweimal jährlich stattfindende Treffen des Europäischen Parlaments und des Amerikanischen Kongresses auf Ausschußebene (Krenzler/Kaiser 1991: 368-370).

Neben der Institutionalisierung des euroatlantischen Dialoges auf höchster Ebene liegt die Bedeutung der TD vor allem in der Beseitigung der vormals üblichen Trennung von politischen und wirtschaftlichen Beziehungen
zwischen EG und USA. Insofern antizipiert die TD, die damit die Forderung
der Einheitlichen Europäischen Akte nach einer Kohärenz zwischen den Außenpolitiken der EG und der EPZ noch übertrifft, auf europäischer Seite „bereits eine vergemeinschaftete und einheitliche europäische Außenpolitik, die
sich, so Krenzler/Kaiser im Jahre 1991 „erst aus der Regierungskonferenz II
und der weiteren Entwicklung ergeben kann" (1991: 371).

Weit über den Mechanismus gegenseitiger Konsultation hinaus geht die
Neue Transatlantische Agenda (New Transatlantic Agenda, fortan NTA), die
am 3. Dezember 1995 in Madrid von US-Präsident Clinton, EU-Kommissionspräsident Santer und dem spanischen Ministerpräsidenten Gonzales (als
damaligem Vorsitzenden des Europäischen Rates) unterzeichnet wurde.[4] Ihre
Entstehung ist mit der auf beiden Seiten des Atlantiks damals vorhandenen
Überzeugung verknüpft, dass „Europa und Amerika angesichts des Fehlens
einer einigenden Bedrohung auseinanderdriften könnten" (Van Oudenaren
1996: 50).

---

3   Dokument abgedruckt in: Europa-Archiv 46 (1991) 1, S.D18-21, hier S.D17.
4   Dokument abgedruckt in: Internationale Politik 51 (1996) 5, S.D111-132.

Die NTA präsentiert sich als ein ambitioniertes Bekenntnis der EU und der USA zu einer engen sicherheitspolitischen, politischen, wirtschaftlichen, kulturellen und wissenschaftlichen Zusammenarbeit. Das Dokument hebt u.a. die „gemeinsame strategische Vision von Europas künftiger Sicherheit" hervor und bezeichnet den Beitritt neuer Mitglieder zu NATO und EU als Veränderungen, die „wesentlich zum Ausbau von Sicherheit, Stabilität und Wohlstand in ganz Europa beitragen", als Prozesse, die „autonom, aber dennoch komplementär sind". Gefordert wird eine „Stärkung und Bestätigung der Bande zwischen der Europäischen Union und den Vereinigten Staaten", damit „unsere gemeinsame Sicherheit noch erhöht werden kann".

Hervorgehoben wird auch die Tatsache, dass zwischen EU und USA die „weltweit umfangreichsten zweiseitigen Handels- und Investitionsbeziehungen" bestehen und dass „unsere wirtschaftlichen Beziehungen unsere Sicherheit stützen und unseren Wohlstand mehren". Beide Seiten bekennen sich dazu, einen „neuen Transatlantischen Markt zu schaffen, durch den die Handels- und Investitionsmöglichkeiten erweitert und auf beiden Seiten des Atlantiks vermehrt Arbeitsplätze geschaffen werden".

Die Madrider Vereinbarung enthält einen Gemeinsamen Aktionsplan (Joint Action Plan, fortan JAP) für den Ausbau und die Vertiefung der transatlantischen Beziehungen, der sich auf vier gemeinsame Ziele bezieht: Förderung von Frieden und Stabilität, Demokratie und Entwicklung in der ganzen Welt; Reaktion auf globale Herausforderungen; Beitrag zur Ausweitung des Welthandels und zur Schaffung engerer Wirtschaftsbeziehungen; Brückenschlag über den Atlantik.

Zweieinhalb Jahre nach dem Abschluss der NTA wurde beim US-EU-Gipfel im Mai 1998 die Transatlantische Wirtschaftspartnerschaft (Transatlantic Economic Partnership, fortan TEP) ins Leben gerufen, die einen Rahmen für den weiteren Abbau bilateraler und multilateraler Hemmnisse des internationalen Handels bieten soll. Wenige Monate später hatten Unterhändler der EU und der USA einen gemeinsamen Aktionsplan mit spezifischen Initiativen zur Implementierung der TEP ausgearbeitet, die auf die Erweiterung der euroatlantischen Zusammenarbeit insbesondere in den heiklen Handelsbereichen wie dem Agrar- und Biotechnologiesektor abzielt.

Anders als die mit hochtrabenden Erwartungen verbundene Verabschiedung der NTA – EU-Kommissionspräsident Santer sprach damals etwa von einem „historischen Moment in den transatlantischen Beziehungen" (IP 51 (1996) 5, S.111) – war der Abschluss der TEP allenfalls von verhaltenem Optimismus gekennzeichnet, zumal das euroatlantische Verhältnis damals von verschiedenen Handelsstreitigkeiten überschattet wurde und die Frage, ob divergierende Interessen die transatlantische Partnerschaft möglicherweise bedrohen, eine „zunehmene Rolle in der Diskussion" (IP 53 (1998) 2, S.70) spielte.

4. Möglichkeiten und Grenzen der euroatlantischen Kooperation

Das Ergebnis einer Bewertung der euroatlantischen Partnerschaft ist abhängig vom Blickwinkel der Betrachtung und von den Kriterien, die zur Beurteilung herangezogen werden. „Manchen Beobachtern", so leitete die Zeitschrift Internationale Politik im Februar 1998 eine Dokumentensammlung zu den transatlantischen Beziehungen ein, „scheint es gar, als habe die transatlantische Zusammenarbeit spätestens seit dem Ende der militärischen, politischen und ideologischen Herausforderung durch die Sowjetunion ihren eigentlichen Zweck verloren" (IP 53 (1998) 2, S.70). Wenn die Legitimationsbasis der euroatlantischen Beziehungen weitgehend auf die Existenz einer gemeinsamen Drohperzeption reduziert und das gemeinsame Werte- und Prinzipienfundament, die „philosophische Basis für die Kooperation" (Ginsberg 1997: 315), vernachlässigt wird, werden auch die vielfältigen Kommunikations- und Kooperationsstränge in ihrer funktionalen Bedeutung unterschätzt.

Demgegenüber legt eine institutionalistische Betrachtung, eine Fokussierung auf die zahlreichen in den 90er Jahren geschaffenen Formen institutionalisierter euroatlantischer Dialoge und Kooperation, den pauschalen Schluss nahe, dass die Partnerschaft zwischen EU und USA enger und stabiler geworden ist. Dabei ist allerdings zu beachten, dass eine Bewertung der euroatlantischen Beziehungen im Sinne des Modells der „komplexen Interdependenz" von Keohane und Nye zu einer überproportionalen Gewichtung der Prozesse und Formen des Dialoges im Verhältnis zu den konkreten Resultaten des Dialoges führt.

Hier sollen deshalb die TD, NTA und TEP weniger als „end in itself" (Ginsberg 1997: 308) betrachtet, sondern es soll vor allem danach gefragt werden, welche Wirkung diese Initiativen im Hinblick auf die Entwicklung der euroatlantischen Beziehungen entfaltet haben.

4.1 Die Wirtschaftsbeziehungen

In Zahlen ausgedrückt präsentiert sich das Wirtschaftsbeziehungs-Gefüge zwischen der EU und den USA, den beiden am stärksten wirtschaftlich verbundenen Regionen der Welt (Weidenfeld 1999: 46), besonders beeindruckend: Insgesamt beträgt das Handels- und Investitionsvolumen zwischen Europa und den USA einschließlich des Dienstleistungsverkehrs mittlerweile mehr als zwei Billionen Dollar und übersteigt damit die Gesamtsumme des Handels zwischen den USA und Asien um rund 50 Prozent (Stokes 1999: 65). Die EU und die USA sind auf dem jeweils anderen Markt der mit Abstand größte Investor. Fast 60 Prozent der ausländischen Direktinvestitionen in den USA kommen aus der EU, umgekehrt stammen mehr als 50 Prozent der ausländischen Direktinvestitionen in der EU aus den USA. In 41 US-Bundesstaaten sind europäische Unternehmen die Investoren Nummer 1, in den übrigen Bundesstaaten die Nummer 2. Drei Millionen europäische Arbeitnehmer sind in amerikanischen Unternehmen beschäftigt, jeder 12. amerikanische Fabrikarbeiter ist in einem europäischen Unternehmen tätig (Treverton 1997: 55f; Kittelmann 1998: 153).Dass derart intensive Wirtschaftsbeziehungen häufig Anlass zu Differenzen geben, ist plausibel. Es sollte aber auch nicht übersehen werden, dass allein auf Grund der Bedeutung und Intensität dieses wirtschaftlichen Beziehungsgefüges die beiden atlantischen Partner an einer Beilegung der Streitpunkte interessiert sein müssen.

Die in den zwischen den USA und der EU während der 90er Jahre getroffenen Vereinbarungen, insbesondere in der NTA und in der TEP zum Ausdruck gebrachten Absichtserklärungen, die euroatlantischen Wirtschaftsbeziehungen auszubauen, spiegeln nicht zuletzt die Überlegung wider, dass angesichts der Gefahr des Auseinanderdriftens der atlantischen Partner nach dem Ende der Ost-West-Konfrontation enge wirtschaftliche Bande zwischen der EU und den USA die Sicherheitsallianz „als kohäsive Kraft ersetzen sollten" (Reinicke 1997a: 68).

Das ursprünglich in diesem Zusammenhang ins Auge gefasste Projekt einer „Transatlantischen Freihandelszone" (Transatlantic Free Trade Area, TAFTA) ist mittlerweile jedoch in weite Ferne gerückt. Zum einen gibt es auf beiden Seiten des Atlantiks zu viele Gegner eines vollständigen Abbaus der Zölle, zum anderen würde eine Freihandelszone zwischen den beiden weltweit größten Handelsblöcken das multilaterale Welthandelssystem in Frage stellen. Obwohl die TAFTA als politisches Ziel nicht völlig gestrichen wurde, wird sie in jüngerer Zeit eher als Endprodukt denn als Mittel vertiefter Integration zwischen Europa und Amerika betrachtet (Bierling 1998: 14; Bail/Reinicke/Rummel 1997a: 6). Die angestrebte Vertiefung der transatlantischen Wirtschaftsbeziehungen soll mittels der Schaffung eines Transatlantischen Marktes (Transatlantic Market Place, TAMP) realisiert werden, der den Kernpunkt des Gemeinsamen Aktionsplanes der NTA darstellt. „Durch einen schrittweisen Abbau oder die Beseitigung von Hemmnissen für den freien Waren-, Dienstleistungs- und Kapitalverkehr zwischen unseren Ländern" (IP 51 (1996) 5, S. D116), so heißt es dazu in der NTA, werde ein Transatlantischer Markt geschaffen, um den bilateralen Wirtschaftsaustausch zu erleichtern.

Von mehreren Autoren wurde darauf verwiesen, dass die wirtschaftlichen Beziehungen zwischen EU und USA nicht von den die Dynamik der Weltwirtschaft prägenden Kräften der Globalisierung und Regionalisierung abgekoppelt werden können (Reinicke 1997a; Weidenfeld/Janning 1997; Cornelius 1998). Während die Globalisierung einer Vertiefung der euroatlantischen Wirtschaftsbeziehungen Vorschub leistet, ist auf Grund der unterschiedlichen Dynamik des Regionalismus die Bedeutung Europas als Handelspartner Amerikas während der vergangenen Jahre zu Gunsten insbesondere der APEC-Region und Lateinamerika gesunken. „Die EU", so Wolfgang Reinicke in seiner kritischen Betrachtung des Projekts des Transatlantischen Marktes im Jahre 1997, „kann einfach keine vergleichbaren Bedingungen anbieten, in welcher Form auch immer sie ihre Wettbewerbsfähigkeit erneuern mag" (Reinicke 1997a: 71).

Während die USA ihre Handelsbeziehungen zu der asiatisch-pazifischen und zu der lateinamerikanischen Region ausweiteten, intensivierte die EU ihre Beziehungen etwa zu den Mercosur-Staaten und zu den Mittelmeer-Anrainern (Scherpenberg/Thiel 1998: passim). Vor diesem Hintergrund, aber auch angesichts der wachsenden euroatlantischen Spannungen wegen der extraterritorialen Wirtschaftssanktions-Gesetzgebung Washingtons wurden während der Jahre 1996 und 1997 keine konkreten Schritte in Richtung Transatlantischem Marktplatz unternommen. Der erste diesbezügliche Vorstoß kam im März 1998 von der Europäischen Kommission, die eine Nachbesserung der TAMP-Vereinbarung im Sinne etwa der Aufnahme einer Meistbegünstigungsklausel forderte, sich angesichts der Vorbehalte einiger europäischer Regierungen aber nicht durchsetzen konnte (Krenzler/Wiegand 1999: 156f). Zwei Monate später wurde auf dem Londoner EU-US-Gipfel die bereits erwähnte TEP beschlossen, die einen Ausbau sowohl der bi- wie der multilateralen Kooperation im Handels- und Investitionsbereich vorsieht.[5]

Was die Aussicht auf Realisierung der Vereinbarung anbetrifft, so scheint eine Bewertung des mit der TEP unternommenen Versuches, ein Modell für einen intensivierten Wirtschaftsaustausch zweier hochintegrierter Märkte in einem globalisierten Weltwirtschaftssystem zu konstruieren, noch zu früh. Wenig vielversprechend wirkt in diesem Zusammenhang die Eskalation der euroatlantischen Handelsdispute im Jahr 1999: Nachdem die EU ein Importverbot hormonbehandelten Fleisches aus den USA verhängt hatte, verhängten die USA nach einer entsprechenden Genehmigung durch die Welthandelsorganisation WTO im Gegenzug hohe Strafzölle gegen die EU.[6]

Die TEP könnte aber dennoch oder vielleicht gerade deshalb, so die Einschätzung zweier ausgewiesener Experten der Europäischen Kommission, „develop into a much needed mechanism which pays attention to defusing transatlantic trade tensions and to designing solutions, before they become trade disputes" (Krenzler/Wiegand 1999: 159). Dies gilt umso mehr angesichts des Scheiterns der Welthandelskonferenz in Seattle im Dezember 1999, die über weite Strecken vom euroatlantischen Streit um Agrarsubventionen überschattet war. Interessanterweise gelang es den USA bei dieser Gelegenheit nicht wie sonst schon so häufig, die EU-Mitglieder gegeneinander auszuspielen, weil diese in Seattle „erstmals ziemlich geschlossen hinter

---

5   Details dazu auf der Webpage der Europäischen Kommission (Director General for Trade) unter: http://europa.eu.int/comm/dg01/polotx4.htm.

6   Dass die USA in ihrer Sanktionspolitik durchaus selektiv vorgehen, zeigt die Tatsache, dass Großbritannien, das sich am Importverbot hormonbehandelten US-Fleisches nicht beteiligt hatte, von den US-Strafzöllen ausgenommen wurde.

EU-Kommissar Pascal Lamy auftraten und es verstanden, nicht nur den Schwarzen Peter von sich fernzuhalten, sondern sich auch als konstruktiver Partner zu präsentieren" (Neue Zürcher Zeitung, 6. Dezember 1999).

Die diversen Handelskonflikte zwischen der EU und den USA, auf die hier aus Platzgründen nicht im Einzelnen eingegangen werden kann[7], haben verschiedene Ursachen, von Interessenkonflikten heimischer Lobbies über unterschiedliche Ansätze multilateraler Handelspolitik, von divergierenden Rechtsauffassungen (Helms-Burton-Act) bis zur wachsenden Beeinflussung der amerikanischen Handelspolitik durch den amerikanischen Kongress (Krenzler/Wiegand 1999). In jüngster Zeit werden in zunehmendem Maße auch die neuen Entwicklungen im Bereich der Bio- und Informationstechnologie als Quelle drohender transatlantischer Wirtschaftsprobleme betrachtet (Stokes 1999: 67f).

Auch die Einführung des Euros bedeutet zweifellos eine transatlantische Herausforderung (Rode 1999: 461; Calleo 1999: 9-12). Zum ersten Mal tritt die EU den USA nicht als Junior-, sondern als gleichberechtigter Partner gegenüber und wird insofern von den USA „as a serious force in international monetary affairs" (Friedrich 1998: 60) betrachtet. Strittig ist dabei die Frage, ob europäisch-amerikanische Interessenunterschiede wegen der „geoökonomischen Distanzierung Europas (Euroland) von den USA" (Mayer 1999: 22) durch die Schaffung des Währungsraumes zunehmen könnten. Der langjährige Koordinator der Bundesregierung für die deutsch-amerikanischen Beziehungen, Werner Weidenfeld (1999: 38), stellte sogar die Frage, ob der Euro „als Sprengsatz der transatlantischen Beziehungen" wirken werde – ein Szenario, das neben dem Herausgeber von The National Interest, Owen Harries (1998: 128), u.a. auch der Harvard-Ökonom Martin Feldstein (1997: 72f.) in seinem provozierenden Artikel „EMU and International Conflict" sogar als durchaus realistisch charakterisierte. Ein ambivalentes Bild zeichnete der Direktor des einflussreichen Washingtoner Institute for International Economics, C. Fred Bergsten: „If the United States and the EU can begin to cooperate now as equal partners, even in the economic area alone, they could resuscitate the vitality of their own relationship and provide effective global leadership. If they fail to do so they will continue to drift apart like tectonic plates, with severe consequences both for themselves and for the world economy" (Bergsten 1999: 34).

Neue transatlantische Probleme könnten, so insbesondere amerikanische Bewertungen, aus einer direkten Rivalität zwischen Dollar und Euro entstehen. Das Streitpotential liege in diesem Zusammenhang, meint etwa Bruce Stokes vom Council on Foreign Relations in Washington, nicht in der Frage, ob der Euro den Dollar eines Tages verdrängen werde, sondern in der Problematik, zwei Hauptwährungen auf einem einzigen Markt zu haben, was zu einer neuen Volatilität auf den Devisenmärkten führen könne. „Eine solche

---

7 Vgl. The Trade War Begins Between America and Europe. In: International Herald Tribune, 2. August 1999.

Volatilität könnte für die transatlantische Wirtschaft bedeutsame Konsequenzen haben. Ein dramatischer Wertzuwachs beim Euro würde europäische Exporte bremsen, das Wachstum verlangsamen und die Gewinne der vielen amerikanischen Firmen in Euroland mindern. Eine maßgebliche Schwächung des Euro würde die Glut der Inflation entfachen, die erst kürzlich auf dem europäischen Kontinent gelöscht wurde. Außerdem würden neue Handelsspannungen entstehen, weil der bereits jetzt bedeutsame europäische Handelsüberschuss noch weiter anwachsen würde" (Stokes 1999: 66).

Die offizielle Position der US-Regierung zur Europäischen Wirtschafts- und Währungsunion (EWWU) lautet, dass Amerika gut gedient ist, wenn Europa „wirtschaftlich prosperiert und auf die Öffnung seiner Märkte sowie die Stärkung seiner Beziehungen zur Weltwirtschaft hinarbeitet. Europa wird Vorteile durch eine Wirtschafts- und Währungsunion haben, die diese Ziele unterstützt – und wenn Europa prosperiert, erhöht das auch den Wohlstand in den Vereinigten Staaten" (Talbott 1999).

Allerdings klingt in den offiziellen amerikanischen Stellungnahmen auch eine unmissverständliche Einschränkung mit. Wenn etwa Stuart Eizenstat davon spricht, dass die USA eine „erfolgreiche Währungsunion uneingeschränkt unterstützen"[8], dann ist der Terminus „erfolgreich" durchaus auch im Lichte der Interessenlage der USA zu sehen.

Zweifellos kann die neue Qualität der EU als Wirtschafts- und Währungsunion sowohl zu verstärkter Kooperation als auch zu wachsender Rivalität mit den USA führen (Krenzler/Wiegand 1999: 171; Thiel 1997: 133). Jedenfalls erfuhren die euroatlantischen Beziehungen durch die Einführung des Euros einen Interdependenzschub, der die „Sensitivität gegenüber der binnenwirtschaftlichen Entwicklung auf beiden Seiten steigen" (Weidenfeld 1999: 44) ließ. Jetzt können die Europäer Henry Kissingers provozierende Frage nach der Telefonnummer Europas zurückgeben und nach der währungs- und finanzpolitischen Rufnummer der USA fragen. Dort agiert der Chairman des Federal Reserve System ebenfalls nicht allein, sondern im Verbund mit dem Schatzministerium, dem Präsidenten und dem Kongress, und die USA verfügen über ein „fragmentiertes, verflochtenes Gewaltenteilungssystem mit Blockadefallen" (Rode 1999: 475).

In den USA wiederum wird häufig missverstanden, dass das Nebeneinander von Staatenpolitik und Gemeinschaftspolitik „auch beim Euro nicht zu Gunsten letzterer aufgehoben" ist, zumal neben die Kommission mit der EZB eine Alternative getreten ist, die die Staaten, so Rode (1999: 474), „gegen die Kommission ausspielen können. Die Staatenagenda und der Einfluss der Staaten sind durch den Euro und die EZB also vorerst nicht gesunken, sondern womöglich sogar gestiegen."

---

8   Rede des Staatssekretärs im amerikanischen Außenministerium, Stuart Eizenstat, an der Johns-Hopkins-Universität am 4. Mai 1998 in Baltimore. Abgedruckt in: Internationale Politik 53 (1998) 6, S.D114-116, hier S.D.116.

Eine gewisse Irritation, die sich aus amerikanischer Sicht mit der Vollendung der EWWU ergibt, hängt mit der Tatsache zusammen, dass das amerikanisch-europäische Verhältnis einerseits symmetrischer wird, weil in Europa „auf dem Feld der Währung erstmals das Potential für eine gleichberechtigte Partnerrolle der USA entsteht" (Rode 1999: 461); andererseits wird mit der Währungsunion gleichzeitig die bereits bestehende Asymmetrie zwischen der Wirtschaftskraft der EU und ihrer außen- und sicherheitspolitischen Schwäche noch verstärkt Die USA sind von diesem Defizit unmittelbar betroffen, zumal sie somit „weiterhin die Risiken der atlantischen Sicherheitskonstruktion tragen" (Mayer 1999: 26) müssen. Aus der Perspektive der USA spannt Europa mit der Einführung des Euros seine wirtschaftlichen und finanziellen Muskeln an, während es gleichzeitig erwartet, dass die USA „all the dirty jobs" erledigen, zumal lediglich Amerika über „the military capability and the worldwide network of political alliances to carry them out" (Pond 1999: 205) verfügt.

Sollte die EU, von der Washington eine zukünftig verstärkte internationale Handlungsfähigkeit erwartet, sich in ihrem außenpolitischen Handeln nicht stärker an den Interessen der USA orientieren, so scheint eine Verschärfung dieser Spannungen unvermeidlich (Weidenfeld 1999: 45).

4.2 Die außen- und sicherheitspolitischen Beziehungen

Obwohl die außen- und sicherheitspolitischen Beziehungen zwischen der EU und den USA auf einem tragfähigen Fundament gemeinsamer Werte der westlichen Zivilisation beruhen, ist die Kooperation auf diesem Feld im Vergleich zu Tiefe und Ausmaß der euroatlantischen Wirtschaftsbeziehungen gering entwickelt. Für dieses Defizit wird überwiegend die EU verantwortlich gemacht, die nach wie vor ein ökonomischer Riese, aber ein politischer Zwerg sei (Krenzler/Wiegand 1999: 172). Dies ist aber nur ein Aspekt eines ganzen Bündels von Faktoren, die dafür verantwortlich sind, dass die Kooperation zwischen der EU und den USA bislang nicht zu einer effektiven euroatlantischen Kooperationskultur im außen- und sicherheitspolitischen Bereich verdichtet werden konnte.

Mit der TD wurde bereits 1990 der Versuch unternommen, eine euroatlantische „Foreign Policy Consultative Culture" ins Leben zu rufen. Dass die damals eingerichteten bilateralen Arbeitsgruppen nur geringe Wirkung entfalteten, hängt vor allem mit der Drei-Pfeiler-Struktur des Maastrichter Vertrages zusammen. So scheiterte die mit Fragen des Internationalen Organisierten Verbrechens befasste Arbeitsgruppe wegen der „intergovernmental nature of EU cooperation under the Third Pillar. Similarly, the foreign and security policy working group suffered from the reticence of key EU member states to accept a role for the Commission in the definition and implementation of policy, for which member states retain primary competence under Maastricht's Second Pillar" (Bail/Reinicke/Rummel 1997a: 5).

Die Effektivität des Instrumentariums gegenseitiger Konsultation leidet ferner unter der Tatsache, dass viele der in der TD vorgesehenen Arbeitsgruppen bis heute nicht zustande gekommen sind.

Auch die institutionalisierten euroatlantischen Dialoge auf höchster Ebene sind bislang hinter den Erwartungen zurückgeblieben. Während die Bedeutung der zweimal jährlich stattfindenden Gipfeltreffen der Staats- und Regierungschefs der EU und der USA entsprechend der zur Regelung anstehenden Fragen schwankt, sind die Treffen zwischen den Außenministern der EU-Ratspräsidentschaft und der USA „in hohem Maße von dem Interesse und den Terminplänen der beteiligten Politiker abhängig (Haftendorn 1999: 10). So kam z.b. ein in der Phase der deutschen EU-Ratspräsidentschaft während der ersten Jahreshälfte 1999 zur Beilegung der akuten Handelsschwierigkeiten zwischen EU und USA dringend erforderliches Treffen zwischen dem deutschen Außenminister Fischer und US-Außenministerin Albright auf Grund von Terminproblemen und wegen des Kosovo-Krieges erst zu Ende der deutschen Ratspräsidentschaft zustande (Haftendorn 1999: 10).

Mit der Ernennung des Spaniers Javier Solana zum Hohen Beauftragten für die Außen- und Sicherheitspolitik der EU und zum Generalsekretär der Westeuropäischen Union (WEU) hat Europa zumindest formal eine jahrzehntealte Forderung der USA erfüllt, die sich hinter Henry Kissingers Frage nach der Telefonnummer Europas verbarg.

Wie im Falle der Währungsunion offenbart sich allerdings auch im Falle der Berufung des „Herrn GASP" die Ambivalenz der Haltung der USA in der Frage der europäischen Integration. Einerseits ist in der Perzeption der politischen Eliten in Washington ein politisch und ökonomisch heterogenes, mit vielen Zungen sprechendes Europa als Partner unkalkulierbar und deshalb problematisch. Andererseits sehen die USA in den Vertiefungsschritten des Integrationsprozesses eine von wachsendem politischen Selbstbewusstsein begleitete Emanzipation ihres europäischen Partners, dessen Folgen für die USA sie noch nicht endgültig abschätzen können. Sehr deutlich brachte diese ambivalente Haltung der amerikanische Vizeaußenminister Strobe Talbott zum Ausdruck, als er im Zusammenhang mit der euroatlantischen Zusammenarbeit die Entstehung einer Europäischen Sicherheits- und Verteidigungsidentität (ESVI) mit einer wichtigen Einschränkung befürwortete: „Unsere Unterstützung ist aufrichtig, aber nicht willkürlich. In einer Hinsicht ähnelt die ESVI der Währungsunion: Um zu funktionieren, muss sie das Ziel der europäischen Identität und Integration auf der einen Seite mit dem Gebot der transatlantischen Solidarität auf der anderen verbinden; sie muss verstärken, nicht die Rolle des Bündnisses als Ganzes duplizieren oder verwässern – und sicherlich darf sie nicht die Bande zwischen unserer Verteidigung und der ihren lockern" (Talbott 1999).[9]

---

9   Bail, Reinicke und Rummel (1997a: 12f) haben zu Recht darauf verwiesen, daß die
    Aufgabenteilung zwischen NATO und EU-US-Kooperation in der NTA ausgeklam-

Ein weiteres Problem für die Intensivierung der außenpolitischen Kooperation zwischen Brüssel und Washington stellt die traditionelle Favorisierung
bilateraler Beziehungen durch die Vereinigten Staaten dar. Aus der Sicht der
USA kann die europäische Ordnungsgestaltung im Sinne amerikanischer Interessen insbesondere über bilaterale Beziehungsgefüge beeinflusst werden.
So spielt Frankreich eine besondere Rolle hinsichtlich der Schaffung einer
neuen transatlantisch-europäischen Sicherheitsordnung. Deutschland wird
insbesondere auch im Hinblick auf die Entwicklung des östlichen Teils des
Kontinents konsultiert, und Großbritannien, mit dem Washington seit Jahrzehnten eine „Special Relationship" verbindet, gilt bei der Bewältigung sicherheitspolitischer Krisen als verlässlichster Partner.

Auch wenn die Europäer sich bemühen, mit einer Stimme zu sprechen
und von den USA als ein einheitlicher Akteur wahrgenommen werden wollen, ist Washington „bisher kaum bereit", seine bilateralen Beziehungen zu
einzelnen europäischen Staaten „zugunsten einer stärkeren Kooperation mit
Brüssel aufzugeben" (Mathiopoulos 1998: 47). Stabile bilaterale Bezie-
hungsstränge zwischen den USA und ihren Partnern gelten in Washington
nicht als „alternative or impediment to U.S-EU cooperation", sondern „they
are its sine qua non" (Gompert/Larrabee 1997: 244).

Diese Betonung der bilateralen Beziehungen hängt auch damit zusammen, dass aus der Sicht Washingtons die außenpolitischen Weichen Europas
nach wie vor in den Hauptstädten Deutschlands, Frankreichs und Großbritanniens gestellt, in Brüssel hingegen lediglich nachrangige Entscheidungen
getroffen würden. „Die Versuche der Europäischen Union, eine kohärente
Außen- und Sicherheitspolitik zu schmieden", so ein Europa-Experte des
Council on Foreign Relations in Washington, D.C., lapidar, „sind fehlge-
schlagen" (Kupchan 1998: S.23). Auf europäischer Seite werden die Bemühungen zur Schaffung eines außenpolitischen Profils der EU in aller Regel
nicht ganz so pauschal abqualifiziert und insbesondere seit Abschluss des
Amsterdamer Vertrages deutlich positiver bewertet. Es muss allerdings eingeräumt werden, dass im Hinblick auf die Beziehungen zwischen der EU und
den USA die Antizipation einer einheitlichen europäischen Außenpolitik, wie
sie in der TD bereits 1990 zum Ausdruck kommt, durch die weitere Entwicklung des Europäischen Integrationsprozesses bislang nicht gänzlich gerechtfertigt wurde.

Ungeachtet dieser Probleme gibt es durchaus Beispiele für außenpolitische Kooperationen zwischen der EU und den USA, wie eine Studie des
Center for European Policy Studies (CEPS) zeigt (Ginsberg 1997: 309-311).
Allerdings dokumentieren die Beispiele erfolgreicher Zusammenarbeit auch,
dass die Rolle der EU sich bei der Ausführung derartiger Kooperationen in
erster Linie auf die finanzielle und technische Unterstützung beschränkt

---

mert wurde – ein Defizit, mit dem einige transatlantische Abstimmungsprobleme zusammenhängen.

(Krenzler/Wiegand 1999: 175). Außerdem kam eine Kooperation bislang überhaupt nur im Falle solcher Agenden der internationalen Beziehungen zustande, die zwischen den USA und der EU unumstritten sind. Wesentlich schwieriger gestaltet sich die Abstimmung in Bereichen kollidierender Interessen, wobei weder die TD noch die NTA die bestehenden transatlantischen Interessens- und Betrachtungsunterschiede hinsichtlich bestimmter Schlüsselfragen ausräumen (van Oudenaren 1996: 51).

Eine grundsätzliche Differenz zwischen den USA und der EU besteht hinsichtlich der Frage, ob internationale Probleme auf multilateraler Ebene gelöst werden sollen. Während die Supermacht USA weitgehende außenpolitische Autonomie zu bewahren und eine Begrenzung ihres Handlungsspielraumes durch Foren wie die UNO zu vermeiden sucht, ist es in den Worten des früheren Generaldirektors für Auswärtige Beziehungen der EU-Kommission ein „major EU policy objective to promote a rules-oriented international order in as many areas as possible" (Krenzler/Wiegand 1999: 173).

Eine weitere Differenz grundsätzlicher Natur hängt mit der Bevorzugung je unterschiedlicher Mittel zur Lösung internationaler Probleme zusammen. Während die USA aufgrund ihrer militärtechnologischen Überlegenheit dazu neigen, „den Ausgang von Konflikten mit der Androhung und der Anwendung von Gewalt zu beeinflussen", setzt die militärisch weit weniger effektive EU dagegen in erster Linie auf die „friedensstiftende Kraft ökonomischer Kooperation" und ist auch „Sanktionen weniger zugeneigt als Washington" (Bierling 1998: 17). Diese zwischen den USA und der EU existierende Asymmetrie der Instrumente und Mittel der Außenpolitik wird als die „most important constraint for a mature foreign policy relationship" (Krenzler/Wiegand 1999: 176) betrachtet.

Eine dritte grundsätzliche Differenz resultiert aus unterschiedlichen Perzeptionen der Welt. Während die Globalmacht USA krisenhafte Entwicklungen in allen Kontinenten mit der Bedrohung ihrer eigenen Sicherheit verbindet, nimmt die Regionalmacht Europa „außenpolitische Herausforderungen in der Regel nur dann wahr, wenn sie sich direkt auf das eigene Territorium beziehen" (Bierling 1998: 16). Auch sind sich nicht alle EU-Mitgliedsstaaten bislang einig hinsichtlich der Frage, ob sich die EU zu einem globalen Akteur mit weltweiter aktiver Interessenvertretung entwickeln soll (Krenzler/-Wiegand 1999: 176).

Vor dem Hintergrund dieser grundsätzlichen Differenzen wird verständlich, dass es in der Vergangenheit in so zahlreichen Fällen trotz z.T. beiderseitig bekundetem Willen nicht gelang, dass sich die USA und die EU auf ein gemeinsames Vorgehen verständigten. Sowohl in der Frage eines Beitritts der Türkei zur EU als auch im Hinblick auf den Umgang mit sogenannten „Schurkenstaaten" (vgl. Frost 1997: 1-6; Stern 1997: 7-12; Poneman 1998: 127-136; Rudolf 1998: 137-155), sowohl in Bezug auf die Rolle internationaler Organisationen als auch in der Frage der Proliferation von Massenvernichtungswaffen oder des Schutzes der internationalen Umwelt (vgl. Bail/Reinicke/

Rummel 1997a: 16-21) standen die euraatlantischen Differenzen und Interessenunterschiede einer Kooperation zwischen EU und USA im Wege.

Zusammenfassend muss festgestellt werden, dass das ehrgeizige und umfassende Programm der NTA bislang nur bruchstückhaft realisiert werden konnte. Die außenpolitische Kooperation zwischen der EU und den USA ist nach wie vor von der Asymmetrie eines Beziehungsgefüges ungleicher Partner gekennzeichnet. Während die USA als einheitlicher Akteur agieren, verhindert der intergouvernementale Charakter der sich aus 15 Staaten von zum Teil stark unterschiedlicher außenpolitischer Kultur zusammensetzenden EU die Etablierung eines symmetrischen Verhältnisses gleichgewichtiger Partner (Krenzler/Wiegand 1999: 177; Bail/Reinicke/Rummel 1997a: 13). Insbesondere die sicherheitspolitischen Krisen im ehemaligen Jugoslawien haben gezeigt, dass die EU kein gleichrangiger Partner der USA ist. Lediglich die einflussreichsten Träger der GASP, nicht aber die gesamte EU, „sit together with Washington to decide on the actions to be taken" (Bail/Reinicke/Rummel 1997a: 14).

5. Ausblick

Die erwähnten Abstimmungs- und Symmetrieprobleme in den verschiedenen Bereichen des euroatlantischen Beziehungsgefüges lassen sich nicht durch die Einrichtung neuer Institutionen oder neuer euroatlantischer Konsultationsforen beheben. Koordinierungs- und Konsultationsgremien gibt es bereits genug[10], nur, so Helga Haftendorn zu Recht, „wird von ihnen nicht der richtige Gebrauch gemacht". Diesem Defizit kann lediglich dadurch begegnet werden, dass auf beiden Seiten des Atlantiks „das Bewußtsein dafür gestärkt wird, dass Europa und Amerika aufeinander angewiesen sind" (Haftendorn 1999: 11). Europa benötigt die sicherheitspolitische Führungsrolle der USA ebenso wie diese umgekehrt die EU zur Teilung der Lasten weltwirtschaftlicher Führung brauchen – „whatever the attendant frustrations" (Pond 1999: 183).

Da das Hauptproblem in den euroatlantischen Beziehungen der „Komplex gegenseitig enttäuschter Erwartungen" (Haftendorn 1999: 9) darstellt, ist der zukünftigen Entwicklung des Beziehungsgefüges am ehesten gedient, wenn beide Partner zu realistischen Einschätzungen der Möglichkeiten und der Grenzen des Dialoges und der Kooperation finden.

---

10 Daneben eine Reihe euroatlantischer Dialogforen wie z.B.: Transatlantischer Wirtschaftsdialog (Transatlantic Business Dialogue), Transatlantischer Verbraucherdialog (Transatlantic Consumer Dialogue), Transatlantischer Arbeitsdialog (Transatlantic Labor Dialogue), Transatlantischer Umweltdialog (Transatlantic Environment Dialogue), Transatlantische Kleine Geschäftsinitiative (Transatlantic Small Business Initiative) und Transatlantischer Informationsaustausch-Service (Transatlantic Information Exchange Service). Ausführliche Informationen dazu unter: http://www.-usembassy.de/policy/dossiers/economic/tabd.htm.

Dazu gehört erstens die Berücksichtigung der vielfältigen Unterschiede zwischen EU und USA im Hinblick auf Strategien, Interessen, Perzeptionen, Formen und Mittel internationalen Handelns. Das Konzept komplementärer Strategien sollte Überlegungen vermeintlicher transatlantischer Harmonie ersetzen (vgl. Smith/Woolcock 1994: S.459f). Außenpolitische Differenzen zwischen der EU und den USA reflektieren in erster Linie unterschiedliche Standpunkte bezüglich der Prinzipien und Mittel zur Erreichung bestimmter Ziele, weniger jedoch hinsichtlich der Ziele selbst (Ginsberg 1997: 312; Bierling 1998: 10f; Bail/Reinicke/Rummel 1997a: 36). Die Auseinandersetzungen in Bezug auf die Behandlung Irans, Kubas und Libyens haben gelehrt, dass beide euroatlantischen Partner unterschiedliche Ansätze außenpolitischer Problemlösung für ein und dasselbe Ziel akzeptieren müssen (Bail/Reinicke/Rummel 1997a: 11; Krenzler/Wiegand 1999: 176).

Dazu gehört zweitens, dass die Europäer den USA beweisen, „dass sie ein attraktiver Partner sind", worunter – ungeachtet der erwähnten Ambivalenz der amerikanischen Haltung gegenüber der Vertiefung der Integration – nicht zuletzt eine „verbesserte Koordinierung der nationalstaatlichen Außenpolitiken" (Bierling 1998: 17) zu verstehen ist – die Ernennung des „Herrn GASP" ist in dieser Hinsicht zweifellos ein wichtiger Schritt.

Dazu gehört drittens, dass die USA von „überzogenen Erwartungen an Europa Abschied nehmen" (Bierling 1998: 17) und die begrenzte außen- und sicherheitspolitische Handlungsfähigkeit der EU als kurzfristig nicht zu überwindende Besonderheit des hinsichtlich seines Profils fragmentierten Akteurs EU akzeptieren.

Ohne Zweifel ist die qualitative Vertiefung der Europäischen Union mit einer gewissen Veränderung der „Machtfigur Amerika-Europa" (Czempiel 1998: 555) verbunden. Insbesondere die Weiterentwicklung der EU seit dem Amsterdamer Gipfel vom Juni 1997 hat gezeigt, dass in Europa nun allmählich tatsächlich etwas entsteht, was die USA „immer beschworen und befürwortet, aber auch immer verhindert haben, nämlich eine Europäische Union, die ein politischer Akteur werden wird" (Czempiel 1998: 555).

Hier offenbart sich ein Paradox des transatlantischen Beziehungsgefüges: Die Bemühungen der Europäer, Unionsqualität in allen Bereichen ihrer Außenbeziehungen zu erwerben – auch um im Dialog mit den USA als gleichberechtigter, glaubwürdiger und berechenbarer Partner auftreten zu können -, rufen wegen der damit verbundenen Veränderung der europäisch-amerikanischen Machtfigur auf der anderen Seite des Atlantiks bisweilen Reflexe des Balance-of-Power-Denkens hervor (Feldstein 1997: 72f.). Für beide Seiten gilt daher, dass Fortführung und Ausbau des euroatlantischen Beziehungsgefüges eine zurückhaltende Anwendung der jeweiligen Machtinstrumente – vor allem militärische im Falle der USA und ökonomische im Falle der EU – und die Berücksichtigung der Interessen des Partners am jeweils anderen Ufer des Atlantiks erfordern (Haftendorn 1999: 11).

Literatur

Bail, Christoph/Reinicke, Wolfgang H./ Rummel, Reinhardt: The New Transatlantic Agenda and the Joint EU-US Action Plan: An Assessment. In: Bail, Christoph/Reinicke, Wolfgang H./Rummel, Reinhardt (Hrsg.): EU-US-Relations: Balancing the Partnership. Taking a Medium-Term Perspective. Baden-Baden: Nomos, 1997a, S.3-37.

Bail, Christoph/Reinicke, Wolfgang H./Rummel, Reinhardt: Medium-Term Perspectives on Transatlantic Relations: A Report. In: Bail, Christoph/Reinicke, Wolfgang H./Rummel, Reinhardt (Hrsg.): EU-US-Relations: Balancing the Partnership. Taking a Medium-Term Perspective. Baden-Baden: Nomos, 1997b, S.151-187.

Bergsten, C. Fred: America and Europe: Clash of the Titans? In: Foreign Affairs, 78 (1999) 2, S.20-34.

Bieling, Hans-Jürgen/Deppe, Frank: Internationalisierung, Integration und politische Regulierung. In: Jachtenfuchs, Markus/Kohler-Koch, Beate (Hrsg.): Europäische Integration. Opladen: Leske & Budrich, 1996, S.481-511.

Bierling, Stephan G.: Vom Atlantischen zum Pazifischen Zeitalter? Zur Bedeutung Europas und Asiens für die amerikanische Wirtschaft. In: Meier-Walser, Reinhard C. (Hrsg.): Transatlantische Partnerschaft. Perspektiven der transatlantischen Beziehungen. Landsberg am Lech: Olzog, 1997, S.126-138.

Bierling, Stephan G.: Amerika führt – Europa folgt? Eine Beziehung sucht ihren Zweck. In: Internationale Politik 53 (1998) 2, S.9-18.

Blackwill, Robert D.: Warum Europa und Amerika zusammenstehen müssen. In: Frankfurter Allgemeine Zeitung, 20. Februar 1995.

Calleo, David P.: The Strategic Implications of the Euro. In: Survival 41 (1999) 1, S.5-19.

Cornelius, Peter: „We must hang together". Europa darf wirtschaftlich nicht von Amerika abgekoppelt werden. In: Internationale Politik 52 (1997) 10, S.59-66.

Cornelius, Peter/Wagner, Ulrike: Der Euro auf der internationalen Bühne. Folgen für die globale wirtschaftspolitische Kooperation. In: Internationale Politik 53 (1998) 12, S.51-56.

Czempiel, Ernst-Otto: Hat die euro-atlantische Gemeinschaft eine Zukunft. Ein „Blätter" - Gespräch mit Ernst-Otto Czempiel. In: Blätter für deutsche und internationale Politik 43 (1998) 5, S.554-564.

Falke, Andreas: TAFTA: Eine Perspektive für eine neue transatlantische Wirtschaftsarchitektur? In: Meier-Walser, Reinhard C. (Hrsg.): Transatlantische Partnerschaft. Perspektiven der transatlantischen Beziehungen. Landsberg am Lech: Olzog, 1997, S.150-172.

Feldstein, Martin: EMU and International Conflict. In: Foreign Affairs 76 (1997) 6, S.60-73.

Friedrich, Klaus: The Euro and the US-Dollar: Challenges to US Financial Hegemony. In: Dembinski, Matthias/Gerke, Kinka (Hrsg.): Cooperation or Conflict? Transatlantic Relations in Transition. Frankfurt a.M.: Campus, 1998, S.53-61.

Frost: Ellen L.: Umgang mit „Schurkenstaaten". US-Sanktionen und die transatlantischen Beziehungen. In: Internationale Politik 52 (1997) 4, S.1-6.

Ginsberg, Roy: Transatlantic Dimensions of CFSP: The Culture of Foreign Policy Cooperation. In: Regelsberger, Elfriede/Schoutheete de Tervarent, Philippe de/Wessels, Wolfgang (Hrsg.): Foreign Policy of the European Union. From EPC to CFSP and Beyond. London: Lynne Rienner, 1997, S.297-318.

Gleske, Leonhard: The Opportunities and Perils for the United States of European Integration. In: Brandon, Henry (Hrsg.): In Search of a New World Order. The Future of

U.S.-European Relations. Washington, D.C.: The Brookings Institution, 1992, S.89-109.

Gompert, David C./Larrabee, Stephen F.: Institutions and Policies. In: Gompert, David C./Larrabee, Stephen F. (Hrsg.): America and Europe. A Partnership For a New Era. Cambridge: Cambridge University Press, 1997, S.231-256.

Gordon, Philip H.: Europ's Uncommon Foreign Policy. In: International Security 22 (1997/98) 3, S.74-100.

Haftendorn, Helga: Der gütige Hegemon und die unsichere Mittelmacht: deutsch-amerikanische Beziehungen im Wandel. In: Aus Politik und Zeitgeschichte (1999) B29-30, S.3-11.

Harries, Owen: America and the Euro Gamble. In: The National Interest (1998) 53, S.125-128.

Joffe, Josef: Atlantische Probescheidung. In: Süddeutsche Zeitung, 25. November 1993.

Kahler, Miles/Link, Werner: Europe and America: A Return to History. New York: Council On Foreign Relations Press, 1996.

Kissinger, Henry A.: Die Einigung Europas darf nicht auf Kosten der NATO erfolgen. In: Kissinger, Henry A. (Hrsg.): Die sechs Säulen der Weltordnung. Berlin: Siedler, 1992, S.43-50.

Kittelmann, Peter: Die Neue Transatlantische Agenda – das wirtschaftspolitische Verhältnis der EU zu den USA zwischen Konkurrenz und Kooperation. In: Rinsche, Günter/Friedrich, Ingo (Hrsg.): Weichenstellung für das 21. Jahrhundert. Erfordernisse und Perspektiven der europäischen Integration. Köln: Böhlau, 1998, S.153-157.

Krenzler, Horst G./Kaiser, Wolfram: Die Transatlantische Erklärung: Neue Grundlage für das Verhältnis von EG und USA. In: Aussenpolitik 42 (1991) 4, S.363-372.

Krenzler, Horst G./Wiegand, Gunnar: EU-US Relations: More than Trade Disputes? In: European Foreign Affairs Review 4 (1999) 4, S.153-180.

Kupchan, Charles A.: Vom Friedensstifter zum Partner. Amerika, Europa und die atlantische Sicherheit. In: Internationale Politik 53 (1998) 7, S.21-26.

Mathiopoulos, Margarita: Die USA und Europa als globale Akteure im 21. Jahrhundert. In: Aussenpolitik 49 (1998) 2, S.38-54.

Mayer, Tilman: Konfliktlinien in der Atlantischen Allianz. In: Aus Politik und Zeitgeschichte (1999) B29-30, S.22-29.

Meier-Walser, Reinhard C.: Weltpolitischer Umbruch und transatlantische Partnerschaft. In: Meier-Walser, Reinhard C. (Hrsg.): Transatlantische Partnerschaft. Perspektiven der transatlantischen Beziehungen. Landsberg am Lech: Olzog, 1997, S.9-27.

Oudenaren, John van: Die Neue Transatlantische Agenda. In: Internationale Politik 51 (1996) 5, S.49-52.

Pond, Elizabeth: The Rebirth of Europe. Washington, D.C.: Brookings Institution Press, 1999.

Poneman, Daniel B.: The United States, Europe, and the „Rogue States". In: Dembinski, Matthias/Gerke, Kinka (Hrsg.): Cooperation or Conflict? Transatlantic Relations in Transition. Frankfurt a.M.: Campus, 1998, S.127-136.

Reinicke, Wolfgang H.: Bausteine für einen euro-amerikanischen Markt. In: Weidenfeld, Werner (Hrsg.): Partnerschaft gestalten. Die Zukunft der transatlantischen Beziehungen. Bellevue-Gespräche II. Gütersloh: Bertelsmann-Stiftung, 1997a, S.67-78.

Reinicke, Wolfgang H.: Die Transatlantische Wirtschaftsgemeinschaft. Motor für eine neue Partnerschaft? Gütersloh: Bertelsmann Stiftung, 1997b.

Rode, Reinhard: Der Euro als transatlantische Herausforderung. Die internationalen Auswirkungen der Europäischen Währungsunion. In: Zeitschrift für Politik-wissenschaft 9 (1999) 2, S.461-477.

Rudolf, Peter: Rogue Regimes or Regional Power? Transatlantic Conflict Over Policy Towards Iran. In: Dembinski, Matthias/Gerke, Kinka (Hrsg.): Cooperation or Conflict? Transatlantic Relations in Transition. Frankfurt a.M.: Campus, 1998, S.137-155.

Rühl, Lothar: USA – Europa: Partnerschaft oder Entfremdung? Divergierende Interessen belasten die atlantische Allianz. In: Neue Zürcher Zeitung, 24./25. August 1996.

Schauer, Hans: Europa und Amerika – Rivalen oder Partner? In: Aus Politik und Zeitgeschichte (1999) B29-30, S.12-21.

Scherpenberg, Jens van/Thiel, Elke (Hrsg.): Towards Rival Regionalism? US and EU Regional Regulatory Regime Building. Baden-Baden: Nomos, 1998.

Smith, Michael/Woolcock, Stephen: Learning to Cooperate: The Clinton Administration and the EU. In: International Affairs 70 (1994) 3, S.459-476.

Stern, Brigitte: Einseitige Wirtschaftssanktionen. Helms-Burton, D'Amato und die Europäer. In: Internationale Politik 52 (1997) 4, S.7-12.

Stokes, Bruce: Transatlantischer Handel in Gefahr. In: Internationale Politik 54 (1999) 9, S.65-72.

Talbott, Strobe: Das neue Europa und die neue NATO. Herausforderungen der euroatlantischen Zusammenarbeit. In: Frankfurter Allgemeine Zeitung, 5. Februar 1999.

Thiel, Elke: Macroeconomic Policy and Currency Competition in EU-US Relations. In: Bail, Christoph/Reinicke, Wolfgang H./Rummel, Reinhardt (Hrsg.): EU-US-Relations: Balancing the Partnership. Taking a Medium-Term Perspective. Baden-Baden: Nomos, 1997, S.131-134.

Treverton, Gregory: An Economic Agenda For the New Era. In: Gompert, David C./Larrabee, Stephen F. (Hrsg.): America and Europe. A Partnership For a New Era. Cambridge: Cambridge University Press, 1997, S.51-78.

Walt, Stephen M.: The Ties That Fray. Why Europe and America are Drifting Apart. In: The National Interest (1998/99) 54, S.3-11.

Weidenfeld, Werner: Kulturbruch mit Amerika? Das Ende transatlantischer Selbstverständlichkeit. Gütersloh: Bertelsmann Stiftung, 1996.

Weidenfeld, Werner: Der Euro als Sprengsatz der transatlantischen Beziehungen? In: Integration 22 (1999) 1, S.38-48.

Weidenfeld, Werner/Janning, Josef: Partnerschaft gestalten: Zehn Thesen zur Zukunft der transatlantischen Beziehungen. In: Weidenfeld, Werner (Hrsg.): Partnerschaft gestalten. Die Zukunft der transatlantischen Beziehungen. Bellevue-Gespräche II. Gütersloh: Bertelsmann-Stiftung, 1997, S.15-22.

Europa und Ostasien: Eine neue Dimension des Inter-Regionalismus?

Hanns W. Maull

1. Einleitung: Europa und Asien – Die Entstehung einer „neuen Partnerschaft"

Nach dem Ende des großen Krieges war 1945 auch der Anspruch Europas auf Weltgeltung seiner führenden Mächte zerstört: Die Kolonialreiche begannen sich aufzulösen, die neue Weltordnung bestimmten nun nicht mehr die Europäer, sondern die USA und die Sowjetunion. Auch in Ostasien mißlangen nach 1945 die Versuche der europäischen Mächte, ihre alten Kolonialreiche neu zu errichten, die unter den Vorstößen des ausgreifenden japanischen Militarismus wie morsche Holzkonstruktionen zusammengebrochen waren: In Niederländisch-Ostindien (heute Indonesien) und Indochina (heute Vietnam, Kambodscha und Laos) scheiterten diese Rekolonialisierungsversuche blutig, aus dem restlichen Südostasien zogen sich die britischen bzw. amerikanischen Kolonialherren freiwillig zurück. In Nordostasien brachen während bzw. nach dem Zusammenbruch des japanischen Kolonialreiches Bürgerkriege zwischen den bürgerlichen und den kommunistischen Flügeln der Nationalbewegungen auf, die schließlich zur Teilung Chinas und Koreas in jeweils zwei antagonistischen Staaten und Systemen führten.

Nach 1945 wurde Europa so aus Ostasien – hier definiert als die Region von Japan und Sibirien über China, Korea und Indochina bis zu den südostasiatischen Archipel-Staaten – weitgehend verdrängt; die wenigen verbleibenden Kolonial-Besitzstände (wie Hongkong, Macao oder Osttimor) hatten keine größere Bedeutung mehr. Das Diktat der Distanz begann sich durchzusetzen, auch wenn die koloniale Vergangenheit in Gestalt asiatischer Bevölkerungsgruppen in den ehemaligen Kolonialmächten, aber auch in Form manch unaufgearbeiteter psychologischer Traumata fortlebte. Die politischen Beziehungen zwischen Europa und Ostasien wurden seither im Wesentlichen bestimmt durch die großen Entfernungen zwischen den beiden Regionen. Vertieft wurde diese Entfernung politisch zudem dadurch, dass zwischen Europa und Ostasien der riesige geographische Raum der Sowjetunion und ihres Imperiums in Osteuropa lag, und dass beide Regionen – Europa wie Ostasien – durch den Ost-West-Gegensatz geteilt und polarisiert worden waren.

Erst in den siebziger Jahren begann sich diese Distanz zwischen Europa und Ostasien zu verringern (Smith 1998). Drei Entwicklungen waren hierfür ausschlaggebend:

- Erstens entstand mit der ASEAN ein erfolgreiches „Pendant" zur europäischen Integration in Südostasien; dies veranlaßte die EU, mit der ASEAN eine eigenständige Kooperationsbeziehung, den EU-ASEAN-Dialog, zu entfalten (Stahl, 2000).
- Zum zweiten ergaben sich zwischen Westeuropa und Ostasien insbesondere in der ersten Hälfte der 80er Jahre gewisse strategische Gemeinsamkeiten im Kontext des „Zweiten Kalten Krieges": Beide Seiten waren bestrebt, den wahrgenommenen Expansionsbestrebungen der Sowjetunion entgegenzutreten, zugleich jedoch auch die Vereinnahmung durch die auf hartem Konfrontationskurs segelnde US-Regierung unter Ronald Reagan zu vermeiden.
- Und drittens schließlich begann seit Mitte der 70er Jahre eine Flut japanischer Exporte europäische Schlüsselindustrien (Schiffsbau, Stahl, Unterhaltungselektronik, Automobile) unter schweren Konkurrenzdruck zu setzen. Daraus entfalteten sich im Folgenden – insbesondere durch die Ausbreitung und Nachahmung der japanischen Wirtschaftsaktivitäten in den Schwellenländer, in der ASEAN und in China (Hatch/Yamamura 1996) – rasch zunehmende Verflechtungen im Bereich des Handels, der Direktinvestitionen und der Kapitalströme zwischen Europa und dem gesamten ostasiatischen Raum.

Zwar blieb die Intensität dieser Verflechtungen hinter den entsprechenden Interdependenzen zwischen Europa und Nordamerika bzw. zwischen Ostasien und Amerika deutlich zurück, dafür entwickelte sie jedoch seit Beginn der 80er Jahre eine bemerkenswerte Dynamik, die sich in besonders hohen Zuwachsraten niederschlug. So wies etwa der Handel zwischen der EU und Ostasien von 1980 bis 1996 die höchsten Wachstumsraten aller inter-regionalen Handelsströme auf. Die Folge war, dass Mitte der '90er Jahre nicht nur der amerikanische Handel mit Ostasien, sondern auch derjenige Europas mit dieser Region das Volumen des transatlantischen Handelsaustauschs deutlich übertraf. Mit einiger Verzögerung erhöhten sich im Verlauf der 90er Jahre auch die europäischen Direktinvestitionen in Ostasien recht dramatisch (Dent 1999a).

Die rasche Zunahme der wirtschaftlichen Interdependenz zwischen Europa und Ostasien deutete zunächst einmal auf erhebliche ungenutzte Wohlstandspotentiale, die zu realisieren beiden Seiten interessant erscheinen musste. Allerdings zogen diese Verflechtungsprozesse auch wirtaschaftliche, isnebsonders handelspolitische Reibereien und Konflikte nach sich, die sich etwa in der Explosion der Anti-Dumping-Verfahren der EU gegen Einfuhren aus Ostasien Luft machten. Aber diese Verflechtungen etablierten bei allen Friktionen auch die Grundlagen für eine konstruktive politische Beziehung: Die europäisch-ostasiatische Seite in der Wirtschaftstriade der drei großen Industrieregionen Nordamerika – Europa – Ostasien bildete erkennbar einen dritten großen, wenngleich deutlich schwächeren, Schenkel in der Dreiecksgeometrie der Weltwirtschaft (Hänggi 1999). Im Verfolg ihrer (primär wirtschaftlichen) Eigeninteressen, aber auch mit Blick auf globale ordnungspolitische Zielsetzungen, die Europa wie Ostasien anstrebten, mußte die Eröffnung eines strukturierten politischen Dialoges beiden Seiten deshalb sinnvoll, ja vielleicht geradezu zwingend anmuten.

2. ASEM: Genese, Inhalte, Struktur und Prozess

Diese Logik wurde mit dem ersten Asia Europe Meeting – einem Treffen von fünfundzwanzig Staats- und Regierungschefs aus der EU und aus Ostasien (vertreten waren die – damals – sieben ASEAN-Staaten sowie Japan, die VR China und Südkorea) sowie dem Präsidenten der Europäischen Kommission – im März 1996 in Bangkok politisch umgesetzt. Dieses Gipfeltreffen war nach allgemeiner Einschätzung ein bemerkenswerter Erfolg, der rasch zu einer Institutionalisierung der ASEM in einem vieldimensionalen Dialog- und Kooperationsprozeß führte (Pou Serradel 1996; Bersick 1998; Hund 1998; Dent, 1998, 1999b; Okfen 1998). Das zweite Gipfeltreffen fand im Frühjahr 1998 in London statt, das dritte ist für den Herbst 2000 in Seoul geplant.

Damit konnte sich eine neue Dimension des Inter-Regionalismus in relativ rascher Zeit erfolgreich etablieren. Inzwischen hat diese Form des Inter-Regionalismus – etwa in der Kooperation zwischen Europa und Lateinamerika oder zwischen Ostasien und Lateinamerika – bereits Nachfolger gefunden, und auch ältere Formen der Wirtschaftskooperation – wie etwa das transatlantische Beziehungsgeflecht zwischen der EU und den USA oder die 1989 gegründete Asia Pacific Economic Cooperation (APEC) – beginnen in der Richtung dieser durch ASEM typisierten, neuen Form des Inter-Regionalismus zu mutieren.

2.1. Zur Vorgeschichte von ASEM

Die Anstöße zu einer Intensivierung der Beziehungen zwischen Europa und Asien kamen etwa gleichzeitig von beiden Seiten. Eine wichtige Rolle spielten dabei nichtstaatliche Akteure, insbesondere das Davos-Forum, das als erstes eine größere Tagung europäischer und ostasiatischer Geschäftsleute organisierte. Im Rahmen dieser Tagung schlug der Ministerpräsident Singapurs, Goh Chok Tong, ein europäisch-asiatisches Gupfeltreffen vor.

Die Anstöße zu einer Intensivierung der Beziehungen zu Asien kamen primär von Frankreich, Großbritannien und Deutschland; sie reflektierten, wie erwähnt, vor allem die wirtschaftlichen Chancen für Europas Exporteure in Ostasien. Es war Frankreichs Staatspräsident Jacques Chirac, der sich als erster europäischer Staatsmann für die Initiative des Ministerpräsidenten Singapurs einsetzte. Die Europäische Kommission, die seit 1970 formal für die Außenhandelsbeziehungen der Gemeinschaft zuständig war, hatte sich zu-

nächst vor allem mit Handelskonflikten im Gefolge ostasiatischer Exporter-
folge in Europa und der Marktzugangsbarrieren für europäische Unternehmen in Ostasien zu beschäftigen. Bestrebungen aus der Kommission heraus,
die Beziehungen zwischen der Gemeinschaft und Japan auf eine breitere, ko-
operationsorientierte Grundlage zu stellen, fanden die Unterstützung insbesondere Großbritanniens und der Bundesrepublik und führten zu einer umfassenden Kooperationsvereinbarung auf einem Gipfeltreffen 1991 („Gemeinsame
Erklärung zu den Beziehungen zwischen der Europäischen Gemeinschaft und
ihren Mitgliedstaaten und Japan") (Nuttall 1996a). Eine entsprechende Vereinbarung wurde später auch mit Korea unterzeichnet (Nuttall 1996b).

Zugleich rückte im Verlauf der 80er und 90er Jahre der chinesische
Markt mit seinen schier unbegrenzten Möglichkeiten in das Blickfeld der europäischen Unternehmen und ihrer Regierungen. Nicht zuletzt die deutsche
Regierung drängte deshalb auf eine breite wirtschaftspolitische Offensive Europas in Asien; sie ging dabei mit dem „Asienkonzept" (einer von der deutschen Regierung insgesamt formulierte und formell beschlossene Regional-
strategie der bundesdeutschen Außenpolitik) mit gutem Beispiel voran. Auch
Frankreich und Großbritannien bemühten sich in den 90er Jahren um die Intensivierung ihrer wirtschaftlichen und diplomatischen Beziehungen zu Ostasien (Neßhöver 1999).

Die Europäische Kommission entwickelte auf diesen Grundlagen im
Verlauf der 90er Jahre Strategiepapiere für die Beziehungen zu Japan, zu
Asien und zu China. Hinzu kamen die erwähnten Kooperationsbeziehungen
zur ASEAN. Im Mittelpunkt aller einschlägigen Dokumente und Kooperationsprozesse standen die Wirtschaftsbeziehungen, doch wurden immer wieder
auch politische Fragen angeschnitten (etwa das Thema Menschenrechte) (European Commission 1994).

Bereits seit 1984 fanden im Rahmen der EPZ zudem regelmäßige Treffen
der EG-Außenminister mit ihrem japanischen Kollegen statt (Kevenhörster
1993; Korte 1993; Nuttall 1996a). Die EPZ verfügte über einen Asien-Aus-
schuß auf der Arbeitsebene, der allerdings nicht besonders hervortrat. Im Verlauf der 90er Jahre gewann die Asiendimension der Gemeinsamen Außen- und
Sicherheitspolitik durch die Einbeziehung Europas in den sicherheitspolitischen
Multilateralismus Ostasiens (ASEAN-Regionalforum, ARF; Korean Energy
Development Organisation, KEDO) an Bedeutung. War dabei die Beteiligung
der EU am ARF eher zufällig (die EU war aufgrund ihres Dialogs mit der
ASEAN einer der traditionellen „Dialogpartner" der ASEAN), so entsprang die
europäische Beteiligung an KEDO dem Drängen der USA, Japans und Südko-
reas (Harnisch/Maull 2000). Dem KEDO-Vertrag traten dabei sowohl die EG
(hier in Form von Euratom) wie auch einzelne Mitgliedsländer bei – ein Modell, das auch in ASEM zur Anwendung kommen sollte.

Diese drei Stränge der europäischen Beziehungen zu Ostasien – bilaterale Beziehungen der Mitgliedsländer, die koordinierte Außenpolitik der
GASP und die integrierten Außenbeziehungen der Gemeinschaft – wurden

nun im ASEM-Prozeß gebündelt. In ihm sind die Mitgliedsländer wie auch die Kommission vertreten; die europäische Seite wird dabei von der Kommission koordiniert. Damit verbinden sich in den Beziehungen zwischen Europa und Ostasien auf Seiten der EU auf bemerkenswerte Weise Elemente nationalstaatlicher Außenpolitik mit der (integrierten) Außenpolitik der Europäischen Gemeinschaft und der – auf intergouvernementaler Kooperation beruhenden – Gemeinsamen Außen- und Sicherheitspolitik.

2.2. Aufbau und Inhalte von ASEM

Das erste Treffen der Staats- und Regierungschefs in Bangkok im März 1996 etablierte die inhaltlichen Eckdaten der Kooperation wie auch ihre Strukturen. Der Dialog und die Zusammenarbeit sollten sich auf drei große Bereiche beziehen – die Wirtschaftsbeziehungen, die kulturellen Beziehungen und die Politik. Der „politische Dialog", der auch sicherheitspolitische Fragestellungen einbezog, war dabei der heikelste Bereich: Die asiatische Seite befürchtete hier – nicht ganz zu Unrecht –, dass dieser Dialog dazu benutzt werden könnte, Verstöße gegen die Menschenrechte in ostasiatischen Staaten anzuprangern. Innerhalb der drei Themenbereiche wurden in Bangkok bereits eine Reihe von konkreten Einzelthemen für zukünftige Gespräche wie auch einige praktische Kooperationsvorhaben vereinbart. Hierzu zählte etwa die Asia-Europe Foundation, die auf Beschluss des Gipfels als ASEM-Organ mit Sitz in Singapur gegründet wurde (Bersick 1998: 67ff).

Strukturell bilden regelmäßige Treffen der Außenminister sowie ihre Vorbereitung durch Treffen der Politischen Direktoren das Rückgrat des ASEM-Prozesses. Hinzu kommen Treffen der Wirtschafts- und Außenhandelsminister, der Finanzminister und inzwischen auch der Wissenschaftsminister, die jeweils ebenfalls von hochrangigen Beamten vorbereitet werden. Die wichtigsten nichtstaatlichen Foren der Zusammenarbeit sind das Asia Europe Business Forum und die Asia Europe Foundation sowie eine „Vision Group", die 1998 ins Leben gerufen wurde, um den Außenministern Vorschläge für die Entwicklung von ASEM über das Jahr 2000 hinaus zu erarbeiten (ASEM Vision Group 1999). Im Rahmen der wirtschaftlichen Zusammenarbeit wurden in London 1998 Aktionspläne für den Abbau von Handels- und Investitionshemmnissen (Trade Facilitation und Investment Promotion Action Plans, TFAP und IPAP) sowie eine Arbeitsgruppe für Zollprobleme eingerichtet, deren Umsetzung durch Arbeitsgruppen vorangetrieben und überwacht werden sollen (vgl. Schaubild 1).

ASEM war von Anfang an bicephal, aber nicht bipolar konzipiert: Der Dialog umfaßte zwei Seiten, auf denen aber jeweils Vertreter der einzelnen Regierungen in erster Linie für sich selbst sprachen. Da der Prozeß in der erster Phasen primär dem gegenseitigen Verständnis und der Entwicklung neuer Kooperationsanstöße im Konsensverfahren diente, war dies insgesamt unproble-

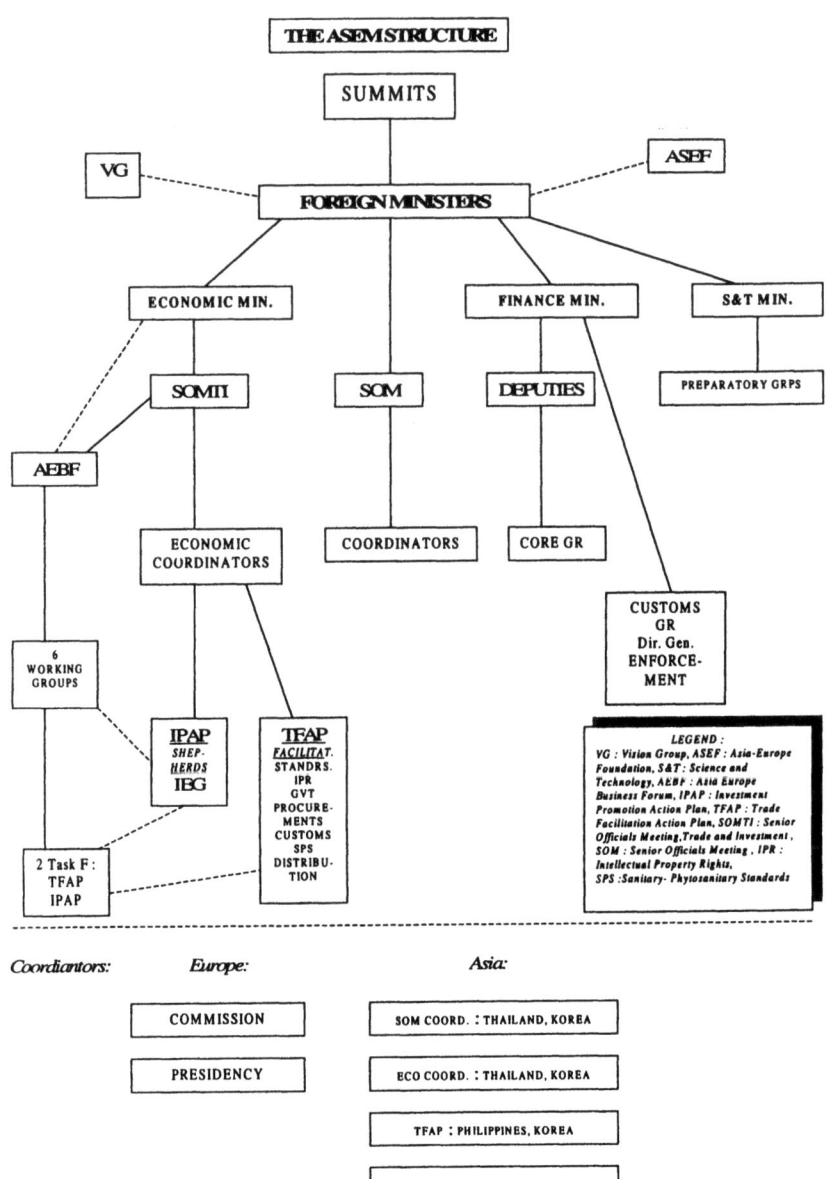

Quelle: Europäische Kommission

matisch. Immerhin erforderte auch diese lockere Form der Kooperation auf beiden Seiten Koordination. Für die EU war das unproblematisch: Die Koordinationsaufgabe wurde der Kommission in Verbindung mit der jeweiligen Ratspräsidentschaft übertragen. Auf der asiatischen Seite jedoch mußten Koordinationsmechanismen erst entwickelt werden: 1996 gab es noch keinen organisatorischen Rahmen für die Staaten, die die asiatische Seite von ASEM bildeten, nämlich die ASEAN (mit damals sieben Mitgliedern), Japan, Südkorea und die VR China. ASEM hatte also für die regionale Kooperation in Ostasien eine gewisse katalytische Bedeutung: Erstmals organisierten sich die sieben ASEAN-Staaten, China, Japan und Südkorea, um innerhalb von ASEM gemeinsam aufzutreten. Diese Koordination betraf zwar in erster Linie organisatorische und prozedurale Aspekte der Arbeit von ASEM, doch wurden im Rahmen der vorbereitenden Koordination auch inhaltliche Abstimmungen vorgenommen. Das spezifische Format dieser regionalen Zusammenarbeit Ostasiens in ASEM war identisch mit dem malaysischen Projekt einer Ostasiatischen Kooperationsgruppe (East Asian Economic Grouping), die vor allem aufgrund amerikanischer Opposition jedoch keine konkrete Gestalt annehmen konnte.

Der Arbeitsstil von ASEM entsprach den ASEAN-Gepflogenheiten: Er war informell und konsens–orientiert, er zielte nicht auf rechtlich bindende Entscheidungen, sondern auf Übereinstimmung, die dann vom jeweiligen Vorsitzenden des Treffens in einem Kommunique zusammengefaßt wurde.

3. Die gegenwärtigen Beziehungen zwischen Europa und Ostasien als neue Form des Inter-Regionalismus

Worin besteht nun die Bedeutung von ASEM als neuer Form des Inter-Regionalismus? Auf welchen Grundlagen, mit welchen Zielsetzungen agierte die EU in ihrem inter-regionalen Kooperationsverhältnis mit Ostasien?

– Ganz grundsätzlich stellt der Inter-Regionalismus allgemein und der ASEM-Prozeß im Besonderen eine politische Reaktion auf zunehmende Verflechtungen und damit zunehmende Komplexität im Weltmaßstab dar. Der Inter-Regionalismus läßt sich als einer der Versuche des modernen Nationalstaates erklären, in tendenziell globalen Märkten und Problemzusammenhängen politische Steuerungsmöglichkeiten durch zwischenstaatliche Zusammenarbeit zu erschließen bzw. zurückzugewinnen (Hänggi 1999; Maull/Tanaka 1997; Roloff 1998; Link 1998: 99ff).

– Diese Steuerungsmöglichkeiten zielen dabei zuförderst auf Wohlstandsmehrung durch intensivierte Handels- und Investitionsbeziehungen und ganz allgemein durch vertiefte Formen transnationaler Arbeitsteilung. Zum zweiten geht es um die kooperative Bewältigung von generellen Interdependenzproblemen (wie Regelsetzung, Regimebildung oder Krisen-

prävention) und von spezifischen Interdependenz-Konflikten (wie Marktzugangsbarrieren oder Dumping). Und drittens schließlich geht es um
Aktualisierung von Verhandlungsmacht im Mit- und Gegeneinander der
großen Industrieregionen bei der Bestimmung der Regeln der internationalen Wirtschaftsbeziehungen. Konkret bedeutete dies für die EU: ASEM
sollte aus europäischer Sicht vor allem helfen, die europäischen Unternehmen stärker am Wirtschaftsboom Ostasiens und den gewaltigen Zu-
kunftschancen dieser Region partizipieren zu lassen. Dazu sollten die
Möglichkeiten der Politik genutzt werden, Zugangsbarrieren abzubauen
und die Intensivierung der Wirtschaftsbeziehungen zu erleichtern. Daneben ging es den Europäern darum, mit Ostasien eine eigene Kooperati-
onsstruktur aufzubauen, in der die USA nicht vertreten waren. Sie sollte
– nachdem der EU eine Assoziierung an die APEC verweigert worden
war – als Gegengewicht zur APEC dienen, einer allzu intensiven Regionalisierung des ostasiatisch-pazifischen Raumes vorzubeugen und – vor
allem – die Orientierung an den globalen Regelwerken von WTO und
IWF bekräftigen (Hund 1998: 44ff; Segal 1997). Entsprechend ging es
den ostasiatischen Staaten ebenfalls vor allem um die Offenhaltung der
europäischen Märkte und der damit verbundenen Wachstumspotentiale
für Ostasiens Exporteure, daneben um die Aufwertung der eigenen Verhandlungsposition in der WTO und auch der APEC gegenüber den USA
sowie um die Zähmung der wahrgenommenen protektionistischen Nei-
gungen in der EU („Festung Europa").

– Es ist vor diesem Hintergrund deshalb zwar nicht völlig falsch, aber irre-
   führend, den Inter-Regionalismus als Form der Macht- und Gegenmachtbildung zu behandeln, wie dies etwa Werner Link tut (Link 1998:
   101). Zwar geht es in ASEM auch darum, Gegenmacht gegen die USA
   etwa in Verhandlungen um die Welthandelspolitik zu mobilisieren. Dabei besteht das Ziel jedoch aufgrund der Interessenslagen Europas wie
   Ostasiens ausschließlich darin, bestehende weltwirtschaftliche Regelwerke zu erhalten und fortzuentwickeln, also tendenziell Machtbezie-
   hungen durch Rechtsbeziehungen zu ersetzen. Davon sind natürlich
   durchaus auch die eigenen Machtpotentiale betroffen. Präziser als der
   Begriff der Macht- und Gegenmachtbildung ist es demnach, von Ver-
   handlungskoalitionen bzw. von Koalitions-Optionen zu sprechen, die auf
   die Durchsetzung der bestehenden Rechtsordnung und ihre Weiterentwicklung zielen. Weitergehende Strategien scheiden im Verhältnis EU-
   Ostasien schon deshalb aus, weil sich diese beiden schon in sich sehr
   heterogenen Regionen auf keine weitergehenden gemeinsamen Interessen und Zielvorstellungen verständigen könnten: Es ergäben sich wohl
   stets erheblich größere Gemeinsamkeiten jeder Seite mit den USA als
   untereinander. So begnügt sich denn auch der ASEM-Prozeß folgerichtig
   mit der Bekräftigung, ja Beschwörung der bestehenden internationalen
   Handels- und Währungsordnung der WTO und des IWF.

- Faktisch allerdings wurden diese subtilen Machtmöglichkeiten der Verhandlungschoreographie im ASEM-Prozeß bislang kaum genutzt. Wesentlich ging es in diesem Prozeß bisher vor allem um Dialog mit dem Ziel, einander besser kennen und verstehen zu lernen (weshalb in den ASEM-Prozess neben der Ökonomie auch der politische und der gesellschaftlich-kulturelle Dialog als zwei weitere tragende Säulen eingezogen wurden) und um Kooperation mit dem Ziel, die (Wirtschafts-) Beziehungen zwischen Europa und Ostasien durch flankierende staatliche Maßnahmen in Zusammenarbeit zwischen Staat, Unternehmen und nicht-staatlichen Akteuren zu intensivieren.

- Diese Einbeziehung wirtschaftlicher und gesellschaftlicher Akteure in einen vielschichtigen, aber auch recht diffusen und wenig konkret zielgerichteten Dialog- und Kooperationsprozeß ist ein weiteres Charakteristikum des „neuen" Inter-Regionalismus. Bezeichnenderweise entstand der ASEM-Prozeß aus einer Initiative des Davos-Forum und entwickelte rasch ein Asia Europe Business Forum sowie eine Asia Europe Foundation. Der ASEM-Prozeß – wie auch der neue Inter-Regionalismus ganz allgemein – läßt sich deshalb auch als Versuch interpretieren, neue Formen des "Regierens jenseits des Nationalstaates" zu entwickeln (Reinikke 1998; Zürn 1998).

- Grundlage des neuen Inter-Regionalismus wie insbesondere des ASEM-Prozesses ist eine recht geringe Bedeutung des Faktors „Macht" sowie eine annähernde Symmetrie in den Beziehungen zwischen den beiden Regionen. Die Machtpotentiale der beiden Seiten gegenüber der jeweils anderen – ja selbst die Machtpotentiale einzelner Staaten gegenüber Staaten der anderen Seite – sind zwar nicht völlig irrelevant (man denke etwa an das Verhältnis zwischen den EU-Staaten und Burma/Myanmar), aber doch sehr beschränkt: Grundsätzlich hat keine der beiden Seiten gute Chancen, die andere durch Androhung oder Anwendung von Zwang dazu zu bewegen, ihr Verhalten im gewünschten Sinne zu verändern. Hierzu trägt nicht zuletzt die Kooperation der Mitglieder beider Seiten untereinander bei. Dadurch entsteht eine annähernde Symmetrie der Beziehungen, die insbesondere für Ostasien vor dem Hintergrund der kolonialen/Vergangenheit große symbolische und politische Bedeutung hat. Das Schwergewicht der Beziehungen liegt aus diesen Gründen jedoch ganz eindeutig auf Überzeugung und der konsensualen Ermittlung gemeinsamer Zielsetzungen und Beschlüsse. Gerade dieser Aspekt des Inter-Regionalismus könnte jedoch angesichts der weitreichenden Prozesse von Machtdiffusion im internationalen System, die ja keineswegs nur die Beziehungen der Staaten untereinander, sondern auch die Machtverhältnisse zwischen Staat und Gesellschaft bzw. Staat und Markt betreffen, paradigmatische Bedeutung aufweisen.

- Der ASEM-Prozeß hatte Vorläufer – etwa den bereits erwähnten EU-ASEAN-Dialog oder die institutionalisierte Zusammenarbeit zwischen der EU und Japan seit Anfang der siebziger Jahre, die später durch ähnliche Kooperationsvereinbarungen der EU mit Südkorea und China ergänzt wurde. ASEM unterscheidet sich von diesen Vorläufern jedoch nicht nur durch die Breite der Kooperation und die Zahl der Beteiligten, sondern auch durch die vergleichsweise größere Bedeutung nichtstaatlicher Akteure und den eher diffusen Charakter des Dialogs und der Zusammenarbeit in ASEM. In diesem Punkt ähnelt ASEM jedoch APEC und neuerdings auch dem transatlantischen Verhältnis, das sich aus alten, durch die Sicherheitspolitik bzw. die handelspolitischen Konflikte zwischen der EU und den USA bestimmten Verhaltensmustern zu emanzipieren beginnt und inter-regionale Qualitäten im o.a. Sinne entwickelt (Czempiel 1999; Bierling 1998). Auf der anderen Seite wird sowohl das transatlantische wie auch das transpazifische Beziehungsgeflecht durch das enorme Gewicht der USA und ihrer sicherheitspolitischen Garantien für Europa bzw. für etliche ostasiatische Staaten überschattet und geprägt. Konzeptionell wie ihrer Genese nach sind sowohl die transatlantische wie auch die transpazifische Kooperation „gemeinschaftsbildend" angelegt: Ihr Anspruch besteht darin, gemeinsames Handeln auf der Basis geteilter Werte, Ziele und Interessen zu entwickeln, und sie sind auch organisatorisch eher uniformer als biformer Multilateralismus, also nicht im eigentlichen Sinne inter-regionale Kooperationsprozesse mit zwei Polen.

Zusammenfassend lassen sich also die Aufgaben des Inter-Regionalismus aus der Sicht des Systems der internationalen Beziehungen folgendermaßen skizzieren:

1. Der Inter-Regionalismus dient als politisches Vehikel der Vertiefung von Interdependenz zur beiderseitigen Wohlstandsmehrung und zugleich zur Bewältigung der damit verbundenen politischen Aufgaben und Konflikte durch flankierende Maßnahmen der Politik sowie Kooperationen zwischen staatlichen und nichtstaatlichen Akteuren. Der Beitrag des Inter-Regionalismus zum Interdependenz-Management liegt dabei primär in Dialog und Konsensbildung zwischen den Beteiligten mit Blick auf globale Ordnungsstrukturen.

2. Im Rahmen globaler und anderer inter-regionaler Kooperationszusammenhänge und Regelwerke läßt sich der Inter-Regionalismus auch als Mechanismus der Verhandlungsführung und der „checks and balances" nutzen.

4. ASEM: Eine Bewertung

Ist ASEM eine Erfolgsstory? Für eine eindeutige Antwort ist es noch zu früh. Bislang produzierte der Prozeß vor allem Ministertreffen, Seminare, Tagungen und Projektgruppen-Sitzungen; wo konkrete Ergebnisse des ASEM-Prozesses präsentiert wurden, sind diese – wie ASEF oder die Aktionspläne zu Handels- und Investitionsfragen – eher bescheiden und prinzipiell als Wechsel auf die Zukunft zu verstehen. Ob sich die Beziehungen zwischen Europa und Ostasien ohne ASEM wesentlich anders entwickelt hätten, darf bezweifelt werden: Die Dynamik der Beziehung beruht ja vor allem auf den Aktivitäten von Unternehmen und anderen nichtstaatlichen Akteuren.

Die wirtschaftliche Zusammenarbeit zwischen den beiden Regionen wurde durch die Asienkrise seit Mitte 1997 erstmals auf ihre Belastbarkeit geprüft. Insgesamt fiel dieser Test positiv aus: Die europäischen Exporte nach Ostasien mußten zwar im Gefolge der z.t. scharfen Wirtschaftseinbrüche in Ostasien empfindliche Einbußen hinnehmen, doch blieben die europäischen Märkte für Exporte aus der Region offen. Europäische Unternehmen zogen sich im Großen und Ganzen nicht aus der Region zurück; etliche nutzten im Gegenteil sogar die Chancen der Krise zum Ausbau ihrer Präsenz. Ohnehin waren es ja vor allem Bankkredite mit kurzer Laufzeit und nicht langfristige Engagements gewesen, die die Krise ausgelöst hatten und durch sie betroffen wurden.

Die politischen Bemühungen, im Rahmen von ASEM zur Bewältigung der Krise beizutragen, waren dagegen weniger bedeutsam. Sie führten zu zwei bescheidenen, wenngleich nützlichen Programmen – dem ASEM Trust Fund mit einem Volumen von 42 Mio. Euro für Projekte zur Verbesserung der Finanzsysteme und zur Linderung der sozialen Folgen der Asienkrise und einem zentral verwalteten Register von europäischen Finanzexperten, die technische Hilfestellung bei der Reform der Finanzsysteme in Ostasien leisten können. Diese Projekte hatten eher symbolische als praktische Bedeutung: Sie demonstrierten den Asiaten, dass die Europäer die neu begründete Beziehung unter widrigen Umständen nicht einfach aufkündigen würden (Dent 1999a: 382).

Dass die Beziehung zwischen Europa und Ostasien – und insbesondere der ASEM-Prozess – primär auf die Vertiefung der Wirtschaftskooperation und des gegenseitigen Verständnisses gerichtet ist, bedeutet allerdings nicht, dass sie ganz ohne weitergehende stabilitäts- und ordnungspolitische Implikationen wäre. In der ASEM-Rhetorik nimmt die gemeinsame Beförderung regionaler und globaler Ordnungsstrukturen – wie etwa die UN, die WTO oder globale Regime der Nichtverbreitung – ohnehin recht breiten Raum ein. Seinem Selbstverständnis nach sieht sich der ASEM-Prozeß also auch als Beitrag zur Stützung der gegenwärtigen internationalen Ordnung und ihrer zentralen Institutionen.

Aber es bleibt nicht allein bei Rhetorik. Erkennbar wird dies etwa in der sicherheitspolitischen Zusammenarbeit, die formal auch in den ASEM-Dialog einbezogen ist, faktisch aber primär in anderen Kontexten verfolgt wird. Dabei leistet vor allem Europa in Ostasien bescheidene, aber nützliche Stabilitätsbeiträge sowohl im Sinne der Konfliktprävention wie auch des Krisenmanagements. Hier sind etwa die europäische Beteiligung an ARF und KEDO wie auch an den UN-Missionen in Kambodscha und Ost-Timor zu

nennen. Auch die europäische Entwicklungshilfe für Ostasien (die die amerikanischen Beiträge um ein mehrfaches übersteigt) und insbesondere humanitäre Hilfsleistungen (etwa für Nordkorea) lassen sich als Elemente des prä-
ventiven Konfliktmangements identifizieren (wie dies die Europäische Kommission im Falle Nordkoreas auch explizit getan hat, indem sie die humanitäre Nahrungsmittelhilfe für Nordkorea als Beitrag zur Stabilität auf der koreanischen Halbinsel bezeichnete) (Drifte 1998). Aber auch in der Gegenrichtung
gibt es Beiträge: Ostasien beteiligt sich finanziell (Japan) bzw. mit Personal an
UNPROFOR und UNMIBH (der UN-Folgemission in Bosnien) im ehemaligen
Jugoslawien sowie an der UN-Operation in Kosovo. Allerdings sind alle diese
Beiträge bislang stets reaktiv und subsidiär gewesen – sie wurden geleistet im
Kontext bereits etablierter Initiativen und umfassten im Vergleich zu den insge-
samt aufgewendeten Ressourcen nur bescheidene Leistungen.

Zum „post-modernen" Charakter der europäischen Beziehungen zu Ostasien im Rahmen von ASEM gehören schließlich auch gewisse Defizite bei
der Geschlossenheit des Auftretens und damit bei der Handlungsfähigkeit der
EU in und mit Ostasien. Ganz offensichtlich ist dies im Bereich der Wirtschaftsbeziehungen: Europäische Unternehmen konkurrieren dort mit nicht-
europäischen, aber auch mit anderen europäischen Firmen. Im Zuge der (pro-
blematischen, inzwischen aber verbreiteten) diplomatischen Unterstützung
der eigenen Unternehmen gerieten darüber auch europäische Regierungen in
eine ungute Konkurrenzsituation. Aufschlussreiche Beispiele hierfür waren
die Konkurrenz deutscher und französischer Unternehmen und Diplomaten
um einen südkoreanischen Großauftrag zum Bau einer Hochgeschwindig-
keits-Bahnlinie von Seoul nach Pusan oder das diplomatische Werben um
den chinesischen Markt, über dem die Geschlossenheit des europäischen
Auftretens gegenüber China in der UN-Menschenrechtskommission in Genf
zerbrach (Maull 1997; Neßhöver 1999: 253ff). Die enge Verflechtung von
Diplomatie und Wirtschaftsinteressen hat, wie diese Beispiele zeigen, die
Geschlossenheit des Auftretens der europäischen Staaten in Ostasien immer
wieder zerstört und kommerzielle Konkurrenz in zwischenstaatliche Rivalitäten der europäischen Regierungen umschlagen lassen. Dies ist aber keineswegs zwangsläufig und letztlich weder im Interesse der Wirtschaft noch der
Außenpolitik, weil beide durch die Verkettung mit der anderen seite auch
Schaden nehmen können. Transnationale Unternehmenskonsortien sind eine
Möglichkeit, diese Verkettung aufzulösen, Absprachen über Wettbewerbsre-
geln (etwa im Bereich der Gewährung von Zinssubventionen bei der Kredit-
vergabe zur Finanzierung solcher Großprojekte) eine andere.

Diese Phänomene der Verflechtung von Unternehmensinteressen und
Diplomatie lassen sich in den größeren Zusammenhang einer Transnationali-
sierung der internationalen Politik einordnen: Die post-moderne internationale Politik bringt Regierungen immer öfter und immer enger in Entschei-
dungszusammenhänge mit nichtstaatlichen Akteuren (Unternehmen, NGOs),
deren Richtung und Ergebnisse sie oft nur noch mit Mühe zu kontrollieren

vermögen. Weil ASEM kaum ernsthafte Entscheidungen zu fällen hat, fällt es leicht, derartigen transnationalen (Politik-)Netzwerken großen Raum zu geben. So blühen im ASEM-Kontext viele bunte Blumen, oft allerdings auch nur für wenige Tage oder Stunden.

Diese eher bescheidene Bilanz sollte allerdings nicht die Tatsache verdecken, dass die beiden Regionen als Regionen mit ASEM Ansätze zu einer neuen Qualität ihrer außenpolitischen Handlungsfähigkeit entwickelt haben. Insbesondere für die EU stellt die Asienpolitik durchaus eine Erfolgsstory dar. So gelang es insgesamt recht gut, die verschiedenen Akteursmodi der EU-Staaten (einzelstaatlich sowie gemeinsam im Rahmen der GASP und der EG-Außenbeziehungen) zu bündeln und zusammenzuführen: In ASEM zogen Regierungen und Kommission insgesamt in aller Regel an einem Strick. Insgesamt hat Europa deshalb durch ASEM in Ostasien an Statur gewonnen. In Ostasien ist dagegen ein nicht ganz unproblematisches Konkurrenzverhältnis zwischen ASEM und der EU-ASEAN-Kooperation entstanden, das aus der Sicht der ASEAN zu einer Ausdünnung und Relativierung des Einflusses der ASEAN in den internationalen Beziehungen beitragen könnte.

Allerdings handelt es sich bei dem Gewichtszuwachs Europas in Ostasien eindeutig um ein Phänomen der „soft power": Europa tritt in Ostasien nur marginal als Stütze regionaler Stabilität in Erscheinung globaler Ordnungsstrukturen in Erscheinung. Bedeutsam ist für Ostasien vielmehr eher die Attraktivität europäischer Modelle und spezifischer europäischer Problemlösungen. Dies gilt derzeit vor allem für den Bereich der Währungskooperation (wobei der Euro in Ostasien nicht nur Ansporn zu vermehrten eigenen Kooperationsbemühungen ist, sondern aus der Sicht Ostasiens auch als Element globaler struktureller Macht Europas erscheint). Zum zweiten steht das europäische Modell des modernen Sozialstaates – bei allen Fehlentwicklungen und Strukturproblemen, die seine im einzelnen ja auch sehr unterschiedlichen Ausprägungen in Europa kennzeichnen mögen – Ostasiens Wirtschafts- und Sozialphilosophien grundsätzlich näher als das amerikanische Modell. Aus dieser Affinität bezieht auch der problemlösungsorientierte Dialog zwischen den beiden Regionen Dynamik, wobei es dabei keineswegs nur, ja noch nicht einmal in erster Linie um Probleme der Beziehungen zwischen den Regionen gehen muß: Aus der Beschäftigung mit europäischen Lösungen zur Bekämpfung vom Umweltproblemen oder zur Gewährleistung sozialer Sicherheit können in Ostasien Anregungen für die eigene Problembewältigung entstehen, und umgekehrt.

Ein dritter Bereich der „soft power" betrifft die fundamentalen politischen Werte der Europäischen Union: Menschenrechte, Rechtsstaat und Demokratie. Hier ist die Wirkung der europäischen Modelle durchaus ambivalent: Während das – mit Rücksicht auf wirtschaftliche Interessen oft durchaus zurückgenommene – Engagement der europäischen Seite für diese Werte bei einigen der ostasiatischen Regime als bedrohliche „Einmischung in innere Angelegenheiten" zurückgewiesen wird, beflügelt es die – oft oppositionellen – demokratischen Kräfte und hilft somit politischen Wandel induzieren.

Ein letzter Gesichtspunkt der Bewertung von ASEM betrifft die Verortung dieses Prozesses im Spannungsfeld zwischen globalen Märkten und politischem Gestaltungsanspruch des Nationalstaates durch zwischenstaatliche und transnationale Kooperation. Wie eingangs argumentiert, ist ASEM als ein Element der Bemühungen der Nationalstaaten zu werten, politische Gestaltungsspielräume zu bewahren bzw. auszuweiten, um so außenpolitisch handlungsfähiger zu werden und dadurch innenpolitisch Legitimität zu gewinnen. Diese Bemühungen setzen jedoch nicht nur auf reale Erfolge, sondern auch auf Symbole: Innenpolitische Legitimität lässt sich auch über symbolische Politik gewinnen, wenngleich diese Form der Legitimität natürlich fragiler ist als Legitimität über Ergebnisse. Der ASEM-Prozess befriedigt insbesondere in seinen Gipfeltreffen innenpolitische Strategien des Machterhalts und Prestigegewinns durch politischen Symbolismus. Natürlich kann auch politischer Symbolismus unter bestimmten Umständen handlungsleitend wirken, und es ist nicht auszuschliessen, dass der ASEM-Prozess perspektivisch über seine politische Symbolik auch verhaltensändernd wirken kann. Aber die Gefahr, dass der Prozess zur leeren Hülse, zum Selbstzweck wird, ist nicht von der Hand zu weisen.

5. Ausblick

Damit stellt sich die Frage nach den Zukunftsperspektiven des ASEM-Prozesses und der Beziehungen zwischen der EU und Ostasien insgesamt. Ganz offenkundig lebt die Beziehung zwischen den beiden Regionen derzeit primär von den noch ungenutzten Chancen auf gemeinsame Kooperationsgewinne. Er könnte sich allerdings perspektivisch dann durchaus zu einen wichtigen Element globaler Ordnungspolitik entwickeln, wenn es über diesen Prozess in beiden Regionen gelänge, das Engagement für globale Ordnungsstrukturen zu verstärken und die USA in ihrer Rolle als wichtigstem Produzenten öffentlicher Güter im Weltmaßstab zu entlasten. Dies würde zugleich auch bessere Voraussetzungen für ein Einwirken der beiden Regionen auf die USA im Sinne globaler Ordnungspolitik schaffen. Europa und Ostasien müssten dazu – koordiniert über ASEM – die Stärkung multilateraler Institutionen wie der UN, der WTO und des IWF vorantreiben und zugleich dafür Sorge tragen, dass sie selbst den Vorgaben und Anforderungen dieser globalen Ordnung entsprechen.

Der Vorzug von ASEM wäre aus dieser Sicht gerade in seinen postmodernen und spezifisch inter-regionalistischen Strukturen und Prozessmustern zu sehen: Gerade weil ASEM auf der Konsensfindung in einer sehr heterogenen Gruppe angewiesen ist und die Beziehung machtpolitisch wenig „aufgeladen" ist, könnte sie die Entwicklung und Verfestigung globaler Ordnungsstrukturen vorantreiben. Der wichtigste Modus der Ordnungspolitik wären dabei Überzeugung und gutes Beispiel, der wichtigste Addressat die beiden Regionen selbst und die USA.

Allerdings steht diesen vielversprechenden Perspektiven des ASEM-Prozesses seine Embryonalität und Fragilität gegenüber. ASEM wurde bislang kaum ernsthaft belastet, und es ist unklar, wie belastbar der Prozess unter ungünstigen Voraussetzungen wäre. ASEM ist – derzeit jedenfalls – zwar vielleicht keine Schönwetterbeziehung mehr, aber auch noch kein „effizienter" Bestandteil der internationalen Ordnung. Seine innen- und regionalpolitischen Fundamente sind insbesondere in Ostasien wenig gefestigt: Vor allem China und Indonesien, die zwei volkreichsten Staaten der Region, aber auch eine Reihe anderer Staaten stehen mitten in komplexen ökonomischen und politischen Transformationsprozessen mit hohem Instabilitätspotential und unsicheren Zukunftsperspektiven, und Ostasien als Region wird politisch durch einige gewichtige regionale Spannungs- und Konfliktherde zerklüftet. Hierzu zählen vor allem die geteilten Nationen China/Taiwan und Nord-/Südkorea, aber auch die Territorialkonflikte im Chinesischen Meer und die verdeckte Machtrivalität zwischen Japan und China. Zwischen Europa und Ostasien gibt es – vor allem in Grundfragen der Ordnungspolitik – durchaus unterschiedliche Positionen, die die Beziehungen behindern könnten. Vor allem aber beruht die Funktions- und Leistungsfähigkeit von ASEM in letzter Analyse auf der außenpolitischen Orientierung der beiden Supermächte des 21.Jahrhunderts: Den USA und China. Nur, wenn diese beiden (der eine in ASEM, der andere außerhalb) sich bereit finden, eine genuin multilaterale, auf Zivilisierung, Institutionalisierung und Verrechtlichung zielende internationale Ordnung ins Zentrum ihrer eigenen Außenpolitik zu rücken, wird der europäisch-ostasiatische Inter-Regionalismus sein Potential entfalten können.

Literatur:

Asia-Europe Vision Group, A Vision for Asia-Europe Relations (http://www.mofat.go.kr/aevg, downloaded 6.11.99)

Auswärtiges Amt (Hrsg.), Das Asienkonzept der Bundesregierung, Dokumentation, Bonn 1994

Bersick, Sebastian: ASEM: Eine neue Qualität der Kooperation zwischen Europa und Asien, Münster: Lit, 1998

Bierling, Stefan: Amerika führt –Europa folgt? Eine Partnerschaft sucht ihren Zweck, in: Die Internationale Politik 53(1998)2, S.9-18

Czempiel, E.O.: Europa und die transatlantische Gemeinschaft, in: ApuZ, B 1-2/1999, S.12-21

Dent, Christopher M.: The ASEM: Managing the New Framework of the EU´s Economic Relations with East Asia, in: Pacific Affairs, 70(1998):4, S. 495-516

Dent, Christopher M. (1999a): The EU-East Asia Economic Relationship: The Persisting Weak Triadic Link? in: European Foreign Affairs Review, 4 (1999) 3, S.371-394

Dent, Christopher M. (1999b): The European Union and East Asia : An Economic Relationship, London: Routledge 1999

Drifte, Reinhard: The EU, KEDO, and Humanitarian Aid, Paper Prepared für the Conflict Prevention Network Conference in Brussels, 13.10.1998

European Commission: Towards A New Asia Strategy, COM (94) 314 final, Brussels: EU Commission, 1994

European Commission: Commission Communication on a Long-term Policy for Relations Between China and Europe, COM (95) 279, Brussels

Hänggi, Heiner: ASEM and the Construction of the New Triad, in: Journal of the Asia Pacific Economy, 4(1999)1, S. 56-80

Harnisch, Sebastian/Maull, Hanns W., Die Kernwaffenkrise auf der koreanischen Halbinsel, Hintergründe, Entstehung und Umsetzung des amerikanisch-nordkoreanischen Nuklearabkommens, Bonn/Berlin: Europa Union, 2000 (i.E.)

Hatch, Walter/Yamamura, Kozo: Asia in Japan's Embrace, Building a Regional Production Alliance, Cambridge: Cambridge UP, 1996

Kevenhörster, Paul (1993), Die außenpolitischen Beziehungen zwischen Europa und Japan, in: Maull, Hanns W. (Hrsg.): Europa und Japan: Getrennte Welten? Frankfurt: Campus,1993, S. 265-282

Korte, Karl Rudolf (1993), Barrieren statt Wettbewerb: Die Wirtschaftsbeziehungen zwischen der Europäischen Gemeinschaft und Japan, in: Maull, Hanns W. (Hrsg.): Europa und Japan: Getrennte Welten? Frankfurt: Campus, 1993, S. 247-264

Link, Werner: Die Neuordnung der Weltpolitik, Grundprobleme globaler Politik an der Schwelle zum 21.Jahrhundert, München: Beck 1998

Maull, Hanns W. (Hrsg.): Europa und Japan: Getrennte Welten? Frankfurt: Campus 1993

Maull, Hanns W., Reconciling China with International Order, in: The Pacific Review, 10 (1997) 4, S. 466-479

Maull, Hanns W./Tanaka, Akihiko, The Geopolitical Dimension, in: Council for Asia-Europe Cooperation (Hrsg.), The Rationale and Common Agenda for Asia-Europe Cooperation, Tokyo: Japan Center for International Exchange, 1997, S. 31-40

McGrew, Anthony/Brook, Christopher (Hrsg.), Asia-Pacific in the New World Order, London: Routledge, 1998

Neßhöver, Christoph (1999): Die Chinapolitik Deutschlands und Frankreichs zwischen Außenwirtschaftsförderung und Menschenrechtsorientierung, Hamburg: Institut für Asienkunde 1999

Nuttall, Simon (1996a): Japan and the European Union: Reluctant Partners, in: Survival, 38 (1996)2, S. 104-120

Nuttall, Simon (1996b), in: Maull, Hanns W./Segal, Gerald/Wanandi, Jusuf (Hrsg.): Europa in Asia-Pacific, London: Routledge, 1996, S. 174ff

Pou Serradel, Victor: The Asia-Europe Meeting (ASEM): A Historical Turning Point in relations Between the Two Regions, in: European Foreign Affairs Review, 1(1996)2, S. 185-210

Reinicke, Wolfgang, Global Public Policy, Governing without Government? Washington, DC: Brookings, 1998

Roloff, Ralf, Globalisierung, Regionalisierung und Gleichgewicht, in: Masala, Carlo/Roloff, Ralf (Hrsg.), Herausforderungen der Realpolitik, Köln 1998, S. 61-94

Segal, Gerald, Thinking Strategically about ASEM: The Subsidiarity Question, in: The Pacific Review, 10(1997)1, S. 124-134

Smith, Michael, The European Union and the Asia-Pacific, in: McGrew, Anthony/Brook, Christopher (Hrsg.), Asia-Pacific in the New World Order, London: Routledge, 1998, S. 289-315

Stares, Paul B./Regaud, Nicolas, The European Contribution to the Security of Asia Pacific: An Initial Assessment, Paper prepared for the JIIA-IFRI Cnference on Japan and France in a Changing International Security Environment, Tokyo, June 23-24, 1997 und dies., Europe's Role in Asia-Pacific Security, in: Survival 39(997/98)4, S. 140-155

Zürn, Michael, Regieren jenseits des Nationalstaates, Globalisierung und Denationalisierung als Chance, Frankfurt/M.: Suhrkamp 1998

Die Beziehungen der Europäischen Union zur ASEAN:

Zwischen ökonomischen Interessen und schlechtem Gewissen

Bernhard Stahl

Aus mindestens drei Gründen ist die Beziehung zu den ASEAN-Staaten aus Sicht der EU interessant: Erstens gilt die Region weithin als ökonomisches, eingeschränkt auch als gesellschaftliches Erfolgsbeispiel dafür, wie Staaten sich vom ‚Entwicklungslandstatus' hin zu modernen Industriegesellschaften transformieren können. Die beispiellose Dynamik in den 80er und 90er Jahren legt hiervon Zeugnis ab. Auch wenn die Asienkrise die Region in diesem Prozess zurückgeworfen hat, deuten die wirtschaftlichen Zahlen darauf hin, dass die Staaten nach einer Phase der Konsolidierung wieder auf Wachstumskurs gehen werden.

Zweitens ist es der ASEAN – ähnlich wie der EU – gelungen, in Südostasien eine Zone des Friedens zu etablieren, seit ihrer Gründung hat es keine größeren bewaffneten Auseinandersetzungen zwischen den Mitgliedstaaten gegeben.

Drittens erhöhen die Beziehungen das beidseitige Prestige als selbständiger Akteur in den internationalen Beziehungen.

Der Aufbau des Artikels ergibt sich wie folgt: Zunächst wird die ASEAN kurz vorgestellt, bevor auf die verschiedenen Formen der EU-ASEAN-Beziehungen eingegangen wird. Der dritte Punkt beschäftigt sich mit der wechselhaften Geschichte des biregionalen Verhältnisses. Abschließend werden Erklärungsfaktoren analysiert, die auf die EU-Beziehung zur ASEAN gewirkt haben. Diese Faktoren sind primär institutionentheoretisch sowie konstruktivistisch inspiriert. Erstere werden durch die institutionelle Verfasstheit des Dialogs berücksichtigt, letztere umfassen vor allem die Ziele und die Perzeptionen der Akteure.

1. Die Association of Southeast-Asian Nations

Die ASEAN ist eine Staatengemeinschaft, die 1967 mit der ‚*Declaration of Bangkok*' ins Leben gerufen wurde. Zunächst gehörten ihr Malaysia, Indonesien, die Philippinen, Thailand und Singapur an. 1984 trat Brunei, 1995 Vietnam der Staatengruppe bei. Zwei Jahre später stießen Myanmar und Laos hinzu, Kambodschas Mitgliedschaft wurde auf Grund der innenpolitischen

Unruhen zunächst suspendiert, bis das Land im Frühjahr 1999 schließlich
Vollmitglied wurde. Nach einer Phase der Konsolidierung Ende der 60er Jahre formulierten die Staaten ihr sicherheitspolitisches Konzept einer ‚Zone of
Peace, Freedom and Neutrality' (ZOPFAN) zu Beginn der 70er Jahre. Die
implizite Forderung nach einer kernwaffenfreien Zone für Südostasien, wie
sie später explizit im Konzept der SEANWFZ (Southeast Asian Nuclear
Weapon Free Zone, 1995) festgehalten wurde, bildet seitdem einen gewissen
Streitpunkt mit der Supermacht USA. 1976 beim ersten Gipfeltreffen in Bali
konnte gar ein gemeinsamer Verhaltenskodex (‚Treaty of Amity and Cooperation') für die Mitgliedstaaten verabschiedet werden. Zögerlich agierten
die Staaten zunächst in wirtschaftspolitischen Dingen: Die industriepolitische
Kooperation lief ins Leere und die Bemühungen um einen Abbau von protektionistischen Maßnahmen im Rahmen eines Präferenzraums kamen nicht
voran. Erst mit dem Gipfel von Singapur (1992) beschlossen die damaligen
ASEAN-6, zu einer Freihandelszone (AFTA) bis zum Jahr 2003 überzugehen. Dieses Projekt wurde schleppend begonnen, dann jedoch zeitlich immer
mehr gestrafft. Die schwere finanz- und währungspolitische Krise seit 1997
hat die Wirtschaften der ASEAN-Länder stark in Mitleidenschaft gezogen
und – wie das Beispiel Indonesien zeigt – auch innenpolitische Unruhen her-
aufbeschworen. Die ASEAN hat auf die Finanzkrise praktisch nicht reagiert.
Die Kritik einiger Beobachter geht dahin, dass dies die Konfliktlösungsfä-
higkeiten der ASEAN endgültig desavouiert hat und somit wahrscheinlich
sei, dass die ASEAN im nächsten Jahrhundert in der Bedeutungslosigkeit
versinkt (Narine 1999: 375; auch: Lauber 1998: 8ff., Koh 1999: 127ff.).
Hieran ändert auch die aktive deklaratorische Politik der ASEAN während der
Krise nichts. Die Vision ‚ASEAN 2020', die auf dem informellen Gipfel von
Kuala Lumpur im Dezember 1997 verabschiedet wurde (Hernandez 1998:
36), formuliert – ähnlich früherer *Declarations* – inhaltliche Absichtserklärungen und Ziele, sie stellt jedoch keine institutionellen Mittel zur Verfügung, die erwarten ließen, dass diese Ziele auch erreichbar wären.

2. Die Dimensionen der EU-ASEAN-Beziehungen

Es lassen sich vier verschiedene Dimensionen der Institutionalisierung der EU-
ASEAN-Beziehungen unterscheiden. Erstens existiert eine inter-regionale Kooperation im engeren Sinne zwischen der Europäischen Union und den
ASEAN-Staaten seit Ende der 70er Jahre, die im Folgenden zuförderst betrachtet wird. Zweitens organisiert die ASEAN seit einigen Jahren einen sicherheitspolitischen Austausch in der Region im Rahmen des ASEAN Regional Fo-
rums (ARF). Dabei sprechen Vertreter der südostasiatischen Staaten mit ihren
‚Dialogpartnern' wie den USA, China oder Russland, aber eben auch mit der
EU. Drittens existiert seit 1996 ein inter-regionaler Dialog im weiteren Sinne

im Rahmen des ASEM (*Asia-Europe Meeting*), anlässlich dessen sich die 15 Mitgliedstaaten samt Kommissionsvertreter mit den ostasiatischen Staaten (ASEAN-10 + Japan, Südkorea und China) treffen.[1] Viertens unterhalten einzelne EU-Staaten bilaterale Beziehungen zu den Ländern Südostasiens, die hier aus Platzgründen keine Berücksichtigung erfahren können.

3. Zur Geschichte der Beziehungen[2]

3.1 Von der ‚Nicht-Existenz‘ zum ersten ‚Dialog-Partner‘

Von 1967 bis 1972 gab es praktisch keine EG-ASEAN-Beziehungen. Die ASEAN selbst war noch im Wesentlichen mit sich beschäftigt und wurde erst extern aktiv, als sich abzuzeichnen begann, dass das Vereinigte Königreich der EG beitreten würde. Dies hatte natürlich Auswirkungen auf den Handelsverkehr der Commonwealth-Mitglieder Singapur und Malaysia, die deshalb auf eine Kontaktaufnahme drängten. Im April 1972 gründete die ASEAN ein ‚*Special Coordinating Committee*‘ (SCANN), um den Dialog mit der EG zu eröffnen. Einige Monate später wurde das ‚*ASEAN-Brussels Committee* (ABC)*‘* eingerichtet, bestehend aus den akkreditierten ASEAN-Botschaftern bei der EG. 1974 folgte eine ‚*Joint ASEAN-EC Study Group*‘ und das erste *Coreper-ABC-Meeting* folgte 1977. Im November 1979 fand dann das erste Außenministertreffen statt, im gleichen Jahr eröffnete die EG ein Verbindungsbüro in Bangkok. Als Impulsgeber fungierte – neben dem deutschen Außenminister Genscher – in dieser Zeit das Europäische Parlament. Dies ist auch an den Kontakten zur ‚Schwesterinstitution‘ AIPO (ASEAN Interparliamentary Organization) abzulesen: Bis 1996 fanden zehn Treffen von Parlamentariern beider Regionen statt.

Die Krönung dieser fruchtbaren Periode zwischen EG und ASEAN stellt das Kooperationsabkommen von Kuala Lumpur von 1980 dar, das die Gleichberechtigung der beiden Partner betont. Dieser Rahmenvertrag umfasst handels- und wirtschaftspolitische, sowie entwicklungspolitische Aspekte und wurde zunächst auf fünf Jahre abgeschlossen. Er erneuert sich dann um jeweils zwei Jahre, wenn er nicht von einer Seite gekündigt wird. Beschlossen wurde:

– die Beibehaltung eines offenen, fairen und transparenten Welthandelssystems;

– die Förderung der Zusammenarbeit von Unternehmen;

---

1 Diesem Bereich ist ein eigener Beitrag von Hanns W. Maull in diesem Band gewidmet, so dass ich mich auf einige Verweise an geeigneter Stelle beschränken kann.

2 Für das Folgende: Dosch 1999: 9f. und Redmond 1992: 143f.

- die Bekämpfung der Armut und Ausbau des Bildungswesens;
- der Schutz des städtischen und des natürlichen Lebensraums;
- der Kampf gegen Drogen und AIDS;
- eine Verbesserung der wechselseitigen Images;
- die Förderung des Austauschs und der Zusammenarbeit im Kultur- und Medienbereich (Dreis-Lampen 1998: 226).

In den 80er Jahren folgten eine ganze Reihe von sektorspezifischen Abkommen, insbesondere im Textilbereich (Smith 1999: 292).

Institutionell wurden gleichfalls Fortschritte gemacht. Zum einen wurde eine *Eminent Persons Group* ins Leben gerufen, besetzt mit hochrangigen Persönlichkeiten beider Regionen, deren Vorschläge später in die Vorstellungen der Kommission über eine *neue Asian-Strategie* einfließen sollten. Zweitens wurde vereinbart, dass sich hohe Beamte beider Seiten in Form von *Senior Officials Meetings* zusammenfinden, um die jährlichen Außenministertreffen vorzubereiten. Drittens wurde initiiert, dass sich Wirtschaftsführer im Anschluss an die Außenministerkonferenz treffen. Desgleichen wurde vereinbart, ein *Joint Coordination Committee* (JCC) ins Leben zu rufen, in dem sich hohe politische Beamte beider Regionen inhaltlich austauschen. Die in der Folge gegründeten *Sub-Committees* geben einen Eindruck vom Schwerpunkt der gemeinsamen Aktivitäten: Handel, Naturwissenschaften und Technik, ökonomische und industrielle Kooperation, Forstwirtschaft, Drogen und – seit jüngstem – Umwelt sind die Betätigungsfelder.

Die Bilanz des beidseitigen Auftretens in multilateralen Zusammenhängen blieb gemischt: Stimmte man bei politischen Abstimmungen in der Generalversammlung der Vereinten Nationen tendenziell übereinstimmend ab, vertraten die ASEAN und die EU in GATT-Verhandlungen eher gegensätzliche Positionen (Dreis-Lampen 1998: 153).

Alles in allem ist für diesen Zeitraum festzuhalten, dass es sich um eine hochgradig asymmetrische Beziehung handelte: Die ASEAN war wesentlich mehr auf die EU angewiesen als umgekehrt (Rieger 1992: 338). Ein Beleg hierfür ist die Tatsache, dass einzelne ASEAN-Staaten Empfänger von nicht unbeträchtlichen Leistungen von EU-Entwicklungshilfegeldern sind, die bspw. für Indonesien, die Philippinen, Vietnam oder Thailand sämtlich im zweistelligen Millionenbereich (US-Dollar) liegen (Smith 1999: 299).

3.2 Von der Routine zur ersten Krise um die Menschenrechte

Nach dem Tiananmen Massaker 1989 gewann die Frage der Menschenrechte und ihre Auswirkungen auf die europäisch-asiatischen Beziehungen an Brisanz. Auf der postministeriellen Konferenz 1990 in Kuching machten die ASEAN-Staaten klar, dass sie die europäischen Sanktionen gegen die Volksrepublik nicht unterstützen würden (Palmujoki 1997: 273). In Fragen der Menschenrechte, aber auch in anderen Bereichen wie der nachhaltigen Entwicklung drifteten die Ansichten zunehmend auseinander. Schließlich holte die ASEAN selbst ein unbewältigter lokaler Konflikt der Kolonialzeit ein: Der Dissens über Ost-Timor eskalierte zu Beginn der 90er Jahre: Portugal, das 1986 der Gemeinschaft beigetreten war, blockierte im Ministerrat 1992 mit seinem Veto die Verabschiedung eines fertig ausgearbeiteten Kooperationsabkommens, das seither auf Eis liegt.

Portugal ist seit langem ein vehementer Vertreter einer friedlichen und autonomen Entwicklung Ost-Timors. Dies ist insofern überraschend, als die ehemalige Kolonie nie ein bevorzugtes Objekt portugiesischer Kolonialambitionen gewesen war, im Gegenteil, sie war zu Kolonialzeiten eher vernachlässigt worden. Als Indonesien 1975 – zumindest mit stillschweigender Billigung der USA – widerrechtlich Ost-Timor besetzte, gab es sogar in Portugal selbst Stimmen, die dies angesichts der kommunistischen Bedrohung in Indochina nicht für die schlechteste Lösung hielten (Haubrich 1999: 3). Immerhin hatte Portugal geplant, die Halbinsel alsbald in die Unabhängigkeit zu entlassen. Doch Ost-Timor blieb umso mehr als Thema in Portugal präsent, als die Lage sich im Zeitablauf nicht beruhigte. Im November 1991 und Mai 1992 kam es in der Hauptstadt Dili zu Unruhen, in deren Verlauf die indonesischen Polizeikräfte mit äußerster Härte vorgingen.

Als die Niederlande in der Folge drohten, die Entwicklungshilfe einzufrieren, konterte Djakarta mit der sofortigen Einstellung der Entwicklungshilfekooperation (van den Ham 1993: 531ff.). Von diesen Ereignissen blieben die biregionalen Beziehungen nicht unberührt. In Luxemburg 1991, vor allem aber in Manila im folgenden Jahr kam es zu lautstarken Debatten um Menschenrechtsfragen zwischen den Außenministern. Die konkreten Bedenken um die Entwicklung in Ost-Timor betteten sich in die allgemeine Diskussion um den universellen Anspruch des ,westlichen' Menschenrechtsgedankens ein, die Anfang der 90er Jahre von populären Repräsentanten Ostasiens vehement geführt wurde.[3] Die portugiesische Regierung blieb mit ihrer kritischen Haltung zur indonesischen Politik jedoch nicht allein, auch Deutschland, Luxemburg und Belgien schlossen sich der Kritik am Vorgehen der Sicherheitskräfte an (Dreis-Lampen 1998: 203). Die Konferenz von Manila 1992 symbolisiert eindeutig den ersten Tiefpunkt der beidseitigen Beziehungen.

3.3 Die neue Blüte: Wirtschaft dominiert Menschenrechte

Die wirtschaftlichen Interessen traten im Laufe der 90er Jahre mehr und mehr in den Vordergrund. Bereits 1993 und ´94 war der Vizepräsident der Kommission, Leon Brittan, mehrmals nach Südostasien gereist, um Wirtschaftskontakte zu knüpfen (Dreis-Lampen 1998: 221). Ein weiterer Impuls

---

3   Zu dieser Diskussion und weiteren Literaturhinweisen siehe das Heft 2 der Zeitschrift „Survival" (1996).

kam von der deutschen Regierung. Nachdem die Bundesregierung zu Beginn des Jahres 1994 eine ‚Asienstrategi‘ formuliert hatte, zeigten sich hierin bereits einige Akzentverschiebungen. In den 10 Punkten zur deutschen Asienpolitik (Bulletin 1994) wird ein ‚Top-down approach‘ deutlich, der „die langfristige Stärkung der persönlichen Beziehungen zu den (..) maßgeblichen Führungskräften“ als „(b)esonders wichtig“ (Punkt 3) erachtet. Obwohl die Bundesregierung „keine unmittelbaren sicherheitspolitischen Interessen“ (Punkt 7) sieht, ist „Asienpolitik eine prioritäre Aufgabe der Zukunftssicherung für Deutschland“ (Punkt 1), denn „(e)s geht um Innovation und notwendige Anpassungen.“ Die Menschenrechtsproblematik wird zwar in zwei Sätzen erwähnt, deren Bedeutung jedoch durch diverse Hinweise auf kulturelle und „länderspezifische Besonderheiten“ (Punkt 2, auch Punkte 7 und 9) relativiert. Von der deutschen Initiative zeigte sich auch die EU inspiriert. Im Juli des selben Jahres lancierte die Kommission ihre Vorstellungen ‚Towards a new Asia strategy‘, die sowohl vom Europäischen Rat in Essen als auch vom Europäischen Parlament abgesegnet wurden (Kommission der EG 1994). Das Konzept sieht vor, die wirtschaftlichen Kontakte auszubauen, wobei der Frage der Menschenrechte gleichwohl große Bedeutung zukomme. Der Ton des Papiers zeugt indes von einer insgesamt eher ökonomisch ausgerichteten Strategie. Hintergrund für dieses wachsende wirtschaftliche Interesse der Europäer an der Region bildet die Tatsache, dass die europäischen Direktinvestitionen von 1980 bis 1993 von weniger als 5 Mrd. $ auf über 30 Mrd. $ anstiegen.

Ein neuer Höhepunkt der beidseitigen Beziehungen war das Außenministertreffen in Karlsruhe im September 1994. Die Asiaten zeigten sich erfreut über die Asien-Initiativen der Europäer. In Bezug auf die Menschenrechte einigte man sich auf eine vage Formulierung, die auf die Charta und die Grundsätze der Menschenrechtserklärung der Vereinten Nationen verweist. Ansonsten wird festgehalten, dass, obwohl man in Fragen der Menschenrechte unterschiedlicher Meinung sei, dies nicht die sonstigen biregionalen Beziehungen belasten dürfe (European Communities 1998: 18). Im Mai 1995 kam es zum ersten Treffen hoher Beamter beider Seiten sowie der Kommission. Zwar wurden keine greifbaren Ergebnisse erzielt, aber wichtige Themen konnten besprochen werden (Algieri 1995/96: 254).

Zur Stärkung des informellen Unterbaus der beidseitigen Beziehungen – der sogenannten ‚track-two‘-Prozesse – vereinbarte man die bereits erwähnte ‚Eminent Persons Group‘. Überhaupt sahen die 90er Jahre eine Intensivierung des track-two: So kamen im Januar 1996 mehr als einhundert Experten auf Einladung der Kommission und Italiens in Venedig zusammen, um sich über Themen aus den Bereichen Forschung, Medien, Kultur und Wirtschaft auszutauschen (Rüland 1996: 35). Ende 1997 trafen sich Repräsentanten der EU-Wirtschaft im Rahmen des ‚Industrialists Round Table‘ mit Vertretern aus der Region.

Die Konferenz von Karlsruhe zeigte, dass die Europäer die Menschenrechtsprobleme nicht zur alleinigen Richtschnur ihrer Politik machen woll-

ten. Und obwohl Singapur keine Skrupel zeigte, einen holländischen Drogen-
schmuggler just zu Beginn der Konferenz zum Tod zu verurteilen, tat dies
der kreativen Atmosphäre der Konferenz offensichtlich keinen Abbruch.
Karlsruhe markierte eine Wende in der europäischen Politik: Statt auf deutliche Worte und menschenrechtsorientierter Politik zu bauen, betrieb man nun
eine ökonomisch inspirierte Politik, die Menschenrechtsfragen eher aus-
klammerte. Die Europäer zeigten sich sehr nachgiebig, was unter anderem in
der Analyse der Verhandlungspositionen und der Verhandlungsergebnisse
deutlich zum Vorschein kommt. Wie Dreis-Lampen (1998: 228f.) treffend
herausgearbeitet hat, haben sich die ASEAN-Staaten in fast allen Punkten –
wie bspw. in Bezug auf Myanmar (§34 der Gemeinsamen Erklärung) oder
die Menschenrechte (§25) – durchgesetzt. Das institutionelle Ergebnis und
der ‚*drive*' von Karlsruhe gaben dieser europäischen Politik zunächst recht.
Eine andere Deutungsmöglichkeit sieht jedoch, dass jetzt die Asiaten machtpolitisch die Oberhand gewonnen hatten (Rüland 1996: 31): Die wirtschaftlichen Chancen in Ostasien lockten die Europäer mehr, als die Menschrechts-
bedenken sie abschreckten.

Erste Erfolge dieser beidseitigen Entspannung schienen sich anzubahnen,
als es bspw. beim ASEM in Bangkok 1996 gelang, den indonesischen Staats-
chef Suharto und den portugiesischen Premierminister Guterres zu informellen Gesprächen zusammen zu bringen, was zwar zunächst keine substantiellen Veränderungen der indonesischen Position bewirkte, es jedoch Portugal
ermöglichte, das Gesicht zu wahren (Rüland 1996: 38; mit negativer Interpretation hingegen: Algieri 1995/96: 258). Auch das bis dahin eher kritisch
eingestellte Europäische Parlament relativierte die eigene Position anlässlich
einer Stellungnahme zur Einfügung von Sozialklauseln in Handelsverträge
(Europäisches Parlament 1995: 29-31). Im April 1997 gelang dann der Abschluss von Kooperationsabkommen zwischen der EU und Kambodscha
bzw. Laos. In diesen, wie bereits in demjenigen mit Vietnam von 1995 finden sich immerhin die Verpflichtung zur Wahrung der Grundsätze der Demokratie sowie der Achtung der Menschenrechte (Algieri 1997/98: 274).

Gleichzeitig verschärfte die EU jedoch die ökonomischen Bedingungen
der beidseitigen Beziehungen. Offensichtlich hatten bislang die südostasiatischen Unternehmen sehr von der Einräumung von Handelsvorteilen im
Rahmen des Allgemeinen Präferenzsystem (APS/GSP) profitiert. Der beidseitige Handel stieg von 1980 bis 1996 um mehr als 470% – zugegebenermaßen von einem geringen Niveau aus (Schumacher/Hampe 1999: 30). Fast
die Hälfte der Waren aus den ASEAN-Staaten gelangten im Rahmen des
APS auf den europäischen Binnenmarkt (Piei/Khalifa 1998: 68). Die Handelsbilanz EU-ASEAN hatte sich nach Abschluss des Kooperationsabkommens aus europäischer Sicht zunehmend verschlechtert. 1994 wurden allerdings bereits mehrere Anti-Dumping-Verfahren im Textilbereich gegen Indonesien und Thailand eröffnet (Dreis-Lampen 1998: 209), auch in der
Elektronikbranche sind einige Hersteller betroffen. Zum 1. Januar 1995 ent-

zog die Kommission einkommensstarken Ländern ihren privilegierten Status im APS, worunter Singapur und mit Einschränkungen auch Malaysia zu leiden haben. Wie jüngste Untersuchungen (Schumacher/Hampe 1999: 35-37) belegen, sind die Folgen eindeutig: Seit 1995 hat sich die Handelbilanz – die Ex- und Importe betragen jeweils um die 50 Mrd. US-$ – zugunsten der EU gewendet und einzelne exportorientierte Industriezweige in Südostasien, wie die Holz- und Textilindustrie, geraten unter Anpassungsdruck. Es wird abzuwarten sein, wie die EU mit der anstehenden Neuformulierung des APS umgeht.

Der ausstrahlende politische Erfolg des ASEM im Februar 1996 in Bangkok veranlasste die Kommission im Juli 1996, eine ‚neue Dynamik' in den beidseitigen Beziehungen einzufordern. Aufbauend auf einer Vereinbarung des Außenministertreffens in Singapur beschloss der Rat im März 1998 ein Arbeitsprogramm, das vor allem darauf abzielt, die wirtschaftlichen Beziehungen zu verbessern. Das Arbeitsprogramm sieht folgende Punkte vor:[4]

– Handelsexperten beider Seiten sollen in konstruktiver Weise die Möglichkeiten besseren Marktzugangs eruieren.
– Verhandlungen über ein Ergänzungsprotokoll zum Kooperationsvertrag in Bezug auf Zusammenarbeit im Zollwesen sowie über eine Beseitigung technischer Handelshemmnisse sollen aufgenommen werden.
– Erleichterungen im Handel mit Dienstleistungen werden angestrebt.
– Ein Meinungsaustausch über Investitionen und Kapitalverkehr wird angeregt.
– Die Förderung des Intra-ASEAN-Handels ist erwünscht.
– Maßnahmen zum besseren gegenseitigen Verständnis sollen entwickelt werden.

Dieses Arbeitsprogramm wurde im JCC im Mai 1999 in Bangkok als gemeinsame Arbeitsgrundlage angenommen, um der gewünschten *„new dynamic'* Substanz zu geben.

Daneben hatte Kommissionspräsident Santer bereits ein Jahr zuvor in einer Rede in Singapur betont, dass Europa Ostasien in der Finanzkrise nicht im Stich lassen würde. Allerdings sollte die Unterstützung primär über multilaterale Institutionen erfolgen. Die EU unterstützt die Strukturanpassungsprogramme des IWF, verspricht in der WTO eine Offen-Markt-Position einzunehmen und hofft, dass die Einführung des Euro zur Stabilisierung der internationalen Kapitalmärkte beitragen wird (Richards/Kirkpatrick 1999: 701).

---

4 Siehe: http://europa.eu.int/en/comm/dg1b/publications/ASEAN_relations/euar-1c3.htm (21.07.1999)

3.4 Die Menschenrechtsproblematik kehrt zurück

Bereits im Laufe des Jahres 1996 setzte eine Gegenbewegung zu der primär wirtschaftlich inspirierten europäischen Politik ein. Im Januar hatte sich der Rat bereits mit einem Entwurf für einen gemeinsamen Standpunkt zu Ost-Timor befasst. Im Oktober 1996 verabschiedete die EU Sanktionsmaßnahmen gegen Myanmar (96/635/CFSP). Die Europäer lehnen demnach eine diplomatische Aufwertung des diktatorischen Militärregimes nach wie vor ab. Weder soll das Land am ASEM-Prozess teilnehmen, noch würde die EU seinem Beitritt zum biregionalen Dialog zustimmen.[5] Regierungsvertreter Myanmars erhalten zudem keine Visa für einen EU-Mitgliedstaat (Yeo Lay Hwee 1999: 26). Das Myanmar-Problem belastete die Beziehungen so schwer, dass sowohl ein *JCC-Meeting* im November 1997, ein *Senior Officials Meeting* in Bangkok als auch das Außenministertreffen im März 1999 in Berlin abgesagt wurden. Der Rat der EU beschloss in einem gemeinsamen Standpunkt im April 1998 eine Verlängerung der Sanktionen gegen Myanmar.

Desgleichen brach der Ost-Timor Konflikt wieder auf: Als während eines Besuchs der EU-Troika auf Botschafterebene indonesische Sicherheitskräfte offensichtlich unmotiviert in eine Menschenmenge schossen, brach die Delegation ihren Besuch im Juni 1998 ab (Algieri 1997/98: 274). Auf dem Gipfel in Wien (11./12. 12. 1998) forderte der Europäische Rat einen substantiellen militärischen Rückzug indonesischer Streitkräfte aus Ost-Timor, die Freilassung des Oppositionellen Xanana Gusmao sowie die Abhaltung freier Wahlen. Die EU war damit faktisch auf den Kurs Portugals eingeschwenkt. Auch die Resolution des Europäischen Parlaments vom 14. 4. 99 ließ keinen Zweifel daran, dass man in der Regierung in Djakarta die Hauptverantwortliche für die Situation auf Ost-Timor sah. Portugals Außenminister Jaime Gama konnte in der Folge – selbst während der deutschen Ratspräsidentschaft – für die Union sprechen, als er im Februar 1999 die Änderung der Haltung der indonesischen Regierung zur möglichen Unabhängigkeit Ost-Timors begrüßte. Überhaupt gelang es der EU in dieser Phase, ihre Legitimationsbasis merklich zu vergrößern: Der Erklärung der deutschen Ratspräsidentschaft zur Situation in Ost-Timor im März schlossen sich alle assoziierten, sowie die EFTA- und EWR-Staaten an. Spürbare Entlastung der Beziehung zu Indonesien brachte dann zunächst die Einigung zwischen Portugal und Indonesien unter Federführung der UNO, die am 5. 5. 99 in New York erzielt wurde.[6] Diese Einigung scheint den Weg auch dafür geebnet zu haben, dass EU-Vertreter am JCC im Mai 1999 teilgenommen haben. Als im

---

5 Die jüngsten Äußerungen des Kommissars Chris Patten unterstreichen, dass die Kommission am Abbruch der Beziehungen festhält, unterstützt wird dies vor allem von Großbritannien. European Commission 1999: 22; Kaps 2000: 20

6 Der Text der Vereinbarung findet sich unter: http://www.un.org/peace/etimor/agreement/agreeEng01.html

Sommer 1999 die Situation in Ost-Timor eskalierte, beschlossen die Außenminister ein Waffenembargo gegen Indonesien und die Einstellung jeglicher
militärischer Kooperation (1999/624/CFSP). Der belgische Vorschlag nach
einer baldigen Anerkennung der Unabhängigkeit Ost-Timors konnte sich indes im Rat nicht durchsetzen (o.V. 1999: 8). Die Europäische Union begrüßte das Aktivwerden der UNO und wünschte explizit ein Engagement der
übrigen ASEAN-Staaten im Rahmen der internationalen Streitkräfteimple-
mentierung.[7] Zudem verpflichtete sie sich, für die Aufbauhilfe in dem weithin zerstörten Land rund 60 Mio. Euro zur Verfügung zu stellen.[8]

4. Zur Analyse der EU-ASEAN-Beziehungen

4.1 Zur institutionellen Verfasstheit

Ein wichtiger Aspekt, der die Institutionalisierung der EU-ASEAN-Beziehungen prägt, ist die institutionelle Verfasstheit der beiden Akteure. Auf europäischer Seite fällt dabei zunächst die institutionelle Zersplitterung der
Kräfte ins Auge. In der ersten Säule, den Gemeinschaftsaufgaben, zeichnen je
nach *issue area* und Region verschiedene Kommissare zuständig: So nimmt
Kommissionspräsident Romano Prodi an den Treffen des Europäischen Rates
und der G7/8 teil. Pedro Solbes Mira vertritt die Union in wirtschaftlichen
und geldpolitischen Angelegenheiten, ob und inwieweit sich dies außenpolitisch auswirkt, etwa im Zusammenspiel mit der EZB im Rahmen des IWF,
scheint nicht ausgemacht. Kommissar Poul Nielson hat Entwicklung und
humanitäre Hilfe zu verantworten (früher: DGVIII) und steht somit für die
Entwicklungspolitik der Union. Die diffizile Angelegenheit des internationalen Handels fällt Pascal Lamy zu, er wird für die EU in zukünftigen WTO-
Runden verhandeln. Hauptzuständiger in Sachen ,*External Relations*' ist
Chris Patten, letzter Gouverneur von Hongkong, dem als Chef der ehemaligen DG 1A die Aufgabe zufällt, die Außenbeziehungen der Union zu koordinieren. Unklar ist bislang, wie diese Koordination im Hinblick auf die parallel verstärkte Institutionalisierung der 2. Säule funktionieren soll. Dem Generalsekretariat des Rates steht seit jüngstem der ,Hohe Repräsentant der
GASP' in Person des Spaniers Javier Solana vor. Dessen Reputation als
ehemaliger NATO-Generalsekretär sowie der jüngste Beschluss des Europäischen Rates, ihm in Personalunion die Geschäftsführung der WEU anzuver-
trauen, lässt eine substantielle Aufwertung der EU-Außenbeziehungen erwarten. Welche Rolle er jedoch zwischen den nationalen Außenministern auf

---

7   EU-Bulletin 9-1999; http://europa.eu.int/abc/doc/off/bull/en/9909/p104014.htm
8   Mitteilung der Kommission ; http://europa.eu.int/comm/external_relations/
     news/12_99/timor_99_12_20.htm

der einen Seite, und den funktionalisierten Zuständigkeiten der Kommission bzw. deren Koordinator Patten auf der anderen Seite einnehmen wird, bleibt abzuwarten.

In der Praxis der EU-ASEAN Beziehungen hat diese Fragmentiertheit von Beginn an zu Irritationen geführt. Bereits in den 70er und 80er Jahren war schwer vermittelbar, dass sicherheitspolitische Fragen im Rahmen der Europäischen Politischen Zusammenarbeit (EPZ) mit den europäischen Außenministern in der Hauptstadt eines Mitgliedstaats, wirtschaftspolitische Aspekte jedoch mit Kommissionsvertretern in Brüssel zu klären waren. Dass diese Zersplitterung auch in der jüngeren Praxis zu Verstimmungen geführt hat, demonstriert das Beispiel des ARF 1994, als die ASEAN sich unzufrieden mit der europäischen Repräsentation zeigte. Die Troika bestehend aus drei Außenministern zuzüglich einem Vertreter der Kommission war den Asiaten zuviel und hätte die postministeriellen Konferenzen der ASEAN zu sehr aufgebläht (Maull/Segal/'Wanandi 1998: xii). Also setzten sie nur jeweils einen – rotierenden – Rats- und einen Kommissionsvertreter durch, letzterer hat allerdings nur Anwesenheitsrecht.

Die Rolle der EU im ARF ist sehr passiv und eher defensiv ausgerichtet. Als bspw. Frankreich 1995 wegen seiner nuklearen Testversuche im Pazifik deutlich kritisiert wurde, versuchte die spanische Ratspräsidentschaft vergeblich, eine Verurteilung beim ARF-Treffen in Brunei zu verhindern (Busse/Maull 1999: 66) Ein Jahr später war man kaum erfolgreicher, als man den Tod von James Nichols – verstorben in einem burmesischen Gefängnis – ansprach und dafür laute Kritik erntete. Die Tatsache, dass Frankreich und das Vereinigte Königreich im ARF erfolglos versuchten, unabhängig von der Union einen Platz am Tisch zu ergattern, spricht gleichfalls für eine disparate Außendarstellung bis dato.

Die beiden bemerkenswerten Regionalbündnisse hängen völlig unterschiedlichen Modellen von Institutionalisierung an: Während die EU auf eine formale, legalistische Vorgehensweise baut, bevorzugt die ASEAN überwiegend informelle und unverbindliche Institutionalisierung (Stahl 1998: 182ff. u. 209ff.).[9] Offensichtlich wurden diese rechtskulturellen Differenzen im Streit um den Beitritt von Myanmar zum biregionalen Dialog. Da die ASEAN über keine Rechtspersönlichkeit verfügt, treten in der Außenvertretung lediglich ihre Mitgliedstaaten als Völkerrechtssubjekte in Erscheinung. Aus juristischer Perspektive sind also die einzelnen Mitgliedstaaten der ASEAN, der EU und die EG – die im Gegensatz zur EU über Rechtspersönlichkeit verfügt – Teilnehmer des Dialogs. Wird der Dialog substanziell verändert, bspw. durch den Beitritt eines Staates, so müssen alle Dialogpartner dem ausdrücklich zustimmen. So sind alle EU-Mitgliedstaaten sowie die EG selbst (gemischte Präsenz!) in der Lage, die Aufnahme Myanmars zu verhin-

---

9   Norman Palmer benennt dies „old regionalism" für Europa, im Gegensatz zu „new regionalism" in Ost-Asien. Vgl. Palmer (1991).

dern. Hieraus kann man auf der einen Seite den Schluss ziehen, dass die legalistische Formalisierung von biregionalen Beziehungen sich im Ergebnis eher schädlich auswirkt, weil inter-institutionelle Blockaden möglich sind (Soesastro/Nuttall 1997: 80). Auf der anderen Seite könnte man aber auch argumentieren, dass die ASEAN das Opfer ihrer eigenen Unverbindlichkeit geworden ist: Hätten die Mitgliedstaaten einen Teil ihrer außenpolitischen Souveränität an die ASEAN abgegeben und wäre die ASEAN mit einer eigenen Rechtspersönlichkeit ausgestattet, stünde den EU-Staaten kein Veto-Recht zu.

Diese komplizierte juristische Verfasstheit des Dialogs könnte ein Grund dafür sein, weswegen sich in den letzten Jahren augenscheinlich die Beziehungen hin zum ASEM verlagert haben. Hier zeigt sich das Problem der Institutionenkonkurrenz. Deutlich wurde die enge Verzahnung mit dem ASEM beispielsweise 1997, als das EU-ASEAN Meeting im Umfeld des 1. ASEM-Außenministertreffens in Singapur stattfand (Palmujoki 1997: 281). Führt man sich die europäische Wahrnehmung vor Augen, erscheint das ASEM ungleich attraktiver: Mit Japan und China sind die weitaus größten und wachstumsstärksten Absatzmärkte Ostasiens eingebunden.

4.2 Die Zielproblematik

Reale Ziele der Europäer in Südostasien hatten sich zu Beginn der Beziehungen weitgehend auf entwicklungspolitische Interessen und Prestigeerwägungen beschränkt. Seit Anfang der 90er Jahre sind sie jedoch zweifellos eher im ökonomischen Bereich angesiedelt (Smith 1999: 293; Leifer 1998: 204). Erstens hatte sich Ostasien in den 80er und beginnenden 90er Jahren als zuverlässige Wachstumsregion erwiesen. Zweitens drohte in der Wahrnehmung der Europäer mit der Gründung der *Asian-Pacific Economic Cooperation* (APEC) 1989 ein weiteres relatives Zurückfallen in der Triade: Während Nord-Amerika und Ostasien vermeintlich handelspolitisch näher aneinander rückten, blieb den Europäern der Zugang zur APEC verwehrt. Die Europäer versuchen deshalb, vor allem das ASEM als dritte ‚Kathete‘ des Welthandelsdreiecks zu betonen. In den EU-ASEAN Wirtschaftsbeziehungen selbst ist es der EU bislang noch nicht gelungen, den Eindruck einer defensiven, reaktiven Politik (Smith 1999: 295), die bspw. in Anti-Dumping-Maßnahmen ihren Ausdruck findet, zu verändern.

Einen weiteren Stimulus für die beidseitigen Beziehungen bildete die wirtschaftliche Dynamisierung der ASEAN Anfang der 90er Jahre mit dem Beschluss, eine Freihandelzone (AFTA) bis zum Jahr 2003 zu schaffen. Hauptmotiv dafür ist die zukünftige verstärkte Attrahierung von Direktinvestitionen auch aus Europa, fürchtete man doch durch die Öffnung Osteuropas sowie die Gründung der NAFTA diesbezüglich ins Hintertreffen zu geraten. Die aktuellen Bemühungen der ASEAN, eine *ASEAN Investment Area*

(AIA) zu etablieren, sollen in dieselbe Richtung wirken. Die AFTA/AIA stellt aus Sicht der Asiaten nur die zweitbeste Option für den Fall dar, dass die globalen Bemühungen zum Abbau von Handelshemmnissen im Rahmen der GATT/WTO-Verhandlungen zu keinem befriedigenden Ergebnis führen. Gleichfalls bedeutet der südostasiatische Regionalismus, einen ‚*bargaining chip*‘ gegenüber den Europäern in der Hand zu haben, die gerade ihren Binnenmarkt vollendet haben. Mögliche handelsableitende Effekte können so ‚verhandelbar‘ gemacht werden, da man mit der AFTA über einen geeigneten Gegenhebel verfügt (Curry 1996: 165f.).

Dies soll gleichwohl nicht den Eindruck erwecken, der wirtschaftliche Regionalismus beider Seiten wäre primär dazu gedacht, den anderen relativ schlechter zu stellen, man baut trotz allem auf die handelschaffenden Effekte sowie die große wechselseitigen Abhängigkeit. Vielmehr sollen wirtschaftspolitische Kooperationsbemühungen als außenpolitische Symbole verstanden werden, die ‚*fallback positions*‘ markieren, für den Fall, dass der Gegenüber sich kooperationsunwillig zeigt.

Das Hauptmotiv seitens der Asiaten bleibt die Sicherung des Marktzugangs in Europa, das der Europäer das Sprungbrettmotiv für Investitionen im Hinblick auf den gesamten ostasiatischen Markt (Mahncke 1997: 300).

Die Europäer haben offensichtlich keine vitalen sicherheitspolitischen Interessen in der Region. Dies belegt die außenpolitische Aktivität in der GASP. Die gemeinsamen Aktionen oder Erklärungen auch nach dem ‚*Drive*‘ von Karlsruhe wiesen kaum sicherheitspolitische Bezüge auf (Dreis-Lampen 1998: 238). Es ist insofern auch nicht verwunderlich, dass die EU im Kommuniqué des jüngsten ARF (26.7.1999 in Singapur) keinerlei Erwähnung findet, obwohl diverse sicherheitspolitische Themen behandelt wurden (http://www.ASEAN.or.id/). Bezieht man jedoch jegliche bilaterale militärische Kooperationen und Waffenlieferungen mit ein, so ergibt sich ein differenzierteres Urteil, und das europäische Engagement erscheint als ein „patchwork of activities“ (Stares/Regaud 1998: 117). Außer Großbritannien sind diesbezüglich insbesondere Frankreich, aber interessanterweise auch Schweden aktiv. Frankreich bleibt zwar durch seine überseeischen Besitztümer, besonders Neu-Kaledonien, in der Region präsent. Die französische Politik hat allerdings in den letzten Jahren vor allem durch die Atombombentests eher negative Reaktionen hervorgerufen. Das Vereinigte Königreich ist durch das *Five Power Defense Arrangement* sogar noch institutionell in Südostasien eingebunden, beschränkt sich jedoch auf Militärhilfe und ausgesuchte kleinere gemeinsame Manöver bspw. mit brunesischen Streitkräften. Die EU wirkt zwar auch in Nordostasien an den Vereinbarungen mit Nord-Korea (KEDO) mit, aber ihr Engagement bleibt im wesentlichen auf finanzielle Beiträge beschränkt.

Im übrigen finden sich einige neutrale Staaten in ihrer Mitte – man denke hier an die letzte Norderweiterung der Union – die ein stärkeres sicherheitspolitisches Auftreten nicht wünschen (Busse/Maull 1999: 63). So erscheint das sicherheitspolitische Profil der Union in Südostasien als ein fragmentiertes, das im wesentlichen noch auf dem Engagement einzelner Mitgliedstaaten basiert. Fraglich erscheint demzufolge, ob die EU in der Zukunft in der Region ein stärkeres sicherheitspolitisches Profil zeigen wird. Weder zeigen die europäischen Staaten substantielles Interesse, noch wird hierfür ein Bedarf seitens der ASEAN-Staaten artikuliert, der über bilaterale Waffenkäufe und Militärhilfe sowie finanzielle Zuwendungen hinausgehen könnte.

Nicht zu unterschätzen sind jedoch auch symbolische und instrumentelle Aspekte. Einzelne Nationalstaaten mit spezifischer, eventuell belasteter Kolonialvergangenheit sind im Rahmen der EU in der Lage, die Union als Forum zu nutzen. Zweifellos zeigt das Beispiel Portugals auch, dass hierdurch der nationale ,*leverage*' bedeutend erhöht werden kann. Des weiteren möchte man die ,schwächste Kathete' der Triade (Dent 1999; Serradell 1996: 187) in irgendeiner Weise pflegen. Da sicherheitspolitische Anreize, wie die Amerikaner sie bieten können, der Union bislang nicht zur Verfügung stehen, bleibt neben der wirtschaftlichen Kooperation primär symbolische Politik.

4.3 Zur Zielhierarchie: Von materiellen und immateriellen Werten

Es bleibt zunächst festzuhalten, dass aus europäischer Sicht die Beziehungen zur ASEAN untergeordnete Bedeutung haben, andere Regionen, wie der Nahe Osten und Osteuropa sind zweifellos wichtiger.

Inhaltlich erscheint es auf den ersten Blick so, als sei die europäische Politik primär menschenrechtsorientiert. Doch Phasen der Menschenrechtspolitik wechseln sich mit Phasen der Wirtschaftsorientierung ab. Sind Menschenrechtsverletzungen (Tiananmen, Ost-Timor oder Myanmar) ein großes Thema in den Medien, greift die EU zu einer – kurzzeitig – konsequenten Sanktionspolitik. Lässt der innenpolitische Druck jedoch nach, gewinnen ökonomische Interessen offensichtlich die Oberhand, begleitet von einer Menschenrechtspolitik der ,leisen Töne'. Dieses Pendeln hat auf asiatischer Seite wohl eher den Eindruck von Inkonsequenz vermittelt, der durch die vielköpfigen Zuständigkeiten in der Außendarstellung der EU noch akzentuiert wird.

Ein anderer Aspekt hilft zu erklären, zu welchem Zeitpunkt die EU auf welche Ziele einschwenkt. Wenn einzelne EU-Staaten sich einem Menschenrechtsthema mit Vehemenz annehmen, sind – bedingt durch die institutionelle Struktur – die anderen wie die Gemeinschaftsorgane *nolens volens* gezwungen, diesem Kurs zu folgen. Das aktuelle Beispiel Portugals in Bezug auf Ost-Timor, aber auch Großbritanniens im Falle Myanmars sind hier einschlägig. Ersteres ist auch deshalb instruktiv, weil es anschaulich macht, wie aus einer völligen Außenseiterposition – Portugal 1991/92 – ein Meinungsführer werden kann, der 1999 ganz Europa hinter sich weiß. Als die schlechten Nachrichten aus Ost-Timor im Laufe der 90er weniger wurden und die öffentliche Empörung nachließ, gewannen zunächst pragmatische wirtschaftsorientierte Ziele wieder die Oberhand. Diese Politik hat im Menschenrechtssinne nichts bewirkt. Ökonomisch hat sich die EU nur durch die relative, einseitig vorgenommene Schlechterstellung südostasiatischer Produkte verbessert. Zudem hat die Asienkrise die europäische Investitionsneigung zunächst gedämpft. Der laufende Druck der Ereignisse in Indonesien, das schließlich einer weiteren Protektoratslösung unter dem Dach der UNO zustimmen musste und die Bestimmtheit der portugiesischen Politik haben der menschenrechtsorientierten Politik rückblickend jedoch Recht gegeben.

Die Europäische Union schwankt in ihrer Beziehung zur ASEAN bislang offensichtlich zwischen ökonomischen Interessen und einem schlechten Gewissen, das sich von Zeit zu Zeit in einer stimmungsabhängigen Menschenrechtspolitik äußert. Überspitzt ausgedrückt könnte man sagen, dass die europäische ASEAN-Politik wertorientiert ist – ungewiss erscheint indes, ob materielle oder eher immaterielle Werte gemeint sind.

Literaturverzeichnis

Algieri, Franco: Die Asienpolitik der Europäischen Union; in: Weidenfeld, W./Wessels, W. (Hrsg.): Jahrbuch der Europäischen Integration 1995/96, Institut für Europäische Politik, Europa Union Verlag: Bonn, S. 253-260

Algieri, Franco: Die Asienpolitik der Europäischen Union; in: Weidenfeld, W./Wessels, W. (Hrsg.): Jahrbuch der Europäischen Integration 1997/98, Institut für Europäische Politik, Europa Union Verlag: Bonn, S. 273-78

Bulletin des Presse- und Informationsamtes der Bundesregierung vom 28. Januar 1994 Nr. 9, S. 69-71 (Zehn Leitlinien der Botschafterkonferenz Asien-Pazifik zur deutschen Asienpolitik vom 24.-26. Januar 1994 in Bonn)

Busse, Nikolas/Maull, Hanns W.: The Future of the ARF: A European Perspective; in: Khoo How San (Hrsg.): The Future of the ARF; Institute of Defence and Strategic Studies, Nanyang Technological University; Singapore 1999, S. 59-82

Curry, Robert Jr.: AFTA and the European Union; in: AFTA in the Changing International Economy; Institute of Southeast Asian Studies, Singapore, 1996, S. 164-177

Dent, Christopher M.: The EU-East Asia Economic Relationship: The Persisting Weak Triadic Link?; in: European Foreign Affairs Review 4 (1999): S. 371-394

Dosch, Jörn: ASEAN and the EU on the EVE of the Millenium – Introductory Remarks and Observations; in: ASIEN, (Juli 1999) 72, S. 7-18

Dreis-Lampen, Barbara: ASEAN und die Europäische Union. Bestandsaufnahme und Neubewertung der interregionalen Beziehungen; Mitteilungen des Instituts für Asienkunde, Nr. 287, Hamburg 1998

Europäisches Parlament: Entschließung zur Asienstrategie; ABL. der EG, C166/66 v. 3. 7. 1995, Punkt 29-31

European Commission: Transcript of Parliamentary Hearing of Christopher Patten, External Relations Commissioner, 2. Sept. 1999; abgedr. unter: http://europa.eu.int/comm/external_relations/parliamentary_hearing_transcript-en.htm

European Communities: EU – ASEAN Relations: A Growing Partnership; Luxemburg: Office for Official Publications of the European Communities, 1998

Haubrich, Walter: Portugal fühlt sich verantwortlich für Ost-Timor; in: FAZ v. 11.9.1999, S. 3

Hernandez, Carolina G. : Die zukünftige Rolle der ASEAN; in: KAS-Auslandsinformationen 12/98 (1998), S. 22-43

Kaps, Carola : Die Birmanen lächeln, leiden aber unter Entbehrung und Not ; in : FAZ v. 31. 1. 2000, Nr. 25, S. 20

Koh, Tommy: L'ASEAN a-t-elle encore un rôle?; in: Politique Etrangère 1/99, S. 127-132

Kommission der EG (Hrsg.): Mitteilung der Kommission an der Rat. Auf dem Weg zu einer neuen Asien-Strategie, Brüssel, 13. 7. 1994; (COM (94) 314)

Lauber, Matthias: ASEAN: Nach dem Krisenhöhepunkt bleibt Reformdruck; in: EU-Magazin, 10/1998, S. 8-11

Leifer, Michael: Europe and Southeast Asia; in: Maull, H./Segal, G./Wanandi, J. (Hrsg.): Europe and the Asia Pacific, London/New York: Routledge 1998, S. 198-205

Mahncke, Dieter: Relations between Europe and South-East Asia: The Security Dimension; in: European Foreign Affairs Review 2, 1997, S. 291-305

Maull, Hanns W./Segal, Gerald/Wanandi, Jusuf (Hrsg.): Europe and the Asia Pacific, London/New York: Routledge 1998

Narine, Shaun: ASEAN into the Twenty-first Century: Problems and Prospects; in: The Pacific Review, Vol. 12 (1999), No. 3, S. 357-380

o. V.: Die EU berät über Sanktionen gegen Indonesien; in: FAZ v. 14. 9. 1999, S. 8

Palmer, Norman: The New Regionalism in Asia and the Pacific; Lexington (Mass.): Lexington Books, 1991

Palmujoki, Eero: EU-ASEAN Relations: Reconciling two different Agendas; in: Contemporary Southeast Asia, Vol. 19, No.3 (1997), S. 269-285

Piei, Haflah/Noor Aini Khalifah : The Economic Setting; in: Maull, H./Segal, G./Wanandi, J. (Hrsg.): Europe and the Asia Pacific, London/New York: Routledge 1998, S. 67-74

Redmond, John: The European Community and ASEAN; in: Ders. (Hg.): The External Relations of the European Community; Houndmills u.a.: Macmillan Press, 1992, S. 138-160

Richards, Gareth A./Kirkpatrick, Colin: Reorienting Interregional Co-operation in the Global Political Economy: Europe's East Asian Policy; in: Journal of Common Market Studies, Vol. 37, No. 4 1999, S. 683-710

Rieger, Hans-Christoph: ASEAN-EC Economic Cooperation; in: Kernial Sandhu et al. (Hrsg.): The ASEAN Reader, Singapur: ISAS, 1992

Rüland, Jürgen: The Asia-Europe Meeting (ASEM): Towards a New Euro-Asian Relationship?; Rostocker Informationen zu Politik und Verwaltung, Heft 5, 1996

Schumacher, Tobias/Hampe, Michael: EU-ASEAN Trade Relations between Political Rhetoric and Economic Reality; in: ASIEN (Juli 1999), 72, S. 29-40

Serradell, Victor Pou: The Asia-Europe Meeting (ASEM): A Historical Turning Point in Relations between the two Regions; in: European Foreign Affairs Review 2, 1996, S. 185-210

Soesastro, Hadi/Nuttall, Simon: The Institutional Dimension; in: Council for Asia-Europe Cooperation (Hrsg.): The Rationale and Common Agenda for Asia-Europe Cooperation, CAEC Task Force Reports, Tokyo, S. 75-86

Stahl, Bernhard: Warum gibt es die EU und die ASEAN? Faktoren weltpolitischer Institutionalisierung in vergleichender Analyse; Nomos: Baden-Baden 1998

Stares, Paul/Regaud, Nicolas: Europe's Role in Asia-Pacific Security; in: Survival, Vol. 39, No. 4 (Winter), 1997/98, S. 117-139

Van den Ham, Allert P.: Development Cooperation and Human Rights: Indonesian-Dutch Aid Controversy; in: Asian Survey, Vol. XXXIII, No. 5, May 1993, S. 531-539

Yeo Lay Hwee: The Role of ASEAN in EU-East-Asian Relations; in: ASIEN, (Juli) 1999, S. 19-28

Europas „kritischer Dialog" mit Iran

Johannes Reissner

Einleitung

Der „kritische Dialog" bestimmte von Dezember 1992 bis zum Frühjahr 1997 die offizielle Politik der EU gegenüber Iran. Seine Formulierung geschah im Rahmen der Entwicklung der Gemeinsamen Außen- und Sicherheitspolitik (GASP) der EU unter besonderer Betonung der Menschenrechtspolitik. Ziel des „kritischen Dialogs" war, Irans Verhalten in den Bereichen Menschenrechte, nahöstlicher Friedensprozeß, Terrorismus und Rüstung mit Massenvernichtungswaffen zu ändern. Darin war er bekanntlich nicht erfolgreich.

Seine größte Wirkung auf die iranische Führung erreichte der „kritische Dialog" ironischerweise als er aufhörte: Nachdem am 10. April 1997 das Berliner Kammergericht im „Mykonos-Urteil" die iranische Führung der Mitverantwortlichkeit an der Ermordung kurdischer Oppositionsführer im Berliner Restaurant „Mykonos" im September 1992 beschuldigt hatte, wurde der „kritische Dialog" suspendiert und die zur Berichterstattung zurückgerufenen europäischen Botschafter kehrten nicht nach Teheran zurück. Diese Demonstration europäischer Solidarität hatte für die Iraner eine gewisse Schockwirkung. Man spürte, daß es die Europäer mit den politischen Zielen des „kritischen Dialogs" ernst meinen könnten und fürchtete echte Isolation. Dies dürfte die ohnehin weit verbreitete Unzufriedenheit der iranischen Bevölkerung mit der damaligen Regierung bis zu einem gewissen Grad verstärkt und somit indirekt zum überwältigenden Sieg Mohammad Khatamis bei den Präsidentschaftswahlen vom 23. Mai 1997 beigetragen haben. Darüber hinaus aber läßt sich keine Wirkung im Sinne der Zielsetzung des „kritischen Dialogs" feststellen.

Seit der Rückkehr der europäischen Botschafter nach Teheran im November 1997 haben sich die europäisch-iranischen Beziehungen zügig verbessert, wovon die Besuche Präsident Khatamis in Italien im März 1999 und in Frankreich im Oktober des Jahres, die Besuche europäischer Staatsführer in Teheran sowie die zahlreichen europäischen Wirtschaftsdelegationen in Iran beredt Zeugnis ablegen.

Im Juli 1998 wurden auch die Gesprächsrunden zwischen der EU-Troika und Teheran, die wichtigste Institution des „kritischen Dialogs", wieder aufgenommen. Sie fanden bislang dreimal statt. Anfängliche Bestrebungen, diesen Gesprächen einen Namen wie etwa „konstruktiver Dialog" zu geben, wurden bald aufgegeben. Doch auch ohne einen neuen Namen für die Gemeinsamkeit europäischer Politik gegenüber dem Iran bleiben diese Gesprächsrunden wichtigster institutioneller Ausdruck dafür, daß die EU ihre mit dem „kritischen Dialog" definierten Zielsetzung in Bezug auf den Iran nicht aufgegeben hat.

Aus diesem Grund ist um so mehr zu fragen, was eigentlich am „kritischen Dialog" als einem wichtigen Moment in der Entwicklung der GASP der EU schief gelaufen ist. Welche Lehren lassen sich für eine Politik mit ähnlicher Zielsetzung unter neuen Bedingungen ziehen?

1. Konzeption des „kritischen Dialogs"

Anfang Dezember 1992 beschloß die EU auf ihrem Gipfel in Edinburgh, mit Iran einen „kritischen Dialog" zu führen mit dem Ziel, „angesichts der Bedeutung Irans in der Region" eine Veränderung des iranischen Verhaltens zu erreichen „in bezug auf die Menschenrechte, das Todesurteil gegen den Schriftsteller Salam Rushdie [...] und in bezug auf den Terrorismus". Verbesserungen in diesen Bereichen würden „entscheidend dafür sein, inwieweit es möglich sein wird, engere Beziehungen herzustellen und ein Vertrauensverhältnis zu schaffen"[1]. Außerdem zeigte sich der Europäische Rat besorgt, daß Irans Waffenkäufe die Stabilität in der Region gefährden könnten, und gab seiner Hoffnung Ausdruck, daß Iran zum Friedensprozeß im Nahen Osten eine konstruktive Haltung einnehmen werde.

Damit war zum ersten mal eine einheitliche und konsistente europäische Position gegenüber Iran formuliert worden, die für längere Zeit Bedeutung hatte.[2] Die Bezeichnung „kritisch" sollte den Dialog mit Iran von der Institution des „politischen Dialogs", den die EU mit anderen Staaten und Institutionen wie der ASEAN unterhält, abgrenzen. Der „kritische Dialog" stand im Rahmen der Entwicklung der GASP und den Bemühungen, in ihr der Menschenrechtspolitik einen vorrangigen Platz einzuräumen.

Irans neue regionale Bedeutung spielte für den Entschluß zum „kritischen Dialogs" eine wichtige Rolle. Direkt kam dieser Bezug in der Erwähnung des nahöstlichen Friedensprozesses zum Ausdruck. Doch gemeint war durchaus mehr: Als der „kritische Dialog" beschlossen wurde, hatte die westliche Allianz unter Führung der USA den Golfkrieg abgeschlossen, in dessen Folge der damalige amerikanische Präsident George Bush von einer „neuen Weltordnung" sprach. In diesem Krieg hatte sich Iran neutral verhalten. Die EU unterstützte daraufhin die Bemühungen um ein Sicherheitssystem am Persischen Golf, das Iran mit einschließen sollte (Struwe 1998: 22f.).

---

1   Text der Entschließung in: Bulletin der Europäischen Gemeinschaften, Kommission, 25(1992)12, S. 38.
2   Zur Entwicklung des „kritischen Dialogs" Struwe, 1998; Rudolf 1999; Reissner, 2000.

Zur Bedeutung Irans im Persischen Golf kam außerdem Irans damals allerdings noch unklare und unter dem Stichwort „islamische Gefahr" eher bedrohlich gesehene mögliche Rolle für die Entwicklung der südlichen ehemaligen Sowjetrepubliken im Kaukasus und Zentralasien; Regionen, die von zwischenstaatlichen und ethno-nationalen Konflikten bedroht waren.

Iran selbst befand sich nach dem Ende des Kriegs mit dem Irak (1980-88) und dem Tod Khomeinis (1989) unter Präsident Rafsanjani (1989-97) in einer Phase des Wiederaufbaus, die von Tendenzen zu politischer Öffnung, moderater Außenpolitik, marktwirtschaftlichen Reformansätzen und von einem für damalige Verhältnisse nicht zu unterschätzenden Ausmaß von innenpolitischer und kultureller Liberalisierung gekennzeichnet war. Vor dem Beschluß zum „kritischen Dialog" zeigte sich die EU an der Liberalisierung des Handels mit Iran interessiert und stand in Verhandlungen mit ihm über ein entsprechendes Abkommen (Struwe 1998, 22).

Die dem „kritischen Dialog" zugrundeliegende Annahme, daß Iran im Interesse besserer Beziehungen zu Europa zu einer Veränderung des eigenen Verhaltens in der Lage wäre, war also nicht unberechtigt. Daß die Reformpolitik im Winter 1992 schon ihren Zenit überschritten hatte und recht bald darauf ins Stocken geriet, war zum Zeitpunkt der Formulierung des „kritischen Dialogs" schwer zu erkennen.

Auch die internationale Einschätzung Irans stand zum Zeitpunkt, als die EU den „kritischen Dialog" beschloß, noch nicht im offenen Widerstreit zu der damit angestrebten Politik. In den USA, dem Hauptspieler hinsichtlich strategischer und auch wirtschaftlicher, vor allem energiewirtschaftlicher Entwicklungen in den Iran benachbarten Regionen, war wenige Wochen vor dem europäischen Dialogbeschluß Bill Clinton zum neuen Präsidenten gewählt worden. Erst im März 1993 forderte der neue Außenminister Warren Christopher eine härtere, konfrontative Gangart gegenüber Iran, und im darauffolgenden Mai wurde die „doppelte Eindämmung" gegenüber dem Irak und Iran zur offiziellen amerikanischen Politik. Die Konkurrenz zwischen der amerikanischen und der europäischen Iranpolitik, die später sogar das transatlantische Verhältnis belasten sollte, bestand zum Zeitpunkt der Formulierung des „kritischen Dialogs" folglich noch nicht.

2. Ziele und Interessen

Die Zielsetzung des „kritischen Dialogs" war eindeutig an den Werten der Europäischen Gemeinschaft ausgerichtet. Zu seinem wichtigsten Instrument wurden die regelmäßigen halbjährigen Treffen zwischen der EU-Troika und Iran.

Der „kritische Dialog" geriet in der öffentlichen Wahrnehmung sehr bald in folgenden Widerspruch: Auf der einen Seite seine Menschenrechtspolitik betonenden Zielsetzung, auf der anderen das ihm unterstellte leitenden Interesse, nämlich die lukrativen Wirtschaftsbeziehungen zu Iran. Dieser Widerspruch wirkte sich bezüglich Iranfragen auch auf das Verhältnis zwischen dem auf Menschenrechtspolitik bedachten Europäischen Parlament und den Regierungen aus, die den „kritischen Dialog" führten. Die offizielle Iranpolitik der EU wurde vom EP regelmäßig wegen nicht genügenden Drucks auf Iran in den Menschenrechtsfragen und der „Erfolglosigkeit" des „kritischen Dialogs" kritisiert.

Für die weit verbreitete Wahrnehmung, daß der „kritische Dialog" nur ein Alibi für die Verfolgung der nationalen Wirtschaftsinteressen sei, gab es gute Gründe. Nach der Revolution von 1979 und dem achtjährigen Krieg des Iraks gegen Iran hatten die europäisch-iranischen Wirtschaftsbeziehungen für die Dekade 1986-96 in den Jahren 1991/92 ihren Höhepunkt erreicht (Eurostat Jahrbuch '97: 466). Großbritannien, Frankreich und Italien waren die wichtigsten Importeure iranischen Erdöls, Deutschland hingegen zeichnete sich durch seine hervorragende Stellung als Importeur von iranischen Nicht-Erdöl-Produkten (34,4%) aus (Moini 1993: 317). 1992 erreichte der deutsch-iranische Handelsaustausch ein Volumen von über 9 Mrd. DM, das höchste seit der Revolution, und iranische Anteile an deutschen Aktien beliefen sich auf über 600 Mio. DM.

Das deutsch-iranische Verhältnis hatte auch politisch eine besondere Qualität. Außenminister Genschers Besuch in Teheran 1984 wurde in Iran als entscheidender Schritt der Anerkennung Irans nach der Revolution gewertet. Nach dem irakisch-iranischen Krieg setzte sich Genscher für eine Beteiligung Deutschlands und Europas am Wiederaufbau ein und auch dafür, Iran politisch in die Neugestaltung der Region einzubinden. In diesem Sinne ist der „Geist Genschers" auch im Beschluß zum „kritischen Dialog" zu spüren.

Gleichwohl war der „kritische Dialog" eine europäische Entscheidung, sie als „Schöpfung" des zu diesem Zeitpunkt nicht mehr amtierenden Außenministers Genscher darzustellen (Krech 1999), greift zu kurz. Inwieweit bei den einzelnen europäischen Regierungen ein Interesse und Hoffnungen bestanden, Iran über den „kritischen Dialog" auch in regionale politische Gestaltung einzubinden, ist schwer auszumachen. Daß mit ihm eine Formel gefunden war, die erlaubte, die nationalen Wirtschaftsinteressen weiter zu verfolgen, war gewiß ein wesentlicher Anreiz. Doch die Spannung zwischen den einzelnen nationalen Wirtschaftsinteressen und dem kooperativ zu führenden Dialog mit seinen moralischen Ansprüchen einer gemeinsamen, in der GASP verankerten Menschenrechtspolitik wurde dem „kritischen Dialog" schließlich zum Verhängnis.

3. Verlauf des „kritischen Dialogs "

Der „kritische Dialog" wurde nicht durch seine Aktivitäten oder gar seine Erfolge bekannt, sondern vor allem durch die Kritik an ihm. Seine Instrumente waren regelmäßige, mindestens einmal jährlich stattfindende Gespräche der EU-Troika mit iranischen Offiziellen, vertrauliche Demarchen und öffentliche Erklärungen des EU-Ministerrats. Der „kritische Dialog" fand als kooperatives Vorgehen auf Regierungsebene statt, der Dialog auf zivilgesellschaftlicher Ebene war so gut wie ausgeklammert.

Die offiziellen Erklärungen der EU lassen erkennen, wie sehr für die Europäer die Rushdie-Affäre und die Probleme der Menschenrechte allgemein im Mittelpunkt standen. Doch zu einem ernsthaften Dialog zu kommen, erwies sich als schwierig: Der wesentlich vom Deutschen Orient-Institut in Hamburg organisierte Menschenrechtsdialog mit Iran zum Beispiel verlief im Sande. Daran war gewiß nicht nur die deutsche Seite Schuld, doch auch das mit der Zeit entstandene politische Klima in Deutschland erschwerten seine Durchführung. Für die deutsch-iranischen Beziehungen kam erschwerend hinzu, daß kurz vor dem Beschluß des „kritischen Dialogs" das schon ausgearbeitete Kulturabkommen von den Bundesländern nicht unterzeichnet worden war aus Protest dagegen, daß die iranische Khordad-Stiftung das „Kopfgeld" für Salman Rushdie erhöht hatte.

Iran sah im „kritischen Dialog" in erster Linie ein Instrument zur Belebung des Außenhandels mit den europäischen Staaten und war vor allem daran interessiert, von den europäischen Ländern einen höheren Kreditrahmen eingeräumt zu bekommen. Angesichts der mit dem „kritischen Dialog" verbundenen unterschiedlichen Zielsetzungen beider Seiten ist es nicht verwunderlich, daß sich die Gespräche zwischen der EU-Troika und Iran in der Endphase vor der Suspendierung des „kritischen Dialogs" 1997 zu einem leeren Ritual entwickelten. Dänemark sah den „kritischen Dialog" sogar als so erfolglos an, daß er ihn zwar nicht auf EU-Ebene, so doch aber in den bilateralen Beziehungen zu Iran aufkündigte (Struwe 1998: 32).

Als Erfolg des „kritischen Dialogs" läßt sich nur verbuchen, daß es mit ihm möglich war, den Kontakt zu Iran aufrecht zu erhalten. Das ist politisch nicht unwichtig, entsprach aber nicht der Zielsetzung des „kritischen Dialogs", Veränderungen im iranischen Verhalten zu erreichen und ein Vertrauensverhältnis zu schaffen.

Einen besonderen wirtschaftlichen Vorteil hatten die Europäer aufgrund des „kritischen Dialogs" nicht. Ab 1992 ging das Außenhandelsvolumen zwischen Iran und den EU-Ländern recht stetig zurück (Struwe 1998: 82-86). Die Gründe dafür lagen in Irans Wirtschaftslage und -strukturen.

Die Frage, wie sich das europäisch-iranische Verhältnis entwickelt hätte, falls die EU sich entschlossen hätte, sich der amerikanischen Boykott- und Sanktionspolitik anzuschließen, läßt sich nicht beantworten. Für die Annahme, daß die Teheraner Führung dann aus der Isolierung heraus mit terroristischen Aktionen in Europa reagiert hätte, gibt es ebensowenig überzeugende Gründe wie für die amerikanische und israelische Hoffnung, daß durch den gemeinsamen Boykott Iran sich der „neuen Weltordnung" und amerikanisch/israelischen Interessen in der Region fügen würde. Beide Aspekte sind heute irrelevant. Anstatt über sie zu spekulieren ist für die Entwicklung einer tragfähigen Strategie der EU gegenüber Iran und seinen benachbarten Regionen sinnvoller, den Mißerfolg des „kritischen Dialogs" zu untersuchen.

4. Gründe für den Mißerfolg

Die Gründe für den Mißerfolg des „kritischen Dialogs" waren:

1. Der politische Widerstand seitens der USA und Israels,
2. der Widerstand seitens der Öffentlichkeit in den europäischen Ländern,
3. die politischen Entwicklungen in Iran und
4. die unzureichende Formulierung des „kritischen Dialogs" als Strategie.

4.1. Widerstand der USA und Israels

Die USA betrieben ab dem Mai 1993 eine Politik der aktiven Isolierung Irans. Sie fußte auf der Strategie einer „doppelten", gegen den Irak und Iran gerichteten „Eindämmung" (dual containment). Der Grund dafür war global-strategischer Natur. Die USA sahen in den Rüstungsanstrengungen, insbesondere der unterstellten nuklearen Rüstung Irans, die Gefahr, daß ein zweiter Irak in der Region entstehen könnte. Für Israel, das sich bemühte, in seine Sicherheitsanstrengungen neben den direkten Nachbarn, die im nahöstlichen Friedensprozeß einbezogen waren, auch den „zweiten Kreis" der indirekten Nachbarn zu erfassen, wurde Iran mit seinen Rüstungsanstrengungen, seiner Unterstützung der libanesischen Hisbullah-Bewegung und seiner Ablehnung des Friedensprozesses zu einem der schlimmsten Gegner.

Der transatlantische Streit zwischen der europäischen Politik des „kritischen Dialogs" und der amerikanischen der aktiven Isolierung Irans erreichte im August 1996 seinen Höhepunkt. Mit dem „Iran-Libya Sanctions Act" (ILSA) wurden die amerikanischen Sanktionen gegen Iran dahingehend exterritorial erweitert, daß auch nicht-amerikanische Firmen mit Sanktionen in den USA zu rechnen hätten, wenn sie in Iran mehr als 20 Mio. USD investierten. Der Sinn dieses Gesetzes war, zu verhindern, daß Iran Mittel für weitere Rüstungsanstrengungen bereitstellen konnte, und die Modernisierung und den Ausbau der Förderkapazitäten iranischen Erdöls und Erdgases zu blockieren. Damit sollte zugleich die wirtschaftsstrategische und geopolitische Stärkung Irans als wichtiges Transitland zwischen dem Kaspischen Energieraum und dem Weltmarkt verhindert werden.

Die Europäer wehrten sich gegen die exterritoriale Ausweitung der amerikanischen Sanktionen. Im Mai 1998, das heißt nach der Wahl von Präsident Khatami und nach spürbaren klimatischen Verbesserungen im amerikanisch-iranischen Verhältnis, einigten sich EU und USA darauf, daß die USA von der Sanktionierung des großen Investitionsvorhabens der französischen Firma TOTAL absehen, während die Europäer im Gegenzug mehr Kooperation mit den USA hinsichtlich der Verhinderung iranischer Rüstung mit Massenvernichtungswaffen und im Bereich der Terrorismusbekämpfung versprachen. Damit war die Differenz zwischen amerikanischer und europäischer Iranpolitik weitgehend entschärft.

An dieser Entwicklung läßt sich die unterschiedliche Emphase zwischen amerikanischer und europäischer Iranpolitik aufzeigen. Die „Sorgenpunkte" (issues of concern), bezüglich derer eine Veränderung des iranischen Verhaltens gewünscht wird, sind für Europäer und Amerikaner die gleichen. Doch für die USA besteht hierbei aus globalstrategischen Interessen eine andere Gewichtung. Für sie rangiert die Sorge um Irans mögliche Rüstung mit Massenvernichtungswaffen an erster Stelle vor Terrorismus, dem nahöstlichen Friedensprozeß und den Menschenrechten. Für die EU hingegen standen Menschenrechte und Terrorismus vor dem Rüstungsproblem und dem Friedensprozeß. In dieser Differenz zeigte sich, daß die EU als Akteur von „Handelsstaaten" zwar wirtschaftlich global präsent ist, globalstrategisch aber gegenüber dem „national security state" (Rudolf 1999, 144f.) USA als „Juniorpartner" agiert. Auch auf die Politikformulierung der EU hatte dies erhebliche Auswirkungen.

4.2. Der Widerstand der öffentlichen Meinung

Amerikanische und israelische Polemik gegen den „kritischen Dialog" als weltpolitisch unverantwortliches „Feigenblatt" für die nationalen egoistischen Wirtschaftsinteressen der Europäer stieß in der europäischen Öffentlichkeit auf ein großes Echo. Während jedoch die innereuropäische Ablehnung des „kritischen Dialogs" in rein moralischer Begründung ruhte, nutzte die amerikanische und israelische Polemik moralischer Argumente zur Verfolgung strategischer Ziele (z.B. Clawson 1995). Dazu gehörte und gehört die Eindämmung Irans als Akteur im Persischen Golf sowie auch im Kaukasus und Zentralasien, sowie – für Israel – Iran als Feind in der Region möglichst unschädlich zu machen. Diese strategische Komponente war bei den europäischen Gegnern des „kritischen Dialogs" wenn überhaupt so doch weitaus weniger stringent ausgebildet.

In der europäischen Öffentlichkeit wurde Iran nicht minder als „Schurken"-Staat gesehen wie in den USA. Dies traf auch für nicht wenige Politiker zu, selbst wenn sie um des Kontakts zu Iran willen prinzipiell den „kritischen Dialog" befürworteten. Auch im Europäischen Parlament sowie in den nationalen Parlamenten wurde die Erfolglosigkeit des „kritischen Dialogs" massiv kritisiert. Es fehlte eine breite Debatte um den „kritischen Dialog" als strategisches Konzept, statt dessen wurde er nur in Form von „Kabinettspolitik" betrieben.

Die in breiten Kreisen der europäischen Öffentlichkeit anzutreffende pauschale Dämonisierung Irans wußten die USA und Israel zu nutzen. Die unterstellte atomare Rüstung Irans wurde in den Medien zum Glaubensartikel, der mit immer neuen „Informationen von befreundeten Diensten" bekräftigt wurde. Auf Anfragen nach Beweisen für Irans atomare Rüstung erhielt man in Washington nur die Erklärung, man habe „reasons to belief".

Des weiteren trug die pauschale anti-iranische Stimmung dazu bei, die Legitimität des „kritischen Dialogs" auch bei den Iranern zu unterminieren. Wenn sie den Dialog auch nicht als „Feigenblatt" für Wirtschaftsinteressen sahen, so doch als nicht mehr denn ein notwendiges Übel, um die Kontakte zu Europa um der eigenen Wirtschaftsinteressen willen in Gang zu halten.

4.3. Die politische Entwicklung in Iran

Eine wesentliche Ursache für das Scheitern des „kritische Dialogs" war, daß er zu spät kam. Wie oben dargelegt wurde, war zum Zeitpunkt der Entschließung zum „kritischen Dialog" die Einschätzung, daß Iran sich in einer Phase befände, in der er für eine Politik der konditionierten Einbindung zugänglich wäre, verständlich. Zwar ist es müßig, darüber zu spekulieren, ob angesichts des Umbruchs in Europa, des Zerfall der Sowjetunion und der Krise im Persischen Golf Europa in der Lage gewesen wäre, eine Politik des verpflichtenden Engagements zu formulieren, die in die Politik des Wiederaufbaus, der Reformen und der Öffnung unter Präsident Rafsanjani hätte eingreifen können; aber es gibt Indizien, die den Schluß erlauben, daß die Grundidee des „kritischen Dialogs" ein Jahr früher hätte greifen können. Doch Rafsanjanis Politik hatte Ende 1992 ihren Elan schon verloren (Hermann 1994). Der Sieg der konservativen Kräfte bei den Parlamentswahlen im Frühjahr zuvor hatte dies signalisiert. In der Folgezeit stand Rafsanjani mit seinem Programm zur Strukturanpassung in Konkurrenz zum Revolutionsführer Khamene'i, und am Ende schon seiner ersten Amtsperiode galt er vielen Iranern mehr als „Frühstücksdirektor" denn als politisch bestimmende Kraft. Erschwerend für den Umgang mit Iran als politischem Partner kam die zunehmende Zersplitterung der Machtzentren in Iran hinzu. Auch diejenigen Kräfte, die für den Dialog mit Europa eintraten, mußten oft ohnmächtig zusehen, wie diese Bemühungen von der Gegenseite konterkarriert wurden.

Für Iran waren angesichts des sich verhärtenden innenpolitischen Machtkampfs und der sich rapide verschlechternden Wirtschaftslage (nicht zuletzt aufgrund der amerikanischen Sanktionspolitik) gute Wirtschaftsbeziehungen zu den europäischen Industrieländern entscheidend. Deren politische Einbettung in die EU war für die meisten Iraner schwer zu verstehen und wurde als lästig im politischen Umgang mit den Europäern empfunden. Ebensowenig war der iranischen Seite verständlich, daß es aufgrund des marktwirtschaftlichen Systems den europäischen Regierungen nicht möglich war, zum Zweck politischer Anreize ihren nationalen Wirtschaften zu „befehlen", in Iran zu investieren. Doch über Export- und Investitionsversicherungen und allgemeine Ermunterungen hinaus standen vor allem in Deutschland keine nennenswerten Steuerungsinstrumente zur Verfügung.

Angesichts des verschärften innenpolitischen Machtkampfes hielt man in Iran eine engagierte Beteiligung am „kritischen Dialog" nicht nur für überflüssig, da die Europäer ja selbst an den Handelsbeziehungen interessiert waren, sondern auch für politisch suspekt. Denn mit den inhaltlichen Forderungen des „kritischen Dialogs" standen die Europäer auf der Seite der Amerikaner und Israelis. Die häufig gestellte Frage, wie unabhängig die Europäer denn von den USA und Israel seien, war keineswegs ausschließlich polemisch-ideologischer Natur.

Die Tatsache, daß der „kritische Dialog" im Prinzip bei den Iranern das Gleiche bezwecken wollte wie die amerikanische Boykottpolitik stieß außerdem auf eine fundamentale psychologische Barriere. Sich zu sehr auf den „kritischen Dialog" einzulassen, wurde als Unterwürfigkeit gegenüber jenem Westen verurteilt, der für die Revolution letztendlich nur Verachtung übrig hatte. Für den „kritischen Dialog" wirkte schädlich, daß im Westen nicht ausreichend zwischen Regime und Bevölkerung differenziert wurde. Iran und fundamentalistischer Islam wurden in der westlichen Wahrnehmung geradezu synonym verwendet, und die allgemeine Islamphobie wurde in der ersten Hälfte der neunziger Jahre wegen der Entwicklungen im Kaukasus und Zentralasien vom Westen und Rußland gleichermaßen geschürt. Der schon damals sich deutlich zeigende inneriranische Trend zu iranischem Nationalismus, begleitet von der Abkehr von der Ideologie des Revolutionsexports und der Hinwendung zu einer Politik der nationalen Interessenwahrnehmung wurde im Westen nicht ausreichend wahrgenommen. Weil ein breiter Dialog auf zivilgesellschaftlicher Ebene fehlte, war es in der ersten Hälfte der neunziger Jahre nicht möglich zu ahnen, daß diejenigen „hardliner" der revolutionär-islamistischen Studentenorganisation des „Büros zur Festigung der Einheit" heute zu den wesentliche Kräften der Reformbewegung gehören.[3] Die Verschmelzung islamischer und iranischer Interessenformulierung war weit fortgeschritten, und gerade auch iranische Nationalisten fühlten sich von der pauschalen Verachtung der Revolution als Teil ihrer Geschichte und Identität abgestoßen. Sie hatten kein Verständnis zum Beispiel dafür, daß von der Fraktion der Grünen im deutschen Bundestag aus parteipolitischen Grün-

---

3 Zu nennen wären die Vizepräsidentin Masumeh Ebtekar oder Hashem Aghajari, einer der Mitbegründer der Studentenorganisation und Anführer bei der Besetzung der amerikanischen Botschaft 1979, der auf einer Kundgebung der Reformer zum 20. Jahrestag der Botschaftsbesetzung erklärte, daß Beziehungen mit den USA weder einen Albtraum noch einen unreligiösen Akt darstellten, die Wiederherstellung der Beziehungen aber auch nicht die Probleme Irans über Nacht lösen werde; die Frage „Beziehungen oder nicht" sei gemäß der nationalen Interessen zu klären. Reuters, 3.1.1999 (Internet).

den die internationale Islamkonferenz des Auswärtigen Amtes wegen der
Einladung des iranischen Außenministers Velayati gekippt wurde.

4.4. Defizite des „kritischen Dialogs" als Strategie

Sowohl hinsichtlich seiner Formulierung als auch in seiner Durchführung
umfaßte der „kritische Dialog" zwar Elemente einer politischen Strategie,
war als solche aber unzureichend ausgestattet; er war keine vollwertige politische Strategie, sondern ein strategische Attitüde.

Der Beschluß des Europäischen Rats vom Dezember 1992 stellt zwar
„Verbesserungen in bezug auf die Menschenrechte, das Todesurteil gegen
den Schriftsteller Salman Rushdie [...] und in bezug auf den Terrorismus" in
einen konditionalen Zusammenhang mit der Möglichkeit, „engere Beziehungen und ein Vertrauensverhältnis zu schaffen", doch er nennt keine negativen Konsequenzen für den Fall des Ausbleibens von Verbesserungen im iranischen Verhalten. Die implizite Drohung, daß es dann nicht zu engeren Beziehungen käme, war insofern gegenstandslos als der Wunsch Europas nach
Beibehaltung von Wirtschaftsbeziehungen und der Aufrechterhaltung von
Kontakten offensichtlich war. Bis zur Suspendierung des „kritischen Dialogs" im Frühjahr 1997 und der geschlossenen Abreise der europäischen
Botschafter aus Teheran bestand somit für Iran kein dringlicher Grund, auf
Forderungen der Europäer anders einzugehen als wie zum Beispiel im Falle
des nahöstlichen Friedensprozesses mit der kosmetisch-diplomatischen Wen-
dung „wir lehnen ihn ab, aber wir tun nichts gegen ihn".

Aus politischen Erwägungen und historischen und auch psychologischen
Gründen wollten die Europäer nicht das schwere Geschütz der Sanktionen
auffahren. Politisch war ihnen der Kontakt zu Iran wichtig. Auch die ärgsten
Kritiker des „kritischen Dialogs" sei es in den Medien, sei es in der parlamentarischen Opposition, hielten daran fest, daß man irgendwie den Kontakt
zu Iran halten müsse (Bundestag 1996; Heinrich 1996). Bestärkt fühlte man
sich durch Stimmen aus den USA, die den Kontakt für nützlich hielten. Über-
legt wurde, ob das europäische und das amerikanische Verhältnis zu Iran nicht
im Sinne einer Aufgabenteilung zwischen der EU und den USA nach dem
Muster „good cop – bad cop" zu verstehen und entsprechend zu aktivieren
sei (Kemp 1997: 119; Reissner 1997: 140).

Seitens der EU war die Durchführung von Sanktionen angesichts der
unterschiedlichen Interessen der europäischen Länder an Iran ziemlich unrealistisch. Die politischen Hemmungen, sich den Sanktionen anzuschließen,
wurden dadurch verstärkt, daß historisch die Europäer im Verhältnis zu den
USA Sanktionen ohnehin eher skeptisch gegenüber stehen. Auch gab es für
die Europäer kein Strafmotiv zur Verhängung von Sanktionen, das die USA
wegen des Geiseldramas von 1979/80 in der amerikanischen Botschaft in
Teheran sehr wohl hatten (Tanter 1998, 28).

Was dem „kritischen Dialog" fehlte, war nicht die „Keule" der Sanktionen, sondern ein abgestimmtes Instrumentarium von Anreizen und sanktionierenden Maßnahmen. Ein solches zu entwickeln, hätte jedoch weit mehr Abstimmung im Detail erfordert. Den Dialog kooperativ zu führen und den einzelnen Mitgliedstaaten die Sicherung ihrer Wirtschaftsinteressen zu überlassen, konnte nicht als Ersatz für ein solches Instrumentarium fungieren. Die intergouvermentalen Politik des Konsens konnte in Bezug auf Iran in keinen erkennbaren Zusammenhang mit der integrativen Wirtschaftspolitik der EG treten, weil es in die Beziehungen zu Iran noch keine Plattform gab, in der das Regelwerk der ersten Säule der EU hätte wirksam werden können.

Die EU als Akteur irritierte die Iraner, die klare „bargaining-positions" vermißten. Zwar klagten europäische Diplomaten, daß die iranische Seite für die Anerkennung des Friedensprozesses zum Beispiel (zumindest im informellen Gespräch) einen klaren und vorzeigbaren Vorteil für sich forderte, doch auf diese Denk- und Verhandlungsweise gingen die Europäer nicht ein. Anreize wurden höchstens im Bereich der Wirtschaftsbeziehungen formuliert. Doch hier war bald klar, daß Umschuldungen in erster Linie dem Zweck dienten, daß Iran seine Schulden an die Europäer zurückzahlen kann.

Der Ausarbeitung eines differenzierten Instrumentariums von Anreizen und sanktionierenden Maßnahmen hätte schließlich auch eine klarere Konzeption über die Bedeutung Irans gemäß der einleitenden Formel des Dialogbeschlusses: „Angesichts der Bedeutung Irans in der Region..." zugrunde liegen müssen. Daß sie auch heute noch nicht so recht zu entdecken ist, hat zwei Gründe: Erstens sind den Europäern andere Regionen und Länder unzweifelhaft wichtiger als der Iran, und zweitens sind die USA in bezug auf Iran selbst als auch für die Iran umbegebenden Regionen sowohl strategisch als auch energiepolitisch der eindeutig bedeutendere Akteur. Beides schließt aber nicht aus, daß nicht auch die Europäer konzeptionell ein klareres Eigenprofil in bezug auf Iran und seine Nachbarregionen entwickeln könnten.

5. Bilanz

Der „kritische Dialog" war ein Markstein in der Entwicklung der GASP und wirkte nach außen als ein Markenzeichen europäischer internationaler Politikbemühungen in der neuen globalen Situation nach dem Zerfall der Sowjetunion. In Iran als dem Land, auf das der „kritische Dialog" zielte, ist das Interesse, das Phänomen EU zu verstehen, gewachsen.

Das hinsichtlich seiner Zielsetzung dürftige Resultat des „kritischen Dialogs" erschöpft sich darin, den Kontakt zu Iran gehalten zu haben. Trotz der gelegentlich heftigen Debatten und kritischer Resolutionen im Europäischen Parlament blieb der „kritische Dialog" Ausdruck eines „Sentiments" (Rudolf 1999: 71), als solches hatte es jedoch durchaus seine politischen

Wirkungen. Aus ihm resultierten Spannungen im transatlantischen Bündnis, ohne jedoch zu einer ernsthaften Beeinträchtigung dieses Verhältnisses zu führen, und die „Supendierung" des „kritischen Dialogs" hatte in Iran eine erheblich, wenn auch folgenlose Schockwirkung.

Verantwortlich für das dürftige Resultat sind in erster Linie die widrigen internationalen Umstände und die Verkennung der Situation im Zielland Iran selbst. Allerdings konnte die massive von den USA und Israel angeführte Polemik, mit der die Europäer zwischen den Hammer der Sanktionen und den Amboß der „Unterstützung" des „Schurken"-Staates gelegt wurden, nur deshalb greifen, weil erstens die Europäer sich nicht zur Entwicklung eines Instrumentariums von Anreizen und abgestimmten Sanktionsmaßnahmen bereit gefunden hatten, und weil zweitens Iran grundsätzlich als „Pariah" galt, international und gerade auch bei der europäischen Öffentlichkeit, die zu ausschließlicher Menschenrechtspolitik tendierte.

Ein Instrumentarium im genannten Sinne, ein gefächertes „do ut des"-Angebot hätte aller Wahrscheinlichkeit Verständnis auf iranischer Seite gefunden und mehr Anreize geboten, sich im „kritischen Dialog" zu engagieren. Beiden Seiten hätte es mehr Möglichkeiten gegeben, den Dialog flexibel und zugleich zielgerichteter auszugestalten.

6. Ausblick

Mit der Wahl Präsident Khatamis zum Staatspräsidenten stehen die Beziehungen zwischen der EU und Iran in einer grundlegend neuen Situation. Erstens ist die pauschale Verurteilung Irans als „Pariah" und „Schurken"-Staat einer differenzierenden Betrachtung gewichen, die wenigstens zwischen negativ besetzten „Konservativen" und positiv gewerteten „Reformern" unterscheidet. Zweitens haben die klimatischen Verbesserungen im Verhältnis zwischen den USA und Iran sowie auch die zwischen den pro-westlichen Golfanrainern (allen voran Saudi-Arabien) und Iran dazu beigetragen, daß die Europäer weit mehr Spielräume für ihre Iranpolitik haben.

Die Umwertung Irans in der öffentlichen Meinung ist eine wesentliche Voraussetzung dafür, daß der Dialog mit Iran nun auch auf zivilgesellschaftlicher Ebene geführt werden kann. Natürlich bedeutet das auch von der iranischen Opposition gestützte Bekenntnis der neuen Regierung zum „Dialog zwischen den Zivilisationen" nicht, daß der Diskurs ungehindert von politischen Regulierungen laufen könnte. Dennoch, das Regime hat sich damit nicht nur dem Ausland gegenüber, sondern vor allem auch gegenüber der eigenen Bevölkerung verpflichtet. Der breit geführte Dialog wird wichtig sein, sowohl, um zum Beispiel Zusammenhänge zwischen Marktwirtschaft und Rechtssicherheit in einer breiten iranischen Öffentlichkeit deutlich werden zu lassen, als auch, damit auf europäischer Seite ein klareres Bild von iranischen

Interessen und Zielsetzungen entstehen kann. Vor allem aber ist der breit geführte Dialog auf zivilgesellschaftlicher Ebene auch deshalb notwendig, um
Fehleinschätzungen aufgrund einer allzu oberflächlichen Einteilung politischer Richtungen in „Konservative" und „Reformer" vorzubeugen.

Die gewonnenen neuen Spielräume, die jetzt die EU für ihre Iranpolitik
hat, zwingen allerdings auch, mehr als zuvor konzeptionelle Vorstellungen
über Irans tatsächliche und mögliche Rolle in der ihn umgebenen Region zu
entwickeln und Prioritäten für das Verhältnis zu Iran zu benennen. Zum Beispiel ein klareres Bewußtsein davon, daß Iran allem Anschein nach gerade
nicht für die islamistischen Unruhen, die gegenwärtig wieder den Transkau-
kasus und Zentralasien erschüttern, verantwortlich ist, oder eine Klärung der
Frage, inwieweit Iran tatsächlich eine Bedrohung für Israel darstellt, würden
nach wie vor gängige Fehlperzeptionen über den Dialogpartner beseitigen
können. Nicht minder wichtig bleiben Fragen nach Irans tatsächlichen He-
gemonialbestrebungen im Zusammenhang mit seinen Rüstungsanstrengungen sowie die nach den Potentialen Irans, sein Ziel, als Transitland zwischen
dem Kaspischen Raum und dem Persischen Golf zu fungieren, zu erfüllen.

Im Verhältnis zu den USA und den internationalen Energiekonsortien
wird die EU in globalen politischen Zusammenhängen und im energiestrate-
gischen Bereich weiterhin gewissermaßen von der zweiten Reihe aus agieren.
Das sollte jedoch weniger als Rolle eines „Juniorpartners" verstanden werden, sondern als Aufgabe, eine eigenständige Rolle gemäß der Kapazitäten
der EU zu spielen, welche die USA gar nicht erfüllen können. In dieser Richtung gibt es seitens der EU wichtige Vorleistungen, die sich nutzen lassen.
Der Europäische Energie-Charta-Vertrag und das INOGATE (Interstate Oil
and Gas Transport to Europe) Programm könnten durch eine Einbindung
Irans eine wichtige Erweiterung erfahren, die für die notwendige Schaffung
sinnvoller regionaler Kooperationsstrukturen unabdingbar wäre. Gleiches gilt
für das TRACECA (Transport Corridor Europe-Causaus-Asia) Projekt.

Im Persischen Golf sind die USA als de facto Schutzmacht ohne Zweifel
der wichtigste externe politische Akteur. Doch auch hier können die Europäer mehr Profil gewinnen. Die Gespräche über die Schaffung eines gemeinsamen Sicherheitssystems im Golf können seitens der Europäer gefördert
werden, und ihre Erfahrungen im Bereich der vertrauensbildenden Maßnahmen können für alle Nachbarregionen eingebracht werden, woran die iranische Seite auch Interesse bekundet hat.

Auch wenn die Beziehungen zwischen der EU und Iran noch nicht als
normalisiert betrachtet werden können, so ist der Dialog doch insofern „nor-
mal" als er entscheidender friedlicher Bestandteil der Auseinandersetzung
um Interessen geworden ist. Der „kritische Dialog" war ein früher, wichtiger
Schritt der EU, auch außerhalb angestammter Räume in äußerst schwierigem
Gelände weltpolitisch aufzutreten, und er war nicht prinzipiell falsch. Die
vielleicht wichtigste Lehre, die sich aus ihm ziehen läßt, ist, daß die Zusammenhänge zwischen Wirtschaftsinteressen und -politik auf der einen Seite

und der gemeinsamen Außenpolitik keineswegs direkt und einleuchtend herzustellen sind. Sie müssen im einzelnen so weit wie möglich verdeutlicht und vor allem dem potentiellen Partner vermittelt werden.

Literatur

Bulletin der Europäischen Gemeinschaften, Kommission, 25(1992)12, S. 38.

Clawson, Patrick: Business as usual? – Western Policy Options Toward Iran, New York (The American Jewish Committee, International Perspectives 33) 1995.

Deutscher Bundestag, Debatte vom 9.5.1996, Stenographischer Bericht, Plenarprotokoll 13/104, S. 9206-18.

Eurostat Jahrbuch '97, Luxemburg 1997.

Heinrich, Arthur: Zur Kritik des ‚Kritischen Dialogs'. Der Sonderweg der Bonn-Teheran. In: Blätter für Deutsche und Internationale Politik, 41 (Mai 1996), S. 532-43.

Hermann, Rainer: Von der Wirtschafts- zur Legitimationskrise. In: Orient (Hamburg), 35 (1994) 4, S. 541-564.

Kempf, Geoffrey : The United States, Europe, and the Persian Gulf. In: Blackwill, Robert D. und Stürmer, Michael (Hrsg.): Allies Divides, Transatlantic Policies for the Greater Middle East, Cambridge, Mass./London, (The MIT Press) 1997, S. 101-122.

Krech, Hans: Was der „kritische Dialog" gebracht hat. In: Das Parlament, 12.02.1999, S. 14.

Moini, Farukh (Hrsg.): Iran Yearbook '93, Bonn (MB Medien & Bücher Verlagsgesellschaft mbH) 1993, S. 317.

Reissner, Johannes: Europe, the United States, and the Persian Gulf. In: Blackwill, Robert D. und Stürmer, Michael (Hrsg.): Allies Divides, Transatlantic Policies for the Greater Middle East, Cambridge, Mass./London, (The MIT Press) 1997, S. 123-142.

Reissner, Johannes: Europe's ‚Critical Dialogue' with Iran. In: Haass, Richard N. (Hrsg.): Honey and Vinegar: Incentives, Sanctions, and Foreign Policy, Washington, D.C. (Brookings Institution Press) erscheint Anfang 2000.

Rudolf, Peter: „Rogue Regime or Regional Power? Transatlantic Conflict over Policy towards Iran," in Matthias Dembinski, Matthias und Gerke, Kinka (Hrsg.): Cooperation or Conflict? Transatlantic Relations in Transition, New York, 1998, S. 144f.

Rudolf, Peter: Critical Engagement: The European Union and Iran. In: Haass, Richard N. (Hrsg.): Transatlantic Tensions: The United States, Europe, and Problem Countries. Washington, D.C. (Brookings Institution Press) 1999, S. 71-101.

Struwe, V. Matthias: The Policy of „Critical Dialogue". An Analysis of European Human Rights Policy towards Iran from 1992 to 1997. Durham (Durham Middle East Papers No. 60) 1998.

Tanter, Raymond: Rogue Regimes. In: Kodmani-Darwish, Bassma (Hrsg.): The United States, Iran and Iraq, Paris (les notes de l'ifri – no. 7) 1998, S. 20-30.

Die EU und Lateinamerika: Chancen und Grenzen einer *special relationship*

Karl-Dieter Hoffmann

Eine Analyse des Verhältnisses der EU zu anderen Staaten oder Weltregionen kann kaum die Tatsache außer acht lassen, daß die Mitgliedsländer der Union jeweils bilaterale Beziehungen zu diesen Staaten oder Regionen unterhalten. Dieses Faktum darf vor allem deshalb nicht vernachlässigt werden, weil die bilateralen Verbindungen aus der Sicht der nationalen Regierungen in der Regel eindeutig Priorität genießen gegenüber der im Rahmen der EU initiierten Kooperation. Dies liegt auch, aber nicht ausschließlich daran, daß die jeweiligen bilateralen Beziehungen bereits eine lange Tradition besaßen, als das vereinigte Europa begann, als kollektiver politischer Akteur zu handeln.

Unter den Entwicklungskontinenten trifft dies vor allem auf Lateinamerika zu, das seine politische Unabhängigkeit schon zu Beginn des 19. Jahrhunderts erringen konnte – damals hatte für die meisten afrikanischen Gebiete die Kolonialzeit noch gar nicht begonnen. Die Mehrheit der afrikanischen und einige asiatische Staaten wurden erst zu einem Zeitpunkt politisch unabhängig, als der europäische Einigungsprozeß mit der Gründung der EWG den ersten entscheidenden Schritt bereits realisiert hatte. Während für die in die Lomé-Abkommen einbezogenen Staaten die EU als kollektiver Akteur eine mehr oder minder große Bedeutung besitzt, stehen bei den anderen Staaten der Dritten Welt die jeweiligen bilateralen Beziehungen zu den EU-Mitgliedern im Vordergrund. Im Hinblick auf Lateinamerika läßt sich konstatieren, daß seit Beginn der 90er Jahre die Bedeutung der bilateralen Beziehungen durch ein verstärktes Engagement der EU ein Stück weit relativiert werden konnte. Das erste Treffen der EU-Staats- und Regierungschefs mit ihren Amtskollegen aus Lateinamerika, das Ende Juni 1999 in Rio de Janeiro stattfand, sollte die Grundlage für einen Qualitätssprung in den politischen und wirtschaftlichen Beziehungen zwischen den beiden Regionen schaffen.

1. Lateinamerika – der „europäischste" unter den Entwicklungskontinenten

Es ist allgemein bekannt, daß die lateinamerikanische Realität sich heute anders darstellen würde, wäre der Subkontinent nicht über Jahrhunderte maßgeblich durch europäische Einflüsse geprägt worden. Neben der rund 300 Jahre währenden Kolonialzeit, die der Region u.a. die Amtssprachen Spanisch und Portugiesisch (Brasilien) beschert hat, sind auch die zahlreichen Einwanderer aus verschiedenen europäischen Ländern zu bedenken, die im 19. Jahrhundert nach Lateinamerika kamen und deren Nachfahren heute in den meisten Staaten südlich des Rio Grande zumindest bedeutende Minderheiten bilden und in einigen Fällen (Cono Sur) die Mehrheit der Bevölkerung verkörpern. Zudem war Großbritannien nach der Loslösung von den iberischen Mutterländern für lange Zeit die dominierende Wirtschaftsmacht in der Region, die seit den 1880er Jahren auch eine rasche Stärkung der Position anderer aufstrebender europäischer Industriestaaten als Handelspartner und Investoren verzeichnete. Der Aufstieg der USA zum hemisphärischen Hegemon begann erst zu Beginn des 20. Jahrhunderts und blieb bis zum Ende des Zweiten Weltkriegs im wesentlichen auf Zentralamerika und die Karibik beschränkt. Auch wenn die Vereinigten Staaten in der Folgezeit ihre Präsenz und ihren Einfluß auf dem Subkontinent massiv ausweiten konnten, spielten die europäischen Staaten weiterhin eine wichtige Rolle im lateinamerikanischen Außenhandel, bei den Direktinvestitionen, auf dem Feld der Entwicklungszusammenarbeit und beim kulturellen Austausch. Aufgrund der enormen Diskrepanz zwischen den in Lateinamerika einerseits und dem EU-Raum andererseits gegebenen wirtschaftlichen Größenordnungen kam dem biregionalen Verhältnis aus Sicht Lateinamerikas stets ein ungleich größeres Gewicht zu als dies aus der umgekehrten Perspektive der Fall war. Vergleicht man die wirtschaftliche Bedeutung der drei Entwicklungskontinente für die europäischen Volkwirtschaften, kam Lateinamerika bis zur Schuldenkrise der 80er Jahre der erste Rang zu, und auch nach der Überwindung der Wachstumsschwäche stieg das Engagement europäischer Unternehmer und Investoren auf dem Subkontinent rasch wieder an.

Die Intensität der europäisch-lateinamerikanischen Wirtschaftsbeziehungen fand lange Zeit keine Entsprechung im politischen Verhältnis. Aus dem Bündel von Faktoren, die diesen Sachverhalt zu begründen vermögen, sind drei besonders hervorzuheben: Zum einen die eben erwähnte verhältnismäßig geringe Relevanz der lateinamerikanischen Länder für die europäische Wirtschaft. Zweitens anerkannten die Europäer stillschweigend den US-amerikanischen Hegemonieanspruch in dieser Region. Drittens die chronische politische Instabilität, die der Etablierung dauerhafter politischer Bindungen kaum förderlich war. Unter den Bedingungen und Elementen, die einen allmählichen Wandel im biregionalen politischen Verhältnis bewirkten, gilt es die

Rolle der an europäischen Vorbildern orientierten Parteien besonders hervorzuheben. So entstanden seit den 50er Jahren in mehreren Ländern christ- und/oder sozialdemokratische Parteien, die von ihren Schwesterorganisationen in der Alten Welt finanzielle und technische Hilfe erhielten. Übernahm eine dieser Parteien die Regierungsverantwortung (was u.a. in Chile, Venezuela und El Salvador geschah), bestanden gute Voraussetzungen zur Intensivierung der Beziehungen zu jenen europäischen Staaten, die von Vertretern aus dem gleichen ideologischen Lager geführt wurden. Mit der Stabilisierung der politischen Verhältnisse nach dem Abtreten der Militärregime und der (Re-)Etablierung demokratischer Regierungssysteme seit Anfang der 80er Jahre haben sich die Bedingungen für eine Vertiefung der politischen Beziehungen zu Europa markant verbessert.

Daß diese Chance auch genutzt wurde, war weniger der Initiative einzelner europäischer Staaten als vielmehr dem Engagement der EG zuzuschreiben, die bis zu Beginn der 80er Jahre in Lateinamerika kaum als politischer Akteur sui generis in Erscheinung getreten war. Ihre erste eigene politische Initiative lancierte die EG damals in Zentralamerika, wo sie sich für eine friedliche Beilegung der bewaffneten Konflikte in Nicaragua, El Salvador und Guatemala einsetzte. Diese Aktivitäten mündeten ab 1984 in den sogenannten *San José*-Dialog in Form von regelmäßigen Treffen der Außenminister beider Regionen. Dem folgten später weitere institutionalisierte Dialogforen mit anderen Gruppierungen lateinamerikanischer Länder (s.u.). Ein zusätzlicher starker Impuls zum Ausbau der biregionalen Beziehungen ergab sich aus dem EG-Beitritt der beiden iberischen Länder (1986), wobei es in der Folgezeit insbesondere Spanien war, daß sich als Fürsprecher lateinamerikanischer Interessen innerhalb der EG/EU profilierte. U.a. ist es vorrangig dem spanischen Lobbying zuzuschreiben, daß Ende der 80er Jahre die Dominikanische Republik und Haiti in das Lomé-Abkommen einbezogen wurden, das den Vertragsländern den Zugang zum europäischen Markt erleichtert.

Das verstärkte Engagement der EU in Lateinamerika wird von den USA aufmerksam beobachtet. Dabei konzentriert sich das Konkurrenzdenken auf den wirtschaftlichen Bereich, während die EU und ihre Mitgliedsländer die politische Vormachtstellung der Supermacht in deren *backyard* auch nach dem Ende des Ost-West-Konflikts nicht grundsätzlich in Frage stellen. Das heißt aber nicht, daß die EU und ihre Mitgliedsstaaten in bestimmten politischen Streitfragen nicht deutlich andere Positionen vertreten als die USA. Gänzlich außer Frage steht, daß eine Analyse der Beziehungen zwischen der EU und Lateinamerika, welche die starke Stellung und die vielfältigen Interessen der Vereinigten Staaten in dieser Region unberücksichtigt läßt, quasi zwangsläufig zu falschen oder zumindest defizitären Erkenntnissen und Schlußfolgerungen gelangen muß.

2. Lateinamerika im Visier der USA und der EU: Politische Differenzen, wirtschaftliche Konkurrenz

Es hat fast 100 Jahre gedauert, bis die USA über das Machtpotential verfügten, um den in der Monroe-Doktrin formulierten Anspruch in die Tat umsetzen zu können. Seitdem diese auf die Abwehr extrahemisphärischer – sprich: europäischer – Einmischungsversuche zielende Doktrin zu Beginn des 20. Jahrhunderts von Theodore Roosevelt um eine auf die Innenpolitik der südlichen Nachbarn gerichtete Kontrollfunktion der USA ergänzt wurde, hat die regionale Vormacht keine Mittel gescheut, um politische und wirtschaftliche Entwicklungen in diversen lateinamerikanischen Ländern zu korrigieren, die ihren Interessen zu schaden schienen. Insbesondere im zentralamerikanischen und karibischen Raum hat Washington lange Zeit autoritäre Regime gefördert und unterstützt und somit maßgeblich dazu beigetragen, daß sich dort demokratische Traditionen nicht ausbilden konnten. Waren es primär wirtschaftliche Motive, die in der ersten Jahrhunderthälfte das politische Handeln Washingtons gegenüber Lateinamerika bestimmten, rückten an deren Stelle in der Ära des kalten Krieges sicherheitspolitische Überlegungen. Die Etablierung eines sozialistischen Regimes auf Kuba wurde als radikale Veränderung des geostrategischen Szenarios in der eigenen Hemisphäre perzipiert. Vor dem Hintergrund des Debakels der USA in Vietnam wurde das Instrumentarium zur Beeinflussung der politischen Entwicklung in Süd- und Mittelamerika diversifiziert, die direkten militärischen Interventionen gingen zurück. Nach dem Ende der Ost-West-Konfrontation setzte Washington den Zufluß illegaler Drogen aus Lateinamerika an die erste Stelle der interamerikanischen Agenda, wobei dieses Problem von den wichtigsten Entscheidungsträgern in Regierung und Kongreß aus einer überwiegend sicherheitspolitischen Optik perzipiert wird.

Aus dem Unterlegenheitsgefühl gegenüber dem „Koloss im Norden" und dessen häufig wenig einfühlsamen bis arroganten Umgang mit den schwachen südlichen Nachbarn speist sich ein USA-Bild in der lateinamerikanischen Öffentlichkeit, als dessen dominierendes Charakteristikum eine Art Haßliebe auszumachen ist. Einerseits wird die westliche Supermacht ob ihrer wirtschaftlichen Errungenschaften bewundert, die dort vorherrschenden Konsummuster und -moden dienen als Orientierungswerte und werden bis in die Unterschicht hinein (mehr oder weniger bruchstückhaft) imitiert; andererseits werden Gefühle der Minderwertigkeit, Bevormundung, Abhängigkeit und Ausbeutung hervorgerufen, wobei letztere eine gewisse Mitverantwortung Washingtons für die wirtschaftlichen und sozialen Entwicklungsdefizite Lateinamerikas implizieren. Nutznießer dieser Situation sind vor allem die Europäer, weil die großen Sympathien, die den europäischen Staaten in Lateinamerika entgegengebracht werden, zum Teil als direkter Ausfluß oder Kehrseite des eher negativen Images der USA zu begreifen sind. Dies hängt

auch – aber wohl weniger stark als es auf den ersten Blick erscheinen mag –
damit zusammen, daß sich in mehreren westeuropäischen Gesellschaften seit
Mitte der 60er Jahre eine wachsende US-kritische Strömung bemerkbar
machte. Im Zusammenhang mit einer zunehmenden Sensibilisierung diverser
gesellschaftlicher Gruppen für Probleme der Dritten Welt hat die regelmäßig
auf die Unterstützung konservativer Kräfte ausgerichtete Lateinamerika-
Politik der USA in Europa Kritik an der westlichen Supermacht sowie Soli-
daritätsbekundungen für die von den autoritären Regimen Diskriminierten
und/oder Verfolgten hervorgerufen, was in mehreren Ländern nicht ohne
Einfluß auf die Regierungspolitik blieb. Dies hat zweifellos zum positiven
Europa-Bild in Lateinamerika beigetragen, das aber zumindest ebenso stark –
in gleichsam dialektischer Weise – von dem ausgeprägten Negativ-Image der
Vereinigten Staaten zehrt.

Unbestritten ist, daß sich die lateinamerikanischen Staaten während der
vergangenen Dekaden in bezug auf ihre Probleme von den europäischen Regierungen in der Regel besser verstanden fühlten als von den USA; gleichzeitig sahen und sehen sie in einer Intensivierung der Beziehungen zu Europa
ein probates Mittel, um die Hegemonieposition Washingtons in der Region
zu relativieren. Aufgrund der hegemonialen Position und Rolle der USA in
ihrem *backyard* südlich des Rio Grande wird die Herausbildung eines eigenständigen Profils der EU als internationaler Akteur gegenüber bzw. in Lateinamerika auch und gerade vom Ausmaß der Distanz ihrer Politik zur jeweiligen Position Washingtons bestimmt.

So verstand sich das bereits erwähnte Engagement für eine Befriedung
der zentralamerikanischen Konfliktregion, mit dem die damalige EG auf dem
Subkontinent ihr Debüt als eigenständige politische Kraft gab, als Gegenent-
wurf zur politischen Linie der Reagan-Administration. Während die US-
Regierung eine militärische Lösung anstrebte und Verhandlungsalternativen
nur Lippenbekenntnisse entgegenbrachte, unterstützte die EG die Initiative
der Contadora-Staaten, die eine politische Regelung unter Einbezug aller
Konfliktparteien, einschließlich der Sandinisten, herbeizuführen suchte. Anders als Washington, das hinter den regionalen Turbulenzen subversive Um-
triebe externer (kommunistischer) Kräfte auszumachen vorgab und das Geschehen in den Rahmen des Ost-West-Konflikts stellte, verwiesen die EG-
Vertreter auf die hausgemachten und primär sozio-politischen Ursachen der
Krise (weitverbreitete Armut, fehlende politische Partizipationsmöglichkei-
ten etc.). Der damals aufgenommene und alsbald institutionalisierte Dialog
zwischen den Außenministern beider Regionen wurde durch eine Erhöhung
der Wirtschafts- und Entwicklungshilfe der EG für die zentralamerikanischen
Kleinstaaten flankiert. Die Beibehaltung einer von der Position der USA abweichenden Zentralamerika-Politik ist auch deshalb bemerkenswert, weil es
zwischen den Regierungen der EG-Mitgliedsstaaten deutliche Differenzen
bezüglich der Rolle der Gemeinschaft in der Konfliktregion und der Haltung
gegenüber dem Vorgehen Washingtons gab. Wahrscheinlich haben die wenig

einfühlsamen Versuche der Reagan-Administration, die Europäer von ihrer regionalpolitischen Linie abzubringen (s. Smith 1995, 79f.), sowie der Umstand, daß die konfrontative Zentralamerika-Strategie des Weißen Hauses von keinem einzigen Staat der Hemisphäre unterstützt wurde, die Mehrheit der europäischen Regierungen in ihrer eigenständigen Konzeption bestärkt. Andererseits geriet der transatlantische Konsens in weltpolitischen Fragen durch die Differenzen bezüglich Zentralamerika niemals in Gefahr, so daß der europäische Sonderweg auf dem Isthmus für Washington zwar ein Ärgernis darstellte, aber tolerabel blieb.

Mit dem Ende des kalten Krieges und der tendenziellen Festigung der demokratischen Regierungssysteme in Lateinamerika sind wesentliche Voraussetzungen für das mögliche Aufkommen ernsthafter Meinungsverschiedenheiten zwischen Washington und Brüssel über die „richtige" politische Strategie gegenüber dem Subkontinent weggefallen. Dennoch lassen sich in einigen Punkten deutliche Differenzen feststellen. Dazu gehört etwa das Thema Drogenbekämpfung. Während die USA im Versagen diverser Staaten der Region bei der Unterbindung des Anbaus von Drogenpflanzen (Koka, Schlafmohn, Marihuana) und deren Weiterverarbeitung die zentralen Triebkräfte des Drogenproblems sehen, den Zustrom illegaler Suchtstoffe zum „nationalen Sicherheitsproblem" erklärt und einen *war on drugs* proklamiert haben, der u.a. auch das in ganz Lateinamerika mißbilligte jährliche *certification*-Verfahren (in dem der Präsident ein Urteil darüber fällt, ob die in den Drogenhandel verwickelten Länder in ausreichender Weise mit den USA kooperiert haben) umfaßt, sprechen die Vertreter der EU von „gemeinsamer Verantwortung" in diesem Problembereich und setzen in den entsprechenden Kooperationsprogrammen nahezu ausschließlich auf nicht-repressive (d.h. primär entwicklungspolitische) Mittel. Dies ist keineswegs der einzige, aber ein besonders wichtiger Bereich, in dem aus der Sicht Lateinamerikas Verhalten und Forderungen der US-Regierung und der Mehrheit der Kongreßmitglieder als arrogant und bar jeden Verständnisses für die konkreten Probleme vor Ort wahrgenommen werden.

Eine weitere Frage, in der sich die Position der EU von derjenigen Washingtons deutlich unterscheidet, ist das Verhältnis zu Castros Kuba. Während die EU trotz der kubanischen Weigerung, als Vorbedingung für den Abschluß eines Kooperationsabkommens Schritte zur Liberalisierung des politischen Systems einzuleiten, in Übereinstimmung mit quasi allen lateinamerikanischen Regierungen auf eine Weiterführung des Dialogs setzt, verfolgt die US-Regierung einen nach dem Ende des kalten Krieges anachronistisch anmutenden Kurs der totalen Isolierung des Inselstaates, der auch völkerrechtswidrige Instrumente wie das Helms-Burton-Gesetz (s. Roy 1997) einschließt.

Die gegenseitige Wahrnehmung der wichtigsten europäischen Volkswirtschaften und der USA als Konkurrenten auf dem lateinamerikanischen Markt hat sich seit Beginn der 90er Jahre aus zwei Gründen verstärkt: zum einen wegen des im Zeichen der Globalisierung generell härter werdenden Wettbewerbs in der Weltwirtschaft und zum anderen wegen der an beachtlichen Wachstumsraten ablesbaren neuerlichen Attraktivität des Subkontinents nach der „verlorenen Dekade" der von der Schuldenkrise geprägten 80er Jahre. Aus Sicht Washingtons kommt der ökonomischen Stabilisierung der jenseits des Rio Grande gelegenen Volkswirtschaften außerdem eine eminente sicherheitspolitische Relevanz zu.

Die im Juni 1990 von Präsident Bush verkündete „Enterprise of the Americas"-Initiative, die das Szenario eines zukünftigen Freihandelsarrangements in der gesamten amerikanischen Hemisphäre entwarf, war vor dem Hintergrund einer anhaltend schwachen US-Konjunktur zum Teil durch den Fortschritt der europäischen Integration und den rasch wachsenden Handel Japans mit Südostasien motiviert worden. Mit dem Anfang 1994 in Kraft tretenden NAFTA-Vertrag wurde aus Sicht der USA ein erster Schritt in Richtung einer verstärkten intraregionalen Wirtschaftskooperation getan. Auf dem ersten Amerika-Gipfel in Miami (Dezember 1994) kündigte Präsident Clinton die Schaffung einer kontinentweiten Freihandelszone bis zum Jahre 2005 an, gleichzeitig wurde Chile die baldige Aufnahme in die NAFTA angeboten. Diese Ereignisse und Pläne riefen auf Seiten der EU Befürchtungen über künftige Terrainverluste auf dem lateinamerikanischen Markt hervor, denen es mit eigenen Initiativen entgegenzuwirken galt.

3. Politischer Dialog und wirtschaftliche Beziehungen: eine ambivalente Bilanz

Sinn und Zweck der regelmäßigen Treffen zwischen den Außenministern der zentralamerikanischen Staaten und ihren europäischen Amtskollegen haben sich seit Beginn der Initiative gewandelt. Während das ursprüngliche Hauptziel des *San José*-Dialogs mit den Friedensvereinbarungen in den Konfliktzentren Nicaragua (1989/90), El Salvador (1992) und Guatemala (1995) weitgehend realisiert werden konnte, versteht die EU das institutionalisierte Gesprächsforum heute primär als Beitrag zur Festigung der nach wie vor schwachen demokratischen Regierungssysteme auf dem Isthmus.

Seit 1990 finden regelmäßige (jährliche) Begegnungen der EU-Außenminister mit ihren Kollegen aus den Mitgliedsstaaten der sogenannten Rio-Gruppe statt. Die Geschichte dieses Verbunds geht ebenfalls auf den Zentralamerika-Konflikt zurück. Den Kern des *Grupo de Rio* bilden jene vier Länder, die 1993 die Contadora-Initiative zur Herbeiführung einer Verhandlungslösung in der Konfliktregion lanciert hatten (Venezuela, Kolumbien, Mexiko, Panama) sowie die Mitglieder des sog. *Grupo de Apoyo*, die seit 1995 die Bemühungen der Contadora-Staaten unterstützt hatten (Brasilien, Argentinien, Peru, Uruguay). Die Formierung dieser Staatengruppen ist Ausdruck und Folge des Niedergangs der politischen Relevanz der (seit 1949 bestehenden) Organisation Amerikanischer Staaten (OAS) infolge der Weigerung der lateinamerikanischen Staaten zur Fortführung einer Praxis, die den USA seit den 60er Jahren in mehreren Fällen (u.a. Intervention in der Dominikanischen Republik 1965) eine interamerikanische Legitimationsfassade zur Durchsetzung partikularer Interessen und Ziele geliefert hat. Seit 1994 besteht die Rio-Gruppe aus allen südamerikanischen Ländern sowie Mexiko und Panama. Zu den Treffen mit den europäischen Außenministern entsenden auch die zentralamerikanischen und karibischen Staaten je einen Vertreter. Bei den Konferenzen werden jeweils mehrere Themen aus einem im Laufe der Jahre ständig erweiterten Katalog biregionaler Probleme und Kooperationsfelder erörtert. Während die allgemeinen politischen Beziehungen und wirtschaftliche Fragen ein ständiges Thema bilden, wurden auf dem Treffen von 1997 (Nordwijk) u.a. der Kampf gegen den internationalen Drogenhandel und bei der Zusammenkunft von 1998 (Panama-Stadt) als Sonderthema die Bedeutung der Bildungspolitik im Entwicklungsprozeß diskutiert. Die Rio-Gruppe wertet den Dialog mit der EU als Bestätigung der eigenen Identität sowie als Anerkennung und Legitimation ihrer Rolle als regionaler Interessenvertreter und Gesprächspartner durch das wichtigste Integrationsbündnis der industrialisierten Welt, wobei einmal mehr das Bestreben, aus dem riesigen Hegemonieschatten der USA herauszutreten, ein nicht zu unterschätzendes Motiv darstellt.

Anders als im *San José*-Dialog und bei den Gesprächen mit der Rio-Gruppe, wo politische Themen stets einen breiten Raum einnehmen, kommt bei den Treffen mit der Andengemeinschaft (Kolumbien, Peru, Venezuela, Ecuador, Bolivien) wirtschaftlichen Belangen ein wesentlich größerer Stellenwert zu. Das gleiche gilt für die seit der Unterzeichnung eines Rahmenabkommens mit dem *Mercosur* (1995) stattfindenden Konferenzen zwischen den Außenministern des südamerikanischen Integrationsbündnisses und ihren Amtskollegen der EU-Troika. Spezielle Dialoge unterhält die EU mit Chile (seit 1995) und Mexiko (seit 1997), wobei ersteres seit der Assoziierung mit dem *Mercosur* an den biregionalen Außenministertreffen teilnimmt. Eine andere Ebene der interregionalen Kooperation stellt der regelmäßige Erfahrungsaustausch zwischen Delegationen des Europa-Parlaments und Abordnungen des zentralamerikanischen Parlaments und der lateinamerikanischen Legislativorgane dar.

Die erwähnten Dialogforen und regelmäßigen Kontakte belegen aus der Sicht Lateinamerikas das Interesse der wichtigsten Staaten der Alten Welt an den Vorgängen auf dem Subkontinent und haben dadurch das politische Ansehen der EU in dieser Weltgegend zweifellos gestärkt. Zum politischen Kapital, das die EU in Lateinamerika im Laufe der Jahre anhäufen konnte, trug wohl nicht zuletzt auch das Faktum bei, daß von den gesamten Entwicklungshilfeleistungen an die Region über die Hälfte aus der EU und ihren Mitgliedstaaten stammt. In den Jahren 1991-95 erhöhte die Union ihre Zuwendungen im Rahmen der technischen und finanziellen Zusammenarbeit gegenüber dem vorhergehenden 5-Jahres-Zeitraum um rd. 100%. 1997 beliefen sich die Aufwendungen der EU und ihrer Mitgliedsstaaten für die laufenden Projekte und Programme auf einen Wert von rd. 2,5 Mrd. US-Dollar, was einem Anteil von 55% an den insgesamt empfangenen ODA-Mitteln entspricht. Betrachtet man Zentralamerika isoliert, liegt der entsprechende EU-Anteil bei über 60%. Die zu Beginn der Dekade befürchtete Verringerung des entwicklungspolitischen Engagements der EU in Lateinamerika zugunsten der osteuropäischen Staaten ist nicht eingetreten. Hingegen verzeichnete die Region in den Jahren 1991 bis 1996 eine Kürzung der ODA-Leistungen der USA um 70%; in bezug auf den Anteil Lateinamerikas an der US-amerikanischen Entwicklungshilfe bedeutet dies einen Rückgang von 29 auf 9,4%.

Unter Vertretern Lateinamerikas und Europas herrscht Übereinstimmung darüber, daß die politischen Beziehungen gerade auch deshalb eine außergewöhnliche Qualität aufweisen, weil beide Regionen dem Westen angehören und daher durch gemeinsame Wertvorstellungen verbunden sind. Bei offiziellen Anlässen wird dieser Aspekt denn auch regelmäßig betont. Obwohl der Anspruch auf Existenz einer Wertegemeinschaft auf lateinamerikanischer Seite erst durch den nach dem Ende autoritärer Militärregime in den meisten Staaten realisierten demokratischen und rechtsstaatlichen Fortschritt eine hinreichende materielle Basis erhalten hat, kam schon der schieren Proklamation des Wertekonsenses ein positiver politischer Effekt zu. In anderen Worten: Wenn das biregionale Verhältnis in den letzten 20 Jahren von ernsthaften Belastungen verschont blieb, dann nicht zuletzt auch deshalb, weil sich die Pflege der Beziehungen aus einem Diskurs speiste, der kulturelle Affinitäten sowie die Existenz einer einzigartigen Wertegemeinschaft zwischen beiden Regionen betont. Einen wesentlichen Beitrag zu dem engen und harmonischen politischen Verhältnis leisten die vielfältigen biregionalen Verbindungen, die unterhalb der Regierungsebene bestehen, wobei neben den bereits erwähnten Beziehungen gleichgesinnter politischer Parteien auch die Kontakte zwischen Gewerkschaften, kirchlichen Gremien und NGOs Erwähnung verdienen.

Zu dem, was die beiden Regionen verbindet und sie von anderen unterscheidet, zählt seit jüngerer Zeit auch der Erfolg und Fortschritt ökonomischer Integrationsbündnisse. Die EU hat die Integrationsbestrebungen in Lateinamerika von Anfang an begrüßt und in verschiedener Weise gefördert und unterstützt. Dies leitet über zu den Wirtschaftsbeziehungen, bei deren Bewertung im Gegensatz zum weitgehenden Konsens in politischen Fragen die Standpunkte der Vertreter der beiden Seiten deutlich differieren. Die lauteste Kritik kommt aus Lateinamerika und richtet sich vor allem gegen die Handelspolitik der EU. Nicht nur, daß diese aus Sicht der Lateinamerikaner mehr negative Elemente enthält als das Außenhandelsregime Washingtons, darüber hinaus gibt es bei der Ablehnung bestimmter Handelspraktiken der

EU eine weitgehende Übereinstimmung mit der Position der USA, so etwa bei der Verurteilung der vor einigen Jahren beschlossenen und trotz späterer Korrekturen von der WTO als unzulässig eingestuften Bananenmarktordnung, die eine Reihe traditioneller lateinamerikanischer Lieferländer zugunsten von Anbietern aus der AKP-Gruppe diskriminiert (und damit auch einigen US-Fruchtmultis Einbußen beschert hat).

Zwar gab es in Wirtschafts- und Handelsfragen schon in der Vergangenheit Differenzen und Reibungspunkte zwischen der EU und Lateinamerika; diese haben aber eine neue Dimension angenommen, seitdem der Subkontinent nach der Abkehr von der jahrzehntelang verfolgten Strategie importsubstituierender Industrialisierung sich im Rahmen neoliberaler Reformprogramme gegenüber dem Weltmarkt weit geöffnet hat. In vielen Ländern betragen die durchschnittlichen Zollsätze heute nur noch rd. ein Viertel ihres vor zehn Jahren registrierten Wertes. Der in mehreren Fällen mit regionalen Integrationsabkommen gekoppelte Versuch, über eine verstärkte Einbindung in den Welthandel die Basis eines funktionstüchtigen Wirtschaftsmodells zu schaffen, geht mit Erwartungen an eine entsprechende Kooperationsbereitschaft der Industrieländer einher. Dies auch deshalb, weil deren Repräsentanten lange Zeit die Maßnahmen zum Schutz der lateinamerikanischen Märkte als Entwicklungshemmnis bezeichnet und den Regierungen der Region zwecks Stärkung der internationalen Wettbewerbsfähigkeit ihrer Ökonomien den Abbau von Handelsschranken empfohlen haben.

Die EU sieht sich mit dem Paradoxon konfrontiert, daß sie seit Beginn der 90er Jahre ihre Ausfuhren nach Lateinamerika enorm steigern konnte – und zwar stärker als in jede andere Weltregion –, daß ihre relative Position auf diesem Markt aber dennoch geschwächt worden ist, weil der intraregionale Warenaustausch sowie der Handel mit den USA noch weitaus stärker gewachsen sind. Trotz einer Steigerung des Exportwerts um rd. 160% ist der Anteil der EU an den lateinamerikanischen Einfuhren in den Jahren 1990 bis 1997 von 21 auf 16% gefallen, während die USA ihren Anteil von 38 auf 43% zu erhöhen vermochten. Die Chance, diesen Terrainverlust mittels einer Exportoffensive wettzumachen, erscheint gering angesichts der Tatsache, daß die Importe der EU aus Lateinamerika in den 90er Jahren lediglich um knapp 30% und mithin weitaus schwächer gewachsen sind als ihre Ausfuhren dorthin. Die EU bezieht aus Lateinamerika vorwiegend Agrarprodukte und Rohstoffe und nimmt deutlich weniger verarbeitete Erzeugnisse von dort ab als die USA. Der Anteil der in die EU gehenden Lieferungen an den lateinamerikanischen Gesamtexporten fiel von 1990 bis 1997 von 24 auf 13,5%. Folge war ein seit 1993 schnell wachsendes Handelsbilanzdefizit der Region gegenüber der EU, das sich im Jahr 1997 auf 14,3 Mrd. Dollar belief, wobei Deutschland, Italien und Frankreich die größten Überschüsse verbuchten. Hingegen hatte der Subkontinent bis Anfang der 90er Jahre regelmäßig einen positiven Saldo im Handelsaustausch mit der EU verzeichnet. 1998 mußte die Region ein noch größeres Handelsbilanzdefizit (16,1 Mrd. Dollar) hinnehmen, weil einer weiteren Erhöhung der EU-Ausfuhren um 5,6% (auf 54,3 Mrd. Dollar) ein nur geringer Anstieg der lateinamerikanischen Exporte nach Europa (um 0,2% auf 38,2 Mrd. Dollar) gegenüberstand. In der Diskrepanz der Handelsströme spiegelt sich der durch die Handelsliberalisierung geförderte enorm forcierte Kauf von Investitionsgütern, die z.B. 1996 etwa 60% der Einfuhren aus der EU ausmachten, wobei ein großer Teil dieser Käufe auf Investitionen von Tochterunternehmern multinationaler Konzerne entfällt. Bezogen auf das Jahr 1997 waren von den 250 größten in der Region tätigen Unternehmen 94 (37,6%) Filialen europäischer Unternehmen. Ein wichtiger Faktor zur Erklärung der aus Sicht Lateinamerikas negativen Handelsbilanz ist zweifellos darin zu sehen, daß der Subkontinent in der Hierarchie des von der EU (bzw. EG) in den letzten Jahrzehnten etablierten Systems von Handelspräferenzen weit unten angesiedelt ist. (s. Gana 1996)

Angesichts dieses Ungleichgewichts im Güteraustausch kann es kaum verwundern, wenn die Vertreter Lateinamerikas auf einen Abbau der Handelsbeschränkungen drängen, die vielen ihrer Produkte den Zugang zum EU-Markt verwehren oder erschweren. Im Zentrum der Kritik steht dabei der Agrarprotektionismus der Union, der zahlreiche wettbewerbsfähige Erzeugnisse der lateinamerikanischen Landwirtschaft vom europäischen Markt fernhält. Aufgrund der mangelnden Flexibilität in diesem Bereich läuft die EU Gefahr, das über viele Jahre in Lateinamerika akkumulierte beträchtliche politische Kapital zumindest teilweise zu verspielen. Die EU kann ihre prominente Stellung und ihren Einfluß in der Region nur bewahren und ausbauen, wenn und insofern sie in der Handelspolitik zu Zugeständnissen bereit ist, welche die „deutliche Diskrepanz zwischen den Erfolgen des politischen Dialogs und der Entwicklung der wirtschaftlichen Beziehungen" (Grabendorff 1999: 4) spürbar verringern. Bei genauerem Hinsehen entpuppt sich der Widerspruch zwischen erfolgreichen politischen Dialogen und dem geringen Fortschritt beim Ausbau der ökonomischen Kooperation als Resultat eines durch eine in sich konsistente Logik verbundenen politischen Kalküls. Anders als den Vertretern Lateinamerikas, die den politischen Dialog als gutes Fundament für eine Intensivierung der Wirtschaftsbeziehungen nutzen wollten, ging es den Europäern bei der Pflege dieser Foren wohl in erster Linie darum, ihre mangelnde Bereitschaft zu handelspolitischen Zugeständnissen durch ein starkes Engagement im politischen Bereich – und indem sie ihren Gesprächspartnern das Gefühl einer gestiegenen internationalen Bedeutung vermittelten und eine Bühne für Unabhängigkeitsdemonstrationen gegenüber Washington boten – ein Stück weit zu kompensieren. Auf Dauer konnten diese mehr auf symbolische Politik denn handfeste ökonomische Vereinbarungen setzenden Inszenierungen die lateinamerikanischen Regierungen freilich nicht zufriedenstellen. Im Vorfeld des Rio-Gipfels verstärkten sich die Rufe nach Öffnung des EU-Marktes für lateinamerikanische Produkte, wobei mehrere hochrangige Vertreter der Region die Sinnhaftigkeit des Treffens in Frage stellten, sollten die Europäer nicht zu einer Abkehr vom handelspolitischen status quo bereit sein. Dies verweist darauf, daß die

beiden Seiten mit dem Rio-Gipfel unterschiedliche Erwartungen verbanden.
Auch wenn sich auf der Traktandenliste von Rio eine Fülle anderer Themen befand – von der Konsolidierung der lateinamerikanischen Demokratien über
kulturelle Projekte bis zu neuen gemeinsamen Initiativen zur Bekämpfung des
Drogenhandels – kam dem Punkt wirtschaftliche Kooperation aus Sicht der Lateinamerikaner eindeutig Priorität zu. Hingegen „(begriffen) die EU und ihre
Mitgliedstaaten ... den Gipfel primär als politisches Ereignis mit vorrangig politischen Inhalten." (Bodemer 1999: 116) In dieser unterschiedlichen Sichtweise spiegelt sich vor allem die enorme Differenz zwischen dem jeweiligen Gewicht der anderen Seite in den Außenwirtschaftsbeziehungen, was sich etwa
daran zeigen läßt, daß der Handel der EU mit der Schweiz wertmäßig das ku-
mulierte Volumen des Warenverkehrs mit den 20 lateinamerikanischen Staaten
übersteigt.

4. Die EU und der Mercosur: auf dem Weg zu einer interregionalen Assoziation?

Innerhalb weniger Jahre ist der 1991 gegründete *Mercosur*, auf dessen Mitgliedsländer über die Hälfte des lateinamerikanischen BIP entfällt, zum
weltweit viertwichtigsten Handelsblock aufgestiegen. Bis 1998 hatte sich der
Binnenhandel verfünffacht, wobei der Güteraustausch zwischen den beiden
Mercosur-Riesen Brasilien und Argentinien noch stärker gestiegen ist. Die
Attraktivität des *Mercosur* für die EU beruht nicht nur auf der Größe des Ab-
satz- und Verbrauchermarkts und dem bereits bestehenden dichten Geflecht
ökonomischer Verbindungen, sondern ergibt sich auch daraus, daß sich die
Ziele des Viererpaktes am Modell der europäischen Einigung orientieren und
damit weit über den in der Hemisphäre vorherrschenden Integrationstyp der
Freihandelszone hinausreichen. Das 1995 unterzeichnete Rahmenabkommen
hatte als Ziel einer sukzessive zu verstärkenden Kooperation eine Assoziation
der beiden Integrationsbündnisse formuliert, ohne daß der EU-Kommission
in der Folgezeit ein Mandat zur Aufnahme konkreter Verhandlungen erteilt
worden wäre. In öffentlichen Erklärungen hatten die politischen Repräsentanten der *Mercosur*-Staaten deutlich zu verstehen gegeben, daß sie bei der
auf den ersten Tag des Rio-Gipfels terminierten Zusammenkunft mit den EU-
Regierungschefs substanzielle handelspolitische Zusagen erwarteten. Dabei
geht es vor allem um einen Ausgleich der Handelsbilanz zwischen den beiden Blöcken – zeigt sich doch im Warenaustausch mit dem bislang erfolg-
reichsten lateinamerikanischen Integrationsbündnis ein ähnliches Ungleich-
gewicht wie im Güterverkehr der EU mit der Gesamtregion. Während die EU
ihre Verkäufe in den *Mercosur* in den Jahren 1990 bis 1998 – trotz einer
mittleren Zollbelastung von über 30% – um rd. 300% steigern konnte, wuchs
der Warenstrom in die umgekehrte Richtung lediglich um 35%. 1998 gingen

24,3% der *Mercosur*-Ausfuhren in die EU, die ihrerseits 27,5% der Importe des Vierblocks lieferte. Damit war die EU wichtigster Handelspartner des Mercosur – ein Status, der im restlichen Lateinamerika den USA zukommt. Diese Spitzenposition ist freilich in erster Linie den enorm gestiegenen Bestellungen aus dem *Mercosur* und indirekt einem noch drastischeren Mißverhältnis im Handel des Viererblocks mit den USA zuzuschreiben: 1998 gingen 14,8% der Exporte des *Mercosur* in die USA, die ihrerseits 21,6% der *Mercosur*-Einfuhren stellten. Die auf der Basis des Rahmenabkommens regelmäßig stattfindenden biregionalen Treffen boten den Repräsentanten des *Mercosur* ein Forum, um ihren Forderungen nach handelspolitischen Zugeständnissen der EU mehr Nachdruck zu verleihen. Auch seitens des *Mercosur* steht der europäische Agrarmarkt im Mittelpunkt der Kritik. Landwirtschaftliche Erzeugnisse machen rd. die Hälfte der Exporte des Viererblocks in die EU aus; das Ausfuhrpotential dieses Sektors wird jedoch durch Sonderabgaben auf besonders wettbewerbsfähige Produkte beschränkt. Laut IRELA „(s)ome lobby groups and several member states view with concern the prospects of greater access to the European market for Mercosur's highly competitive agricultural products – sugar, meat, cereals, fruit, soya and wine." (1998: 1) Ohne eine Liberalisierung des EU-Marktes für Fleisch, Getreide, Früchte, Gemüse, Fisch und Wein wird es dem *Mercosur* in absehbarer Zeit kaum möglich sein, das hohe Außenhandelsdefizit gegenüber der Union zu reduzieren. Insbesondere der brasilianische Präsident Cardoso hat mehrfach ohne diplomatische Umschweife deutlich zum Ausdruck gebracht, daß ohne eine Reform der Agrarpolitik der EU eine wesentliche Erweiterung der wirtschaftlichen Kooperation nicht zu erreichen sei. Es waren vor allem Frankreich sowie – weniger exponiert – Italien und Irland, die sich gegen eine Öffnung des europäischen Agrarmarkts für *Mercosur*-Erzeugnisse sperrten, wobei Erwähnung verdient, daß es neben dem spanischen Ministerpräsidenten Aznar gerade Präsident Chirac gewesen war, der die Idee zu einem biregionalen Gipfeltreffen propagiert hatte. Nachdem bis zuletzt alles auf einen substanzlosen Verlauf der Veranstaltung hingedeutet hatte, konnte ein Durchbruch erst kurz vor Beginn des Treffens erreicht werden. Vor allem durch das Engagement Spaniens und Deutschlands konnte der drohende politische Flurschaden von der Union abgewendet werden. In Rio wurde vereinbart, Ende 1999 mit konkreten Verhandlungen zu beginnen, wobei die Gespräche bis zum Jahre 2001 auf nichttarifäre Handelsbarrieren beschränkt bleiben sollen. Vom Ziel einer Assoziation der beiden Bündnisse ist im Abschlussdokument von Rio keine Rede mehr. Das Ergebnis des Treffens blieb damit zwar deutlich hinter den Erwartungen des *Mercosur* zurück, wurde gleichwohl auch von dessen Vertretern als Erfolg ausgegeben – wohl nicht zuletzt deshalb, weil es lange Zeit nach einem Scheitern des Kooperationsprojekts ausgesehen hatte.

Als Repräsentant der Führungsmacht des *Mercosur* hatte Präsident Cardoso im Vorfeld des Rio-Gipfels die Europäer unter Handlungsdruck zu setzen versucht, indem er für den Fall eines ergebnislosen Treffens verstärkte Anstrengungen zur Realisierung der von den USA propagierten *Free Trade Area of the Americas* (FTAA) ankündigte. Obwohl es der Erfolg der NAFTA und der Plan einer gesamthemisphärischen Freihandelszone waren, welche die EU zur Intensivierung ihres Engagements in Lateinamerika motiviert hatten, konnte die Warnung Cardosos die Europäer zu diesem Zeitpunkt wenig schrecken, weil der FTAA-Prozeß bereits seit geraumer Zeit blockiert war. Zwar fanden regelmäßige Treffen auf Minister- und Expertenebene statt, bei denen schon einige Fortschritte erzielt werden konnten, doch waren konkrete Schritte zur Realisierung des Projekts nicht zu erwarten, solange der US-Kongress dem Präsidenten die sogenannte *fast track-* Autorität verweigert, welche die Exekutive befugt, Handelsabkommen abzuschließen, ohne dass die Legislative deren Inhalt später verändern kann. Es war kaum zu erwarten, dass der Kongress Präsident Clinton bis zum Ende von dessen Amtszeit das *fast track*-Mandat noch erteilen würde. Statt die Stagnation im FTAA-Prozeß zu nutzen, um sich einen Vorsprung bei der Sicherung eines privilegierten Zugangs zum *Mercosur*-Markt zu verschaffen, sah die EU in dieser Konstellation wohl vorrangig eine günstige Gelegenheit, den formellen Erfolg des Gipfels mit möglichst geringen substanziellen Zugeständnissen zu erreichen und vorerst weiter auf Zeit zu spielen. Im Falle greifbarer FTAA-Fortschritte hätte sie den Lateinamerikanern bzw. dem *Mercosur* mehr entgegenkommen und anbieten müssen, und zwar schon aus purem Eigeninteresse, um einer Erosion ihrer künftigen Marktposition auf dem Subkontinent entgegenzuwirken. Umgekehrt ist anzunehmen, dass weitergehende Vereinbarungen in Rio verstärkte Bemühungen der USA ausgelöst hätten, um ihre wirtschaftlichen Interessen südlich des Rio Grande zu verteidigen. Unverkennbar ist dabei das Bestreben der Lateinamerikaner, die USA und die EU gegeneinander auszuspielen, um möglichst vorteilhafte Handelskonditionen zu erzielen.

Die künftigen Chancen und Möglichkeiten der EU auf dem lateinamerikanischen Markt werden vom Verlauf des FTAA-Prozesses wesentlich mitbestimmt, wobei die Union unter Handlungsdruck geraten dürfte, wenn der nächste Präsident der USA vom Kongress die *fast track*-Autorität erhält. Dabei steht Mexiko für die EU als warnendes Beispiel für ein von den USA dominiertes Integrationsbündnis. Seit dem Inkrafttreten der NAFTA ist die relative Bedeutung der EU als Handelspartner Mexikos drastisch gesunken: Während der Anteil der EU an den mexikanischen Importen im Zeitraum 1992-1997 von 12 auf 8,6% abnahm, gingen die Exporte Richtung EU parallel dazu von 7,3 auf 3,6 Anteilsprozente zurück. Auch wenn Mexiko aus diversen Gründen einen Sonderfall darstellt, dessen NAFTA-Erfahrungen nicht quasi exemplarisch für andere Länder der Region das Muster des unter FTAA-Bedingungen zu erwartenden Außenhandelsprofils vorgeben, wird hinter den mexikanischen Extremwerten eine Tendenz deutlich, mit der die EU im Falle einer Realisierung der gesamtamerikanischen Freihandelszone zu rechnen hat. Im übrigen ist auch Mexiko zwecks Reduzierung seiner großen Abhängigkeit von der US-Ökonomie an verstärkten Wirtschaftbeziehungen zur EU interessiert. Auch in diesem Fall ist indes zuerst die EU gefordert, weil diese deutlich weniger Waren aus Mexiko bezieht als sie dorthin exportiert; 1998 standen EU-Ausfuhren von 11,7 Mrd. US-$ Einfuhren aus Mexiko in Höhe von nur 3,9 Mrd. US-$ gegenüber. Das im November 1999 zwischen der EU und Mexiko vereinbarte Freihandelsabkommen, das am 1. Juni 2000 in Kraft treten soll, bietet Möglichkeiten, dieses Missverhältnis mittelfristig auszugleichen: so soll ab Vertragsbeginn die Hälfte aller Exportgüter, bei denen Mexiko international konkurrenzfähig ist, sofort ohne Zollbelastung Zugang zum EU-Markt erhalten, und ab 2003 wird auf die für das Land so wichtigen Textilexporte nur noch ein Zoll von 5% erhoben. Die Europäer hatten bei den Vertragsverhandlungen freilich auch die großen Chancen im Blickfeld, die der Produktionsstandort Mexiko für den Handel mit dem nord- und südamerikanischen Markt offeriert.

Das Zücken der FTAA-Karte durch Präsident Cardoso ist auch deshalb als taktisches Manöver zu verstehen, weil gerade Brasilien dem Freihandelszonen-Projekt der USA wenig Sympathien entgegenbringt. Auch wenn sich die USA bei der Festlegung der Verhandlungsprinzipien nur partiell durchsetzen konnten und in mehreren Punkten den Vorstellungen der vom *Mercosur* und d.h. insbesondere von Brasilien dominierten lateinamerikanischen Seite beugen mussten, zieht Brasilien eine allmähliche Erweiterung des *Mercosur* einer raschen Realisierung der FTAA eindeutig vor. Dies zum einen, um das Gewicht des Integrationsbündnisses gegenüber den Vereinigten Staaten – im Hinblick auf die endgültigen Modalitäten der FTAA – zu erhöhen, und zum anderen zwecks Ausbau seiner eigenen Vormachtstellung in Südamerika. In der FTAA wäre Brasilien nur zweitwichtigster Partner nach den USA, während seine regionale Hegemonie durch ein Erweiterung des *Mercosur* eher gestärkt denn geschmälert wird. Hingegen würde eine Intensivierung der Wirtschaftsbeziehungen des *Mercosur* mit der EU die Vormachtstellung des Landes nicht gefährden und gleichzeitig seine Position gegenüber den USA stärken. Zudem kamen Untersuchungen der renommierten brasilianischen *Gétulio-Vargas-Stiftung* zu dem Ergebnis, dass Brasilien und Argentinien von einer Assoziierung mit der EU stärker profitieren würden als von einer FTAA-Mitgliedschaft. Vor dem Hintergrund der Lähmung der US-Exekutive durch die fehlende *fast-track*-Vollmacht arbeitet die Zeit für Brasilien: Chile, dessen geplante Aufnahme in die NAFTA aufgrund dieses Handicaps der Regierung Clinton nicht zustande kam und das seit 1996 assoziiertes Mitglied des *Mercosur* ist, wird wohl in absehbarer Zeit dem Bündnis als Vollmitglied beitreten. Außerdem erfolgte zeitgleich zum Rio-Gipfel die Ankündigung, dass sich der *Mercosur* mit der Anden-Gemeinschaft auf die Gewährung wechselseitiger Handelspräferenzen geeinigt hat; die Vereinbarung, die vorerst für zwei Jahre gilt, könnte die erste Stufe der von Brasilien angestrebten südamerikanischen Freihandelszone (SAFTA) darstellen.

Während mithin die Integrationsfortschritte in Südamerika derzeit eher den Interessen Brasiliens als denen der USA entgegenkommen, sind die Chancen für einen Qualitätssprung in den wirtschaftlichen Beziehungen zwischen der EU und dem *Mercosur* trotz des formellen Erfolgs des Rio-Gipfels skeptisch einzuschätzen. Dafür kann nicht allein der Einfluß der europäischen Agrarlobby verantwortlich gemacht werden; vielmehr sind hier die politischen Prioritäten ausschlaggebend, die die EU bei ihrem Engagement in anderen Weltregionen gesetzt hat. So zögert die EU bei Zugeständnissen an den *Mercosur* auch und gerade wegen der zu erwartenden handelspolitischen Implikationen und Belastungen, die sich aus dem mittelfristig zu erwartenden Beitritt osteuropäischer Staaten und der angestrebten verstärkten Kooperation mit dem Mittelmeerraum zwangsläufig ergeben. Als erstes steht der Einbezug der fünf osteuropäischen Staaten an, „(a)nd this fifth enlargement of the EU will be the most costly and complex in the history of European integration. Unlike the most recent members of the EU, the five countries of Eastern Europe will be net recipients of funds and will export a broad range of agricultural and semiprocessed goods" (IRELA 1998: 4). Die Politik der EU gegenüber den ehemaligen Ostblockstaaten und dem Mittelmeergebiet ist primär politisch und partiell sicherheitspolitisch motiviert, wobei den durch die geographische Nähe zu erwartenden negativen Auswirkungen im Falle von Krisen und Instabilität bzw. dem Gefahrenpotential der dort schwelenden Konflikte eine zentrale Bedeutung zukommt. Durch die von der EU angestrebte engere Kooperation mit diesen Ländergruppen verringert sich der Handlungsspielraum für eine erfolgreiche Präsenz in Regionen, die primär aus wirtschaftlichen und weniger aus politischen Gründen für die EU von Interesse sind. Daher sieht es nicht so aus, als ob die EU die immensen Möglichkeiten, die der *Mercosur* bzw. der lateinamerikanische Markt insgesamt bietet, wird optimal nutzen können. Damit dürften mittelfristig die Chancen der USA steigen, den Integrationsprozess in der Hemisphäre weitgehend gemäß ihren Interessen zu gestalten, während die EU Mühe haben dürfte, ihre Position als zweitwichtigster Wirtschaftspartner der Region zu verteidigen.

5. Fazit

Es gibt weltweit wohl keine zweite Großregion, die ähnlich günstige Voraussetzungen für die Etablierung und Bewahrung guter Beziehungen zur Europäischen Union bietet wie Lateinamerika. Beide Seiten verstehen sich als Werte- und Interessengemeinschaft und verfügen über traditionell gute Verbindungen auf politischem, wirtschaftlichem und kulturellem Gebiet. Vor allem aber sind die Lateinamerikaner zwecks Reduzierung ihrer großen Abhängigkeit von der Weltmacht USA an einer Erweiterung und Vertiefung der wirtschaftlichen Beziehungen zu Europa interessiert. Der diesbezügliche

Handlungsspielraum der EU wird jedoch durch den ausgeprägten internen Widerstand gegen eine Aufweichung des Agrarprotektionismus sowie durch die außenwirtschaftlichen Implikationen einer politischen Agenda eingeengt, deren Prioritäten sich auf EU-nahe Länder und Regionen beziehen. Es waren bisher vor allem Akte symbolischer Politik bzw. politische Initiativen mit geringen ökonomischen Begleitkosten, die in Lateinamerika die Konturen eines eigenständigen Außenprofils der EU haben entstehen lassen. Da die primär als weltweit größter Wirtschaftblock perzipierte EU die Erwartungen der lateinamerikanischen Staaten kaum zu erfüllen vermag, dürfte das ohnehin erst über eine embryonale eigene Identität verfügende Kollektiv-Profil in absehbarer Zeit wieder völlig in den Schatten des internationalen Erscheinungsbildes der einzelnen EU-Mitgliedsstaaten treten.

Literatur

Bodemer, Klaus: Auftakt zu einer strategischen Partnerschaft? Der erste Europäisch-Lateinamerikanische Gipfel in Rio de Janeiro. In: Institut für Iberoamerika-Kunde Hamburg (Hrsg.): Brennpunkt Lateinamerika Nr. 14/1999

Bodemer, Klaus/Nolte, Detlef: Auf dem Weg zu einem transatlantischen Dreieck? Neue Akzentsetzungen in der deutschen, europäischen und US-amerikanischen Lateinamerikapolitik in den 90er Jahren. In: Lateinamerika. Analysen – Daten – Dokumentation 13 (1997) 33, 7-34

Calcagnotto, Gilberto: Brasilien und ALCA – Interessenlage, Politik, Konfliktfelder. In: Lateinamerika. Analysen-Daten-Dokumentation 15 (1999) 39 , S. 13-23

Frohmann, Alicia: Der biregionale Dialog zwischen dem *Grupo de Rio* und der Europäischen Union. In: Lateinamerika. Analysen – Daten – Dokumentation 13 (1997) 33, 51-63

Gana, Eduardo (Comp.): Las relaciones económicas entre América Latina y la Unión Europea. Santiago de Chile (CEPAL) 1996

Grabendorff, Wolf: Eine strategische Partnerschaft? Biregionaler Dialog zwischen EU und Lateinamerika. In: Internationale Politik 54 (1999) 5, S. 1-8

Hoffmann, Karl-Dieter: Die EU und Lateinamerika. Drohender Terrainverlust auf einem ökonomisch interessanten Markt? In: KAS-Auslands-Informationen 15 (1999) 9, S. 48-64

Instituto de Relaciones Europeo-Latinoamericanas (IRELA): Preparing the EU-Mercosur Association. Benefits and Obstacles. Madrid 1998

IRELA (Hrsg.): Las relaciones entre Europa y América Latina: hacia una agenda birregional para el siglo XXI. Madrid 1999

IRELA: La cumbre de Rio: ?Hacia una asociación estratégica? Madrid 1999

Kaufman-Purcell, Susan/Simon, Francoise (Eds.): Europe and Latin America in the World Economy. Boulder 1995

Kreft, Heinrich: Europa und Zentralamerika: 12 Jahre San José-Dialog. In: Aus Politik und Zeitgeschichte. Beilage zur Wochenzeitung Das Parlament B 48-49/96 (22.11.1996), S. 3-11

Müller-Brandeck-Bocquet, Gisela: Der Mercosur: Partner für die Europäische Union. In: Zeitschrift für Politikwissenschaft 9 (1999) 1, S. 27-46

Nunnenkamp, Peter: Possible Effects of European Union Widening on Latin America. In:
    CEPAL Review No. 64 (April 1998) S. 113-128
Roett, Riordan: U.S. Policy Toward Mercosur: From Miami to Santiago. In: ders. (Ed.):
    Mercosur. Regional Integration, World Markets. Boulder 1999, S. 111-129
Roy, Joaquín: The Helms-Burton Law: Development, Consequences and Legacy for In-
    ter-American and European-US Relations. In: Journal of Interamerican Studies &
    World Affairs 39 (1997) 3, S. 77-107
Smith, Hazel: European Union Foreign Policy and Central America. New York 1995
van Klaveren, Alberto: Europa – Lateinamerika: Zwischen Illusion und Realismus auch
    nach 1992. In: Zeitschrift für Lateinamerika Wien Nr. 43 (1993), S. 95-119

Die EU als Nord-Süd Akteur
Abschied von Lomé?

Stefan Brüne

1. Lomé 2000: Facelifting eines Auslaufmodells

Wenn es heute darum gehen könnte, eine von adminstrativen Routinen, benevolenter Rhetorik und historischen Ansprüchen befreite, funktional vergemeinschaftete europäische Außen- und Südpolitik zu entwerfen, sie würde kaum an die lange als vorbildlich gepriesene „Lomé-Kultur" erinnern. Es zählt zu den Ironien postkolonialer Gegenwart, daß die Mitgliedstaaten der Europäischen Union (EU), die nur noch Bruchteile ihres Außenhandels mit ihren ehemaligen Kolonien abwickeln, bei den jüngsten EU-AKP-Verhandlungen auf grundlegende Reformen drängten, während ihre afrikanischen, karibischen und pazifischen Verhandlungspartner (die AKP-Gruppe) an den kolonial geprägten Vereinbarungen festzuhalten gewillt waren.

Inzwischen steht, viereinhalb Jahrzehnte nachdem Konrad Adenauer der französischen Regierung vergeblich pauschale Abfindungszahlungen für den Verzicht auf die EG-Assoziierung ihrer schwarzafrikanischen Kolonien anbot, fest, daß die langjährige, ökonomisch nur begrenzt erfolgreiche EU-AKP Zusammenarbeit in den kommenden Jahren im Kern unverändert fortgeschrieben wird. Ende 1999 haben sich die 15 Mitgliedstaaten der EU und ihre 71 afrikanischen, karibischen und pazifischen Verhandlungspartner auf die Grundzüge eines Lomé-Folgeabkommens verständigt. Es soll das Ende Februar 2000 auslaufende Lomé-IV Abkommen ersetzen und wird voraussichtlich wieder den Namen der togolesischen Hauptstadt im Titel tragen. Ein nach zweijährigen Verhandlungen im Februar 2000 veröffentlichter Vertragsentwurf sieht vor, das bisherige Zollpräferenzsystem für Einfuhren der AKP-Länder befristet beizubehalten – um es dann ab 2008 schrittweise und auf freiwilliger Basis durch regionale Freihandelsabkommen zu ersetzen. Bis dahin sollen die bisherigen Präferenzregelungen, deren Verlängerung eine Sondergenehmigung der Welthandelsorganisation (WTO) erforderlich macht, in Kraft bleiben dürfen. Die Verhandlungen über die Ausgestaltung künftiger Übergangsregelungen sollen 2002 beginnen.

Gestärkt werden soll durch das neue Abkommen, das eine Laufzeit von zwanzig Jahren haben soll, auch die „politische Dimension" künftiger Beziehungen. Die Finanzhilfen der EU sollen davon abhängig gemacht werden, daß sich die Empfängerländer auf die Grundsätze verantwortungsvollen Regie-

rungsführung („Good governance") verpflichten. Für den Fall „schwerer Korruption" sieht der Vertragsentwurf die Möglichkeit der Aussetzung der Entwicklungszusammenarbeit vor. Bisher galten die in der Praxis selektiv gehand-
habten Suspendierungsklauseln nur bei Menschenrechtsverletzungen und gro-
ben Verstößen gegen demokratische Grundsätze. Den AKP-Staaten werden im
9. Europäischen Entwicklungsfonds (EEF) zwischen 2000 und 2005 Mittel von
bis zu 13,5 Mrd. Euro zur Verfügung gestellt. Davon sollen 12,4 Mrd. Euro
unmittelbar nach Inkrafttreten des Abkommens, das Ende Mai 2000 auf den Fi-
dschi-Inseln unterteichnet werden soll, zur Verfügung stehen. Die verbleibenden 1 Mrd. Euro sollen erst im Anschluß an eine für 2004 vorgesehene Perfor-
mance-Prüfung freigegeben werden. Neun Milliarden Euro stehen zusätzlich
aus bisher nicht verbrauchten Mittel aus alten Akbommen bereit. Auch über die
Modalitäten eines Schuldenerlass von 1,2 Mrd. Euro für die am wenigsten entwickelten Staaten konnte Einigkeit erzielt werden.

2. Die Assoziierungspolitik der EU: ein historischer Kompromiß

Die Lomé-Abkommen gelten als Sonderfall der internationalen Beziehungen.
Sie gehen historisch auf den Wunsch ehemaliger Kolonialmächte (Belgien,
Frankreich) zurück, die Handelspräferenzen für ihre ehemaligen Kolonialge-
biete auf den gemeinsamen Markt der Europäischen Wirtschaftsgemeinschaft
(EWG) zu übertragen. 1962 wurde das erste Abkommen von Yaoundé unterzeichnet, dem 1969 ein weiteres folgte. Die erste Lomé-Konvention war 1975,
nach dem EG-Beitritt Großbritanniens, unterschriftsreif. Sie dehnte den Gel-
tungsbereich der europäischen Assoziierungspolitik auf die ehemaligen britischen Kolonien, darunter sechs karibische und drei pazifische Inselstaaten, aus.

Tabelle 1: Chronologie des Lomé-Abkommens

Jahr/Abkommen	Unterzeichnende Staaten	
	Europa	Entwicklungspartnerländer der europäischen Staaten
1. Römische Verträge Unterzeichnet: 28.02.1957 In Kraft getreten: 01.01.1958	EWG6 Belgien Frankreich BRD Italien Luxemburg Niederlande	ÜLGs (31 Staaten): *Französische Kolonien in Afrika (20):* Algerien, Tschad, Komoren, Dahomey, Französisch Kame-run, Französisch Somalia, Französischer Sudan, Gabun, Guinea, Elfenbeinküste, Madagaskar, Mauretanien, Mittle-rer Kongo, Niger, Réunion, Senegal, Togo, Ubangi-Chari, Ober Volta; *Andere Französische Kolonien (7):* Guadelou-pe, Guyana, Französisch-Polynesien, Französische Südatlantische Territorien, Martinique, Neu-Kaledonien und abhängige Gebiete, St. Pierre und Miquelon; *Belgi-sche Kolonien (2):* Belgisch Kongo (später Kongo-Kinshasa/Zaire, und derzeit Demokratische Republik Kon-go), Ruanda-Urundi; *Italienische Kolonie (1):* Somalia; *Niederländische Kolonie (1):* Neu-Guinea

2. Yaoundé I Abkommen Unterzeichnet: 20.07.1963 In Kraft getreten: 01.07.1964	EWG6 siehe oben	AASM (18 Staaten): Burundi (früher Teil des Ruanda-Urundi), Zentral Afrikanische Republik, Tschad, Kongo-Brazzaville (später Volksrepublik Kongo), Kongo Léopoldville (früher Belgisch Kongo, später Kongo-Kinshasa/Zaire, und derzeit Demokratische Republik Kongo). Dahomey (derzeit Benin), Gabun, Elfenbeinküste, Madagaskar, Mali (früher Teil des Französischen Sudans), Mauretanien (früher Teil des Französischen Sudans), Niger, Ruanda, (früher Teil des Ruanda-Urundi) Senegal, Somalia, Togo, Vereinigte Republik Kamerun (Zusammenschluß der beiden Teile, die früher von Großbritannien bzw. Frankreich regiert wurden), Ober Volta (derzeit Burkina Faso).
3. Yaoundé II Abkommen Unterzeichnet: Juli 1969 In Kraft getreten: 01.01.1971 Ablauf: 31.07.1976	EWG 6(+3)ª	AASM (18+1+3 Staaten) Die 18 AASM Staaten, wie unter Yaoundé I Plus Mauritius, das dem Abkommen im Jahr 1972 beitritt. Plus: Kenia, Tansania, und Uganda
4. Lomé I Abkommen Unterzeichnet: 28.02.1975 In Kraft getreten: 01.04.1976 Ablauf: 01.03.1980 AKP-Bevölkerung (Mio.): 250	EEC9 Wie bei Yaoundé 1	AKP (46 Staaten): *Afrika (37)*: Wie oben plus Botswana, Äquatorial-Guinea, Äthiopien, Gambia, Ghana, Guinea, Guinea-Bissau, Lesotho, Liberia, Malawi, Nigeria, Sierra Leone, Sudan, Swasiland, Sambia; *Karibik (insgesamt 6)*: Bahamas, Barbados, Grenada, Guyana, Jamaika, Trinidad und Tobago; *Pazifik (insgesamt 3)*: Fidji,. Samoa, Tonga.
5. Lomé II Abkommen Unterzeichnet: 1979 In Kraft getreten: 01.01.1981 AKP-Bevölkerung (Mio.): 348	EEC 9(+1)ᵇ	AKP (57 Staaten): *Afrika (42)*: Wie vorher plus Kap Verde, Dschibuti, Sao Tomé und Principe, Seychellen, Simbabwe (Beitritt in 1980); *Karibik (10)*: Wie vorher plus Domenica, St. Lucia, Surinam; *Pazifik (7)*: Wie vorher plus Kiribati, Papua-Neuguinea, Salomonen, Tuvalu.
6. Lomé III Abkommen Unterzeichnet: 08.12.1984 In Kraft getreten: 01.05.1986 AKP-Bevölkerung (Mio.): 413	EWG 10 (+2)ᶜ	AKP (66 Staaten): *Afrika (44)*: Wie vorher plus Angola (Beitritt im Jahr 1985), und Mosambik; *Karibik (14)*: Wie vorher plus Antigua und Barbuda,. Belize, St. Christopher und Nevis, St. Vincent und die Grenadinen; *Pazifik (8)*: Wie vorher plus Vanuatu.
7. Lomé IV Abkommen Unterzeichnet: 15.12.1989 In Kraft getreten: 1990 Ablauf: 21.02.2000 AKP-Bevölkerung (Mio.): 460	EWG 12ᵈ	AKP Staaten (70 Staaten): *Afrika (46)*: Wie vorher plus Eritrea (früher Teil Äthiopiens), Namibia (Beitritt in 1990); *Karibik (16)*: Wie vorher plus Dominikanische Republik, Haiti; *Pazifik (8)*: Wie vorher

Bemerkungen:

1   Dänemark, Irland und die Großbritannien wurden 1973 Mitglieder der EWG.
b   Griechenland tritt der EWG 1981 bei.
c   Spanien und Portugal wurden 1986 Mitglieder der EWG.
d   Die EU wurde erweitert um Österreich, Finnland und Schweden am 1. Januar 1995.
ÜLG   Überseeische Länder und Gebiete
AASM   Assoziierte Afrikanische Staaten und Madagaskar.

Quellen:Matambalya 1999:94+191; The Courier No. 120, March.

Wegen der – für längere Zeiträume – rechtsverbindlich vereinbarten Zusicherung von Entwicklungshilfeleistungen galt die Lomé-Politik der EG lange als Kern und Vorzeigestück europäischer Südpolitik. Sie war, vor dem Hintergrund bedrückender Kolonialerfahrungen, der Idee einer zwischenstaatlichen Entwicklungspartnerschaft etatistischen Zuschnitts verpflichtet. Den Nachteil, als kolonial begründete Präferenzabkommen eine Reihe bedürftiger Länder indirekt zu diskriminieren, wogen die Abkommen von Yaoundé und Lomé durch eine Reihe als vorbildlich geltender Besonderheiten auf. Sie legten die Ziele und Pflichten der Vertragsparteien verbindlich fest, erlaubten dank mehrjähriger Laufzeiten mittelfristige Planungen und garantierten durch paritätisch besetzte Gremien einen kontinuierlichen Dialog. Darüber hinaus verbanden sie einen breiten Kooperationsansatz mit einem hohen Schenkungsanteil. Aus europäischer Sicht spielten auch rohstoff- und geopolitische Erwägungen eine wichtige Rolle. Zu den nicht offen artikulierten Anliegen der Lomé-Politik der siebziger Jahre zählte es, vor dem Hintergrund des Ost-West-Konfliktes und ausgedehnter UN-Debatten über eine Neue Weltwirtschaftsordnung auch, eine große Zahl von Entwicklungsländern politisch und wirtschaftlich an die EU binden zu wollen.

Rückblickend, und an ihren wirtschaftlichen Ergebnissen gemessen nehmen sich die Yaoundé- und Lomé Vereinbarungen im Kern als wenig erfolgreicher Versuch eines produktbezogenen Einkommenstransfers durch Exportstabilisierung wichtiger agrarischer und bergbaulicher Güter aus. Von diesem profitierten nicht die ärmsten, sondern vor allem die ohnehin bessergestellten rohstoffreichen Länder mit mittleren Einkommen. In der entwicklungstheoretischen Debatte herrscht heute weitgehend Einigkeit darüber, daß die Abkommen, zumindest in Afrika, einem kollektiven Klientelismus Vorschub leisteten und so entwicklungspolitisch fragwürdige Sonderbeziehungen zwischen partikularen europäischen und afrikanischen Interessengruppen beförderten. Überfällige Wirtschaftsreformen zur Entwicklung der industriellen Potentiale, zur Modernisierung der Landwirtschaft, zur Erhöhung der Produktivität und zur Diversifizierung der Exportstruktur wurden verschleppt oder verhindert (Kappel 1997; Kabou 1993). In einer zusammenfassenden Rückblick des Wissenschaftlichen Beirats des Bundesministeriums für wirtschaftliche Zusammenarbeit und Entwicklung (BMZ) heißt es: „...the possibility could not be precluded, in view of the clear donor-recipient relationship and precisely because of the contractually guaranteed flow of official resources into the ACP countries, that initiatives were given to these countries to reduce their own efforts, or to consider these flows not as a supplement, but as a substitute for domestic resource mobilisation and thus increasing the trend towards consumption" (BMZ 1997:12). Und an anderer Stelle heißt es: „....the incentives which worked to preserve existing structures, an inherent feature of the Stabex and Sysmin systems, worked against the target of diversification....and would probably have been achieved much more efficiently through financial transfers independent of specific products" (BMZ 1997: 8).

Die Idee eines egalitären Modells staatlich dominierter Entwicklungszu-sammenarbeit, das 15 europäische Industriestaaten mittels eines Globalab-kommens an mehrere Dutzend halb- und vorindustrielle, sehr unterschiedlich entwickelte Regionen Afrikas, der Karibik und des Pazifik bindet, hat sich heute überlebt. Es diskriminiert kolonialhistorisch nicht an die EU gebunde-ne Länder, steht in Konkurrenz zu den GATT- und WTO-Vereinbarungen und ist darüber hinaus geeignet, bilateral geschlossene Handels- und Koope-rationsabkommen einzelner EU-Mitgliedsstaaten, etwa zu den Mittelmeer-drittländern, zu konterkarieren. Hinzu kommt, daß sich der geographische Horizont der EU-Kooperationspolitik in den vergangenen Jahren durch wei-tere, mit den Entwicklungsländern Asiens und Lateinamerikas getroffene, re-gionale und bilaterale Vereinbarungen erweitert hat – und seit dem Ende des Ost-West-Konflikts auch osteuropäische Transformationsländer einschließt.

Regionale Verteilung der EU-EZ (Nettoauszahlungen 1997)		
	Mio. US$*	Anteil
Subsahara-Afrika	1559	36,5%
Nordafrika + Naher Osten	936	21,9%
Asien	651	15,2%
Ozeanien	63	1,5%
Lateinamerika	520	12,2%
Europa	543	12,7%
Zwischensumme	*4272*	*100%*
Sonstige bilaterale ODA	1403	
Multilaterale ODA	115	
Gesamt	**5790**	

* Preise und Wechselkurse von 1996

Quelle: OECD/DAC (1998), Tab. 18, 19, S. 116f.

Ungeachtet dieser eher durchwachsenen Wirkungsbilanz erfreuen sich die allgemeinen Anliegen und Ziele europäischer Entwicklungszusammenarbeit in Politik und Öffentlichkeit hoher Wertschätzung. Das junge und vergleichs-weise unbedeutende Politikfeld, dessen Gestaltungsspielräume chronisch überschätzt werden (und über dessen Zukunft politisch noch nicht entschie-den ist), kann einen recht hohen Reiz- und Symbolwert reklamieren. Dieser geht, wie Umfragen zeigen, mit einem geringen Wissen über die konzeptio-nellen Grundlagen und institutionellen Verfahren praktischer Entwicklungs-zusammenarbeit einher. Die meisten Europäer zeigen sich über das Ent-wicklungshandeln der eigenen Staatengemeinschaft deutlich schlechter in-formiert als über vergleichbare Aktivitäten der Vereinten Nationen. Erhebli-che Wissenslücken gibt es insbesondere hinsichtlich der als „überkomplex" empfundenen Gesamtheit innereuropäischer Verfahrens- und Entscheidungs-findungsprozesse. Dennoch spricht sich die große Mehrheit der Befragten re-gelmäßig für eine engagierte, karitativ-humanitär begründete Süd- und Au-ßenpolitik der EU aus. Diese soll, effizient koordiniert, „Entwicklungshilfe" in erster Linie als Gemeinwohlerfordernis, als einseitige, historisch und moralisch gebotene Verpflichtung reicher Industrieländer gegenüber ärmeren Weltregionen begreifen – eine Art internationaler Solidarbeziehung, die von kurzfristigen politischen oder außenwirtschaftlichen Interessen mit dem Ziel absehen sollte, einen Wohlstandsausgleich zwischen entwickelten und weniger entwickelten Regionen herbeizuführen (Brüne 1995a:7).

Das hier aufscheinende, weitgehend unverbundene Nebeneinander von ethisch grundiertem Idealismus („Konsens der noblen Gesinnung") und geringen Verfahrenskenntnissen kennzeichnet die öffentliche Wahrnehmung europäischer Entwicklungspolitik bis heute. Es erscheint einerseits geeignet, politische Zustimmung für ein nachgeordnetes Politikfeld zu mobilisieren, läßt aber andererseits auch hinreichend Spielraum für wenig transparentes, bürokratisch abgeschlossenes Verwaltungshandeln.

3. Offene Grundfragen

Aus europäischer Perspektive berührte die Debatte um die Fortschreibung und Reform der Lomé-Abkommen immer auch grundsätzliche Fragen europäischer Süd- und Entwicklungspolitik. Dabei konnte zwischenzeitlich der Eindruck entstehen, es werde kein neues Lomé-Abkommen geben. In ihrem wegen seiner offenen Problemansprache vielbeachteten „Grünbuch" hatte die Europäische Kommission Ende 1996 der Überzeugung Ausdruck verliehen, daß die Lomé-Politik – und mit ihr die europäische Entwicklungspolitik – grundlegender politischer und institutioneller Reformen bedürfe. Dabei reichte das Meinungsspektrum von auf einzelne Instrumente bezogenen Reformvorschlägen bis hin zu der Forderung nach völliger Abschaffung von Abkommen, die geeignet schienen, als koloniale Erblasten zeitgemäße Entscheidungen zu verhindern (Wolf 1999:1). Beobachter, die sich vom Verlauf der jetzt zu einem positiven Abschluß gekommenen Lomé-Verhandlungen Aufschlüsse darüber erhofft hatten, wie die EU-Staaten die in Maastricht beschlossene gemeinsame europäische Entwicklungspolitik gestalten wollen und ob es ein taugliches Konzept für die langfristigen Beziehungen der EU zu den Ländern der Dritten Welt gibt, sehen sich indes enttäuscht.

Daß die innereuropäische Debatte über die Zukunft der EU-Entwicklungspolitik bislang nicht zu einheitlichen Auffassungen über deren politischen Sinn und ökonomischen Nutzen geführt hat, kann indes nicht verwundern. Zu unterschiedlich und widersprüchlich sind die Interessen, die nationalen und ordnungspolitischen Grundhaltungen wechselnder Regierungen und die ihnen zugrundeliegenden, meist normativ begründeten Entwicklungshoffnungen und Politikpräferenzen. Dabei spielen unterschiedliche Leitbilder und ordnungspolitische Vorstellungen über das ideale Verhältnis von *political decision making* und *macroeconomic reasoning* eine ebenso große Rolle wie nicht immer offen angesprochene nationale oder national imaginierte

Interessenlagen. Schätzungen gehen davon aus, daß die Mittel für die öffentliche europäische Entwicklungshilfe verzehnfacht werden müßten, um die unerwünschten Nebenwirkungen mangelnder Kohärenz und unzulänglicher Koordination zu kompensieren (Brüne 1998a:18).

Als zentrales Problem entwicklungspolitisch begründeter EU-Politik erscheint nach wie vor das ungeregelte Nebeneinander von gemeinschaftlicher und nationalen Entwicklungspolitiken.

Zwar hat die EU seit den Verträgen von Maastricht (1992, Art. 130u) und Amsterdam (1999, Art. 177) ein rechtlich verankertes entwicklungspolitisches Mandat, aber dessen Wahrnehmung erweist sich in der entwicklungspolitischen Praxis als ähnlich schwierig wie die „harmonische, schrittweise Eingliederung der Entwicklungsländer in die Weltwirtschaft" oder die „Bekämpfung der Armut" (Art. 177). Bis heute mangelt es der EU an einer konsistenten, entwicklungs- und außenpolitisch abgestimmten Südpolitik. Unbeantwortet ist, vor dem Hintergrund ordnungspolitischer Selbstverständnisse und Verwaltungstraditionen, vor allem die Frage nach einer plausiblen Arbeitsteilung zwischen der Gemeinschaft und den einzelnen Mitgliedstaaten (Preuss/Wardenbach 1999).

Hier erwies sich insbesondere der Vertrag von Maastricht als wenig hilfreiches Dokumente der Unentschiedenheit. Zum einen definierte er Entwicklungspolitik ausdrücklich als „Ergänzung der Politik der Mitgliedstaaten" und gestand der Kommission für Teile der gemeinschaftlich verwalteten, aber national finanzierten Hilfsprogramme lediglich eine Koordinationsfunktion zu. Nach dem Subsidiaritätsprinzip sollte die Kommission nur das tun, „was die Mitgliedstaaten nicht selbst ausreichend bewirken können". Gleichzeitig sah der Vertragstext aber auch vor, daß sich die Gemeinschaft und ihre Mitgliedstaaten bei der Ausgestaltung ihrer bilateralen Politiken ergänzen (Komplementaritätsgrundsatz), ihre Politiken aufeinander abstimmen (Koordinierungsauftrag) und entwicklungspolitische Ziele auch in anderen Politikfeldern berücksichtigt werden sollten (Kohärenzgebot). Diese Vorgaben sind unverändert in den Amsterdamer Vertrag übernommen worden.

Im Ergebnis hat das unübersichtliche Nebeneinander konkurrierender Ansprüche und Kompetenzen dazu geführt, daß „Zersplitterung, mangelnde Autonomie und die Konkurrenz nationaler Programme" die Effizienz gemeinschaftlicher Entwicklungszusammenarbeit erheblich minderten. Letztere galt selbst langjährigen Mitarbeitern der Kommission als „Geheimwissenschaft, gerade noch verständlich für die Spezialisten der Kommission und des Rates, aber kaum noch überschaubar für Außenstehende, wie Mitglieder des Europäischen Parlaments" (Reithinger 1995: 398).

In der von Brüssel verwalteten europäischen Entwicklungspolitik lassen sich gegenwärtig Maßnamen unterscheiden, die

(a) in ausschließlicher Gemeinschaftskompetenz (Handelspräferenzen, Soforthilfe etc.) lagen

(b) in gemeinsamer Verantwortung von EG und Mitgliedsländern (Nahrungsmittelhilfe, EZ mit Mittelmeerdrittländern und den EL Asiens und Lateinamerikas) durchgeführt wurden
(c) von den Mitgliedstaaten finanziert, aber von der EU-Kommission verwaltet und abgewickelt (Lomé-Kooperation) wurden.
(d) Graubereiche, in denen die EU agierte, ohne dafür ein klar definiertes rechtliches Mandat (Internationale Nord-Süd-Konferenzen) zu haben.

Vor dem Hintergrund eines allzu pragmatischen Ausbaus der europäischen Entwicklungspolitik erscheint der „Zwang der Mitglieder der Union, gemeinsame Politik betreiben zu müssen und ihrem gleichzeitigen Beharren auf einzelstaatlicher Souveränität" (Reithinger 1995: 387) als maßgeblicher Grund für ein von Konzeptionslosigkeit und geringer Entscheidungsautonomie geprägtes Verwaltungshandeln. Dieses hat nicht zuletzt bewirkt, daß auch unwichtige und nachgeordnete Detailfragen ad hoc von einem überforderten Minsterrat getroffen und gebilligt werden mußten – ein Mangel von dem auch längerfristig angelegte Vereinabrungen wie die Lomé-Verträge betroffen waren. Auch mußten zahlreiche Programme nach je eigenen administrativen Regularien abgewickelt werden. Organisatorisches Kernproblem war jedoch die zersplitterte Zuständigkeit für Entwicklungszusammenarbeit innerhalb der Kommission. Bis zur Bildung der Prodi-Kommission, die Ende 1999 die Zuständigkeit für Entwicklungspolitik in einer „Generaldirektion Entwicklung" vereinigte, waren bis zu vier Kommissare mit entwicklungspolitischen Fragen befaßt. Hinzu kam, daß die Zuständigkeiten für die diversen Hilfsinstrumente und politische Aufgaben auf eine Vielzahl von Abteilungen und Arbeitseinheiten mit unklaren, sich z.T. überschneidenden Aufgabenstellungen verteilt waren und in der „Organisationskultur" der Gemeinschaft die Einhaltung von Verfahrensregeln Vorrang vor ergebnisorientiertem Handeln hatte.

Es hieße allerdings die Augen vor den politischen Hintergründen derartiger Mängel zu verschließen, wollte man in ihnen in erster Linie die Folge einer unzureichend abgestimmten Organisation subsidiärer Zusammenarbeit sehen. Auch Versuche, sie den Kollateralschäden bürokratischer Oligarchien zuzurechnen, greifen zu kurz. Für die entwicklungspolitisch dysfunktionale Mängel der organisatorischen Abstimmung zwischen Kommission und Mitgliedstaaten waren und sind – in der öffentlichen Diskussion weitgehend tabuisierte – nationale Rivalitäten ausschlaggebend. Die Verantwortung hierfür liegt vor allem bei den Mitgliedstaaten, die sich in der Vergangenheit - aus Rücksicht auf Gruppen- und Brancheninteressen - lange weigerten, ihre bilateralen Programme und Planungen offenzulegen und davon absahen, den im Verhältnis zu Entwicklungsländern propagierten „politischen Dialog" auch untereinander zu führen.

Die entwicklungspolitisch bedauerliche Folge dieser Konstellation war nicht nur die zeitintensive Bindung administrativer Kapazitäten. Der permanente Kompromißcharakter europäischer Südpolitik trug – Folge der Tendenz zur Einigung auf dem kleinsten gemeinsamen Nenner – auch dazu bei, daß die Gemeinschaftspolitik in den Empfängerländern nicht das politische Gewicht hatte, das sie auf Grund des Leistungsumfangs hätte beanspruchen können. Beträchtliche Glaubwürdigkeitsverluste waren die Folge. Sie boten den Nehmerländern – vor allem während, aber auch noch nach dem Ende des Kalten Krieges – die willkommene Gelegenheit, potentielle Geber gegeneinander auszuspielen und aus deren Rivalitäten politischen und wirtschaftlichen Nutzen zu ziehen.

4. Politische Kohärenz – mehr als ein Schagwort?

Exemplarisch deutlich wurde dies nicht zuletzt im deutsch-französischen Afrikaverhältnis. Hier stand die deutsche Politik lange im Geruch des „suivisme", also der Neigung, den Grundzügen einer seit den Römischen Verträgen maßgeblich an französischen Interessen ausgerichteten Kooperationspolitik zu folgen. Anders als es der 1963 geschlossene Elysée-Vertrag vorsah, haben die Regierungen in Bonn und Paris ihre Afrika- und Entwicklungspolitiken in den siebziger und achtziger Jahren weder abgestimmt noch, wie vertraglich vorgesehen, „gegenübergestellt". Zu unterschiedlich schienen die Philosophien, Strukturen und Instrumente der beiden wichtigsten europäischen Geberländer zu sein, als daß sich vorzeigbare Synergieeffekte hätten erzielen lassen. Ob die Ende 1998 in Potsdam zwischen der deutschen Entwickungshilfeministerin und ihrem französischen Amtskollegen vereinbarte „engere Abstimmung", die den Vorsatz gemeinsamer Ministerreisen einschließt, von größerer Bedeutung sein wird, steht dahin (Brüne 1995; Collofong 1999)

Bis zum Ende des Kalten Krieges jedenfalls verzichtete die deutsche Politik in einer Art selbstauferlegten Zurückhaltung fast gänzlich darauf, wichtige Auffassungsunterschiede in afrikabezogenen Politik-, Militär- und Wirtschaftsfragen öffentlich zu thematisieren. Dabei war großen Teilen der deutschen Fachöffentlichkeit durchaus bewußt, daß Frankreichs klientelistisch organisierte Hegemonialpolitik in West- und Zentralafrika mit dem als partnerschaftlich beschriebenen Geist von Lomé nicht oder nur begrenzt in Einklang zu bringen war. Frankreich verfolgte im Bereich seiner ehemaligen Kolonien eine machtbewußte Einflußpolitik, die eine ausgeprägte militärische Komponente hatte, und im Zweifel auf klientelistischer Basis demokratische Grundsätze geringschätzte. So konnte es vorkommen, daß die deutsche Diplomatie ihr Schweigen anläßlich offensichtlich manipulierter Parlaments"wahlen" in Guinea als Kritik verstanden wissen wollte, die USA mit Abbruch der Entwicklungshilfe drohten und Frankreich „seinem" langjährigen Diktator, Brigadegeneral Conté (der sich drei Wochen vor den Wahlen zum Zivilisten erklärte) zu seinem Wahlerfolg gratulierte. Auch die beim 16. franko-afrikanischen Gipfel 1990 in La Baule eingeleitete und schon bald zurückgenommene demokratiepolitische Neuorientierung der französischen Afrikapolitik war zu keinem Zeitpunkt Gegenstand intensiver bilateraler Konsultationen (Brüne/von Maltzan 1995: 53-61).

Zu öffentlich eingestandenen Dissonanzen kam es erst in den neunziger Jahren, als französische Politiker in der ehemaligen deutschen Kolonien Togo vergeblich versuchten, die von der EU wegen Wahlmanipulation und fortgesetzter Menschenrechtsverletzungen beschlossene Aussetzung der Entwicklungszusammenarbeit rückgängig zu machen. Den 1993 stufenweise eingeleiteten Sanktionen der Gemeinschaft gegen Togo, die 1998 ein Verfahren mit dem Ziel des Ausschlusses von der Lomé-Konvention nach sich zogen, wurde französischerseits erst nach hinhaltendem Widerstand zugestimmt. Als Amnesty International im Mai 1999 einen Bericht über anhaltend schwere Menschenrechtsverletzungen in Togo veröffentlichte, der ein Einreiseverbot des senegalesischen AI-Generalsekretärs nach sich zog, bezog Präsident Chirac öffentlich zugunsten des togolesischen Präsidenten Eyadéma Stellung (Collofong 1999).

Man kann in der deutschen Neigung, afrikapolitischen Konflikten mit Frankreich – zumindest im pré-carré francophone – aus dem Weg zu gehen, ein Fortwirken der von Bismarck formulierten Doktrin sehen, nach der Deutschland in Afrika vor allem handelsorientierte Interessen verfolgt. Man kann aber auch, in einer Region, deren Entwicklungsbedarf ständig wächst, eklatante Mängel innereuropäischer Abstimmung diagnostizieren. Die genannten Beispiele lassen nicht nur unterschiedliche Interessenlagen und Politiktraditionen erkennen. Sie machen auch die Schwierigkeiten von deren „kohärenter" Überwindung deutlich. In einschlägigen öffentlichen Diskussionen wird – von staatlicher und nichtstaatlicher Seite – gerne der Eindruck erweckt, als ließen sich in der Regel allgemein und eingängig formulierte Ziele (Eingliederung der Entwicklungsländer in die Weltwirtschaft, Festigung der Demokratie, Wahrung der Menschenrechte und Grundfreiheiten etc.) konfliktfrei und ohne politische und ökonomische Verlierer realisieren. Das Gegenteil ist richtig, wie nicht nur das gern zitierte Beispiel europäischer Rindfleischexporte nach Westafrika illustriert. Einschlägige Statistiken belegen, daß für die regionale Allokation öffentlicher Entwicklungshilfe in der Vergangenheit in erster Linie ökonomische und geopolitische Kalküle und Motive ausschlaggebend waren – mit Ägypten, der Elfenbeinküste, Kamerun, der Türkei und Jordanien zählen nicht die bedürftigsten, sondern politische wichtige Länder zu den Hauptnutznießern von EU-Hilfen. Dessenungeachtet hält der offiziöse Diskurs an Auffassungen fest, die eine widerspruchslose Übereinstimmung entwicklungspolitischer Ziele und vitaler innen-, außen- und sektorpolitischer politischer Interessen suggerieren.

Das prominenteste Beispiel für mangelnde Kohärenz ist nach wie vor der kurzfristig unüberbrückbare Gegensatz zwischen der gemeinschaftlichen

Agrar- und der Entwicklungspolitik. Grundsätzlich muß hier zwischen der Kohärenz zwischen der Gemeinschaft und den Mitgliedsländern (hier ist die Souveränität nationaler Hilfs- und Entwicklungspolitiken berührt) und der Kohärenz zwischen der Entwicklungspolitik der Gemeinschaft und anderen Politiken unterschieden werden. Entwicklungspolitisch begründete Südpolitik ist der spannungsreiche Versuch, geschichtliche Traditionen, kommerzielle Erwägungen, geopolitische Kalküle und nationale Politiktraditionen wenn nicht zu versöhnen, so doch in Ansätzen zu vereinbaren. Dies kann, den politischen Willen nationaler Regierungen vorausgesetzt, nur auf der Basis zeitlich gestaffelter Stufenpläne gelingen.

Es wäre, vor dem Hintergrund einer überwiegend verantwortungsethisch und mitleidspolitisch geführten Nord-Süd-Debatte, ein großer Fortschritt, wenn es gelänge, die mitunter etwas blutarm an Zielen ausgerichtete Diskussion über Europas südpolitische Optionen durch ein offene Thematisierung von Zielkonflikten und politischen Interessengegensätzen zu beleben. „Solidarität" kann Makropolitiken nur am Rande beeinflussen. Entwicklungshilfe ist kein öffentliches Gut und es ist unrealistisch anzunehmen, das „der Norden" aus Solidarität mit „dem Süden" Politiken verfolgt, die er aus anderen wichtigen Gründen nicht verfolgt. An dem Umstand, daß Entwicklungspolitik als unwichtiges Korrektiv zu Agrar- und handelspolitischen Interessen erscheint, wird sich mittelfristig kaum Wesentliches ändern lassen. Was ergibt sich daraus als Anforderung an eine qualitativ verbesserte, wirksam koordinierte europäische Entwicklungspolitik?

5. Das koloniale Erbe als komparativer Vorteil?

Selbst wenn eine jüngere Entschließung, in der das Europäische Parlament die „bahnbrechenden und positiven Ansätze der europäischen Entwicklungspolitik" würdigt und deren „unverwechselbaren Charakter betont, als übertrieben gelten darf, so kann sich die EU doch zugute halten, das „Kuckucksei der Assoziierung" originell und vorzeigbar genutzt zu haben. Infolge der Abkommen von Yaoundé und Lomé ist die aus der EWG hervorgegangene EU heute der einzige entwicklungspolitische Geber, der über langjährige Erfahrungen im „partnerschaftlichen Dialog" verfügt und seine Südbeziehungen auf eine rechtsverbindliche, mehrjährige Planungssicherheit gewährende Grundlage gestellt hat.

Gleichzeitig ist unverkennbar, daß zeitgemäße Nord-Süd-Beziehungen grundlegende institutionelle Reformen und eine konzeptionelle Neuausrichtung europäischer Südpolitik unabdingbar machen. Die EU ist in den vergangenen Jahren zum mit Abstand wichtigsten internationalen entwicklungspolitischen Akteur avanciert. Rechnet man die bi- und multilateral vergebenen Hilfen zusammen, dann kommt die Union heute für mehr als die Hälfte

der weltweit vergebenen öffentlichen Entwicklungshilfeleistungen (ODA)
auf. Zu dieser Entwicklung hat – neben dem Niedergang von COMECON
und OPEC – vor allem der Umstand beigetragen, daß die USA ihre weitgehend sicherheitspolitisch motivierte Südhilfe seit 1989 drastisch reduziert haben.

Anteil der Hauptgebergruppen an der gesamten offiziellen Entwicklungshilfe
(ODA) (in Prozent)

	1970	1980	1985	1990	1993
DAC	83	75	80	87	97,5
OPEC	12	20	10	9*	2*
COMECON	5	5	10	4**	-.**

*   arabische OPEC-Staaten
** Mittelost- und Osteuropa

Quellen: Dieter Nohlen, Lexikon Dritte Welt, Hamburg 1989, S. 509; OECD, Development Cooperation, Reports 1991-1994, Paris 1991-1995.

Aus dieser Entwicklung kann die EU unter bestimmten Voraussetzungen Nutzen ziehen. Mit einem Volumen von 5,8 Mrd. US$ (1998) ist die EU (als Uni-
on!) schon heute der fünftgrößte OECD-Geber. Dabei wurde in den vergangenen Jahren ein ständig wachsender Anteil der aus den nationalen Haushalten finanzierten öffentlichen EU-Entwicklungshilfeleistungen von der Europäischen
Kommission verwaltet und vergeben (1970: 7%, 1990: 13% und 1997: 18%).
Der frühere belgische Ministerpräsident Tindemans hatte bereits 1977 die
schrittweise Übertragung einzelstaatlicher Mittel auf die EG und den Ausbau
spezifischer Kooperationsfelder vorgeschlagen, für den die EG gegenüber den
Entwicklungsländern allein zuständig sein sollte. Ähnlich argumentiert heute
der entwicklungspolitische Ausschuß des Europäischen Parlamentes, wenn er –
über Partei- und sonstige Grenzen hinweg – die Auffassung vertritt, die Entwicklungszusammenarbeit der EU solle sich nicht auf nationale Politiken beschränken, sondern langfristig deren Europäisierung anstreben.

Dabei könnten politische und organisatorische Reformen Hand in Hand
gehen. Neben einer weiteren Vereinfachung der Verfahren scheint vor allem
eine Trennung von politischer und Durchführungsebene unverzichtbar. Diese
sollte mit einer klar definierten Arbeitsteilung der wichtigsten Akteure (Ministerrat, Kommission, nationale Ministerien, Durchführungsorganisationen,
Außenvertretungen) sowie nachhaltig verbesserten parlamentarischen Kontrollmöglichkeiten einhergehen.

Denkbar wäre in diesem Zusammenhang auch, den Partnerschaftsgedan-
ken der „Lomé-Kultur" durch eine asymmetrische „Konditionalität auf Ge-
genseitigkeit" weiterzuentwickeln. Diese könnte an dem Prinzip der Kon-
traktualität festhalten, indem sie beiden Seiten politisch und entwicklungspolitisch gebotene Zugeständnisse abverlangt. So könnten innereuropäisch abgestimmte Zeit- und Stufenpläne zur Abschaffung der Lieferbindung oder

der Abbau subventionierter Agrarexporte mit politischen und wirtschaftlichen Zugeständnisse auf AKP-Seite verknüpft werden. Letzere ließen sich mit Zuwendungen aus einem Fonds belohnen, um dessen Mittel sich potentielle staatliche und nichtstaatliche Nutznießer bei Vorliegen präzise definierten Voraussetzungen (Demokratisierungsfortschritte, Menschenrechtspolitik etc.) bewerben könnten. Übertragen ließe sich ein solches Modell auch auf politisch-institutionellen Bereich. Paritätisch besetzte Gremien, deren Unabhängigkeit in geeigneter Form sicherzustellen wäre, könnten – mit Hilfe von Sanktionsklauseln – über die Vertragstreue beider Seiten wachen.

Literaturverzeichnis

ACP: ACP Group Negotiating Mandate, ACP/28028/98, Rev. 2 Neg., Brussels, September 1998

ACP: The Libreville Declaration, Brussels, November 1997

Asante, S.K.B.: The European Union – Africa-Carribean-Pacific (ACP), Lomé Convention: Expectations, reality and the challenges of the 21st century. In: Africa Insight 4 (1996) 4, S. 381-391

Box, Louk/von Braun, Joachim/Gabas, Jean-Jacques: Was kommt nach Lomé IV? Die Politik muß sich stärker an der Praxis orientieren. Maastricht: European Centre for Development Policy Management, März 1999

Brüne, Stefan: Januskopf Binnenmarkt: Die Europäische Gemeinschaft, Lomé IV und die AKP-Staaten. In: Kreile, Michael (Hg.): Europa 1992 – Konzeptionen, Strategien, Außenwirkungen, Baden-Baden : Nomos, 1991, S. 99-115

–: Europas Entwicklungspolitiken. In: Aus Politik und Zeitgeschichte. Beilage zur Wochenzeitschrift Das Parlament B29/95, 14. Juli 1995a, S. 30-39

–: Die französische Afrikapolitik. Hegemonialinteressen und Entwicklungsanspruch. Baden-Baden: Nomos, 1995b

–: Die Zukunft der EU-AKP Beziehungen: die deutsche Debatte. In: Nord-Süd aktuell 9 (1997) 3, S. 493-499

–: Evaluierung als öffentliche Kommunikation – Zu den politischen und institutionellen Rahmenbedingungen entwicklungsbezogener Wirkungsbeobachtung. In: ders. (Hrsg.): Erfolgskontrolle in der entwicklungspolitischen Zusammenarbeit. Hamburg: Schriften des Deutschen Übersee-Instituts 39, (1998a), S. 9-26

–: Gibt es eine Zukunft für Lomé? Die EU-AKP-Beziehungen auf dem Prüfstand. In: Internationale Politik 53 (1998b) 11; S. 37-40

–: L'Allemagne et l'avenir des relations UE-ACP. In: GEMDEV (ed.): La Convention de Lomé en questions. Les relations entre les pays d'Afrique, des Caraïbes et du Pacifique (ACP) et l'Union européenne après l'an 2000. Paris: Karthala, 1998, S. 107-119

Brüne, Stefan/Betz, Joachim/Kühne, Winrich (eds.): Africa and Europe: Relations of two continents in transition. Münster/Hamburg: Lit-Verlag, 1994

Brüne,Stefan/Maltzan, Oskar von: Demokratische Transition: Wahlen und Wahlbeobachtung in Guinea. In: Betz, Joachim/Stefan Brüne (Hg.): Jahrbuch Dritte Welt 1996. München 1995, S, 53-62

Brüne; Stefan/Mehler, Andreas: Die neue französische Afrikapolitik – Face-lifting oder außenpolitische Wende? In: Institut für Afrika-Kunde/Rolf Hofmeier (Hg.): Afrika Jahrbuch 1997. Opladen: Leske + Budrich, 1998, S. 46-58

Chabal, Patrick/Daloz, Jean-Pascal: Africa works. Disorder as a political instrument. Oxford/Bloomingtion: James Curry, 1999

Collofong, Dietrich: Stärker miteinander in Afrika? Deutsche Entwicklungspolitik zwischen Frankreich und Europa. In: Dokumente 55 (1999) 6, S. 457-470

Council of Academic Advisers to the Federal Ministry for Economic Co-operation and Development: Prospects for EU-ACP development co-operation beyond the year 2000. Bonn: BMZ aktuell 077, Bonn, 1997

Cox, Aidan/Healey, John /Koning, Antonique (eds.): How European Aid Works. A Comparison of Management Systems and Effectiveness. London, 1997

Frisch, Dieter: The future of the Lomé Convention. Initial Reflections on Europe's Africa Policy after the Year 2000. ECDPM Working Paper 11. Maastricht, 1996

–: La dimension politique dans les rapports avec les partenaires de Lomé. Contribution présentée au Colloque organisé par le GEMDEV sur La Convention de Lomé, Diagnostic, méthodes d'évaluation et perspectives. Paris, 27 juin 1997

Froehly, Jean-Pierre: Pragmatische Präsenz – Frankreichs neue Afrika-Politik. In: Dokumente 55 (1999) 6, S. 471-476

GEMDEV: La Convention de Lomé en questions. Les relations entre les pays d'Afrique, des Caraïbes et du Pacifique (ACP) et l'Union européenne après l'an 2000. Paris: Karthala, 1998

–: La convention de Lomé en question. Paris: Karthala, 1999

Ikiara, Gerrishon K.: The future of Lome cooperation. What are the concerns for Africa? Contribution présentée au Colloque organisé par le GEMDEV sur La Convention de Lomé, Diagnostic, méthodes d'évaluation et perspectives. Paris, 27 juin 1997

Kabou, Axelle: Weder arm noch ohnmächtig. Eine Streitschrift gegen schwarze Eliten und weise Helfer. Basel: Lenos, 1993

Kappel, Robert: Europäische Entwicklungspolitik im Wandel. Perspektiven der Kooperation zwischen der Europäischen Union und den AKP-Ländern. INEF-Report 17, Duisburg, 1996

Matambalya, Francis A.: The Merits and Demerits of the EU Policies Towards Associated Developing Countries. Frankfurt/M. 1999

Michaelowa, Katharina: Who determines the Amount of Tied Aid: A public-Choice Approach. HWWA-Diskussionspapier 40, Hamburg, 1996

Montes, C./Migliors, S.: Evaluation of European Union aid managed by the Commission to ACP Countries: Synthesis Report. Brussels: European Commission, 1998

Organisation for Economic Co-operation and Development (OECD): Development Co-operation. Paris, 1999

Preuss, Hans-Joachim/Wardenbach, Klaus: Ach Europa! Für einen aktiveren deutschen Beitrag zur europäischen Entwicklungspolitik. In: Entwicklung und Zusammenarbeit 2, 1999, S. 45-47

Reithinger, Anton: Probleme und Perspektiven Europäischer Entwicklungspolitik. In: NORD-SÜD aktuell 9 (1995) 3, S. 387-394

–: Kohärenz in der europäischen Entwicklungspolitik. In: Meyns, Peter (Hg.): Staat und Gesellschaft in Afrika. Erosions und Reformprozesse. Hamburg: Lit Verlag, 1996, S. 376-373

Schlichte, Klaus: La Françafrique – Postkolonialer Habitus und Klientelismus in der französischen Afrikapolitik. IN. Zeitschrift für Internationale Beziehungen 5 (1998) 2, S. 309-343

Wiemann, Jürgen: Ein neuer Anlauf zu einer europäischen Entwicklungszusammenarbeit. In: epd-Entwicklungspolitik (1999) 15-16, S. 40-43

Wolf, Susanna (ed.): The Future of EU-ACP Relations. Frankfurt/Main: Peter Lang, 1999

Rio, Kyoto und Cartagena: Die Europäische Union als Akteur der globalen Umweltpolitik

Michael Kraack

1. Einleitung

Die externe Dimension der Europäischen Integration rückt zunehmend ins Interesse der politikwissenschaftlichen Integrationsforschung, nicht zuletzt wegen der Einführung des Euro und den damit verbundenen Auswirkungen auf die internationale Finanzarchitektur. Tatsächlich verleiten die Charakteristika der Europäischen Union[1] auch dazu, von ihr als Akteur in der Weltpolitik einiges zu erwarten: Die 15 Mitgliedstaaten der EU sind zusammen genommen die größte Handelsmacht der Welt, der größte Investor, sie haben den größten Binnenmarkt, ihr Bruttosozialprodukt übersteigt das der USA und mit circa 370 Millionen Einwohnern rangieren sie auf Platz drei der globalen Bevölkerungsstatistik hinter China und Indien (Piening 1997: ix).

Insbesondere die Umweltaußenpolitik der Union ist aus verschiedenen Gründen gut geeignet, die Einflussmöglichkeiten und die spezifischen Probleme der EU als Akteur der Weltpolitik zu analysieren. Es handelt sich dabei nämlich um ein vergleichsweise hochintegriertes Politikfeld, die wichtigsten umweltpolitischen Entscheidungen für die 15 Mitgliedstaaten werden also in Brüssel getroffen. Als Teil der ersten Säule ist Umweltpolitik außerdem eng mit dem Funktionieren des Binnenmarktes verbunden. Damit interagiert die Umweltpolitik direkt mit dem „core" der europäischen Integrationsdynamik. Zusätzlich sind umweltpolitische Probleme ein exzellentes Beispiel, um die Verbindung zwischen EU-internen und -externen Entscheidungsprozessen zu untersuchen. Zum einen nämlich sieht sich die EU-Umweltpolitik intern wachsenden Forderungen nach mehr Subsidiarität ausgesetzt, während gleichzeitig die gestiegene Wahrnehmung der globalen Dimension von Umweltproblemen immer mehr Kooperation zwischen den 15 Mitgliedstaaten erforderlich macht. Dies verdeutlicht vor allem die eindrucksvolle Anzahl erst jüngst in den 90er Jahren abgeschlossener globaler Umweltabkommen (Vogler 1999: 25).

Der Beitrag ist folgendermaßen aufgebaut: Zuerst erfolgt eine kurze Bestandsaufnahme der bisherigen wissenschaftlichen Untersuchungen zur Rolle

---

[1] Zur Vereinfachung werden in diesem Beitrag durchgängig die Begriffe „Europäische Union" bzw. „EU" verwendet, auch wenn juristisch oder historisch die Begriffe „Europäische Gemeinschaft" oder „EG" angebracht wären.

der EU als Akteur der internationalen Umweltpolitik. Anschließend werden die in diesem Beitrag benutzten Analysekriterien – *recognition, authority, autonomy* und *cohesion* – kurz vorgestellt. Diese von Joseph Jupille und James Caporaso vorgeschlagenen Kriterien (1998: 214ff.; Rhodes 1998: 15) ermöglichen einen Vergleich der im folgenden Hauptteil untersuchten Fallstudien der globalen Umweltpolitik im Hinblick auf die Rolle der EU. Die erste Fallstudie untersucht dabei das Auftreten der EU beim Weltgipfel von Rio 1992. Zweitens wird die Beteiligung der Union an den globalen Klimaverhandlungen diskutiert. Besonderes Gewicht hat hier das Zustandekommen des Kyoto-Protokolls zur Klimarahmenkonvention. Zuletzt soll die Position der EU im Rahmen des Artenschutzregimes analysiert werden. Einen Schwerpunkt dieses Abschnitts bilden die Verhandlungen über das „Protokoll über biologische Sicherheit", welches Anfang 1999 in Cartagena (Kolumbien) auf der Tagesordnung stand.

2. Die EU – ein neuartiger Akteur in der internationalen Umweltpolitik

Die Politikwissenschaft tut sich bisher noch schwer, den „Akteur" EU zu fassen. Einigkeit herrscht lediglich darüber, dass allein die „Präsenz" (Allen/Smith 1990) der EU enormen Einfluss auf die Struktur des internationalen Systems hat (Rhodes 1998). Die Rolle der EU, beispielsweise im Umweltbereich, ist bisher jedoch erst in Ansätzen untersucht (Schumer 1996). Erst seit kurzem und vor allem in der anglo-amerikanischen Forschungslandschaft widmet man sich der Frage nach der Akteurseigenschaft der EU systematischer (Jupille/Caporaso 1998: 214ff.; Rhodes 1998: 15; Ginsberg 1999).

Im Gegensatz zur Politikwissenschaft hat sich die rechtswissenschaftliche Forschung mit dem Problem der internationalen Vertretung der EU in der Umweltpolitik seit längerem auseinandergesetzt (Nollkaemper 1987; Pernice 1991; Okowa 1995; Nollkaemper 1998). Neuere juristische Abhandlungen, zum Beispiel über die Rolle der EU im Rahmen von internationalen Umweltabkommen, kommen dabei zu dem wenig überraschenden Ergebnis, dass den Aktionen der Union auf dem internationalen Parkett in erster Linie politische Rationalitäten zu Grunde liegen. Die politikwissenschaftliche Bearbeitung dieser Frage steht aber noch weitgehend aus (Horstig 1997: 252), zumal der tatsächliche Einfluss der EU bei internationalen Verhandlungen über das rechtlich Mögliche beispielsweise nach Ansicht Alberta Sbragias erkennbar hinausgehen kann (1998: 295).

Die Frage nach der Akteurseigenschaft und -qualität der EU im Bereich der internationalen Umweltpolitik stellt sich am Ende der 90er Jahre also zu recht. Dies hat auch mit einigen wichtigen EU-internen Entwicklungen in den vergangenen Jahrzehnten zu tun. Die Aktivitäten der Union zu globalen

Umweltthemen haben sich seit den 70er Jahren kontinuierlich entwickelt (Jordan 1999). Obwohl Umweltpolitik bis zum Inkrafttreten der Einheitlichen Europäischen Akte 1987 noch gar nicht explizit Aufgabe der Gemeinschaft war, beteiligte sich die EU schon lange zuvor an einer Vielzahl internationaler Umweltvereinbarungen (Sbragia 1998: 289). Grundlegend für diese Entwicklung war das sogenannte AETR-Urteil des EuGH aus dem Jahr 1971, das der Union in den Bereichen auch externe Kompetenzen zustand, die bereits EU-intern von Brüssel aus geregelt wurden (Haigh 1991; Gilsdorf 1996; Jupille/Caporaso 1998: 317). Mit dem Vertrag von Maastricht wurde die internationale Kooperation in der Umweltpolitik in Art. 130r dann endgültig zu einem Hauptziel der europäischen Umweltpolitik erklärt. Dementsprechend breiten Raum nimmt dieser Aspekt auch im fünften Umweltaktionsprogramm der Union ein (Kommission der Europäischen Gemeinschaften 1993: 119ff.). Der vorerst letzte Schritt in dieser Entwicklung war die erneute Aufwertung des Umweltschutzes im Amsterdamer Vertrag, in dem jetzt „nachhaltige Entwicklung" zu einer Kernaufgabe der Union erklärt wird und die Integration von umweltpolitischen Erfordernissen in andere gemeinschaftliche Politikfelder vorgeschrieben ist (Kraack/Pehle/Zimmermann-Steinhart 1998).

Parallel zur internen Entwicklung einer gemeinschaftlichen Umweltpolitik wurde die internationale Anerkennung der EU als Akteur vorangetrieben. Die Neuartigkeit der Union als internationaler Akteur hat dazu geführt, dass diese Anerkennung durch andere Staaten nur in konfliktreichen Verhandlungen zu erreichen war. Vor allem die USA waren gegen die Beteiligung einer „supranationalen Organisation" (Schumer 1996: 16) wie der EU als gleichberechtigtem Akteur bei Verhandlungen. Hinzu kommt, dass das „pooling of sovereignty" als Charakteristikum der EU nur schwer mit dem staatszentristischen Aufbau des internationalen politischen Systems zu vereinbaren ist (Sbragia 1998: 286, 293 und 296). Deshalb musste völkerrechtlich eine neue Akteursform definiert werden. Mit der sogenannten „Regional Economic Integration Organization (REIO)" wird jetzt ermöglicht, dass die Union prinzipiell Vertragspartei internationaler Umweltabkommen werden kann (Schumer 1996: 42). In der Praxis unterzeichnen sowohl die EU als auch die Mitgliedstaaten globale Umweltabkommen. Diese Form der sogenannten „gemischten Abkommen" ist mittlerweile zur Regel bei internationalen Umweltvereinbarungen mit EU-Beteiligung geworden (Jupille/Caporaso 1998: 218).

3. Analysekriterien für die EU als internationaler Akteur

Auf die Frage, welche Kriterien zur Analyse der EU als internationaler Akteur herangezogen werden sollen, findet man in der einschlägigen Literatur bisher nur wenig Auskünfte. Für die Analyse der Fallstudien (vgl. Abschnitt

4) werden in diesem Beitrag die von Joseph Jupille und James Caporaso vorgeschlagen Kriterien genutzt. Ihre vier Variablen *recognition, authority, autonomy* und *cohesion* ermöglichen einen Vergleich der Rolle der EU in verschiedenen Verhandlungsprozessen der globalen Umweltpolitik (Rhodes 1998: 15).[2]

Mit dem Kriterium *recognition* wird zuerst einmal untersucht, wie andere Akteure die EU beurteilen. Die Frage lautet: Wird die EU als internationaler Akteur überhaupt akzeptiert und verhalten sich andere Akteure so, als ob die EU als Akteur wahrgenommen wird? Es handelt sich damit natürlich um eine Minimalbedingung, damit überhaupt von der EU als Akteur der Weltpolitik gesprochen werden kann. Betrachtet man aber die bisherige Zurückhaltung anderer Akteure, beispielsweise der USA, wenn es darum ging, der EU eine formale Mitgliedschaft in Internationalen Organisationen wie den Vereinten Nationen zu ermöglichen, dann zeigt sich, dass auf dieses im ersten Augenblick vielleicht zu banal erscheinende Kriterium nicht verzichtet werden sollte.

Dies gilt um so mehr, da zwischen de jure und de facto *recognition* unterschieden werden kann. Für die EU gilt, dass sie trotz unvollständiger völkerrechtlicher Anerkennung bzw. nicht zugestandener Vollmitgliedschaft in Internationalen Organisationen de facto als Akteur behandelt wird. Das *recognition*-Kriterium soll deshalb als erfüllt gelten, wenn andere Akteure entweder hauptsächlich oder neben ihrem direkten Kontakt zu EU-Mitgliedstaaten mit der Union und den Vertretern ihrer Institutionen zusammenarbeiten.

Mit dem *authority*-Kriterium wird untersucht, inwieweit die EU die rechtlichen Kompetenzen besitzt, extern als Akteur zu handeln. Grundlage sind dabei die Verträge, wie sie zwischen den Regierungen der Mitgliedstaaten zuletzt in Amsterdam neu verhandelt wurden. Darin wird die EU in verschiedenen Politikbereichen ermächtigt, im Auftrag der Mitgliedstaaten und in ihrem Namen als Agent der gemeinsamen Interessen tätig zu werden. Besonders weitreichend sind die Kompetenzen der Union beispielsweise im Bereich der gemeinsamen Handelspolitik, aber auch in umweltpolitischen Fragen gibt es Möglichkeiten für EU-Institutionen, besonders für die Kommission, im Namen der 15 international aktiv zu werden.

Die Frage nach der *autonomy* der EU bei internationalen Verhandlungen ist nicht leicht zu beantworten. Bei diesem Kriterium geht es um die Frage, ob die Institutionen der EU oder ihre Vertreter von anderen, insbesondere von Akteuren aus den Mitgliedstaaten, unterscheidbar sind bzw. unabhängig handeln können. Es handelt sich damit um ein sehr weitreichendes Kriterium. Die Analyse der *autonomy*-Dimension kann einerseits zeigen, inwieweit die institutionelle Struktur der EU von den Institutionen der Mitgliedstaaten abzugrenzen ist. Andererseits lässt sich untersuchen, ob die EU als supranatio-

---

2   Die Ausführungen in diesem Abschnitt basieren im wesentlichen auf Jupille/Caporaso (1998: 214ff.).

nale Organisation tatsächlich einen Unterschied macht, wenn es darum geht, gemeinsame europäische Verhandlungspositionen global zu vertreten. Damit ist die Hypothese verbunden, dass die Union als eine sich entwickelnde korporative Einheit mehr Einfluss auf internationale Politikergebnisse hat als die einzelnen 15 Mitgliedstaaten, wenn diese gezwungen wären, ihre Interessen alleine zu vertreten.

Das Kriterium der *cohesion* bezieht sich auf die Fähigkeit der Union, intern konsistente Politiken zu entwickeln. Es ist das entscheidende Kriterium, um die internationale Rolle und den Einfluss der EU zu bewerten. Natürlich beeinflusst die EU auch ohne konsistente Politikformulierung internationale Verhandlungen, aber dann kann nur bedingt von ihr als eigenständigem Akteur gesprochen werden. Um als Akteur zu gelten, muss die EU in der Lage sein, sich auf gemeinsame politische Präferenzen gegenüber dem Rest der Welt zu einigen und diese konsequent zu vertreten.

Vier Dimensionen von *cohesion* lassen sich identifizieren: Erstens *value cohesion*, wobei es um die Übereinstimmung bzw. Konkurrenz von Zielen innerhalb der Union geht. Sind die Ziele verschieden, dann lässt sich mittels Paketlösungen und „side payments" als zweites *tactical cohesion* erreichen. Bei *procedural cohesion* geht es dagegen drittens um den EU-internen Konsens beispielsweise in Bezug auf die anzuwendenden Entscheidungsregeln. Dahinter steckt die naheliegende Annahme, dass Mehrheitsentscheidungen im Rat die Formulierung gemeinsamer Positionen der EU im Vergleich zur Einstimmigkeitsregel erleichtern (vgl. dazu auch Jupille 1999). Als viertes ist *output cohesion* zu begutachten. Hierbei wird angenommen, dass eine Situation, in der die EU in der Lage ist gemeinsame außenpolitische Positionen zu formulieren, generell immer positiver zu bewerten ist, als wenn sich zum Beispiel die Mitgliedstaaten mit verschiedenen, unvereinbaren Positionen in den globalen Verhandlungsprozessen gegenüberstehen.

Die vier Kriterien *recognition, authority, autonomy* und *cohesion* bilden das analytische Raster für die drei jetzt im einzelnen zu untersuchenden Fallstudien. Damit wird auf folgende zentrale Fragen des Sammelbandes eingegangen: zuerst auf die Frage nach dem Prozess und nach der Qualität der Politikformulierung innerhalb der EU (*cohesion*), zweitens auf den Aspekt endogener bzw. exogener Restriktionen für das Handeln der EU als Akteur (*recognition, authority, autonomy*) und drittens auf die tatsächlichen bzw. die ausgeschöpften Handlungsspielräume der EU bei globalen Verhandlungsprozessen (*authority, autonomy*).

4. Die EU als Akteur der globalen Umweltpolitik

4.1 Die EU beim Erdgipfel von Rio

Der Erdgipfel von Rio ist ein entscheidendes Ereignis für die Entwicklung der internationalen Rolle der EU im Umweltbereich. Die Konferenz der Vereinten Nationen (VN) über Umwelt und Entwicklung (UNCED) im Jahr 1992 war das größte Treffen von Staats- und Regierungschefs, das je stattgefunden hat. Aber auch die Vielzahl der verschiedenen Themen, die zur Diskussion standen, stellte eine besondere Herausforderung für die globale Handlungsfähigkeit der EU dar. In Rio ging es nicht allein um globale Umweltprobleme wie den Klimaschutz (vgl. Abschnitt 4.2) und den Artenschutz (vgl. Abschnitt 4.3). Daneben standen entwicklungspolitische Themen, wie beispielsweise die Höhe der zu zahlenden Entwicklungshilfe der Industriestaaten, oder auch handelspolitisch relevante Aspekte, wie der Handel mit gefährlichen Abfällen, auf der Agenda. Nicht zuletzt deshalb betrachteten einige Vertreter der EU den Erdgipfel als Chance, der Welt die Bedeutung und die gestiegenen Einflussmöglichkeiten der Union zu demonstrieren.[3]

Wie stand es nun tatsächlich um die Akzeptanz der EU als Akteur (*recognition*)? Rio ist für die EU vor allem darum wichtig, weil sich im Verlauf der Konferenzvorbereitungen und während der Konferenz eine Entwicklung hin zur fast vollwertigen Akzeptanz der EU als Akteur der globalen Umweltpolitik nachzeichnen lässt.

Im Vorfeld der Konferenz hatte der Ministerrat sich im März 1992 darauf geeinigt, dass die EU bei der Rio-Konferenz als vollwertiger Teilnehmer behandelt werden sollte, obwohl sie bei den VN bisher nur einen Beobachterstatus besaß. Als nächsten Schritt trug Portugal, das zu dem Zeitpunkt die Präsidentschaft innehatte, während einer Vorbereitungskonferenz für Rio (PrepCom IV) den Wunsch des damaligen Kommissionspräsidenten Delors vor, mit den anderen Staats- und Regierungschefs zum Abschluss der Konferenz während der Unterzeichnungszeremonie gleichberechtigt mit am Tisch zu sitzen. Die scharfen, ablehnenden Reaktionen darauf zeigen jedoch, dass die Akzeptanz der Union als gleichberechtigter Akteur sowohl innerhalb der Union als auch im Außenverhältnis Grenzen hat, wenn es um symbolträchtige Handlungen geht, welche die Union mit einem souveränen Nationalstaat auf eine Stufe setzen würden. Außerdem warfen die USA der Union vor, für sich eine „dreizehnte Stimme" anzustreben. Der Vorschlag Portugals wurde abgelehnt und durch eine moderatere, aber trotzdem sehr weitreichende Lösung ersetzt. Der Union wurde bis auf das Stimmrecht und die Möglichkeit, prozedurale Vorschläge einzubringen, der Status eines vollwertigen Teilnehmers zugestanden („full

---

3   Die Ausführungen in diesem Abschnitt basieren wenn nicht anders belegt auf Jupille/Caporaso (1998: 221ff.).

participant status") (Brinkhorst 1994: 612). Damit wurde ihr unter allen internationalen Organisationen (IGO) ein Sonderstatus zugebilligt, der zum Beispiel das Recht beinhaltet, eigene inhaltliche Vorschläge vorzulegen. Während der vierzehn Tage von Rio hat die Union somit de facto die Anerkennung als Akteur im Rahmen der VN erreicht. Die zugestandene aktive Teilnahme, wenngleich auch ohne Stimmrecht, kann als endgültiger Durchbruch für die EU als Akteur in globalen Umweltfragen bewertet werden.

Was das *authority*-Kriterium betrifft, so ist eine eindeutige Bewertung wegen der Themenvielfalt der Konferenz schwierig. Als Konsequenz der unterschiedlichen EU-internen Regelungen waren je nach behandeltem Thema auch die EU-Kompetenzen verschieden. Die Komplexität der verhandelten Themen machte es teils sogar den EU-Vertretern schwer, die Kompetenzen der EU von denen der Mitgliedstaaten zu trennen. Insgesamt ist festzustellen, dass die Union, immer wenn die Kompetenzen für die EU klar zugeteilt sind, die gemeinschaftlichen Interessen aktiv vertreten kann. Dies ist beispielsweise in allen Handels- und Agrarfragen zu beobachten gewesen. Dagegen war die Union gerade bei entwicklungspolitischen Themen durch interne Kompetenzfragen behindert und darum auch teilweise nicht in der Lage, aktiv als Akteur auf die Verhandlungen einzuwirken.

Obwohl die Anerkennung der Union bei der UNCED-Konferenz über die bisherige VN-Praxis hinausging und die EU vertraglich dazu ermächtigt war, bei bestimmten Themen auf der Konferenzagenda die gemeinschaftlichen Interessen der Union zu vertreten, kann von einer eigenständigen Rolle der EU in Rio (*autonomy*) sowohl gegenüber ihren Mitgliedstaaten als auch gegenüber Dritten nicht die Rede sein. Neben der Absage an Kommissionspräsident Delors, dem die Darstellung der Gemeinschaftspositionen wiederholt verweigert wurde, ist das bestes Beispiel dafür die Rolle der EU im Verhandlungsprozess zur Klimakonvention (vgl. dazu auch Abschnitt 4.2). Insbesondere die Europäische Kommission hatte mit ihren Vorschlägen einer Energiesteuer und weitreichender globaler Reduktionsziele für klimaschädigende Gase im Vorfeld von Rio versucht, der Union eine globale Vorreiterrolle im Klimaschutz zu sichern. Damit ist sie sowohl extern wie auch intern gescheitert. Die hochgesteckten Emissiongrenzen stießen auf den Widerstand der USA, die sich 1992 nur auf ein Klimarahmenabkommen ohne konkrete Reduktionsverpflichtungen für CO_2 einlassen wollten. Intern stießen die Vorschläge für eine Klimasteuer auf energischen Widerstand zum Beispiel aus Spanien, das seine Wettbewerbsfähigkeit gefährdet sah. Im Ergebnis musste sich die EU-Kommission an den kleinsten gemeinsamen externen wie internen Nenner anpassen. Die angestrebte Vorreiterrolle der Union im Klimaschutz wurde aufgegeben, eine EU-interne Klimasteuer wurde von vergleichbaren Maßnahmen in anderen Industriestaaten abhängig gemacht.

Cohesion war sicherlich die entscheidende Variable für die Einflussmöglichkeiten der EU in Rio. Beurteilt man die gemeinsame Interessenvertretung der Union in Rio über die gesamte Agenda der Konferenz, so kann man fest-

stellen, dass das Auftreten der Union in umweltpolitischen Fragen generell kohärenter als bei den entwicklungspolitischen Themen war (Sbragia 1998: 302).
Trotz der beschriebenen Probleme beim Klimaschutz hat die Union intern seit
den siebziger Jahren zu vielen anderen umweltpolitischen Themen eine weitreichende Gemeinschaftsgesetzgebung entwickelt. Wo bereits intern legislative
Maßnahmen auf EU-Ebene existieren, war die Union auch extern gut gerüstet,
die gemeinschaftlichen Interessen zu vertreten (Brinkhorst 1994: 613f.).

Dagegen zeigen die Probleme der Union, in entwicklungspolitischen Fragen auf eine gemeinsamen Nenner zu kommen, die Bedeutung interner Ko-
ordinationsschwierigkeiten für das Zustandekommen globaler Maßnahmen.
Intern konnten sich die Mitgliedstaaten zu keiner gemeinsamen Position in
Bezug auf die zu leistende Entwicklungshilfe einigen. Vor allem die Briten
weigerten sich, einem Entwicklungshilfeziel von 0,7% des Bruttosozialpro-
dukts zuzustimmen. In dieser Frage war die Union trotz eines lange vor Rio
in Gang gesetzten Verhandlungsprozesses unfähig, *value cohesion* zu erreichen. Insbesondere die notwendige Einstimmigkeit im Ministerrat verhin-
derte eine gemeinsame Position. *Procedural cohesion* war demnach ebenfalls
nicht gegeben. Dies führte dazu, dass Mitgliedstaaten in dieser Frage unilateral und außerhalb des EU-Kontextes aktiv wurden. Insgesamt hat das uneinheitliche Auftreten der EU dazu beigetragen, dass der Wille der restlichen
Industriestaaten, den Rio-Folgeprozess mit angemessen finanziellen Ressourcen auszustatten, ebenfalls abnahm (Brinkhorst 1994: 614). Fehlende interne
cohesion der Union kann somit globale Lösungen stark behindern.

4.2 Der Klimaprozess

Die Klimarahmenkonvention wurde während der Rio-Konferenz zur Unterzeichnung vorgelegt. Bei den globalen Anstrengungen zum Klimaschutz geht
es um die Reduktion von klimaschädigenden Gasen, insbesondere CO_2. Dadurch soll der befürchtete Treibhauseffekt, also eine Erwärmung der Erdat-
mosphäre, verhindert oder zumindest abgeschwächt werden. Nach naturwis-
senschaftliche Untersuchungen erhöht ein weiterhin ungebremster Ausstoß
von klimaschädigenden Gasen unter anderem die Wahrscheinlichkeit von
Umweltkatastrophen wie beispielsweise Überschwemmungen.

Nach Inkrafttreten der Konvention fanden weitere wichtige Vertrags-
staatenkonferenzen 1995 in Berlin und 1997 in Kyoto statt. Im sogenannten
Kyoto-Protokoll zur Klimakonvention haben sich die Vertragsstaaten erstmals auf global bindende Reduktionsverpflichtungen für Klimagase geeinigt.
Die Ratifizierung sowie die konkrete Umsetzung der in Kyoto eingegange-
nen Verpflichtungen steht jedoch noch aus.[4]

---

4 Vgl. ausführlich zur Klimakonvention und zum Kyoto-Protokoll Oberthür/Ott
   (1999).

De jure handelt es sich bei der Klimakonvention um ein gemischtes Abkommen, also sind sowohl die EU als auch die Mitgliedstaaten Vertragsparteien. Wichtig für die internationale Anerkennung (*recognition*) der EU als Akteur ist außerdem die der Union zugestandene „bubble-Lösung". Damit wird ihr im Kyoto-Protokoll ermöglicht, ihre Reduktionsverpflichtung von 8% gemeinsam zu erreichen (Art. 4 Kyoto-Protokoll). Der Union bleibt im Innenverhältnis freigestellt, wie sie dieses Ziel umsetzen will. Die Verhandlung der Lastenverteilung in der Union hat eine große Bandbreite unterschiedlicher nationalstaatlicher Verpflichtungen erbracht. Im Ergebnis muss beispielsweise Deutschland mehr an klimaschädigenden Gasen reduzieren als andere Mitgliedstaaten. Einige Staaten, unter anderem Portugal, dürfen ihren Ausstoß dagegen sogar weiter steigern (Sjöstedt 1998).

Auch de facto ist die Union global als Akteur anerkannt. Aus Sicht der USA ist sie wichtigster Verhandlungspartner und gleichzeitig größter Konkurrent, wenn es um die konkreten Reduktionsverpflichtungen der Klimagase geht (Vogler 1999: 43).

Die Vertretung der EU bei den Klimaverhandlungen liegt in den Händen des Rates (*authority*). Dabei übernimmt es die Präsidentschaft, im Namen der Union und ihrer Mitgliedstaaten zu sprechen (Sbragia/Damro 1999: 61; vgl. auch Wurzel 1996). Im Vergleich zur beherrschenden Rolle der Mitgliedstaaten spielen die Kommissionsvertreter nur eine Nebenrolle, beispielsweise wenn es um die tägliche Abstimmung der gemeinschaftlichen Position während der Verhandlungstage in Kyoto geht.

Obwohl die EU de jure extern als Akteur im Rahmen des gemischten Abkommens anerkannt wird, bleiben im Innenverhältnis weiterhin die Interessen der Mitgliedstaaten ausschlaggebend für die gemeinsamen Positionen. EU-Klimapolitik wird im Rat gemacht; zwischenstaatliches „bargaining" bestimmt die EU-Position. Es gibt keine Unabhängigkeit der supranationalen Institutionen, besonders nicht der Kommission, gegenüber den Positionen der Mitgliedstaaten (*autonomy*). Zusätzlich geschwächt ist die Position der Kommission durch die interne Konkurrenz zwischen einzelnen Kommissaren und Generaldirektionen, hier besonders zwischen Industrie und Umwelt.

Positiv ist zu vermerken, dass die EU für Kyoto intern ein klares Reduktionsziel von 15% formuliert hatte und mit der bereits erwähnten „bubble-Lösung" trotz sehr unterschiedlicher Interessen innerhalb der Mitgliedstaaten *output cohesion* erreichen konnte (Vogler 1999: 41). Problematisch erscheint in diesem Zusammenhang jedoch, dass die im globalen Vergleich sehr weitreichenden Reduktionsforderungen und später im Protokoll zugesagten -verpflichtungen nach den EU-internen Auseinandersetzungen über eine Klimasteuer international zunehmend unglaubwürdig erscheinen. Das vorläufige Scheitern der Steuerlösung zeigt das vorhandene EU-interne Implementationsdefizit ganz deutlich (Skjærseth 1994; Collier 1996; Vogler 1999: 42).

Eine Gesamtbeurteilung der EU besonders im Hinblick auf das ausgehandelte Kyoto-Protokoll fällt ernüchternd aus. Die EU ist im Vorfeld von

Kyoto, was ihre Vorstellungen über den Inhalt und die zu treffenden Regelungen im Protokoll angeht, ins globale Abseits geraten. Die Vorschläge der
Union für die zu treffenden Klimaschutzmaßnahmen der Vertragsstaaten waren darauf gerichtet, insbesondere durch innenpolitische sogenannte „policies
and measures", wie zum Beispiel „freiwillige Vereinbarungen" mit nationalen Verschmutzerindustrien, die jeweiligen Reduktionsverpflichtungen zu erfüllen. Es ging der EU darum, ihre ansonsten weitestgehend auf gesetzlicher
Regulierung basierende Umweltschutzpraxis auf die globale Ebene zu exportieren, um Anpassungskosten zu vermeiden. Diese Position war international nicht konsensfähig. In den Protokollverhandlungen konnten sich insbesondere die USA mit ihrer Forderung nach flexiblen Instrumenten, wie
beispielsweise dem internationalen Handel mit Verschmutzungsrechten (Zertifikatlösung), durchsetzen. Was den Instrumenteneinsatz angeht, ist die EU
daher unter Anpassungsdruck geraten, weil es in der Union im Gegensatz zu
den USA bisher keine Erfahrungen mit dem Instrument des Zertifikathandels
gibt (Grubb 1999).
      Auch das EU-interne „burden sharing" mit Hilfe der „bubble-Lösung"
ist aus der Sicht der angestrebten Ziele seitens der EU zwiespältig. Unfreiwillig diente der „EU-bubble" als Vorbild für die unterschiedlichen Reduktionsverpflichtungen anderer Industrieländer im Kyoto-Protokoll. Damit gibt
es jetzt differenzierte Ziele zwischen den wichtigsten Industriestaaten, insbesondere der USA (-7%) und Japan (-6%), und der EU (-8%). Aus wettbe-
werbspolitischer Sicht ist dies ein sehr unbefriedigendes Ergebnis für die
Union (Breier 1998).

4.3 Artenschutz und „biologische Sicherheit"

Neben der Klimakonvention ist die Konvention über die Biologische Vielfalt
ein weiterer wichtiger Output der Rio-Konferenz. Ziel der Konvention ist, die
Erhaltung der Vielfalt des Lebens auf der Erde zu gewährleisten. Drei
Aspekte stehen dabei im Vordergrund: erstens der Schutz der Artenvielfalt
allgemein, zweitens die nachhaltige Nutzung der Artenvielfalt und drittens
die gleichberechtigte Teilhabe aller Unterzeichnerstaaten an den Vorteilen
aus der Nutzung biologisch-genetischer Ressourcen (Henne 1997).
      Schon bei den Verhandlungen der Biodiversitätskonvention im Vorfeld
von Rio trat dabei der Konflikt zwischen Industrie- und Entwicklungsländern
offen zu Tage. Beide Seiten hatten unterschiedliche Präferenzen bezüglich
des Regelungsinhalts der zu verhandelnden Konvention. Die Industrieländer
favorisierten einen eng auf den Naturschutz begrenzten Ansatz, der ihnen einen vergleichsweise leichten Zugang zu den genetischen Ressourcen des Südens sichern sollte. Dagegen betonten die Entwicklungsländer ihr Interesse,
angemessen an den Erlösen aus der Nutzung ihrer genetischen Ressourcen
beteiligt zu werden. Neben den USA gehörten die europäischen Staaten, allen

voran Deutschland und Frankreich, zu den stärksten Befürwortern eines hauptsächlich naturschutzzentrierten Ansatzes. Vor allem die steigende Bedeutung der nationalen Biotechnologiesektoren in beiden Staaten führte zu ihrer ablehnenden Haltung gegenüber einem allzu weitgehenden Regulierungsansatz in der Konvention. Bei den Verhandlungen über die Konvention konnten sich die Entwicklungsländer weitgehend durchsetzen (Biermann 1998). Als Konsequenz haben die USA die Konvention bisher nicht ratifiziert. Die EU und ihre Mitgliedstaaten sind dagegen trotz bestehender Vorbehalte Vertragsparteien geworden (Henne 1997: 189ff.).

Der zentrale Streitpunkt bei der Weiterentwicklung der Konvention in der Folge von Rio blieb der Umgang mit genetischen Ressourcen. Im Februar 1999 fand in Cartagena (Kolumbien) eine Vertragsstaatenkonferenz statt, bei der ein „Protokoll über biologische Sicherheit" abschließend verhandelt werden sollte. Die Verhandlungen mussten jedoch vertagt werden, weil sich die Akteure zu diesem Zeitpunkt nicht auf gemeinsame globale Regeln für den Biotechnologiesektor einigen konnten.

Wie tritt die EU bei den Biodiversitätsverhandlungen auf? De jure ist sie als Akteur bei den Verhandlungen anerkannt (*recognition*). Genau wie im Klimafall ist die Union neben den Mitgliedstaaten Vertragspartei als sogenannte „Regional Economic Integration Organisation (REIO)" (Art. 35). Auch de facto wird die Union als Verhandlungspartner akzeptiert. Beispielsweise vertrat sie die Interessen der sogenannten „Western Europe and Others Group" (WEOG) während der Vertragsstaatenkonferenz in Bratislawa 1998 (Earth Negotiation Bulletin – 9. Jahrgang: Biological Diversity and Plant Genetic Resources: Nr. 96: 13).

In Bezug auf das *authority*-Kriterium kann konstatiert werden, dass im Vergleich zur EU-Vertretung bei den Klimaverhandlungen das Auftreten der Union bei den Biodiversitätsverhandlungen von einer stärkeren Arbeitsteilung zwischen Rat und Kommission geprägt ist. Dies liegt an den weitreichenden Kompetenzen, die der Kommission in Fragen der gemeinsamen Handelspolitik vertraglich zugestanden wurden. Insbesondere im Bereich des Handels mit genetischen Ressourcen gibt es Überschneidungen des geplanten „Protokolls über biologische Sicherheit" mit den Vereinbarungen des TRIPS-Abkommen, das unter dem Dach der Welthandelsorganisation (WTO) geschlossen wurde.

Von *autonomy* der Kommission kann trotzdem nicht die Rede sein. In den meisten Fragen sind die Mitgliedstaaten über den Rat auch im Fall der Biodiversität tonangebend. Selbst in den handelsrelevanten Fragen ist die Kommission als Agent der Mitgliedstaaten auf eine permanente Abstimmung der EU-Position mit den Mitgliedstaaten angewiesen. Dabei spielt auch im Artenschutz die Koordinationsfunktion der jeweiligen Präsidentschaft eine zentrale Rolle. Generell vertritt die Präsidentschaft die Union bei den Artenschutzverhandlungen (Earth Negotiation Bulletin – 9. Jahrgang: Biological Diversity and Plant Genetic Resources: verschiedene Ausgaben).

Die Schwäche der Kommission gegenüber den Mitgliedstaaten wird auch bei der Analyse ihrer Biodiversitätsstrategie deutlich (Commission of the European Communities 1998). Diese Strategie will einen kohärenten Politikansatz für die gesamte Union entwickeln und nimmt dabei explizit Bezug auf das im Amsterdamer Vertrag erneut aufgewertete Prinzip der Integration umweltpolitischer Anforderungen in andere Politikfelder der Union (Kraack/Pehle/Zimmermann-Steinhart 1998). Themengebiete mit hochgradig unterschiedlichen Präferenzen verschiedener Mitgliedstaaten werden jedoch in der Strategie systematisch vernachlässigt. So nimmt die Strategie zum Beispiel weder Stellung zur Bedeutung naturschutzrelevanter Maßnahmen seitens der Industriepolitik der Union noch wird der im Mittelpunkt der aktuellen globalen Diskussion stehende Bereich der Biotechnologie und dessen umweltrelevante Auswirkungen ausreichend thematisiert.

Neben der Schwäche der Kommission gibt es weitere wichtige Hindernisse auf dem Weg zu einer kohärenten EU-Biodiversitätspolitik (*cohesion*). Insbesondere was den Umgang mit genetisch modifizierten Organismen (GMO) betrifft, liegt das Hauptproblem der Union in den sich überlappenden EU-internen und -externen Auseinandersetzungen über die zu treffenden politischen Maßnahmen. Der Regelungsinhalt des geplanten „Protokolls über biologische Sicherheit" steht dabei in direkter Beziehung zu den EU-internen Gentechnik-Richtlinien 90/220 und 90/219. Nach jahrelangem Streit wird diese EU-interne GMO-Gesetzgebung gegenwärtig überarbeitet (Environment Watch Western Europe 10/1/1997: 10ff., 18/4/1997: 10ff. und 5/12/1997: 14ff.; EU-Rundschreiben Nr. 2/1999: 21). Die internen Auseinandersetzungen drehen sich insbesondere um die Marktzulassung genetisch modifizierter Produkte (Novartis-Mais) sowie die angemessene Information der Verbraucher über Produkte mit genetisch modifiziertem Inhalt. Da innerhalb der Union nach wie vor extrem unterschiedliche Positionen existieren – Österreich ist beispielsweise für eine verschärfte Biotechnologiegesetzgebung, während Deutschland traditionell strikt dagegen votiert – ist eine gemeinsame kohärente Strategie der Union zum Thema „biologische Sicherheit" in naher Zukunft nicht zu erwarten (Environment Watch Western Europe 10/1/1997: 8ff. und 7/11/1997: 20f.).

Damit ist eine einflussreiche externe Politik der Union in den globalen Verhandlungen schwer zu erreichen, setzt sich doch die interne Zerstrittenheit der Union hier nahtlos fort. Waren die skandinavischen Mitgliedstaaten, Österreich und Spanien beispielsweise während der zweiten Vertragsstaatenkonferenz in Jakarta 1995 für ein weitreichendes Protokoll, so standen ihnen mit Großbritannien, den Niederlanden und vor allem Deutschland klare Gegner einer befürchteten globalen Überregulierung gegenüber (EU-Rundschreiben Nr. 12/1995: 8). In einer solchen Situation ist es für die wichtigsten globalen Kontrahenten der EU, allen voran die USA, vergleichsweise leicht, ein nicht in ihrem Interesse liegendes umfassendes „Protokoll über biologische Sicherheit" zu blockieren.

Zusammengefasst verfehlt die Union das *cohesion*-Kriterium im Falle der Biodiversitätskonvention eindeutig. Insbesondere die Verhandlungen über das „Protokoll über biologische Sicherheit" zeigen, dass die Union nicht in der Lage ist, hierbei *value cohesion* zu erreichen. Zu unterschiedlich sind die grundlegenden nationalen „belief systems" (Sabatier 1998) und mitgliedstaatlichen Präferenzen, als dass eine starke und einheitliche Stimme der EU in den Verhandlungen zur Geltung gebracht werden könnte.

5. Ergebnis

Ein Vergleich der drei beschriebenen Fälle führt zu folgendem Ergebnis: Die EU ist im Verlauf der 90er Jahre zu einem fast als vollwertig anerkannten Akteur in der globalen Umweltpolitik geworden. De jure und de facto ist sie bis auf wenige, zugegeben wesentliche Aspekte von Souveränität anderer Vertragsparteien globaler Verhandlungsprozesse gleichgestellt (*recognition*).

Die globale Aufwertung der EU als Akteur ging jedoch nicht mit einer beschleunigten Souveränitätsübertragung an supranationale Institutionen wie beispielsweise an die Europäische Kommission einher. Obwohl die gemeinschaftliche Umweltgesetzgebung kontinuierlich ausgebaut wurde, sind weder in Maastricht noch in Amsterdam in dieser Hinsicht substanzielle Veränderungen der Verträge beschlossen worden. Die Europäische Kommission ist durch die schrittweise Vergemeinschaftung der Umweltpolitik in den vergangenen zweieinhalb Jahrzehnten EU-intern zu einem wichtigeren Spieler geworden (Jordan 1999). Die Analyse des außenpolitischen Auftretens der EU im Umweltbereich zeigt jedoch, dass diesem Kompetenzzuwachs von Seiten der Mitgliedstaaten enge Grenzen gesetzt werden (*authority*) und zumindest aus dieser Perspektive nicht von einem eigenständigen supranationalen Akteur gesprochen werden kann (*autonomy*). Paradoxerweise ist die EU jetzt extern weitgehend als globaler umweltpolitischer Akteur anerkannt, ohne dass die Mitgliedstaaten jedoch intern entsprechende Souveränitätsrechte an supranationale EU-Institutionen abgetreten haben.

Entscheidend für die gemeinsame globale Umweltpolitik der Union sind nach wie vor die Präferenzen der Mitgliedstaaten, die im Ministerrat aufeinandertreffen (Moravcsik 1998; 1993). Daran wird sich auf absehbare Zeit nichts ändern. Es ist zusätzlich zu konstatieren, dass die stark gestiegene Anzahl global verhandelter Umweltprobleme und daraus resultierender Abkommen die Position der Mitgliedstaaten gegenüber der Kommission in den vergangenen Jahren noch weiter gestärkt hat. Beispielsweise ist die jetzt vereinbarte Zertifikatlösung im Kyoto-Protokoll nicht durch die erste Säule der Unionsverträge gedeckt. Inwieweit jedoch derartige Verpflichtungen und deren Umsetzung zukünftig unter Umständen sogar in den Aufgabenbereich des neu geschaffenen Hohen Repräsentanten für die Gemeinsame Außen-

und Sicherheitspolitik („Herr GASP") fallen können, ist zur Zeit noch vollkommen unklar. Im Hinblick auf das existierende Säulenmodell der Union besteht hier für die Zukunft sicher noch erheblicher Klärungsbedarf. Auch die Fähigkeit der Union, international erfolgversprechende gemeinsame Positionen zu entwickeln, ist begrenzt (*cohesion*). Die gemeinsame Umweltaußenpolitik hat eindeutig einen EU-internen „bias". Die Diskussion der EU-Entwicklungshilfepolitik und der Streit über die Klimasteuer in Rio, die einseitige Konzentration auf „policies and measures" und der „EU-bubble" im Klimaprozess sowie die Bedeutung der EU-internen Gentechnik-Gesetzgebung im Rahmen der Protokollverhandlungen zur Biodiversitätskonvention zeigen den Vorrang des internen Interessenausgleichs eindeutig. Eine gemeinsame externe Strategie lässt sich unter diesen Vorzeichen nur schwer entwickeln. So sind Resultate wie in Kyoto dann auch nicht verwunderlich. Die EU hat dort „erreicht", dass sie mehr Klimagase reduzieren muss als ihre wichtigsten Konkurrenten auf dem Weltmarkt. Hinzu kommt, dass dies global mit Instrumenten, zum Beispiel dem Handel mit Verschmutzungsrechten, geschehen soll, die sie intern bisher strikt ablehnt – ein vor dem Hintergrund der angestrebten Ziele wenig schmeichelhaftes Ergebnis.

Literatur

Allen, David/Smith, Michael (1990). Western Europe's Presence in the Contemporary International Arena. In: Review of International Studies 16: 19-37.

Biermann, Frank (1998). Weltumweltpolitik zwischen Nord und Süd. Die neue Verhandlungsmacht der Entwicklungsländer. Baden-Baden: Nomos Verlagsgesellschaft.

Brinkhorst, L. J. (1994). The European Community at UNCED: Lessons to be Drawn for the Future. In: Curtin, Deirdre/Heukels, Ton (Eds). Institutional Dynmics of European Integration. Dordrecht/Boston/London: Martinus Nijhoff: 609-617.

Breier, Siegfried (1998). Die Rolle der Europäischen Union bei der dritten Vertragsstaatenkonferenz der Klimarahmenkonvention in Kyoto. In: europa blätter 7: 36-39.

Collier, Ute (1996). The European Union's Climate Change Policy: Limiting Emissions or Limiting Powers? In: Journal of European Public Policy 3 (1): 122-138.

Commission of the European Communities (1998). Communication of the European Commission to the Council and to the Parliament on a European Community Biodiversity Strategy. COM (98) 42 final. Brussels. 4.2.1998.

Gilsdorf, Peter (1996). Die Außenkompetenzen der EG im Wandel. Eine kritische Auseinandersetzung mit Praxis und Rechtsprechung. In: Europarecht 31 (2): 145-166.

Ginsberg, Roy H. (1999). Conceptualizing the European Union as an International Actor: Narrowing the Theoretical Capability-Expectation Gap. In: Journal of Common Market Studies 37 (3): 429-454.

Grubb, Michael (1999). The EU in Environmental Foreign Policy: Lessons from Kyoto. Presentation at the conference „The European Union as an International Environmental Actor". 12 March 1999. King's College. London. mimeo.

Haigh, Nigel (1991). The European Community and International Environmental Policy. In: International Environmental Affairs 3 (2): 163-180.

Henne, Gudrun (1997). Das Regime über die biologische Vielfalt von 1992. In: Gehring, Thomas/Oberthür, Sebastian (Hrsg.). Internationale Umweltregime: Umweltschutz durch Verhandlungen und Verträge. Opladen: Leske und Budrich: 185-200.

Horstig, Barbara von (1997). Die Europäische Gemeinschaft als Partei internationaler Umweltabkommen. Bonn: Dissertation (Rechts- und Staatswissenschaftliche Fakultät der Rheinischen Friederich-Wilhelms-Universität).

Jordan, Andrew (1999). Editorial Introduction: the Construction of a Multilevel Environmental Governance System. In: Environment and Planning C: Government and Policy 17 (1): 1-17.

Jupille, Joseph (1999). The European Union and International Outcomes. In: International Organization 53 (2): 409-425.

Jupille, Joseph/Caporaso, James A. (1998). States, Agency, and Rules: The European Union in Global Environmental Politics. In: Rhodes, Carolyn (Ed.). The European Union in the World Community. Boulder, London: Lynne Rienner Publishers: 213-229.

Kommission der Europäischen Gemeinschaften (Hrsg.) (1993). Für eine dauerhafte und umweltgerechte Entwicklung. Ein Programm der Europäischen Gemeinschaft für Umweltpolitik und Maßnahmen im Hinblick auf eine dauerhafte und umweltgerechte Entwicklung. Luxemburg, Brüssel: Amt für amtliche Veröffentlichungen der Europäischen Gemeinschaften.

Kraack, Michael/Pehle, Heinrich/Zimmermann-Steinhart, Petra (1998). Europa auf dem Weg zur integrierten Umweltpolitik? In: Aus Politik und Zeitgeschichte (Beilage zu „Das Parlament"). B25-26: 26-33.

Nollkaemper, André (1998). The Integration Principle and the Search for Normative Closure in European and International Environmental Law. 1998 Environmental Summer Workshop: Environmental Policy Integration: The ‚Greening' of Sectoral Policies, Robert Schuman Centre, Florence/Italy.

Nollkaemper, André (1987). The European Community and International Environmental Co-operation – Legal Aspects of External Community Powers. In: Legal Issues of European Integration (2): 55-91.

Moravcsik, Andrew (1998). The Choice for Europe. Social Purpose and State Power from Messina to Maastricht. Ithaca/New York: Cornell University Press.

Moravcsik, Andrew (1993). Preferences and Power in the European Community: A Liberal Intergovernmentalist Approach. In: Journal of Common Market Studies 31 (4): 473-524.

Oberthür, Sebastian/Ott, Hermann (1999). The Kyoto Protocol. International Climate Chance Policy for the 21st Century. Berlin: Springer.

Okowa, Phoebe (1995). The European Community and International Environmental Agreements. In: Yearbook of European Law 15: 169-192.

Pernice, Ingolf (1991). Die EG als Mitglied der Organisationen im System der Vereinten Nationen: Konsequenzen für die Politik von Mitgliedstaaten und Drittstaaten. In: Europarecht: 273-281.

Piening, Christopher (1997). Global Europe. The European Union in World Affairs. Boulder/London: Lynne Rienner Publishers.

Rhodes, Carolyn (1998). Introduction: The Identity of the European Union in International Affairs. In: dies. (Ed.). The European Union in the World Community. Boulder, London: Lynne Rienner Publishers: 1-17.

Sabatier, Paul A. (1998). The Advocacy Coalition Framework: Revisions and Relevance for Europe. In: Journal of European Public Policy 5 (1): 98-130.

Sbragia, Alberta (1998). Institution-Building from Below and Above: The European Community in Global Environmental Politics. In: Sandholtz, Wayne/Stone Sweet,

Alec (Eds.). European Integration and Supranational Governance. Oxford: Oxford University Press: 283-303.

Sbragia, Alberta/Damro C. (1999). The Changing Role of the European Union in International Environmental Politics: Institution Building and the Politics of Climate Change. In: Environment and Planning C: Government and Policy 17 (1): 53-68.

Schumer, Sylvia (1996). Die Europäische Union als Akteur in der internationalen Umweltpolitik. Das Beispiel des Ozon- und Klimaregimes. Mosbach: AFES Press.

Sjöstedt, Gunnar (1998). The EU Negotiates Climate Change. External Performance and Internal Structural Change. In: Cooperation and Conflict 33 (3): 227-256.

Skjærseth, Jon Birger (1994). The Climate Policy of the EC: Too Hot to Handle? In: Journal of Common Market Studies 32 (1): 25-45.

Vogler, John (1999). The European Union as an Actor in International Environmental Politics. In: Environmental Politics 8 (3): 24-48.

Wurzel, Rüdiger K. W. (1996). The role of the EU Presidency in the Environmental Field: Does It Make a Difference Which Member State Runs the Presidency? In: Journal of European Public Policy 3 (2): 272-291.

Die Handlungsmöglichkeiten der EU im Rahmen des Welt-Handelsrechts

Hermann Reichold

1. Zur politologischen Fragestellung

Die Globalisierung hat einen Namen, jedenfalls für institutionengläubige Juristen: sie kann namhaft gemacht werden anhand der „World Trade Organization", abgekürzt WTO. Ihre Errichtung erfolgte im Rahmen der Konferenz von Marrakesch am 15.04.1994, als die Schlußakte der Uruguay-Runde unterzeichnet wurde, und gilt als Meilenstein auf dem Weg zu einer umfassenden Weltwirtschaftsordnung (Benedek 1998: 1ff.; Herdegen 1995: §§ 3, 7; Kutschker 1999: 1ff.). Die WTO mit Sitz in Genf ist als Umgründung und Erweiterung des „Allgemeinen Zoll- und Handelsabkommens" (GATT) von 1947 neben dem Weltwährungsfonds und der Weltbankgruppe zum „dritten Pfeiler der realen Weltwirtschaftsordnung" (Oppermann 1999: Rdz. 1799) geworden. Die Europäische Union (hiermit ist nur der *politische* Akteur richtig bezeichnet, nicht der *juristische* Akteur, der nach wie vor unter EG firmiert) verfügt bei der Beschlußfassung im Rahmen der WTO über 15 Stimmen, wie Art. IX Abs. 1 des WTO-Übereinkommens (WTOÜ) ausdrücklich besagt, und steht mit diesen Stimmen ihrer Mitgliedstaaten derzeit insgesamt 119 anderen Mitgliedern gegenüber[1]. *Formaljuristisch* könnte also die Rolle des Akteurs EU im Welthandel in die Formel 15 : 119 gegossen werden – zweifellos eine wenig befriedigende Antwort auf die vorliegende Fragestellung.

Deshalb darf ich folgende *inhaltliche These* formulieren, die es sodann zu begründen gilt: Die Rolle der EU im Welthandel wird wegen ihrer besonderen Struktur davon abhängen, wie glaubwürdig sie ihre eigenen Binnenmarkt-Prinzipien auch in ihrem Außenverhalten vertritt. Nur dann kann sie eine ihrer Position als „ökonomischer Riese" adäquate Rolle spielen und als handlungsfähiger Akteur wahrgenommen werden. Denn zu vermuten ist, dass gerade ein auf Wohlstandsmehrung und Vertragsloyalität gegründeter Staatenverbund seine ohnehin fragmentierte Handlungsfähigkeit nicht durch inkonsistentes Handeln den eigenen Mitgliedern gegenüber einerseits, dem Welthandel gegenüber andererseits gefährden darf.

---

1 Aktuelle Zahlenangaben in http://www.wto.org/htbin/htimage/wto/map.map?.

2. Grundsätze der WTO-Handelspolitik

2.1 Struktur

Durch das WTO-Abkommen 1994 wurde die Welthandelsorganisation als internationale Organisation mit eigener Rechtspersönlichkeit (Art. VIII WTOÜ) gegründet. Das Abkommen „überwölbt" als institutionelles Dach eine Fülle von sog. *multilateralen Abkommen*, die für alle 134 Mitglieder verbindlich sind und vor allem betreffen (Kilian 1996: Rdz. 137ff.)

– den *Warenhandel* in Fortführung des „alten" GATT 1947 (*GATT 1994* – „General Agreement on Tariffs and Trade" – Allgemeines Zoll- und Handelsabkommen 1994), das auf die Errichtung einer Zollunion und Freihandelszone zwischen den Unterzeichnerstaaten zielt und dadurch den Welthandel intensivieren will. Als Mittel hierzu dient eine Klassifikation und Numerierung von Waren, für die bestimmte Zollsätze gelten. Die allgemein oder regional erhobenen Zölle werden vom WTO-Sekretariat anhand der vorgelegten Einfuhrstatistiken kontrolliert. Insgesamt soll die durchschnittliche Zollbelastung für Industriegüter auf weniger als 3% sinken (Durchschnitts-Senkung von 1/3). Außerdem sollen die Marktordnungen für den Agrar- und Textilbereich sukzessive einbezogen werden nach der handelspolitischen Leitlinie: Umwandlung von Einfuhrquoten in Zolläquivalente (Mindestmarktzugang sicherstellen, Tariffs only-Maxime!);
– den *Dienstleistungshandel* (GATS – „General Agreement on Trade in Services" – Allgemeines Übereinkommen über den Handel mit Dienstleistungen), der ebenfalls grenzüberschreitend liberalisiert werden soll. Das Abkommen beschränkt sich auf die genauere Regelung von Finanz-, Luftverkehrs-, Seeverkehrs- und Telekommunikationsdienstleistungen. Vom freien Handel ausgenommen sind Finanzdienstleistungen im öffentlichen Sektor, z.B. die Tätigkeit der Zentralbanken, Währungs- oder Sozialversicherungsbehörden. Im Bereich der Telekommunikation zielt GATS vor allem auf den Zugang privater Anbieter zu den öffentlichen Kommunikationsnetzen;
– das *Geistige Eigentum* (TRIPs – „Trade Related Aspects of Intellectual Property Rights" – Übereinkommen über handelsbezogene Aspekte der Rechte des geistigen Eigentums), womit der Schutz und die Durchsetzung der Immaterialgüterrechte erreicht werden soll, um die technische Innovation sowie die Weitergabe und Verbreitung von Technologie zum Vorteil der Erzeuger und Nutzer technischen Wissens zu fördern. Das TRIPs-Abkommen führt zur Rechtsvereinheitlichung durch Übernahme der großen internationalen Schutzrechtsabkommen (z.B. Pariser Verbandsübereinkunft zum Schutz des gewerblichen Eigentums – PVÜ

1967; Revidierte Berner Übereinkunft zum Schutz von Werken der Literatur und Kunst – RBÜ 1971) und führt die Meistbegünstigungsklausel „sofort und bedingungslos" (Art. 4 S. 1) ein, was auch die Rechtslage in Deutschland ändert.

Für den juristischen Betrachter fällt vor allem die deutlich stärkere *Verrechtlichung* durch die neue WTO-Streitbeilegung ins Auge, die die häufig undurchsichtigen Regularien des bisherigen GATT-Abkommens ablöst. Deshalb wird jetzt von einer neuen Welthandelsgerichtsbarkeit gesprochen (Meier 1997: 566ff.), die Handelskonflikte weniger macht- als regelorientiert zu lösen versuche (Leier 1999: 204ff.; Sittmann 1997: 749ff.; Weber/Moos 1999: 229ff.). Die Bedeutung der WTO-Streitbeilegung seit 1995 zeigt sich nicht nur an der öffentlichen Diskussion kontroverser Themen wie Bananenstreit, Hormonsteaks oder „Shrimps/Turtle" (Ohlhoff 1999: 139ff.; De Thier 1999: 25; Oldag 1999: 25; *Rabe* 1996: 1320ff.; Schäfers 1999: 17; Schmid 1998: 190ff.; Stein 1998: 261ff. sowie FAZ Nr. 31 v. 06.02.1999: 14; Nr. 115 v. 20.05.1999: 19; Nr. 120 v. 27.05.1999: 17), sondern auch an der Vielzahl der Verfahren: Von 1995 bis Oktober 1998 wurden in 148 Fällen Konsultationen beantragt, von denen 15 abschließend streitig entschieden wurden (Leier 1999: 204ff.).

Das Verfahren beginnt mit diplomatischen Konsultationen zwischen den Streitparteien unter Vermittlung der WTO. Im Falle des Scheiterns (60 Tage Frist) setzt der „Dispute Settlement Body (DSB)" ein sog. *Panel* als eine Art Gutachter-Gremium ein, das aus drei Experten – meist erfahrene Diplomaten, nicht notwendig Juristen – besteht und nicht öffentlich tagt. Der Abschlußbericht des Panels gibt ähnlich wie ein Schiedsgutachten Sachverhalt und Beweislage wieder. Hiergegen kann Berufung vor dem „Appellate Body" eingelegt werden. Hier handelt es sich um einen ständigen Spruchkörper mit sieben Mitgliedern, die unabhängig sein, das Spektrum der WTO widerspiegeln und über Rechtskenntnisse verfügen müssen. Die gerichtförmige Komponente wird unterstrichen durch die Beschränkung auf Rechtsfragen (Art. 17 VI DSU) und die Beachtung wesentlicher rechtsstaatlicher Grundsätze (Weber/Moos 1999: 232). Der Bericht des Panels, gegebenenfalls geändert durch den Appellate Body (Eggers 1998: 147ff.), wird rechtswirksam erst durch die Entscheidung des DSB (= Allgemeiner Rat der WTO). Dabei ist wesentlich, dass anders als im GATT-Verfahren nicht mehr ein einziges Mitglied die Streitbeilegung durch ein Veto blockieren kann, sondern jetzt nach dem „umgekehrten Konsensprinzip" nur noch die Ablehnung der Entscheidung einen Konsens erfordert, nicht aber die Annahme. Diese neue Regel bedeutet eine erhebliche Einschränkung der Souveränität der Mitgliedstaaten, was inbesondere in den USA zu Kontroversen geführt hat (Leier 1999: 204ff.). Dennoch zeigt sich die „offene Flanke" des WTO-Verfahrens derzeit anhand der ungewissen Umsetzung der Schiedssprüche etwa zum Bananenmarkt oder zum Hormonfleisch: Das „Zeitschinden" der EU ist handelspolitisch nicht weniger gefährlich als es die Wildwestmanieren der Amerikaner sind, die mit hohen Strafzöllen drohen[2]. Handelsdiplomatie scheint gegenwärtig durch die WTO-Streitbeilegung nicht etwa überflüssig zu werden, sondern dürfte im Gegenteil gefragter denn je sein, um die Kooperationsgewinne im Welthandel nicht durch neuerliche Marktabschottung aufs Spiel zu setzen.

2.2 Ziele und Prinzipien

Die WTO ist der Errichtung eines Weltwirtschaftssystems verpflichtet, das sich an marktwirtschaftlichen Prinzipien orientiert. Das Vertragswerk zielt auf eine Liberalisierung des internationalen Handelsverkehrs durch die fortschreitende Beseitigung von Handelshemmnissen und soll protektionistischen Eingriffen in den Wettbewerb auf dem Weltmarkt entgegenwirken (v. Weizsäcker 1997: 15; Herdegen 1995: Rdz. 20ff.; Kutschker 1999: 10ff.; Oppermann 1999: Rdz. 1802). Als wesentliche Prinzipien oder besser „Optimierungsgebote" der WTO können gelten

- das Verbot der Diskriminierung, das umgesetzt wird durch die Prinzipien der Meistbegünstigung und der Inländergleichbehandlung: Vorrechte an ein WTO-Mitglied müssen in gleichem Umfang allen WTO-Mitgliedern gewährt werden, und: ausländische Produkte dürfen nach der Einfuhr – also nach Verzollung – nicht schlechter gestellt werden als inländische Produkte;
- das Prinzip der Reziprozität, das aus Sicht der WTO die wirtschaftliche Gleichwertigkeit der Zugeständnisse unter den WTO-Mitgliedern bezweckt und damit auf ein ausgewogenes System baut, bei dem die Balance aus Rechten und Pflichten stimmt (was bei den Beitrittsverhandlungen mit China eine große Rolle spielt); Entwicklungsländer können aber davon ausgenommen werden, soweit Verzichtsklauseln (*waiver clause*) mit Zwei-Drittel-Mehrheit genehmigt werden, die Handelsvorteile in Gestalt allgemeiner Zollpräferenzen gewähren;
- das Prinzip der Liberalisierung, das ähnlich der EG-Binnenmarktpolitik auf einen stufenweisen Abbau der besonders suspekten „nichttarifären Handelshemmnisse", also z.B. administrativer Hindernisse oder mengenmäßiger Beschränkungen, zielt, um einen freien Weltmarkt zu erreichen. Zölle werden dabei keineswegs verboten, sondern durch multilaterale Festsetzung transparent gemacht (*Tariffs-only*-Doktrin);
- das Prinzip der Solidarität mit den Entwicklungsländern, das sich in besonderen Zugeständnissen (Transferleistungen, Festsetzung von Rohstoffpreisen etc.) gegenüber diesen Staaten auswirkt.

---

2   Mit den „Retorsionsmaßnahmen" der USA (Strafzölle als Kompensation) wird sich wiederum ein WTO-Schiedsgericht befassen, vgl. FAZ Nr. 113 v. 18.05.1999: 19.

2.3 Ökonomische Logik und ihre Grenzen

Diese Leitprinzipien sollen den Handel zwischen souveränen Staaten fördern. Ökonomischer Anreiz für diese Staaten sind die positiven gesamtwirtschaftlichen Wohlfahrtseffekte, die sich aus intensiverem Handel aufgrund besserer Erschließung bisher abgeschotteter Märkte ergeben können[3] und, wie der EU-Binnenmarkt zeigt, auch ergeben. Tatsächlich stieg allein in den sieben Jahren von 1990 bis 1996 der Weltexport von 3.280 Mrd. US-Dollar um 60% auf 5.254 Mrd. US-Dollar. Die drei Nationen USA, Deutschland und Japan zeichneten dabei für 30% und die ersten zehn Nationen (USA – D – J – F – GB – I – CAN – NL – Hongkong – B-Lux) für 60% des Weltexportes verantwortlich (Kutschker 1999: 4f.). Trotz der Asienkrise und des Verfalls der Rohstoffpreise hat der Welthandel auch im schlechten Jahr 1998 noch um 3,5% gegenüber dem Vorjahr zugelegt. Die Europäische Union verzeichnete als stärkste Handelsmacht eine Einfuhrsteigerung von 7,5%, während die Exporte um 5% zunahmen. Der Anteil Westeuropas am internationalen Güterhandel erhöhte sich auf 44% (Mitteilung der WTO vom 22.04.1999, vgl. FAZ Nr. 94 v. 23.04.1999: 13).

Konflikte zwischen den Handelspartnern resultieren aus der Verteilung der Erträge und den sog. Transaktionskosten, die Tauschgewinne gerade bei Handelssanktionen massiv in Frage stellen. Das gemeinsame Interesse an der Förderung des Welthandels kann überhaupt nur dann realisiert werden, wenn jedes WTO-Mitglied auch nur annähernd an den Kooperationsgewinnen teilhaben kann. Die Ökonomen nennen es eine „paretosuperiore" Lösung[4], wenn gegenüber dem realen Ausgangspunkt abgeschotteter Märkte jeder Akteur durch Freihandel besser gestellt, zumindest aber keiner schlechter gestellt wird. Um zu solchen Lösungen zu gelangen, mußte die GATT schon immer zahlreiche Ausnahmen vom liberalen Credo konzedieren, die den nationalen Belangen nicht nur schwacher Entwicklungsländer, sondern auch starker Exportnationen sowie regionaler Freihandelszonen entgegenkamen und damit das Konzept selbst häufig in Frage stellten.

Freilich zeigt sich anhand der zähen Beitrittsverhandlungen der WTO etwa mit China (Kolonko 1999: 12; Mrusek 1999: 12) und Russland, dass die Öffnung ehemaliger Planwirtschaften für den internationalen Handel einen echten Politikwechsel (z.B. bei der Anerkennung geistigen und materiellen Privateigentums) erfordert, der über kosmetische Korrekturen am dirigistischen Rechts- und Wirtschaftssystem weit hinausweist. Das konsensuale und liberale Konzept der WTO läuft zusammen mit ihrer neuen welthandelsgerichtlichen Funktion also trotz aller Kompromisse auf eine Entmachtung autoritärer Staatswirtschaften zugunsten dezentraler globaler Wirtschaftsakteure

---

3   Das Theorem der komparativen Kostenvorteile geht auf David Ricardo (1772-1823) zurück, der den Übergang von der Autarkie zum Freihandel propagierte.

4   Benannt nach dem italienischen Ökonomen Vilfredo Pareto (1848-1923).

hinaus. Wer die Politikstrategien der Entwicklungsländer beobachtet, wird zudem feststellen, dass Unterentwicklung und Armut sich nicht als Folge der Integration in die Weltwirtschaft eingestellt haben, sondern im Gegenteil als Folge von Isolierungsstrategien (handgreiflich z.B. in Nordkorea) (Homann/ Gerecke 1999: 435). Die Politik offener Märkte seit 1948, vor allem aber seit 1989 hat zu einer Dynamik geführt, die als revolutionär bezeichnet werden kann: Mehr als die Hälfte der Weltbevölkerung lebt heute in Ländern mit Wachstumsraten des BIP von jährlich mehr als 5% (v. Weizsäcker 1997: 15). Die durch die WTO institutionell beschleunigte Entwicklung zum globalen Handel wird natürlich auch Verlierer produzieren – Marktwirtschaft ist keine Schönwetterveranstaltung! Doch gibt es hier keine Zwangsläufigkeiten nach Art eines Nullsummenspiels, wonach von einer gegebenen Kuchengröße auszugehen sei, die für jede der neu mitspielenden Volkswirtschaften immer kleinere Stücke abwirft. Nein, der Prozeß der Globalisierung testet die Anpassungsfähigkeit wirtschaftlich-sozialer Rahmenbedingungen und damit letztlich der sie steuernden politischen Strukturen. Mit den Worten von *Renato Ruggiero*, dem abgetretenen WTO-Generaldirektor: „Ein Staat verliert seine Wettbewerbsfähigkeit und damit auch seine Souveränität je schneller, desto mehr er sich gegen die Globalisierung wehrt" (Mrusek 1998: 15).

3. Die Rolle der EU im Welthandel

Was gilt nun für die Handlungsmöglichkeiten der EU im Bereich des Welthandels? Als größter Akteur im Welthandel (ca. 20%) muß die Europäische Union ein fundamentales Interesse an einer prinzipiell offenen („liberalen") Weltwirtschaftsordnung haben und damit letztlich die WTO-Prinzipien unterstützen (Oppermann 1999: Rdz. 1678, 1835ff.). Das dürfte einem Staatenverbund auch nicht schwerfallen, der sich in seiner eigenen Wirtschaftspolitik ausdrücklich einer „offenen Marktwirtschaft mit freiem Wettbewerb" (Art. 4 EGV neuer Fassung)[5] verschrieben hat. Doch pendelt die EU aufgrund ihrer besonderen Struktur zwischen marktwirtschaftlicher Ausrichtung und protektionistischer Agrarpolitik hin und her, wie am Beispiel des Bananenmarkts unschwer darzulegen ist. Hier gaben besonders französische Eigeninteressen den Ausschlag für eine gegen WTO-Prinzipien verstoßende Marktabschottungspolitik.

---

5   Zitiert werden die Normen des EGV nach der neuen, durch den Vertrag von Amsterdam modifizierten Version.

3.1 Die Bananenmarktordnung als Beispiel inkonsistenten Handelns

Die EU-Bananenmarktordnung wurde zum Schutz der Bananenerzeuger der Gemeinschaft und in den – mit ihr durch das Lomé-Abkommen verbundenen – ehemaligen Kolonialstaaten Afrikas, des karibischen und pazifischen Raums (sog. AKP-Staaten) gegen die Stimme Deutschlands erlassen (Verordnung (EWG) Nr. 404/93, ABlEG Nr. L 47 v. 25.02.1993: 1; Verordnung (EWG) Nr. 1442/93, ABlEG Nr. L 142 v. 12.06.1993: 6; Kuschel 1999: 74; Oppermann 1999: Rdz. 1391ff.). Für die Einfuhr von sog. Dollarbananen aus Lateinamerika und sog. nicht traditionellen AKP-Bananen wurde ein variables Zollkontingent festgesetzt, das auf die bisherigen Vermarkter mit unterschiedlichen Quoten verteilt wurde. Vor allem dieses Quotierungssystem, das zu einem schwunghaften Handel mit Vermarktungslizenzen führte, sorgte für harsche Proteste der USA und Costa Ricas, Guatemalas, Kolumbiens, Nicaraguas und Venezuelas. Das erste GATT-Panel rügte 1993 die Gewichtzölle, die Vorzugszölle an die AKP-Staaten und die Importlizenzen. Damals konnte die EG die Annahme des Panels noch verhindern. Auch eine Nichtigkeitsklage der Bundesrepublik, die ihr „Bananenprivileg" der Römischen Verträge durch die neue Ordnung verloren hatte, wurde vor dem EuGH abgeschmettert (EuGH v. 05.10.1994 – Slg. 1994, I-4973 = NJW 1995, 945 („Deutschland./. Rat")). Dennoch gab es Bemühungen um eine gütliche Beilegung des Streits durch ein Rahmenabkommen mit den lateinamerikanischen Bananenexporteuren und die Erteilung einer Ausnahmegenehmigung („waiver") für das Lomé-IV-Abkommen. Doch führte ein neuerliches Streitbeilegungsverfahren 1996, veranlaßt durch Ekuador, Guatemala, Honduras, Mexiko und die USA zu einer erneuten Verurteilung der EU, die auch durch den „Appellate Body" bestätigt wurde (Schmid 1998: 191f.). Am 25.09.1997 hat der WTO-Rat als Streitbeilegungsgremium die Völkerrechtswidrigkeit der Bananenmarktordnung verbindlich bestätigt – die EU konnte das nach der neuen Verfahrensordnung nicht mehr verhindern.

3.2 Die notwendige Übereinstimmung von Binnenmarkt- und Weltmarktprinzipien

In der Marktordnung für Bananen wird das Spannungsverhältnis zwischen Meistbegünstigung als einem liberalen Prinzip einerseits und Gemeinschaftspräferenz als einem politischen Motiv andererseits überdeutlich. Wenn die Gemeinschaft nicht nur hier, sondern auch in anderen Bereichen ihrer z.B. industriepolitischen Aktivitäten die notwendige grundsätzliche Übereinstimmung zwischen Außen- und Innenprinzipien zu deutlich verfehlt, kann dies zu Lasten der Akzeptanz des Gemeinschaftsrechts in den Mitgliedstaaten einerseits und des Respekts vor der „rule of law" im Welthandel andererseits gehen. Letztlich gefährdet es die Gemeinschaftspolitik als solche. Zwar muß

es als typischerweise „politische" Gefährdung eines Staatenverbunds hingenommen werden, dass Partikularinteressen ihrer Mitglieder übermächtig
werden. Doch besteht eine politische Chance eines Mehrebenen-Systems
auch darin, auf die einerseits juristisch-normativ gebotene und andererseits
ökonomisch sinnvolle Konsistenz des politischen Handelns „als Gemeinschaft" hinzuweisen und damit einzelstaatliche Partikularinteressen abzu-
wehren. In der neuen Rechtsqualität der WTO-Regeln bietet sich sogar eine
wesentliche neue Legitimation für eine wettbewerbskonforme Außenhandelspolitik mit eigenständig europäischer Handschrift.

3.2.1 Die juristisch-normativ gebotene Konsistenz

Die EG selbst ist durch Art. 131 EGV neuer Fassung in ihrer Handelspolitik
auf die „harmonische Entwicklung des Welthandels", die „schrittweise Beseitigung der Beschränkungen im internationalen Handelsverkehr" und den
„Abbau der Zollschranken" verpflichtet. Doch wird anhand der Bananenmarktordnung deutlich, dass im Zweifel der Gemeinsamen Agrarpolitik
(GAP, vgl. Art. 33 EGV neuer Fassung) und den Binnenmarktzielen (Art. 14
EGV neuer Fassung) gegenüber dem offenen Welthandel der Vorrang eingeräumt wird. Juristisch-formal ist aber zu betonen, dass die EG als seit 1994
originäres Mitglied der WTO auch deren Prinzipien in einklagbarer Weise
verpflichtet ist. Art. 300 Abs. 7 EGV neuer Fassung formuliert, dass „die
nach Maßgabe dieses Artikels geschlossenen Abkommen für die Organe der
Gemeinschaft und für die Mitgliedstaaten verbindlich" sind. Das mag zwar
angesichts der viel beschworenen Flexibilität der GATT/WTO-Bestimmun-
gen noch keine allzu straffe Bindung bewirken. Doch ist die juristische Konsequenz insofern unausweichlich, als GATT/WTO-Prinzipien jedenfalls nach
ihrer verbindlichen Auslegung durch den DSB auch für die EU-Organe, inklusive den EuGH, sowie die nationalen Gerichte wegen des akzeptierten
Vorrangs von Völkerrecht verbindlich sind[6]. Auch wenn im Bereich der
WTO die Verrechtlichung die Handelsdiplomatie nicht völlig ersetzt hat und
damit die Politik mit dem Recht gewissermaßen gleichrangig im Boot sitzt,
wird inzwischen die Direktwirkung zwingender Beschlüsse des WTO-Streit-
beilegungsgremiums in der Wissenschaft zunehmend befürwortet (Eeckhout
1997: 48ff.; Schmid 1998: 196; Weber/Moos 1999: 234f.). Anders käme man
zur für ein Mehrebenen-System verheerenden Konsequenz, dass die „Retorsionsmaßnahmen" (d.h. Sanktionen z.B. in Form von Strafzöllen) der WTO
gegen die EU wegen mangelhafter Beachtung des Welthandelsrechts genau
jene Unternehmen treffen könnten, die sich ihrerseits gegen die EG-Verord-
nung wehrten, ohne vor dem EuGH Gehör zu finden. Dem deutschen Bun-

---

6   Zu einer direkten Anwendung von Art. 50 des TRIPs-Abkommens hat sich der
    EuGH im sog. Hermès-Urteil v. 16.06.1998 bekannt, Slg. 1998, I-3603 = NJW 1999,
    2103.

desverfassungsgericht würde es in diesem, durch die Bananenmarktordnung längst konkret gewordenen Fall wohl nicht schwer fallen, seinerseits deutsche Importeure von der Rechtsbefolgungspflicht gegenüber EG-Recht freizustellen (Verwerfungskompetenz bei völkerrechtswidrigen EG-Recht) und damit den Verfassungskonflikt eskalieren zu lassen. Die Rechtsgemeinschaft der EG würde durch solche Friktionen zwischen den verschiedenen Ebenen der Rechtsprechung sicherlich schweren Schaden nehmen.

3.2.2 Die politisch-ökonomisch gebotene Konsistenz

Ein fragiles, supranational verschweißtes Gebilde wie die Europäische Union tut gut daran, sich des Konsenses ihrer Mitglieder stets zu versichern. Obwohl Agrar- und Handelspolitik kompetenziell Sache der Gemeinschaft („Erste Säule" EGV) sind, lassen sich Inkonsistenzen wie die völkerrechtlichen Verpflichtungen zum Freihandel einerseits und die dirigistische Agrarpolitik der Gemeinschaft andererseits nicht auf lange Sicht miteinander vereinbaren. Die GATT-Prinzipien waren bereits aus der Taufe gehoben, als sich die Europäische Wirtschaftsgemeinschaft 1957 konstituierte. Diese Prinzipien setzen zunächst auf Freiheit durch Wettbewerb und Gerechtigkeit durch marktkonforme Rahmenbedingungen. Die schlechten ökonomischen Erfahrungen sowohl mit den Agrarsubventionen – von Spöttern verglichen mit „behördlich organisierter Schutzgelderpressung" (Schümer 1999: 41) –, als auch mit den Entwicklungsgeldern im Lomé-Abkommen (FAZ Nr. 31 v. 06.02.1999: 14: Eine Freihandelszone von Kapstadt bis zum Nordkap ist visionär) sollten es der EU als eigenständigem Akteur leichter machen, sich an ihre ordoliberalen Wurzeln zu erinnern und der WTO gegenüber auf ihre moderate Liberalisierungspolitik nicht anders zu reagieren als die Mitgliedstaaten seinerzeit gegenüber der EG: nicht Abschottung, sondern Anpassung muß die Devise auch dann sein, wenn die organisierten Bauernproteste überlaufen. Nur die Konsequenz des wirtschaftspolitischen Handelns nach innen und außen konstituiert einen politisch eigenständigen, ernst zu nehmenden Handelspartner EU. Anhand der verweigerten Hormonfleisch-Einfuhren konnte das aus guten gesundheitspolitischen Gründen auch glaubwürdig demonstriert werden.

Würde die EU nicht einmal in der Welthandelspolitik ein eigenständiges politisches Profil gewinnen, obwohl auf diesem Politikfeld die politischen und rechtlichen und damit auch identitätsstiftenden Voraussetzungen am deutlichsten für eine Vergemeinschaftung sprechen, so müßte das *politische* Projekt der europäischen Einigung wohl schon an dieser Stelle als entschieden betrachtet werden – zu Lasten der Union und zu Gunsten ihrer Mitgliedstaaten. Wenn nicht auf diesem originären Feld der Europapolitik Erfolge erzielt werden, wo sonst?

Literaturverzeichnis

Benedek, Wolfgang (Hrsg.): Die Welthandelsorganisation (WTO). Textausgabe. München: C. H. Beck, 1998

De Thier, Peter: Gewinnt Amerika im Handelsstreit? In: SZ Nr. 111 v. 17.05.1999, S. 25

Eeckhout, Piet: The domestic legal status of the WTO-Agreement: Interconnecting legal systems. In: Common Market Law Review (CMLR) 34 (1997), S. 11-58

Eggers, Barbara: Die Entscheidung des WTO Appelate Body im Hormonfall. In: Europäische Zeitschrift für Wirtschaftsrecht (EuZW) 1998, S. 147- 151

Herdegen, Matthias: Internationales Wirtschaftsrecht. München: C. H. Beck, 2. Aufl. 1995

Homann, Karl/Gerecke, Uwe: Ethik der Globalisierung: Zur Rolle der multinationalen Unternehmen bei der Etablierung moralischer Standards. In: Kutschker, Michael: Perspektiven der internationalen Wirtschaft. Wiesbaden: Gabler, 1999, S. 430-457

Kilian, Wolfgang: Europäisches Wirtschaftsrecht. München: C. H. Beck, 1996

Kolonko, Petra: Zurück mit leeren Händen. In: FAZ Nr. 83 v. 10.04.1999, S. 12

Kuschel, Hans-Dieter: Auch die revidierte Bananenmarktordnung ist nicht WTO-konform. In: Europäische Zeitschrift für Wirtschaftsrecht (EuZW) 1999, S. 74-77

Kutschker, Michael: Internationalisierung der Wirtschaft. In: ders. (Hrsg.), Perspektiven der internationalen Wirtschaft. Wiesbaden: Gabler, 1999, S. 1-25

Leier, Klaus-Peter: Fortentwicklung und weitere Bewährung: Zur derzeitigen Überprüfung des Streitbeilegungsverfahrens in der WTO. In: Europäische Zeitschrift für Wirtschaftsrecht (EuZW) 1999, S. 204-211

Meier, Gert: Der Endbericht des WTO-Panels im Bananenrechtsstreit. In: Europäische Zeitschrift für Wirtschaftsrecht (EuZW) 1997, S. 566-568

Mrusek, Konrad: Die Advokaten der Globalisierung. In: FAZ Nr. 107 v. 09.05.1998, S. 15

Mrusek, Konrad: Chinesisches Schneckentempo. In: FAZ Nr. 72 v. 26.03.1999, S. 12

Ohlhoff, Stefan: Beteiligung von Verbänden und Unternehmen in WTO-Streitbeilegungsverfahren. In: Europäische Zeitschrift für Wirtschaftsrecht (EuZW) 1999, S. 139-144

Oldag, Andreas: Bananen und Hormonsteaks. In: SZ Nr. 105 v. 08./09.05.1999, S. 25

Oppermann, Thomas: Europarecht. München: C. H. Beck, 2. Aufl. 1999

Rabe, Hans-Jürgen: Ausgerechnet Bananen. In: Neue Juristische Wochenschrift (NJW) 1996, S. 1320-1324

Schäfers, Manfred: Welthandel in Grün. In: FAZ Nr. 115 v. 20.05.1999, S. 17

Schmid, Christoph: Immer wieder Bananen – Der Status des GATT/WTO-Systems im Gemeinschaftsrecht. In: Neue Juristische Wochenschrift (NJW) 1998, S. 190-197

Schümer, Dirk: Huch, Europa. In: FAZ Nr. 66 v. 19.03.1999, S. 41.

Sittmann, Jörg W.: Das Streitbeilegungsverfahren der WTO. In: Recht der Internationalen Wirtschaft (RIW) 1997, S. 749-753

Stein, Torsten: „Bananen-Split"? In: Europäische Zeitschrift für Wirtschaftsrecht (EuZW) 1998, S. 261-264

Weber, Albrecht/Moos, Flemming: Rechtswirkungen von WTO-Streitbeilegungsentscheidungen im Gemeinschaftsrecht. In: Europäische Zeitschrift für Wirtschaftsrecht (EuZW) 1999, S. 229-236

von Weizsäcker, Carl – Christian: Der Freihandel als Friedensstifter. In: FAZ Nr. 266 v. 15.11.1997, S. 15

Weltfinanzordnung nach Einführung des Euro

Mechthild Schrooten

1. Einleitung

Die Einführung des Euro stellt für die an der Europäischen Währungsunion (EWU) beteiligten Volkswirtschaften ein herausragendes Ereignis dar; sie ist eine Zäsur in der Geschichte des europäischen Geldes und der Geldverwendung in Europa. Zugleich hat die Einführung des Euro Implikationen für die internationalen Finanzmärkte. Die Weltfinanzordnung[1] läßt sich – wie jede andere Ordnung – auf der abstrakten Ebene auf Regeln zurückführen. Die Weltfinanzordnung umfaßt nach der hier verwandten Definition sowohl die Regeln, nach denen geld- und währungspolitische Entscheidungen getroffen werden, als auch die auf den Finanzmärkten gültigen Regularien. Im Rahmen der hier vorgenommenen Definition läßt sich die Weltfinanzordnung als Summe der Regeln fassen, nach denen auf dieser Erde geldpolitische Entscheidungen getroffen und Finanztransaktionen vorgenommen werden[2]. Eine einheitliche, weltweit verbindliche Weltfinanzordnung existiert nicht. Vielmehr differieren die Regeln, denen Geldpolitik und Finanztransaktionen folgen, weltweit erheblich.

Eine internationale Vereinheitlichung der „Spielregeln" würde einen weltweiten Konsens über Funktionen von Zentralbanken und die sinnvolle Regulierung von Finanztransaktionen voraussetzen. Tatsächlich aber gehen die weltweit unterschiedlichen Regeln und Regulierungen des Finanzsektors nicht nur auf den unterschiedlichen Entwicklungsstand der nationalen Finanzmärkte zurück. Vielmehr liegen diesen Differenzen oftmals tiefgreifende Auffassungsunterschiede in Bezug auf die Aufgaben der Geldpolitik, aber auch in Bezug auf die Frage der optimalen staatlichen Regulierung von Finanztransaktionen zugrunde. Dazu kommt, daß in der EWU mit der Einführung des Euro zwar die Vereinheitlichung der Geldpolitik durchgesetzt wurde, die Regulierung der Finanzmärkte jedoch weiterhin in den Verantwortungsbereich nationaler Behörden fällt. Einerseits wurde mit der Einführung des Euro die Harmonisierung der Geldpolitik innerhalb der EWU festge-

---

1   Die Begriffe „Weltfinanzordnung" und „Weltfinanzsystem" werden im Text synonym verwandt.

2   In Anlehnung an die Arbeiten von Douglas North und die Institutionenökonomik werden diese Regeln auch Institutionen genannt (North 1992).

schrieben; andererseits folgen die Transaktionen auf den europäischen Finanzmärkten heterogenen Regularien und Traditionen. Der neu geschaffenen Währung steht kein einheitlicher Finanzmarkt gegenüber. Die europäische Finanzordnung ist durch ein Spannungsverhältnis geprägt, dessen Lösung auch einen entscheidenden Einfluß auf die Bedeutung Europas bei der Ausgestaltung der zukünftigen Weltfinanzordnung haben wird.

Der Euro wurde nicht zuletzt als Konkurrenzwährung zum US-Dollar konzipiert. Alle Anzeichen deuten darauf hin, dass das Postulat der Stärkung der Rolle Europas bei Ausgestaltung der zukünftigen Weltfinanzordnung zunächst eine Homogensierung der Interessen innerhalb der EWU voraussetzt. Was könnten die zentralen Interessen der EWU-Teilnehmer bei der Ausgestaltung der Weltfinanzordnung sein? Wesentlich dürfte einerseits sein, sich von der Dominanz US-amerikanischer Spielregeln auf dem internationalen Finanzmarkt abzukoppeln, um so europäische Finanzprodukten bei der internationalen Finanzintermediation ein höheres Gewicht zukommen zu lassen. Andererseits kann eine Stärkung der Rolle Europas zu einer besseren Koordination der geldpolitischen Entscheidungen beider Währungsräume beitragen. Diese Harmonisierung könnte zu einer Senkung wechselkursbedingter Investitionsrisiken internationaler Anbieter führen und somit auf die gesamtwirtschaftliche Entwicklung sowohl in Europa als auch in den USA positiv wirken.

Ausgangspunkt der folgenden Untersuchung ist eine kurze, empirisch untermauerte Reflexion über die Funktions- und Leistungsfähigkeit des Euro als Leitwährung. Gibt es erste Ansatzpunkte die auf eine Stärkung der Rolle Europas innerhalb des Währungsgefüges hindeuten? In diesem Zusammenhang wird auch auf das empirisch zu beobachtende Phänomen der „Hierarchie von Währungen" und der Konkurrenz der Leitwährungen eingegangen. Anschließend werden die geldpolitischen Konzepte der Europäischen Zentralbank (EZB) und der US-amerikanischen Notenbank einander gegenüber gestellt. Die Regulierung von Finanztransaktionen steht im Mittelpunkt des folgenden Absatzes. Dabei wird zunächst die Problematik der bislang geringen Harmonisierung der Finanzmarktregularien, aber auch der Finanzdienstleistungen zwischen den Teilnehmerstaaten der EWU analysiert, bevor auf die Frage der Konkurrenz der herausgebildeten Finanzmarktordnungen im internationalen Kontext eingegangen wird. Hier wird versucht, einen Beitrag zur Analyse der Hintergründe dieses „Systemwettbewerbs" zu leisten. Im abschließenden Ausblick werden nicht nur die aufgeworfenen Fragen zusammengefaßt. Vielmehr wird vor dem Hintergrund eines Mehr-Phasen-Ansatzes die These entwickelt, dass sich die bestehende Weltfinanzordnung kurzfristig extrem robust gegenüber der Einführung des Euro erwiesen hat.

2. Der Euro als Leitwährung

Charakteristisch für eine Leitwährung ist, dass sie die typischen Geldfunktionen als Recheneinheit, Zahlungsmittel und Wertaufbewahrungsmittel nicht nur auf der nationalen, sondern auch auf der internationalen Ebene übernimmt (vgl. Tabelle 1). Aus ihrer Funktion als internationales Geld ergibt sich, dass zahlreiche grenzüberschreitende Transaktionen in der Leitwährung abgewickelt werden. Leitwährungen sind auch im internationalen Rahmen kontraktfähig. Dies gilt sowohl für Handelsgeschäfte als auch für Finanztransaktionen. Die Verwendung der Leitwährung reduziert hierbei die Transaktionskosten. Eine Leitwährung erleichtert demnach private Transaktionen zwischen Geschäftspartnern, die unterschiedlichen Währungsräumen angehören. Die aktuellen Leitwährungen, Dollar, Yen, und Euro sind untereinander über flexible Wechselkurse verbunden.

In der Währungshierarchie nehmen die Leitwährungen den obersten Rang ein; ihre besondere Qualität erwächst nicht nur aus ihrer internationalen Tausch- und Zahlungsmittelfunktion, sondern auch aus der ihnen zugesprochenen Vermögenssicherungsfunktion (Riese 1999). Ob eine Währung die Funktion einer Leitwährung übernimmt, entscheiden internationale Akteure. Die Akzeptanz einer Währung als Leitwährung kann nicht verordnet werden; sie geht vielmehr wesentlich auf marktfundierte Entscheidungen zurück. Andere Volkswirtschaften nutzen diese Leitwährungen zum Stabilitätsimport, indem sie den Wechselkurs ihrer Währung zu einer ausgewählten Leitwährung oder zu einem nach nationalen Kriterien zusammengesetzten Währungskorb fixieren. Die Wechselkursanbindung selbst kann explizit durch die Implementierung eines fixen Wechselkurses gegenüber einer ausgewählten Ankerwährung oder einem Ankerwährungskorb erfolgen. Sie kann aber auch subtiler durch Eingriffe der Zentralbank auf dem Geld- und Devisenmarkt durchgesetzt werden. Die *Festigkeit* der Wechselkursbindung wird durch die Schwankungsbreite um eine festgelegte Parität und durch eine möglicherweise zugelassene Abwertung *(crawling-peg/crawling-band)* bestimmt. Wechselkursbindungen stellen hohe Anforderungen an die „gebundenen" Volkswirtschaften. Insbesondere ist die Konvergenz der Inflationsraten zwischen dem Ankerwährungsland und der heimischen Volkswirtschaft erforderlich. Anderenfalls setzt eine (dauerhafte) reale Aufwertungstendenz der Währung ein, die die Wettbewerbsfähigkeit der heimischen Produkte auf dem internationalen Markt verringert und zugleich das Entstehen eines dauerhaften Leistungsbilanzdefizits begünstigt.

Als Konsequenz der Wechselkursanbindung, aber auch aus der besonderen Qualität von Leitwährungen, der internationalen Vermögenssicherung dienen zu können, ergibt sich, dass die nationalen Zentralbanken ihre Reservehaltung an Devisen vor allem in diesen ausgewählten Währungen organisieren. Dazu kommt, dass im Falle einer Währungsanbindung die jeweilige nationale Zentralbank in der Lage sein muss, bei spontanen Devisenabflüssen ihre Reserven zur Wechselkursstabilisierung einzusetzen. Gewinnt ein solcher Abfluss von Zentralbankreserven an Dynamik, so wird das Festhalten an der Wechselkursanbindung immer schwieriger; das Auftreten einer Währungskrise wird wahrscheinlich. Währungskrisen haben vor allem eine Komponente: die Wechselkursfreigabe verbunden mit einer plötzlichen drastischen Abwertung der vormals angebundenen Währung (Schrooten 1999). Mit der Währungskrise wird die unterschiedliche Leistungsfähigkeit und Qualität von angebundener Währung und Leitwährung offenbar.

Tabelle 1:   Funktionen einer Leitwährung

Funktion	Privat	Öffentlich
Wertaufbewahrung	Anlagewährung	Reservewährung
Zahlungsmittel	Fakturierungswährung (Vehikelfunktion)	Interventionswährung zur Wechselkursstabilisierung
Recheneinheit	Preisangaben Kursangaben	Ankerwährung

(in Anlehnung an EZB 1999).

Als einfacher Indikator dafür, ob durch die Einführung des Euro stärker als zuvor europäische Interessen bei der Ausgestaltung der internationalen Finanzordnung wahrgenommen werden, kann seine Verwendung als Leitwährung herangezogen werden. Dabei können als Referenzgrössen einerseits die Verwendung der anderen „Schlüsselwährungen" betrachtet werden; damit wäre der „Marktanteil" des Euro an internationalen Transaktionen, aber auch als Reservewährung zu berechnen. Andererseits kann dieser Marktanteil mit dem der einzelnen europäischen Währungen vor der Einführung der einheitlichen Geldeinheit verglichen werden. Wie sich der Euro innerhalb dieses Währungsgefüges positioniert, hängt demnach nicht nur von den Entscheidungen europäischer, sondern vor allem der internationalen Akteure ab.

Ein Jahr nach der Einführung des Euro läßt das vorliegende Datenmaterial in Bezug auf die internationale Rolle der neu geschaffenen Währung vor allem Folgendes erkennen:

– Erstens spielt der Euro eine bedeutende Rolle als Anlage- und Emissionswährung. Mit der Einführung des Euro stieg die Emission der in dieser Währung nominierten internationalen Schuldverschreibungen (netto) deutlich an: Der Anteil der in Währungen aus dem späteren Euroraum nominierten internationalen Schuldverschreibungen lag im 1. Quartal 1998 bei etwa 31% der Gesamtemission. Im Vergleichszeitraum des Jahres 1999, also nach der Einführung des Euro, lag der Anteil der in der einheitlichen europäischen Währung nominierten Schuldverschreibungen an der Gesamtemission bei etwa 42%. An dieser Entwicklung zeigt sich, daß der Euro von den internationalen Akteuren positiv aufgenommen wurde.

– Ob das Ziel, mit der Einführung des Euro den Anteil der in Euro fakturierten Transaktionen dauerhaft deutlich zu erhöhen, zu erreichen ist,
wird von weiteren Faktoren abhängen. Alle Anzeichen deuten darauf
hin, daß die Einführung des Euro bislang keineswegs zu einer nennenswerten Schwächung der internationalen Rolle des US-amerikanischen
Dollars geführt hat. Der Anteil internationaler Schuldverschreibungen,
die auf Währungen des Euroraumes bzw. auf den Euro am gesamten
Umlaufvolumen lauteten, also der Anteil an der Bestandsgröße, lag Ende
Dezember 1998 wie auch Ende Juni 1999 bei etwa 27% (EZB 1999).

– Der Euro wird als Ankerwährung genutzt. Allerdings vor allem in den
Volkswirtschaften, die zuvor ihre Währung an die nationalen europäischen Währungen angebunden hatten. Teilweise wurden die Währungs-
körbe der angebundenen Währungen nach dem 1. Januar 1999 zugunsten
des Euro verändert (z.B. Polen). Eine Umorientierungswelle in der
Wechselkursanbindung hat die Einführung des Euro nicht nach sich gezogen. Faktisch bedeutet dies, dass die Dominanz der USA in Bezug auf
die Währungshierarchie zunächst nicht in Frage gestellt wurde. Insbesondere wurden nach der Einführung des Euro die implementierten
Wechselkursanbindungen nur in wenigen Fällen modifiziert.

– Zwar liegen noch keine abschließenden Daten vor, jedoch dürfte die
weltweite Bedeutung des Euro als Reservewährung im Vergleich zum
Gewicht der an der Währungsunion beteiligten Einzelwährungen mit der
Einführung des Euro zunächst gesunken sein. Ursache dafür sind zum
einen technischen Umstellungen (EZB 1999), aber auch die Tatsache,
dass alle innerhalb des Eurosystems in Landeswährung gehaltenen Reserven nun als Binnenwährung gelten. Ob der Euro zukünftig als Reservewährung weiter an Gewicht gewinnen wird, hängt nicht zuletzt davon
ab, inwieweit einzelne Volkswirtschaften eine Wechselkursanbindung an
eben diese Währung praktizieren. Allerdings wird auch die gesamtwirtschaftliche Entwicklung in Europa und den USA sowie erste Erfahrungen mit der europäischen Geldpolitik eine erhebliche Rolle bei der Zu-
sammenstellung der Reserveportfolios der Zentralbanken spielen. Die
zukünftige Bedeutung des Euro als Reservewährung läßt sich in der Einführungsphase der gemeinsamen Währung kaum abschätzen.

Festhalten läßt sich einerseits, dass der Euro als Leitwährung auf den inter-
nationalen Finanzmärkten akzeptiert wurde. Andererseits ist unverkennbar,
dass die bestehende Währungshierarchie durch seine Einführung nicht in
Frage gestellt wurde. Dabei ist allerdings zu beachten, dass der Euro in seiner
Einführungsphase in seiner Konkurrenzposition als internationale Währung
gegenüber dem voll funktionsfähigen US-Dollar mit einem entscheidenden
Nachteil ausgestattet ist: Der Euro existiert bis zum Januar 2002 nur als
Buchgeld. Damit kann der Euro während seiner Einführungsphase schon
konstruktionsmässig die Geldfunktionen nur dann wahrnehmen, wenn die

Transaktionen über einen Finanzintermediär oder durch Verrechnung abgewickelt werden. Unter diesen Umständen stellt der Euro für Akteure in Volkswirtschaften, deren Finanzsektor fragmentarisch entwickelt ist, keine ausreichende Alternative zur bisherigen Parallelwährung dar. Verschärft wird dieser Effekt dadurch, dass mit den internationalen Finanzkrisen (Asien 1997/ Rußland 1998) nicht nur die jeweiligen nationalen Währungen in den betroffenen Volkswirtschaften an Reputation verloren haben, sondern zeitgleich dürfte hier auch die Dollarisierung vorangeschritten sein. Die zunächst auf die Buchgeldfunktionen eingeschränkte Geldfunktion des Euro sowie das Wissen um die zukünftige Abschaffung der nationalen Währungen der elf Mitgliedstaaten der Währungsunion dürfte die externe Nachfrage nach Dollar weiter gestärkt haben. Denn die in der Einführungsphase durchgesetzte Beschränkung des Euro auf Buchgeldfunktionen macht einen funktionsfähigen Finanzsektor zur Abwicklung der in dieser Währung fakturierten Geschäfte notwendig, der in den betroffenen Volkswirtschaften erst zu (re-)etablieren ist.

3. Unterschiedliche geldpolitische Konzepte in Europa und in den USA?

Mit der Einführung des Euro wurde nicht nur die Entnationalisierung des Geldes in Europa vorangetrieben, sondern auch die Vereinheitlichung der Geldpolitik in der EWU konstituiert. Die vormals auf der nationalen Ebene wahrgenommenen geldpolitischen Entscheidungskompetenzen gingen auf die EZB über. Diese funktioniert im wesentlichen nach dem Konzept der Deutschen Bundesbank. Die Nationalen Zentralbanken bleiben allerdings als organisatorische Einheiten erhalten; sie sind für die Abwicklung der geldpolitischen Vorgaben der EZB zuständig. Das vorrangige Ziel der einheitlichen europäischen Geldpolitik ist die Sicherung der *inneren* Geldwertstabilität und damit die Bekämpfung von Inflationsgefahren (Artikel 105 EGV). Nach dem Vertrag über die Europäische Union ist die EZB unabhängig in ihren Entscheidungen.

Die zinspolitischen Entscheidungen einer Zentralbank haben Signalwirkungen; sie stellen die Rahmenbedingungen für die Transaktionen auf dem Geldmarkt dar. Die EZB legt drei Zinssätze fest, zum einen den Zinssatz für die Einlagenfazilität, also den Zins zu dem Geschäftsbanken kurzfristig überflüssige Liquidität bei der Zentralbank einlegen können. Zum anderen den Zinssatz für die Hauptrefinanzierungsgeschäfte, also den Zins zu dem sich die Geschäftsbanken bei Hinterlegung bestimmter Sicherheiten bei der Zentralbank refinanzieren können. Drittens den Zinssatz für die Spitzenrefinanzierungsfazilität, die von den Geschäftsbanken dann in Anspruch genommen werden kann, wenn es auf dem Geldmarkt zu Liquiditätsengpässen kommt. Wichtigste geldpolitische Instrumente der EZB, aber auch anderer Zentralbanken sind die Offenmarktoperationen. Mit diesen Wertpapierkäufen und -verkäufen der Zentralbank auf dem „offenen Markt" kann nicht nur die Feinsteuerung der Zinssätze auf dem Geldmarkt erfolgen, sondern auch die Liquiditätssicherungsfunktion der Zentralbank wahrgenommen werden. Zwar werden auf dem Geldmarkt nur die Zinsen für kurzfristige Kreditgeschäfte festgelegt, jedoch hat die Zinsentwicklung auf dem Geldmarkt Konsequenzen für die Finanzierungsmöglichkeiten auf dem Kapitalmarkt, auf dem längerfristige Transaktionen getätigt werden.

In der EWU gilt das Ziel der Preisstabilität als erreicht, wenn die jährlich Inflationsrate mittelfristig unter der 2%-Marke liegt. Betrachtet wird dabei der Anstieg des Harmonisierten Verbraucherpreisindex (HVPI). Da die nationalen Verbraucherpreisindices auf unterschiedlichen Konzepten beruhen, mußte der HVPI im Zuge der Währungsunion konstruiert werden, um so eine harmonisierte Messung der Verbraucherpreisentwicklung zu ermöglichen (Deutsche Bundesbank; 1998). Grundsätzlich hat die EZB die Möglichkeit, ihre Politik an der Durchsetzung eines Geldmengenziels oder eines direkten Inflationsziels zu orientieren. Eine geldmengenorientierte Strategie unterstellt einen Zusammenhang zwischen der Geldmengen- und der Inflationsentwicklung. Bei einem solchen Ansatz soll die Geldmengenentwicklung durch zinspolitische Entscheidungen gesteuert werden. Dies setzt das Vorhandensein einer für den jeweiligen Währungsraum bekannten Korrelation zwischen der Geldmengen- und Inflationsentwicklung voraus. Bei einer direkten Inflationsvorgabe steht das gewählte Inflationsziel unmittelbar im Mittelpunkt der geldpolitischen Entscheidungen; seine Einhaltung soll mit der Zinspolitik der Zentralbank ermöglicht werden. Wird ein solches Inflationsziel direkt verfolgt, so ist auf der Grundlage einer Vielzahl von monetären und realwirtschaftlichen Indikatoren eine Inflationsprognose zu erstellen. Unter Berücksichtigung dieser Prognose sind dann zinspolitische Entscheidungen zu treffen, die darauf zielen, dass angestrebte Preisziel zu erreichen. Die beiden stabilitätspolitischen Strategien, Geldmengen- versus direktes Preisentwicklungsziel, gehen von unterschiedlichen Transmissionsmechanismen zwischen den zinspolitischen Entscheidungen der Zentralbank und der Geldwertstabilität aus.

In der EWU war anfangs das Wissen um die Entwicklung und Bestimmungsgründe der aggregierten Geldnachfrage und den für diesen neugeschaffenen Währungsraum relevanten Zusammenhang zwischen Geldmengen- und Inflationsentwicklung nicht vorhanden. Bekannt war dagegen, dass die Zahlungsgewohnheiten und damit die Geldnachfrage zwischen den in der Währungsunion zusammengeschlossenen Volkswirtschaften deutlich von einander abwichen. Zusätzlich war anzunehmen, dass sich die Zahlungsgewohnheiten nach der Einführung des Euro verändern. Unter diesen Umständen konnte auch die Extrapolation der bisherigen Erfahrungswerte nicht abschliessend zur Bestimmung eines sinnvollen Geldmengenziels herangezogen werden. Die EZB hat sich für eine Kombination der beiden geldpolitischen Strategien entschieden: Zwar räumte sie der Geldmengensteuerung eine herausragende Rolle ein, jedoch werden anhand von monetären und realwirtschaftlichen Indikatoren laufend Prognosen über die Preisentwicklung erstellt.

Im ersten Jahr nach der Einführung der gemeinsamen Geldpolitik verlief die faktische Geldmengenentwicklung dynamischer als angenommen. Das für 1999 von der EZB angestrebte Geldmengenwachstum lag bezogen auf die Geldmenge M3 bei 4,5%; M3 umfaßt den Bargeldumlauf, täglich fällige Einlagen, Einlagen mit einer vereinbarten Laufzeit von bis zu zwei Jahren, Einlagen mit vereinbarter Kündigungsfrist von bis zu drei Monaten, Repogeschäfte, Geldmarktfondsanteile und Geldmarktpapiere sowie Schuldverschreibungen mit einer Laufzeit von bis zu zwei Jahren. Das Geldmengenziel von 4,5% wurde aus drei Komponenten abgeleitet, unter denen die erwartete Preisentwicklung von weniger als 2% nur einen Teil darstellte. Zusätzlich wurde ein trendmässiger BIP-Zuwachs von 2 bis 2,5% unterstellt und eine im Trend sinkende Umlaufgeschwindigkeit durch einen Zuschlag von 0,5 bis 1% berücksichtigt (DIW 1999a).

Die Abweichung zwischen tatsächlicher Entwicklung und Referenzwert der Geldmengenentwicklung hat sich im Jahresverlauf ständig vergrössert. Trotzdem lag die Inflationsrate in der EWU unter der 2-Prozentmarke; die Verbraucherpreise stiegen im Jahre 1999 nach vorläufigen Schätzungen um 1,3% (DIW 2000). Damit ist es der EZB im ersten Jahr nach der Einführung des Euro gelungen, im angestrebten Rahmen die Geldwertstabilität innerhalb der EWU zu sichern.

Allerdings differieren die Inflationsraten zwischen den Teilnehmerstaaten der EWU erheblich. Inflationsdifferenzen haben zwischen den Teilnehmerstaaten der EWU Tradition, jedoch nahmen sie im Vorfeld der eigentlichen Währungsunion deutlich ab. Dieser Trend setzte sich 1999 fort; die Inflationsdifferenz zwischen den Teilnehmerländern hatte im Jahr vor der Einführung des Euro, 1998, noch 2,1 Prozentpunkte betragen. Im ersten Jahr gemeinsamer Geldpolitik erreichte die Differenz zwischen der höchsten (Portugal und Spanien) und der niedrigsten (Deutschland) gemessenen Inflationsrate in den Teilnehmerstaaten 1,4 Prozentpunkte (Portugal/Spanien 2,3%; Deutschland 0,9%; DIW 2000). Hintergrund der anhaltenden Inflationsdifferenzen sind teilweise nationale Faktoren. Allerdings führt die im Zuge einer funktionsfähigen Währungsunion zu erwartenden Konvergenz der Preise bei regionalen Preisdifferenzen in der Ausgangssituation eo ipso zu einer unterschiedlich dynamischen Preisentwicklung in den einzelnen Volkswirtschaften. Gerade in der ersten Phase einer Währungsunion, die durch verstärkte Konvergenzanstrengungen aller Akteure geprägt ist, sind damit national unterschiedliche Inflationsdynamiken nicht nur zu erwarten, sondern sogar zumindest partiell als Konvergenzindikator zu interpretieren.

Die EZB startete in die Vereinheitlichung der Zinspolitik mit Zinssätzen von 2% für die Einlagenfazilität und von 4,5% für Spitzenrefinanzierungsfazilität. Der Hauptrefinanzierungssatz wurde auf 3% festgelegt. Allerdings galten in einer Übergangszeit, in der sich die europäischen Geschäftsbanken in das neue Refinanzierungssystem und dessen Konditionen nicht zuletzt durch technische Umstellungen sowie durch Portfolioumschichtungen einfinden sollten, bis zum 21. Januar 1999 für Einlagenfazilität und die Spitzenrefinanzierungsfazilität zunächst noch näher bei einander liegende Zinssätze (2,75% und 3,25%). Den ersten geldpolitischen Entscheidungen der neu geschaffenen EZB kommt zwangsläufig ein besonderes Gewicht zu; insbesondere können sie als Indikator für die geldpolitische Grundausrichtung und das hinter dieser stehende Konzept geldpolitische Verantwortlichkeit interpretiert werden. Der erste zinspolitische Schritt der EZB fand im April 1999 statt, und führte zu einer Senkung aller drei Zinssätze um jeweils einen halben Prozentpunkt. Hintergrund dieser Entscheidung war die nur geringe Preisdynamik in der EWU. Die Dynamik der Geldmengenentwicklung lag zu diesem Zeitpunkt über dem angestrebten Referenzwert (gleitender Dreimonatsdurchschnitt). Auch nach diesem Zinsschritt blieb die Preisdynamik in der EWU gering. Dies, obwohl als Sonderfaktor ein starker Anstieg der Rohölpreise festzustellen war. Trotz der erreichten Preisstabilität hob die EZB Anfang November 1999 den Hauptrefinanzierungssatz um einen halben Prozentpunkt auf 3% an; in gleichen Maße wurde die Zinssätze für die Spitzenrefinanzierungsfazilität und die Einlagenfazilität erhöht, und zwar wieder auf das Ausgangsniveau von 4 bzw. 2%. Interpretiert werden kann dieser erneute Zinsschritt als eine starke Stabilitätsorientierung der EZB. Offensichtlich hatte die EZB vor allem abgeleitet aus der Verfehlung des Geldmengenziels ein zukünftiges Inflationspotential erkannt. Zum Zeitpunkt der Einführung der gemeinsamen Währung befanden sich die einzelnen Mitgliedstaaten in unterschiedlichen konjunkturellen Phasen. Zum Zeitpunkt der Zinserhöhung zeichnete sich in der EWU, betrachtet als einheitlicher Wirtschaftsraum, eine gesamtwirtschaftliche Erholung ab. Der dritte Zinsschritt der EZB vom Februar 2000 zielt auf eine weitere Erhöhung des Hauptrefinanzierungszinses auf 3,25%; auch die anderen beiden Zentralbankzinssätze wurden wiederum um eine Viertelprozentpunkt angehoben. Im Vorfeld dieser Zinserhöhung hatte der Euro deutlich gegenüber dem US-Dollar abgewertet (vgl. Abbildung 1). Aus dieser Wechselkursentwicklung konnten über die Verteuerung der Importe zukünftige Inflationsgefahren abgeleitet werden.

Realwirtschaftlichen Konsequenzen der Geldpolitik ergeben sich vor allem über den Zusammenhang zwischen den Realzinsen und den erwarteten realen Renditen aus einer geplanten Investitionstätigkeit. Steigende Realzinsen führen zu höheren Kosten unternehmerischer Tätigkeit; auf diesem Wege begrenzen sie die Investitionstätigkeit und damit die gesamtwirtschaftliche Dynamik. Der Realzins, aber auch die reale Rendite kann vereinfachend als Differenz zwischen dem jeweiligen Nominalwert und der Inflationsrate berechnet werden. Die Zinspolitik der EZB kann so verstanden werden, dass andere wirtschaftspolitische Ziele wie beispielsweise die Sicherung eines dauerhaften stabilen Wachstum und die Verbesserung der Situation auf dem Arbeitsmarkt als nachgeordnet gelten.

Das geldpolitische Konzept und Handeln der EZB weicht von dem der US-amerikanischen Zentralbank (FED) ab. Zentrales Ziel der amerikanischen Notenbank ist es, über die Geldpolitik einen Beitrag zu einem nicht-inflationären Wachstumsprozeß zu leisten (http://www.ny.frb.org/introduce/). Wichtigste geldpolitische Instrumente der FED sind wie bei der EZB die Offenmarktoperationen, mit denen sie die Geschehnisse auf dem Geldmarkt zu beeinflussen sucht. Mit der Festsetzung der Diskontrate wird der Nominalzins für die Kreditaufnahme bei der Zentralbank festgelegt. Zugang zu diesem „Diskontfenster" der Zentralbank haben nur die Geschäftsbanken. Die EZB und die FED differieren in dem ihnen zur Verfügung stehenden Instrumentarium nicht außerordentlich stark. Der große Unterschied zwischen diesen beiden Zentralbanken liegt vielmehr in der jeweiligen Zielfunktion ihrer geldpolitischen Entscheidungen: Richtet sich die Politik der EZB offensichtlich in erster Linie auf die Sicherung der inneren Geldwertstabilität, so werden von der FED die potentiellen realwirtschaftliche Konsequenzen der geldpolitischen Entscheidungen explizit und *a priori* in die Zielfunktion einbezogen. Die FED setzt mithin ihre Zinspolitik auch als Instrument zur Steuerung der Konjunktur ein (DIW 1999).

Nicht zuletzt durch das wachstumsorientierte Konzept der US-amerikanischen Geldpolitik weist die US-Wirtschaft über einen langen Zeitraum eine beachtliche gesamtwirtschaftliche Dynamik auf. Dabei zeigt die Analyse der geldpolitischen Entscheidungen der FED, dass sie sich ihrer gesamtwirtschaftlichen Verantwortung durchaus bewusst ist und diese auch wahrnimmt (DIW; 1998). Damit stehen sich auf der internationalen Ebene unterschiedliche geldpolitische Konzepte der wichtigsten Zentralbanken gegenüber: Auf der einen Seite die stark an der Inflationsbekämpfung ausgerichtete Geldpolitik der EZB, die damit weitgehend den vormals von der Deutschen Bundesbank vertretenen Kurs übernommen hat; auf der anderen Seite das Konzept der FED, nicht nur dem Stabilitäts-, sondern auch und vor allem dem Wachstumspostulat durch geldpolitische Entscheidungen zu genügen.

Die Bewertung beider Zentralbankkonzepte durch die internationalen Akteure erfolgt u.a. dadurch, ob und in welchen Masse sich andere Volkswirtschaften entschliessen, über eine Anbindung ihrer Währungen dem jeweiligen Konzept zu folgen. Dass sich das weltweite Währungsgefüge, d.h. die Anbindung anderer Währungen an die bekannten Leitwährungen nach der Einführung des Euro nicht stark veränderte, zeigt zumindest, dass das von der EZB vertretene Konzept keine nennenswerten zusätzlichen Impulse für eine Währungsanbindung an den Euro lieferte.

Eine solche Entscheidung, den Wechsel der Ankerwährung vorzunehmen, würde für die betroffenen Volkswirtschaften weitreichende Konsequenzen haben. Denn mit der Wechselkursanbindung wird faktisch auch eine Anbindung der jeweiligen Volkswirtschaft an die geldpolitischen Entschei-

dungen im Land der Ankerwährung festgeschrieben. Damit eine solche Anbindung erfolgreich ist, sind nicht nur makroökonomische Anpassungsprozesse, sondern auch der Import von Institutionen aus dem jeweiligen Ankerwährungsland notwendig. Gerade vor diesem Hintergrund wäre es für den
Akteur „Europa" wichtig, verstärkt seine Interessen bei der Ausgestaltung
der Weltfinanzordnung wahrzunehmen, indem ein starker, attraktiver Euro
den Institutionenimport aus der EWU für andere Volkswirtschaften erleichtert. Denn werden die eignen Institutionen von anderen, gemessen an der
weltweiten Produktion wichtigen Volkswirtschaften adaptiert, so wird die
internationale Position des jeweiligen Leitwährungslandes gestärkt.

Zum Zeitpunkt der Einführung des Euro befanden sich nicht nur die in
der EWU zusammengeschlossenen Volkswirtschaften in unterschiedlichen
konjunkturellen Phasen, sondern die konjunkturelle Situation in der EWU –
begriffen als einheitlicher Wirtschaftsraum – wich zudem erheblich von der
in den USA ab: Die Wirtschaft der USA befand sich schon längere Zeit auf
einem Wachstumspfad; die gesamtwirtschaftliche Produktion war über mehrere Jahre mehr als 3% gestiegen. Die europäische Wirtschaft wies dagegen
eine wesentlich schwächere gesamtwirtschaftliche Entwicklung auf. 1998 lag
die Steigerungsrate der gesamtwirtschaftlichen Produktion in den zur EWU
zählenden Volkswirtschaften noch bei 2,8%; 1999, in dem Jahr der Einführung des Euro, sank sie auf 2,1% (DIW 2000). Zum einen begünstigen die
Unterschiede in der Zielfunktion beider Zentralbanken die unterschiedliche
Konjunkturverläufe und Inflationsentwicklungen in beiden Regionen (Verbraucherpreise 1999: EWU: 1,5%; USA: 2,1%). Zum anderen bedingten gerade diese unterschiedlichen Rahmenbedingungen in den beiden Währungsräumen auch unterschiedliche geldpolitische Entscheidungen. Die Zinsdiffe-
renz zwischen den USA und dem Euroraum vergrößerte sich (DIW 2000).
Hohe Realzinsen in den USA und eine verhältnismäßig geringe Realverzin-
sung im Euroraum wiederum begünstigten eine verstärkte Nachfrage nach
dem US-amerikanischen Dollar. In der Folge dieser Währungsumschichtun-
gen wertete der über einen flexiblen Wechselkurs mit dem US-
amerikanischen Dollar verbundene Euro im Verlauf des Jahres 1999 und Anfang 2000 deutlich ab (vgl. Abbildung 1).

Abbildung 1:

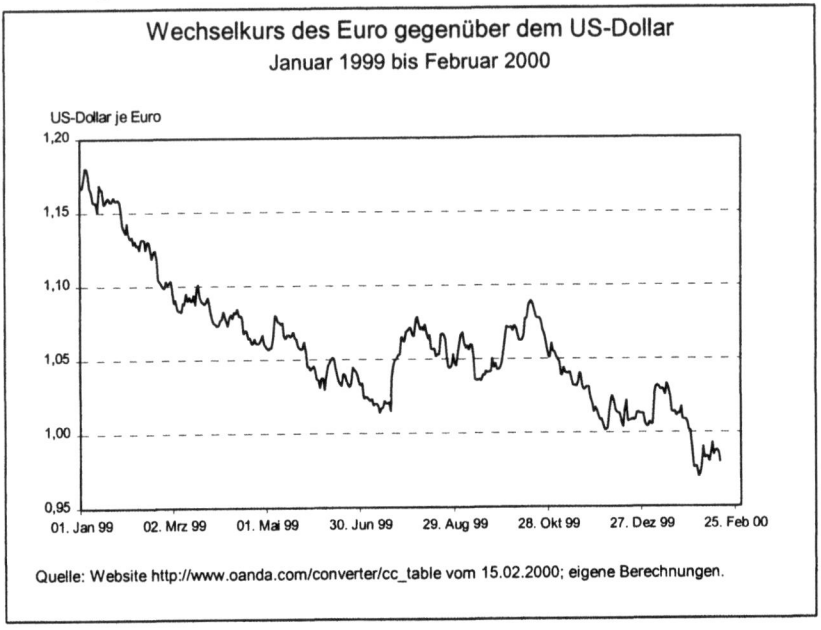

Quelle: Website http://www.oanda.com/converter/cc_table vom 15.02.2000; eigene Berechnungen.

4. Finanzintermediation unter veränderten Rahmenbedingungen

Zentral für die Ausgestaltung der Weltfinanzordnung ist die Regulierung der Finanztransaktionen. Dazu gehören einerseits die Regulierung der nationalen Finanzmärkte, andererseits aber auch die Regularien, nach denen sich internationale Finanztransaktionen zu richten haben. Die Einführung des Euro zielte auf die Erleichterung grenzüberschreitender Finanztransaktionen im neu konstituierten Euroraum; aufgrund der mit der einheitlichen Währung grundsätzlich verbesserten Rahmenbedingungen für solche Finanztransaktionen innerhalb des Euroraumes sollten Kreditgeschäfte, aber auch Übertragungen von Eigentumsrechten erleichtert und damit das Volumen solcher Transaktionen erhöht werden. Von dieser Politik, die auf eine Senkung der Transaktionskosten auf dem Finanzmarkt zielt, können positive Impulse für die gesamtwirtschaftliche Entwicklung innerhalb der EWU ausgehen. Die Funktions- und Leistungsfähigkeit des Finanzsektors beeinflusst massgeblich die gesamtwirtschaftliche Entwicklung in dem neu geschaffenen Währungsraum. Leistungsfähige Finanzintermediäre erleichtern das Zustandekommen von Verträgen innerhalb der EWU. Sie ermöglichen, dass die unternehmerische Tätigkeit von ihrer Finanzierung personell wie regional getrennt werden kann. Zugleich eröffnet ein funktionsfähiger Finanzsektor aus der Sicht der Anleger die Möglichkeit eine sinnvolle Produktauswahl bei der Finanzanlage zu treffen. Zu den Aufgaben der Finanzintermediäre gehört die Bewertung der Investitionsvorhaben vor dem Hintergrund der jeweils gültigen Rechtsvorschriften; damit nehmen sie entscheidenden Anteil an der Auswahl von Investitionsprojekten und Investoren (King/Levine 1993).

Typischerweise gehört der Finanzmarkt in funktionsfähigen Marktwirtschaften zu den am stärksten regulierten Teilmärkten; staatliche Regulierungen sollen dem dem Finanzmarkt inhärenten spezifischen Marktversagen entgegenwirken. Der Staat kann mit diesen Regulierungen jedoch nicht nur dem Marktversagen entgegentreten, sondern auch entscheidende Impulse für bestimmte Transaktionen geben bzw. sie behindern. Aus der Sicht der Finanzintermediäre führen die unterschiedlichen Regulierungen zu regionalen Kostendifferenzen bei der Durchführung von Finanzgeschäften. Die in der EWU operierenden Finanzintermediäre stehen vor der Herausforderung, aber auch der Chance, innerhalb des neu geschaffenen einheitlichen Währungsraumes bei regional uneinheitlicher Regulierung ihre Geschäftstätigkeit zu optimieren; wie bei anderen Unternehmen steht auch bei den Geschäftsbanken die Gewinnmaximierung im Mittelpunkt ihres Kalküls. Die Einführung des Euro, einhergehend mit dem Postulat grenzüberschreitende Finanztransaktionen innerhalb der EWU zu erleichtern, könnte demnach die Konvergenz innerhalb der EWU gültiger Regularien forcieren.

Auch zu Beginn des 21. Jahrhunderts präsentiert sich die EWU in Bezug auf die Finanzmarktregulierung als fragmentiert. Dabei könnten von der Vereinheitlichung der Finanzmarktregularien innerhalb der Union wesentliche Impulse auf die Ausgestaltung der internationalen Finanzordnung ausgehen: Zum einen können die europäischen Erfahrungen bei der Herstellung eines einheitlichen Marktes auch im internationalen Zusammenhang genutzt werden. Zum anderen würden die in Europa geltenden Regularien einen erheblichen Einfluss auf die faktische Ausgestaltung der zukünftigen Weltfinanzordnung haben. Schon aufgrund des beachtlichen Anteils der sogenannten Erstrundenteilnehmer der EWU (Belgien, die Bundesrepublik Deutschland, Finnland, Frankreich, Irland, Italien, Luxemburg, die Niederlande, Österreich, Portugal und Spanien) an der Weltproduktion, könnte das zeitliche Zusammenfallen der Einführung einer einheitlichen europäischen Währung und der verstärkten Forderung nach einer weltweiten Vereinheitlichung der Finanzmarktregularien einen tragfähigen Ansatzpunkt bieten, europäische Interessen stärker als bisher durchzusetzen.

Mit der Einführung des Euro wurde an die Geschäftsbanken und andere Finanzintermediäre implizit der Anspruch gestellt, die bisherigen im wesentlichen auf den jeweiligen nationalen Finanzmarkt gerichteten Finanzge-

schäfte zu „europäisieren". Dazu allerdings müßte der innereuropäische
Konvergenzprozess entscheidend vorankommen und die bisherige Fragmen-
tierung des Finanzmarktes überwunden werden. Denn bislang unterliegen
einzelne Segmente des Finanzmarktes nicht nur national abweichenden Regelungen, sondern wie die EZB anhand des Marktes für Hypothekenrenditen
zeigte (EZB 1999) auch unterschiedlichen Steuervorschriften, Subventions-
regelungen und Verwaltungsverfahren. Hinzu kommt, dass nicht nur nationale Politiken, sondern auch unterschiedliche Traditionen Einfluss auf das
jeweilige Verhalten der Anleger und Kreditnehmer haben. In der Folge differieren die von den Intermediären in der EWU angebotenen Finanzdienstleistungen regional erheblich. Von den deutlichen nationalen Differenzen bezüglich der fiskalischen und rechtlichen Rahmenbedingungen gehen zu starke Impulse zur Festschreibung der vorhandenen Segmentierung des europäischen Finanzmarktes aus (EZB 1999). Nach wie vor fehlt eine nach unions-
weit gültigen Kriterien operierende oberste Aufsichtsbehörde über das Kre-
ditwesen; die nationalen Aufsichtsbehörden bleiben bestehen. Zudem bleiben
die geltenden unterschiedlichen nationalen Regulierungen in Kraft.

Mit einer Vereinheitlichung der Rahmenbedingungen ließen sich aus der
Sicht der Geschäftsbanken *economics of scale* realisieren. Unter den geltenden Bedingungen dagegen macht die „Europäisierung" der Finanzgeschäfte
aus der Sicht der Geschäftsbanken die Beschaffung und Auswertung von Informationen über die jeweiligen nationalen Besonderheiten notwendig und
erhöht zumindest im ersten Schritt die Transaktionskosten. Dazu kommt,
dass die innerhalb der EWU agierenden Finanzintermediäre aufgrund der
unterschiedlichen finanzpolitischen Anreize und rechtlichen Rahmenbedingungen regional unterschiedliche Finanzdienstleistungen anbieten müssen.
Die aus der Heterogenität der Rahmenbedingungen resultierende Heterogenität der Produkte behindert die Wahrnehmung des entscheidenden Vorteils
der Währungsunion für die Finanzintermediäre: die Realisierung von *Skalen-
erträgen* bei der Bereitstellung und Entwicklung von Finanzprodukten. Die
institutionellen Unterschiede dürften auch in hohem Maße für die immer
noch in der EWU feststellbaren Zinsdifferenzen verantwortlich zu machen
sein. Dazu kommt, dass eine Harmonisierung der Rechtsvorschriften nicht
nur zu einer Vereinheitlichung der Transaktionskosten führen, sondern eine
Konvergenz der von den Finanzintermediären angebotenen Produkte begünstigen würde. Bei einer Harmonisierung der Rahmenbedingungen für Finanztransaktionen und bei gleichzeitiger Erleichterung grenzüberschreitender
Transaktionen würde sich ein einheitlicher Zins für die „gleichen" Finanzgeschäfte innerhalb der EWU herausbilden. Angesichts der unterschiedlichen
Rahmenbedingungen für Finanzintermediäre stellen grenzübergreifende Fir-
menzusammenschlüsse eine Alternative zum Aufbau eines eigenen Filialnet-
zes in der gesamten EWU dar. Fusionen von leistungsfähigen Finanzintermediären haben den Vorteil, dass die vorhandenen Informationen um die jeweiligen nationalen Besonderheiten des Kreditgeschäftes nicht erst aufge-

baut, sondern unmittelbar genutzt werden können. Trotz der Konzentrationstendenz innerhalb der EWU hat sich bislang kein zentraler europäischer Finanzplatz etwa vergleichbar mit den Finanzmärkten in New York und Tokyo herausgebildet.

Bei allen regionalen Differenzen innerhalb des Finanzsektors und bezüglich seiner Regulierung erfordert allerdings die Durchsetzung der einheitlichen Geldpolitik in der EWU eine problemlose Abwicklung grenzüberschreitender Finanztransaktionen. Dazu wurde mit der Einführung der Binnenwährung für Grosstransaktionen im grenzüberschreitenden Zahlungsverkehr das TARGET-System (Trans-European Automated Real-time Gross Settlement Express Transfer) eingerichtet (Abbildung 2). Transaktionen zwischen der EZB bzw. den nationalen Zentralbanken und den jeweiligen Geschäftsbanken sind ausnahmslos über dieses System abzuwickeln. Allerdings können die Geschäftsbanken auch andere grenzüberschreitende Transaktionen via TARGET tätigen. Der Vorteil dieses Systems liegt vor allem darin, daß Großtransaktionen sofort durchgeführt werden können. Es handelt sich um ein Bruttosystem: In den einzelnen Teilnehmerstaaten der EWU sind bislang oftmals Nettoverfahren zur Anwendung gekommen, die erst am Ende des Tages zu einem Saldenausgleich zwischen den Akteuren führen. Mit der Bereitstellung des TARGET-Systems sind die unterschiedlich konzipierten grenzüberschreitenden, teilweise auch privaten Zahlungssysteme in eine Konkurrenz getreten.

Abbildung 2:

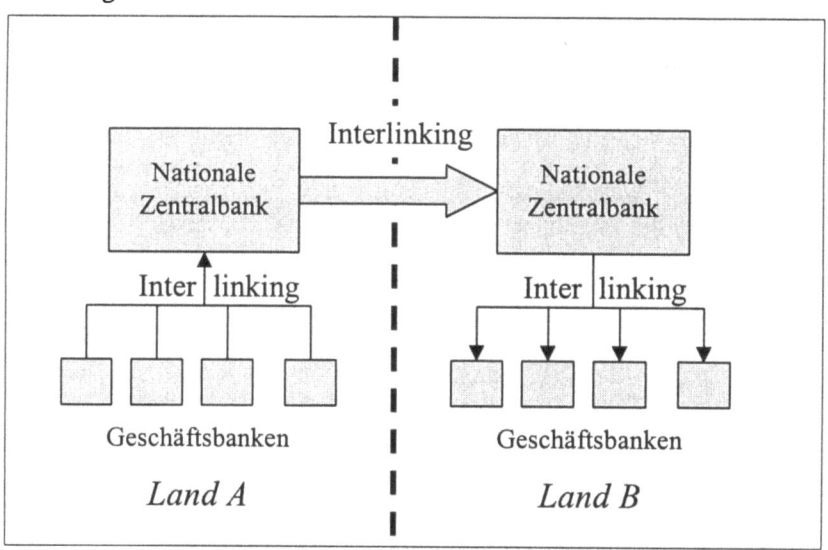

Nach einer ersten Analyse über die Akzeptanz des eingeführten Systems hat
sich gezeigt, dass die Geschäftsbanken TARGET nicht nur zur Abwicklung
der Transaktionen mit den Zentralbanken, sondern auch für die Abwicklung
des grenzüberschreitenden Zahlungsverkehrs in immer stärken Maße nutzen
(EZB 1999). Über dieses System werden inzwischen erhebliche Teile des europäischen Interbankengeschäfts, aber auch sonstiger Großtransaktionen abgewickelt. Der Vorteil des System liegt offensichtlich in den geringen Ab-
wicklungszeiten. Nach den vorliegenden Angaben sind die über TARGET
getätigten Transaktionen seit seiner Einführung wertmässig ständig angestie-
gen.

Schwerpunktmäßig sind die europäischen Finanzintermediäre mit dem
Kreditgeschäft befasst. In den USA und anderen wichtigen Währungsräumen
dagegen haben Transaktionen mit Eigentumsrechten (Aktien) einen wesentlich höheren Stellenwert. Dies spiegelt sich auch in der Bilanzstruktur wider.
Nach Angaben der EZB machten in den Mitgliedsländern der EWU Ende
1998 Aktien und Beteiligungen nur 3% der Aktiva der Geschäftsbanken aus
(EZB 1999). Allerdings scheint der Anteil dieser Geschäfte zu steigen, wenngleich von einem niedrigen Ausgangswert. Damit verliert das traditionelle
Bankgeschäft weltweit, aber auch in der EWU langsam an Boden. Zugleich
findet eine Diversifizierung der Spar- und Vermögensanlagen statt. Der Trend
geht dabei zu höher verzinslichen, risikoreicheren Anlageformen. In Bezug
auf die Weiterentwicklung von Finanzierungsinstrumenten und Anlageformen gilt der US-amerikanische Markt als richtungsweisend.

5. Ausblick

Die Weltfinanzordnung hat sich im ersten Jahr nach der Einführung der einheitlichen europäischen Währung, des Euro, als relativ robust erwiesen. Die
herausragende Bedeutung des US-amerikanischen Dollars als Leitwährung
ist auch nach der Einführung des Euro unumstritten. In seiner *Einführungsphase* bis zum 1. Januar 2002 steht der Euro nur als Buchgeld zur Verfügung. Wenn diese Währung nicht mehr nur als Buchgeld, sondern auch als
Bargeld zur Verfügung steht, wird das Gewicht des Euro als internationale
Leitwährung innerhalb des Währungsgefüges steigen. Ob diese Gewichtszu-
nahme ausreicht, um die exponierte Position des US-Dollars innerhalb des
Weltwährungsgefüges in Frage zu stellen, muß allerdings bezweifelt werden.
Erst in der im Zeitverlauf, d.h. in der *Konsolidierungs-* und der späteren
Wettbewerbs- oder Kompetitionsphase (ab 2005) wird sich zeigen, ob der
Euro die Dominanz des US-Dollars als internationale Leitwährung in Frage
stellen kann.

Die immer stärkeren Forderungen nach der Etablierung einer weltweit
einheitlichen Regulierung des Finanzsektors gehen weniger auf das Konkur-

renzverhältnis der Leitwährungen als auf die Ende der 90er Jahre aufgetretenen tiefgreifenden internationalen Finanzkrisen zurück. Im Mittelpunkt dieser Forderungen steht der Gedanke, dass durch eine Vereinheitlichung der Regeln Reibungsverluste und Transaktionskosten internationaler Finanztransaktionen gesenkt werden könnten. Darüber hinaus könnte eine Vereinheitlichung der Regeln, nach denen geldpolitische Entscheidungen getroffen werden, das Risiko von starken Wechselkursschwankungen verringern. In diesem Zusammenhang wird diskutiert, wie die spezifischen Risiken, die aus der hohen Flexibilität des Finanzmarktes, der asymmetrischen Informationsverteilung und den finanzmarktinhärenten moral-hazard-Problematiken erwachsen, durch eine Erhöhung der Transparenz, wie sie weltweit einheitliche Regeln zur Abwicklung von Finanzgeschäften darstellen könnten, gesenkt werden. Die Durchsetzung einer einheitlichen Weltfinanzordnung wird zunehmend nicht nur mit der Vereinheitlichung der Finanzmarktregulierung, sondern auch mit der Schaffung einer obersten Aufsichtsbehörde über internationale Finanztransaktionen und der Etablierung einer weltweit agierenden Instanz, die mit der Verantwortlichkeit eines internationalen *lender-of-last resort* ausgestattet werden könnte, in Verbindung gebracht.

Theoretisch könnten die europäischen Akteure nach der Einführung des Euro ihr stärkeres Gewicht auf dem internationalen Finanzmarkt auch in Bezug auf die Ausgestaltung der Weltfinanzordnung geltend machen. Ob diese Chance wahrgenommen werden kann, wird jedoch wesentlich davon abhängen, ob die in der EWU zusammengeschlossenen Europäer zu einer Organisationsform finden, die sie als homogenen Akteur im internationalen Kontext erkennen lassen. Erst dann kann der Euro und die Währungsunion als faktisches und funktionsfähiges Instrument zur Stärkung der europäischen Position in der Weltfinanzordnung erklärt werden. Bislang hat dieser Anspruch den Charakter eines Postulats, das bestenfalls mittelfristig erfüllt werden kann.

Literatur

Deutsche Bundesbank: Monatsbericht. Verschiedene Ausgaben.
Deutsches Institut für Wirtschaftsforschung (DIW) (1999a): EZB: Geldpolitische Lockerung erforderlich. In: DIW-Wochenbericht Nr. 14.
Deutsches Institut für Wirtschaftsforschung (DIW) (1999b): Zinsschritt der Europäischen Zentralbank nicht gerechtfertigt. In: DIW-Wochenbericht Nr. 47.
Deutsches Institut für Wirtschaftsforschung (DIW) (2000): Grundlinien der Wirtschaftsentwicklung. In: DIW-Wochenbericht Nr. 1-2/2000.
Eichengreen, B.(1999): Toward a new international financial architecture. Washington.
Europäische Zentralbank (EZB) (1999): Cross-border payments in TARGET: A users' survey, November.
Europäische Zentralbank (EZB) (1999): Monatsbericht. Verschiedene Ausgaben.
http://www.ny.frb.org/introduce/

King, R.; Levine, R.(1993): Finance, Entrepreneurship, and Growth: Theory and Evidence. In: Journal of Monetary Economics. Vol. 32. Nr. 3. S. 513-542.

Muchlinski, E. (1998): Euroland, Euro and Dollar – Trilogy or Trilemma? In: Diskussionsbeiträge des Fachbereichs Wirtschaftswissenschaft der Freien Universität Berlin, Nr. 42.

North, D. C.: Institutionen, institutioneller Wandel und Wirtschaftsleistung. Tübingen 1992.

Richter, R. (1994): Institutionen ökonomisch analysiert. Tübingen.

Riese, H.: Yen, Dollar und anderes mehr. In: Nübler, I.; Trabold, H. (Hrsg.): Herausforderungen an die Wirtschaftspolitik an der Schwelle zum 21. Jahrhundert. Berlin. 1999 S. 275-295.

Schrooten, M.(1999): Von der Währungs- zur Finanzkrise – Ein kurzer Überblick über neuere theoretische Ansätze. In: Vierteljahrshefte zur Wirtschaftsforschung. Nr. 3. S. 321-331.

Vertrag über die Europäische Gemeinschaft (EGV).

Weltmacht oder Ohnmacht? Bilanz und Perspektiven der EU-Sicherheitspolitik

Reinhard Wolf

Die sicherheitspolitische Kompetenz der EU ist auch ein knappes Jahrzehnt nach der Institutionalisierung der „Gemeinsamen Außen- und Sicherheitspolitik" (GASP) immer noch unterentwickelt. Von einer handlungsfähigen „Europäischen Sicherheits- und Verteidigungsidentität" (ESVI) kann bis heute keine Rede sein. Dieser Beitrag untersucht, ob sich dies künftig ändern wird, angesichts der Bewegung, die seit dem anglo-französischen Gipfel in Saint-Malo (3./4.12.1998) in die Debatte gekommen ist. Dazu ziehe ich zunächst eine kritische Bilanz der bisherigen sicherheitspolitischen Rolle der EU, analysiere anschließend die jüngsten Reformprojekte und frage endlich nach den weiteren Perpektiven der ESVI. Meine These lautet, dass die jüngsten Entwicklungen nur einige von mehreren Hindernissen beseitigt haben, namentlich das britische Insistieren auf der Eigenständigkeit der WEU. Solange die übrigen Hindernisse – insbesondere die militärische Schwäche der EU – fortbestehen, wird die sicherheitspolitische Komponente der GASP nur wenig aus dem Schatten von NATO und USA heraustreten können.

1. Bilanz der EU-Sicherheitspolitik

1.1 Sicherheitspolitische Aktivitäten im Rahmen der GASP

Wie die sicherheitspolitische Bilanz der bisherigen GASP ausfällt, hängt nicht zuletzt davon ab, wie man „Sicherheit" definiert. Bei einer weiteren Definition, wie sie zunehmend modern wird, fällt das Urteil positiver aus als bei einer traditionellen, welche den Begriff auf die militärische Dimensionen verengt. Um diese semantische Debatte zu vermeiden, werde ich mich weitgehend an die Definition der EU selbst halten – allerdings mit einem Schwerpunkt auf dem militärischen Aspekt. Dieser Schwerpunkt wird aus zwei Gründen gesetzt: zum einen, weil die militärische Komponente die sicherheitspolitische Rolle am stärksten von all den übrigen Fragen unterscheidet, die in diesem Band ausführlich behandelt werden; zum anderen, weil die militärischen Aktivitäten eine herausragende Rolle spielen, wenn tatsächlich eine gemeinsame Sicherheits*identität* der EU-Bürger entstehen soll.

Bisher ist die EU sehr pragmatisch vorgegangen, wenn es darum ging, „Sicherheits"-Fragen von anderen außenpolitischen Themenfeldern abzugrenzen. Der Europäische Rat hat sich auf vier Fragenkomplexe geeinigt, die im „Sicherheitsteil" der GASP behandelt werden sollen. Es handelt sich dabei um:

– Rüstungskontrolle
– Rüstungsexporte
– Nukleare Nichtverbreitung
– und OSZE-Politik.

Hinzu kommen noch außen- und sicherheitspolitische Fragen mit militärischen Bezügen, soweit diese nicht vorrangig von der NATO bearbeitet werden (Wyn Rees 1998: 51).

Die bisherige Bilanz der EU-Sicherheitspolitik fällt in diesen Bereichen zweifellos ernüchternd aus. Gewiß gab es bescheidene Erfolge. Gemeinsame Aktionen wurden in folgenden Fällen beschlossen und vielfach auch erfolgreich umgesetzt (Europäische Kommission 1995; dies. 1998):

– ein Stabilitätspakt für Ost- und Mitteleuropa konnte vereinbart werden;
– die Initiative zur unbefristeten Verlängerung des NV-Vertrags wurde weitgehend verwirklicht (Krause 1995: 61f; Müller 1994);
– ein Vorschlag für eine internationale Übereinkunft zur Erhöhung der Transparenz bei Ausfuhrkontrollen für Kernmaterial wurde erarbeitet;
– bei der Harmonisierung der nationalen Regime für den Export von Rüstungsgütern und von doppelt, d.h. militärisch und zivil, verwendbaren Produkten wurden über die Jahre erhebliche Fortschritte erzielt (Krause 1998: 150f);
– ein internationales Verbot von Anti-Personen-Minen wurde erreicht und mit von der EU finanzierten Minenräummaßnahmen unterstützt;
– der Wiederaufbau der bosnischen Stadt Mostar wurde unter der Regie der EU in Angriff genommen.

Diesen eher zweitrangigen Erfolgen, zu denen man auch noch die gemeinsamen Initiativen im Rahmen der OSZE zählen kann, stehen jedoch gravierende Enttäuschungen und Fehlschläge gegenüber. Der augenfälligste ist der Mißerfolg bei der Desintegration Jugoslawiens (Bildt 1997; Pack 1997; Owen 1996; Silber/Little 1995). Nicht ganz so offensichtlich, aber nicht weniger gravierend ist die Tatsache, dass die EU seither das Management aktueller Sicherheitsfragen weitgehend anderen Institutionen überlassen hat – insbesondere der NATO (Link 1999; Landsford 1999). Dies gilt insbesondere für die sicherheitspolitischen Beziehungen zu den ehemaligen Gegnern in Mittel- und Osteuropa. Indem sie einigen Staaten eine Beitrittsperspektive eröffnet hat, leistet zwar auch die EU einen wichtigen Beitrag zur Stabilisierung dieser Region. Dennoch ist nicht zu übersehen, dass die NATO mit ihrer eigenen Osterweiterung, der Partnerschaft für den Frieden, dem Euro-Atlantischen Partnerschaftsrat, dem NATO-Rußland-Rat und der Partnerschafts-Charta mit der Ukraine hier weitaus aktiver war. Die EU hat es zumeist nicht vermocht, eine maßgebliche Institution für sicherheitspolitische Initiativen zu werden. Statt die internationale Sicherheit aktiv mitzugestalten, verharrt sie weiterhin in der Rolle eines Zuschauers, der in der Regel bloß reagiert (Santer 1995: 5f.).

1.2 Hindernisse bei der Fortentwicklung der ESVI

Warum hat die EU in den neunziger Jahren kein stärkeres sicherheitspolitisches Profil gewinnen können? Ausschlaggebend hierfür waren vor allem vier Arten von Hindernissen, die im folgenden erörtert werden.

1.2.1 Nationale Divergenzen hinsichtlich der künftigen Rolle der GASP

Mit der Etablierung der GASP verfolgten die einzelnen EU-Mitglieder von Beginn an durchaus unterschiedliche Zielsetzungen. Von einer allseits geteilten Vision konnte hier keine Rede sein. Gerade im Bereich der Sicherheitspolitik gab es, einmal abgesehen von den Implikationen des Binnenmarktes für Exportkontrollen, wenig *spill over*-Effekte, die für alle Mitglieder neuen Integrationsdruck auslösen hätten können. Noch entstanden gravierende äußere Bedrohungen, die eine starke Annäherung von Perzeptionen und Interessen erzwungen hätten. Insofern konnten nationale Differenzen fortbestehen – bis hin zu grundsätzlicher Skepsis hinsichtlich der Notwendigkeit einer gemeinsamen Sicherheitspolitik. Die zuletzt genannte Position wurde vor allem von Großbritannien, in abgeschwächter Form aber auch von Dänemark, Portugal und in den frühen 90er Jahren darüber hinaus noch von den Niederlanden vertreten. Ihre Regierungen befürchteten zum einen eine Aushöhlung ihrer Souveränität und zum anderen eine Marginalisierung der NATO, in der sie nach wie vor den eigentlichen Garanten ihrer Sicherheit sahen (Jopp 1996: 45, 54f.). Verstärkt wurden diese Befürchtungen von den zeitweiligen „Querschüssen" der Bush-Administration, welche in der ESVI eine potenzielle Konkurrenz zur NATO sah und die Europäer dehalb vor einer irreparablen Schwächung des transatlantischen Sicherheitsverbundes warnte (Barry 1996a: 74f.; Wyn Rees 1998: 80). Die genannten EU-Mitglieder verhinderten deshalb eine Verteidigungskomponente der Union, indem sie sich gegen eine baldige Eingliederung der WEU aussprachen. Die Doppelmitgliedschaft in NATO und EU wurde insbesondere von Großbritannien geschickt ausgenutzt, um den sicherheitspolitischen Ausbau der EU zu verzögern, während gleichzeitig die Reform der NATO zügig voranschritt (Wyn Rees 1998: 73 u. 79). Dadurch blieb der GASP eine militäri-

sche Kompetenz zunächst verwehrt, d.h. die Schlüsseldimension der Sicherheitspolitik blieb außen vor. Frankreich trat demgegenüber explizit dafür ein,
die sicherheitspolitische Eigenständigkeit Europas zu stärken. Dass dies sowohl
das amerikanische Engagement in Europa als auch den Zusammenhalt der
NATO deutlich verringern könnte, war eine Möglichkeit, die von Paris durchaus hingenommen, wenn nicht gar ausdrücklich begrüßt wurde. Ein entscheidendes Motiv für die GASP bestand für Frankreich schließlich in der Selbstbehauptung Europas gegenüber amerikanischer Übermacht. Deutschland versuchte in dieser Frage bekanntlich zu vermitteln, indem es eine Politik des „sowohl als auch" vertrat, die auf den Ausbau von NATO, ESVI und OSZE ab-
zielte. Es nahm jedoch andererseits in der Frage der *out of area*-Einsätze bis vor
kurzem eine Sonderrolle ein, welche die militärische Handlungsfähigkeit der
EU belastete.

1.2.2   Nationale Divergenzen bei konkreten Krisen und Sachfragen

Unterschiedliche Wahrnehmungen und Zielsetzungen beeinträchtigten auch
die Handlungsfähigkeit in Krisen und bei einzelnen Problemfeldern. Die EU-
Staaten waren sich untereinander keineswegs immer einiger als beispielsweise die NATO-Mitglieder insgesamt. Erinnert sei dazu nur an deutsch-briti-
sche Auseinandersetzungen über die Anerkennung Kroatiens (Axt 1993; Sil-
ber/Little 1995: 218-222), die Aufhebung des Waffenembargos gegen Bosnien (Owen 1996: 256f) oder den Einsatz von Bodentruppen im Kosovo
(Fidler/Buchan 1999, Fitchett/Vincur 1999). In allen drei Fragen stand entweder Bonn oder London der amerikanischen Position wesentlich näher als
derjenigen des EU-Partners. Solche Divergenzen, die in ähnlicher Form auch
zwischen den übrigen EU-Mitgliedern auftraten, führten im Bereich der Sicherheitspolitik zu einer ganzen Reihe nationaler Alleingänge. Beispiele für
sicherheitspolitische Initiativen, die außerhalb des GASP-Rahmens und teilweise sogar gegen den erklärten Willen der anderen EU-Mitglieder durchgeführt wurden, ließen sich in großer Anzahl anführen. Erinnert sei hier nur an
die französisch-belgische Intervention in Ruanda 1994, an Frankreichs einseitige Wiederaufnahme nuklearer Tests 1996, die italienisch geführte Intervention in Albaninen 1997 und Großbritanniens Sonderrolle bei den Luftan-
griffen, welche unter amerikanischer Führung 1996 und 1998 gegen Irak ge-
flogen wurden (Gordon 1997/98: 88; Wyn Rees 1998: 89f; Teunissen 1999:
336). Solche nationalen Initiativen wirkten wiederum auf die Definition der
Sicherheitsinteressen zurück, soweit eigenständige Vorgehensweisen für die
jeweiligen Nationen spezifische militärische Risiken oder politische Einflußmöglichkeiten nach sich zogen. Bestes Beispiel hierfür ist die Bosnien-
politik der EU-Mitglieder, die sich mit Blauhelmen an der UNPROFOR beteiligt hatten. Sie standen NATO-Luftschlägen und der Aufhebung des Waffenembargos naturgemäß skeptischer gegenüber als diejenigen Staaten, die
damals noch keine Soldaten in die Krisenregion entsandt hatten.

Problemfeldspezifische Divergenzen traten insbesondere im Bereich der europäischen Nichtverbreitungspolitik auf. Zwar gab es hier erhebliche Fortschritte zu verzeichnen, seitdem Frankreich dem NV-Regime positiver gegenübersteht. Vor allem zu der unbefristeten Verlängerung des NV-Vertrages konnte das geschlossene Auftreten der EU einen wertvollen Beitrag leisten. In vielen anderen Fragen aber verhinderten die heterogenen Interessen der einzelnen EU-Mitglieder immer wieder eine einheitliche Position. Die Gegensätze zwischen den beiden Kernwaffenstaaten und den übrigen Mitgliedern sowie zwischen Gegnern und Befürwortern der Kernenergie vereitelten mehrfach die Bemühungen, hinsichtlich der Beschränkung und Überwachung von Brennstoffkreisläufen konsensuale Standpunkte zu entwickeln (Müller 1994: 9f.).

1.2.3 Institutionelle Schwächen

Das institutionelle Instrumentarium der GASP wies von Beginn an erhebliche Defizite auf, die z.T. natürlich von der minimalistischen Position der Briten und ihrer Parteigänger herrührten. Aufgrund ihrer intergouvernementalistischen Abstammung von der EPZ spielen in der GASP sowohl Kommission als auch das Europäische Parlament eher eine zweitrangige Rolle. Dies gilt vor allem für sicherheitspolitische Probleme mit militärischen Aspekten. Die GASP war gerade im Sicherheitsbereich primär dazu gedacht, die nationalen Standpunkte und Initiativen der einzelnen Mitglieder zu koordinieren und zu harmonisieren, statt *ex ovo* eine genuin europäische Position zu erarbeiten. Ein organisatorisches Manko war bis Ende der neunziger Jahre daher der Verzicht auf einen gemeinsamen Planungsstab, der aus der übergeordneten Sicht der EU Herausforderungen und Optionen hätte analysieren können. Dadurch fehlte ein integrierendes und vermittelndes Gegengewicht zu den rein nationalen Wahrnehmungen und Politikpräferenzen. Es gab keine legitimierte „GASP-Stimme", die als ausgleichender, neutraler Bezugspunkt und Initiator hätte fungieren können, analog zur Rolle der Kommission im ersten Pfeiler.

Schwerer noch als dieser Nachteil wogen jedoch zwei andere Defizite der institutionellen Struktur: Das eine resultiert aus der inkongruenten Mitgliedschaft von EU, WEU und NATO. Dies zwingt bis heute immer wieder zur Rücksichtnahme auf die Sonderpositionen neutraler EU-Mitglieder (Finnland, Irland, Österreich und Schweden) oder verbündeter Staaten, die nicht der Union angehören (USA, Kanada, Island, Norwegen, Türkei). Das andere Defizit ergibt sich aus dem nationalen Handlungsspielraum, den der EU-Vertrag den einzelnen Mitgliedern läßt. Diese sind zwar verpflichtet, gemeinsame Aktionen und Standpunkte solidarisch nach außen zu vertreten, sofern sie erst einmal beschlossen worden sind.[1] Sie sind jedoch nicht gehal-

---

1 Artikel 11, 14, 15 und 19 des Amsterdamer Vertrags

ten, auf nationale Aktionen und Deklarationen zu verzichten, *solange* keine gemeinsame Position festgelegt worden ist.

„GASP heißt bisher: gemeinsames Handeln dort, wo gemeinsame Entscheidungen gewollt sind, wo Konsens möglich ist und entsprechende Beschlüsse gefaßt werden können. Wo dies nicht möglich ist, zum Beispiel aus Gründen mangelnden Konsenses ..., bleibt es bei nationaler Verantwortung und nationaler Außenpolitik" (Ischinger 1998: 9).

Dadurch behalten die größeren EU-Staaten die Option zum nationalen Alleingang oder zum abgestimmten Vorgehen mit Dritten, das zu Lasten des gemeinsamen Auftretens im Rahmen der GASP geht. Bekannte Beispiele hierfür wären die Beteiligung größerer EU-Länder an der Bosnien-Kontaktgruppe und den G-8-Beratungen zum Kosovo-Konflikt (Crowe 1998: van den Broek 1997: 30f.; Burghardt 1997: 326).

Die fragmentierte Struktur der GASP hindert sie gerade im Bereich der Sicherheitspolitik in hohem Maße daran, gegenüber der internationalen Umwelt als Einheit aufzutreten. Das Nebeneinander von gemeinsamer europäischer Politik und nationaler Ebene wirkt sich hier besonders nachteilig auf die Handlungsfähigkeit der EU aus, weil vor allem den größeren EU-Mitgliedern oftmals attraktive Handlungsalternativen im Rahmen anderer Organisationen zur Verfügung stehen. Selbst wenn sie fremde Unterstützung benötigen, sind sie im Bereich der Sicherheitspoltik nicht so sehr auf die EU angewiesen wie in manchen anderen Politikfeldern. Staaten wie Frankreich und Großbritannien können unter Umständen auch auf NATO oder UNO zurückgreifen, wenn ihre Entscheidungsträger davon ausgehen, dass sie im Rahmen dieser Organisationen nationale Präferenzen eher durchsetzen können als im GASP-Prozeß. Gerade die NATO hat sich aus vielerlei Gründen immer wieder als ein übermächtiger Konkurrent für die GASP erwiesen, den im Zweifelsfall selbst integrationswillige Staaten wie die Bundesrepublik ein ums andere Mal bevorzugten.

1.2.4 Militärische Defizite

Schließlich fehlte es oft an den militärischen Mitteln, um der EU-Position politisches Gewicht zu verschaffen. Gerade in den verschiedenen Jugoslawien-Konflikten hat dieses Manko die Handlungs- und Durchsetzungsfähigkeit der EU erheblich beeinträchtigt.

Auch ein Jahrzehnt nach Beendigung des Kalten Krieges ist die Masse der europäischen Streitkräfte für die Verteidigung von Landes- und Bündnisgrenzen konfiguriert. Sie ist also auf Eventualfälle ausgerichtet, in denen höchstwahrscheinlich die NATO, und nicht die EU, aktiv würde. Für die Verteidigung der europäischen NATO-Mitglieder soll nämlich weiterhin die Atlantische Allianz zuständig bleiben (Europäischer Rat 1999a: 133f.). Alles andere würde auf eine Schwächung der transatlantischen Beistandspflicht hinauslaufen und insofern eine Entwicklung provozieren, an der den europäischen NATO-Mitgliedern wenig gelegen sein kann. Die territoriale Integrität der EU wiederherzustellen, wäre demnach allenfalls dann eine ureigene EU-Aufgabe, wenn eines ihrer neutralen Mitglieder angegriffen würde. Für die meisten anderen Kampfeinsätze sind die EU-Staaten aber nur unzureichend ausgerüstet. Im Unterschied zu den USA verfügen die europäischen Staaten bloß in sehr geringem Maße über die Mittel für Operationen jenseits der Bündnisgrenzen (O´Hanlon 1997). Defizite bestehen insbesondere in folgenden Bereichen (Hill 1999c):

- Allwetteraufklärung (z.b. Radar-Satelliten, die auch durch Wolkendecken Aufnahmen machen können)
- abhörsichere Kommunikationssysteme
- Luft- und Seetransport über mittlere und größere Distanzen
- verlegbare Truppen hoher Kampfkraft
- „intelligente" Abstandswaffen, wie z.B. Marschflugkörper
- Allwetter- und nachtfähige Kampfflugzeuge

Diese Mängel haben zur Folge, dass die EU-Mitglieder momentan nicht einmal annähernd zu einer eigenständigen Operation in der Lage wären, wie sie im Kosovo-Konflikt gegen Jugoslawien durchgeführt wurde (Naumann 1999; Kremp 1999; Hill 1999b). Selbst Beobachter, die in der Kosovo-Politik der EU eine „wahre Kehrtwende" zum Besseren sehen, räumen umstandslos ein, dass erst das militärische Eingreifen der USA „die Voraussetzungen für ein wirksames Handeln der Staatengemeinschaft...schuf" (Schmalz 1999: 191-94). Nicht einmal vor ihrer eigenen „Haustüre" hätten sich die EU-Staaten gegen eine drittrangige Macht militärisch durchsetzen können. „Quite frankly", so kürzlich Admiral Guido Venturoni, der italienische Vorsitzende des NATO-Militärausschusses, „[the Europeans] simply do not have the capacity. Unless there exists a real European resolve to acquire the necessary resources, the European defense and security identity will remain nothing more than a noble concept (Hill 1999b)."

2. Jüngste Reformentwicklungen

In welchem Maße werden diese vier Faktoren auch künftig eine gemeinsame Sicherheitspolitik erschweren? Bei der Beantwortung dieser Frage fällt zunächst auf, dass in den letzten Jahren einige der genannten Hindernisse abgebaut worden sind.

2.1 Institutionelle Reformen

Der Amsterdamer Vertrag hat einige Veränderungen gebracht, welche die äußere Handlungsfähigkeit der EU erhöhen (Rupp 1999; Schmalz 1998). Eine gemeinsame Planungs- und Analyseeinheit wurde mit der „Policy Planning and Early Warning Unit" (PPEWU) geschaffen. Damit gibt es beim Ministerrat erstmals eine übernationale Stabseinheit, welche internationale Entwicklungen aus Sicht der Union verfolgt und bewertet.[2] Mit dem Hohen Repräsentanten für die GASP etablierte die EU einen legitimierten Sprecher, der nationale Perspektiven und Interessen transzendieren kann. In der Person des ehemaligen NATO-Generalsekretärs und spanischen Außenministers Javier Solana konnten die EU-Staaten auf Anhieb einen prominenten Politiker gewinnen. Solana dürfte am besten dazu in der Lage sein, diesem neugeschaffenen Posten gleich erhebliches Prestige zu verschaffen und eine effektive Koordination mit den NATO-Organen zu bewerkstelligen. Seine Ernennung zum Generalsekretär der WEU sorgt zudem für eine personelle Verklammerung zwischen EU und WEU, welche die Abstimmung zwischen diesen beiden Organisationen fördert und die anstehende Integration der WEU in die EU erheblich erleichtern wird.

Noch wichtiger für den sicherheitspolitischen Bereich der GASP sind die weitergehenden Reformen, die 1999 auf den EU-Gipfeln in Köln und Helsinki in Angriff genommen wurden (Europäischer Rat 1999b). In Helsinki beschloss der Europäische Rat, den Ministerrat mit einer militärischen Kompetenz und der dazu nötigen institutionellen Basis auszustatten. Hierfür werden ab dem Jahr 2000 beim Ministerrat drei neue Organe aufgebaut:

- ein ständiger sicherheitspolitischer Ausschuss auf Botschafterebene, der u.a. für die politische und militärische Leitung von Krisenmanagement-Einsätzen zuständig sein wird;
- ein Militärausschuss, der aus den nationalen Generalstabschefs oder ihren Vertretern besteht und den sicherheitspolitischen Ausschuss beraten und den Militärstab anleiten wird;
- und ein eigener Militärstab, der den beiden anderen Organen zuarbeitet, indem er strategische Planungen, Frühwarn-Funktionen und Lagebeurteilungen durchführt.

Europäischen NATO-Mitgliedern, die nicht der EU angehören, soll auf ihren Wunsch die Teilnahme an den Beratungen und eventuellen militärischen Einsätzen ermöglicht werden.

---

2 Dies setzt allerdings voraus, dass die PPEWU von den nationalen Stellen angemessen mit nachrichtendienstlichen Erkenntnissen und Daten versorgt wird. Bisher verhielten sich die Mitgliedstaaten in dieser Hinsicht sehr restriktiv, vor allem weil sie die unerlaubte Weitergabe von sensitiven Informationen befürchteten (Hill 1999c)

Darüber hinaus verpflichteten sich die EU-Mitglieder in Helsinki, die Kapazitäten für schnelle Kriseneinsätze zu verbessern. Im Jahr 2003 will die EU dazu in der Lage sein, innerhalb von 60 Tagen eine eigenständig handlungsfähige schnelle Eingreiftruppe von bis zu 60 000 Soldaten in ein Krisengebiet zu entsenden. Entsprechende Reserven sollen die EU in die Lage versetzen, diese Eingreiftruppe mindestens ein Jahr lang vor Ort einzusetzen und zu versorgen.

2.2 Politische Konvergenzen

Ermöglicht wurden diese weitreichenden organisatorischen Reformen erst durch den Abbau der Hindernisse, die sich aus den erwähnten nationalen Divergenzen ergaben. Deutschland, Frankreich und Großbritannien sind sich in der Frage der ESVI heute so einig wie noch nie zuvor. Dabei hat sich jedes der drei Länder in einem entscheidenen Punkt den Positionen der beiden übrigen angenähert: Deutschland hat spätestens mit der aktiven Beteiligung am Krieg gegen Serbien seine prinzipielle Abneigung gegen Kampfeinsätze jenseits der Bündnisgrenzen aufgegeben. Frankreich hat sich der militärischen Integration der NATO wieder angenähert und ist von dem Vorhaben abgerückt, die europäische Sicherheitsidentität unabhängig von der atlantischen Allianz aufzubauen (Andréani 1998). Großbritannien hat seinerseits einen erstaunlichen Schwenk vollzogen, indem es sich einverstanden erklärte, europäische Verteidigungskapazitäten im Rahmen der EU aufzubauen – statt wie bisher nur innerhalb der WEU (Teunissen 1999; Schake/Bloch-Lainé/Grant 1999; Becker 1998; Biscop 1999). Hinzu kommt, dass auch die USA unter Präsident Clinton einer ESVI positiver gegenüberstehen und sich prinzipiell dazu bereit erklärt haben, gegebenenfalls NATO- und US-Systeme für rein europäische Einsätze zur Verfügung zu stellen. Im Rahmen der Reorganisation der NATO sollen die Voraussetzungen für den raschen und flexiblen Einsatz von sog. Combined Joint Task Forces (CJTF) geschaffen werden (Barry 1996b; Fröhlich 1998: 22-27). Dies eröffnet den Europäern die Möglichkeit, eigenständige Operationen durchzuführen, ohne dazu eine Militärorganisation aufzubauen, die NATO-Funktionen unnötig duplizieren würde. Gedacht ist dabei an Krisen und Konflikte, in welche die USA selbst nicht eingreifen wollen, ohne deshalb gleich ein Eingreifen der europäischen Verbündeten abzulehnen.

3. Perspektiven

Zwei Faktoren werden aber auch in Zukunft die sicherheitspolitische Handlungsfähigkeit der EU gravierend einschränken: die Möglichkeit zu nationalen Alleingängen und die unübersehbaren Schwächen bei den militärischen Fähigkeiten. Ersteres muß hier nicht näher erläutert werden, weil es für die GASP insgesamt gilt. Die folgenden Ausführungen konzentrieren sich daher auf die Ausrüstungsdefizite und ihre Konsequenzen für die europäische Sicherheitsidentität.

3.1 Militärische Fähigkeiten

Aller Voraussicht nach wird sich die militärische Schwäche der EU nicht sehr schnell beheben lassen. Manche Beobachter gehen davon aus, dass noch Jahrzehnte vergehen werden, bis die Union größere Militäreinsätze wird durchführen können, ohne auf amerikanische Informationsquellen und Militärtechnologien zurückgreifen zu müssen (Stephens 1999). Die Beschlüsse von Helsinki bedeuten in dieser Hinsicht nur einen bescheidenen Anfang. Zudem erscheint es durchaus fraglich, ob sie im geplanten Umfang termingerecht realisiert werden können.

Für eine entschlossene Modernisierung, mit der sich die Defizite und Rückstände gegenüber den USA verringern ließen, fehlt es den Europäern zum einen an Haushaltsmitteln und zum andern an effizienten Produktionsstrukturen. Hier tut sich für die GASP eine fatale Schere auf: Einerseits gibt es kaum finanzielle Spielräume für die Aufstockung von Beschaffungsprogrammen (Barrie 1999). Die immer noch viel zu hohe Staatsverschuldung, die fiskalpolitischen Auflagen des Stabilitätspaktes und kostspielige soziale Probleme wie Massenarbeitslosigkeit und Überalterung der Gesellschaften stehen einem solchen Vorhaben entgegen (Wolf 1999). Die aktuelle Auseinandersetzung zwischen Bundesverteidigungsminister Scharping und Finanzminister Eichel verdeutlicht diese Sachzwänge exemplarisch (Schwennicke 1999a, 1999b). Andererseits erhalten die Verteidigungsminister immer weniger Kampfkraft für ihr Geld, weil die europäischen Rüstungsindustrien zersplittert und ineffizient sind (Dowdy 1999). Mit einem Kostenaufwand, der 60% der amerikanischen Militärausgaben entspricht, erreichen die Europäer nur etwa 10% der amerikanischen Leistungskraft (Becker 1999). Die industrielle Konsolidierung, welche die USA während der letzten Jahre vollzogen haben, ist bei den europäischen Unternehmen gerade erst angelaufen (Teunissen 1999: 346; Berenson 1999). Zudem findet sie z.T. immer noch an nationalen Besonderheiten und Rivalitäten ihre Grenzen (Michaels 1999; Nicoll 1999; Hill/Tigner 1999). Obwohl die EU für sich ein größeres Bruttoinlandsprodukt vorweisen kann als die USA, wird sie deren Fähigkeiten zur Machtprojektion noch lange, lange nicht erreichen können. Im Gegenteil: die meisten Experten vermuten, dass der Abstand sich weiter vergrößern und Europas militärische Abhängigkeit von den USA unverändert fortbestehen wird (Michaels 1999).

3.2 Konsequenzen für die Entwicklung der Sicherheitsidentität

Soweit sie militärische Einsätze der Europäer verhindert, wird die militärische Schwäche der EU die Entwicklung einer sicherheitspolitischen Identität der europäischen Bürgerinnen und Bürger weiter behindern. Kollektive Identitäten lassen sich nicht von Regierungen dekretieren, sondern können nur das Ergebnis längerer Interaktionsprozesse sein, in denen immer wieder deutlich wird, was die „in-group" von der „out-group" trennt (Cohen 1985; Wendt 1999: Kap. 7). Eine genuin europäische Sicherheitsidentität wird sich also nur herausbilden können, wenn sie für die Bevölkerung in konkreten Handlungen erfahrbar wird. Hierzu bedarf es des Aufbaus entsprechender Traditionen, in denen sich die Europäer als relativ geschlossene Einheit (ego) wahrnehmen können, die gemeinsam gegenüber Dritten (alter) agiert.

Rein pragmatisch betrachtet spricht gewiss manches dafür, dass die Europäische Union diese militärischen Defizite keineswegs so zügig beheben muss, wie dies von vielen Experten gefordert wird (z.B. Wellershoff 1999; Pflüger 1999). Schließlich sind die EU-Staaten immer noch mit den USA verbündet, müssen deren weit überlegene Fähigkeit also keineswegs als Bedrohung ansehen. Vielmehr können sie die amerikanische Militärmacht als einen Aktivposten betrachten, der im Rahmen der NATO und künftig z.T. auch im Rahmen der GASP für Europas Interessen eingesetzt werden kann. Möglicherweise sollte die EU ihre militärische Schwäche gar nicht wesentlich verringern, sondern ihr spezifisches Sicherheitsprofil vorrangig im Bereich ziviler und präventiver Maßnahmen entwickeln, wo ihr „komparativer Vorteil" liegt (Beer 1999; vgl. Smith 1998). Dies könnte – so ließe sich argumentieren – zu einer sinnvollen Rollenteilung mit den Vereinigten Staaten führen, in der die EU die USA nicht imitiert, sondern gerade aus ihrem abweichenden „policy-mix" ihre eigene Sicherheitsidentität gewinnt.[3]

Eine derartige Rollenverteilung wäre in der Tat eine pragmatische Herangehensweise. Sie macht durchaus Sinn, solange sie nicht dazu führt, dass die Europäer nur die finanziellen Kosten übernehmen, während die USA die Gefallenen zu beklagen haben. Eine derart strikte „Arbeitsteilung" würde von der amerikanischen Öffentlichkeit nicht sehr lange akzeptiert werden

---

3 Der Stabilitätspakt, den die EU jüngst für den Balkan angestoßen hat, ist hierfür ein denkbares Beispiel. Diese Initiative zielt auf die langfristige Stabilisierung, Demokratisierung, wirtschaftliche Gesundung und Sicherheit der Region. Die Anreize, die sie den Teilnehmern in Aussicht stellt, sind insbesondere wirtschaftliche Wiederaufbauhilfen und eine Perspektive auf die Integration in die Gemeinschaft der modernen westlichen Demokratien (Dokumente 1999). Sie können von der EU weit besser angeboten werden als von den USA oder der NATO. Diese mögen eher dazu in der Lage sein, einen militärischen Konflikt zu entscheiden oder abzuschrecken; die EU ist aufgrund ihrer politischen Anziehungskraft und ihrer ökonomischen und administrativen Kompetenzen jedoch im Vorteil, wenn es darum geht, Konflikte erst gar nicht entstehen zu lassen oder durch friedlichen Politikwandel zu überwinden.

(Schake/Bloch-Lainé/Grant 1999: 21; O'Hanlon 1997: 13). Selbst eine Zivilmacht Europa müßte sich also in begrenztem Maße an künftigen Kampfeinsätzen beteiligen. Insofern waren die militärischen Reformbeschlüsse von Helsinki unumgänglich.

Über eines muß man sich dabei ohnehin im klaren sein: eine derartige Rollenteilung mit den USA – so sinnvoll sie in vieler Hinsicht erscheinen mag – würde letztlich den status quo perpetuieren, statt eine echte EU-Sicherheitsidentität zu schaffen, die auch nach Ansicht der beteiligten Entscheidungsträger für die weitere Vertiefung der sicherheitspolitischen Integration unverzichtbar ist (Santer 1995: 3; Hoyer 1997: 13f). Das Bewußtsein, dass die Sicherheit aller EU-Staaten untrennbar miteinander verknüpft ist, dass die Sicherheit des einen Mitgliedslandes mit der Sicherheit des anderen steht und fällt, wird sich unter diesen Bedingungen kaum einstellen – zumindest nicht unter den EU-Bürgern.

Im Politikfeld Sicherheit wirkt kaum etwas so verbindend wie gemeinsame Kampfeinsätze. Wirtschaftliche Hilfen, diplomatische Vermittlung und administrative Unterstützung mögen in vielen Fällen weitaus kostspieliger und nützlicher sein als militärische Einsätze. Zivile Präventionsmaßnahmen wie der Balkan-Stabilitätspakt können dazu beitragen, dass viele Konflikte gar nicht erst militärisch ausgetragen werden. In das öffentliche Bewußtsein dringen sie jedoch nur sehr bedingt. Auseinandersetzungen, die friedlich beigelegt werden können, werden – um es mit Sherlock Holmes zu sagen – kaum besser wahrgenommen als Hunde, die nicht bellen. Vor allem ist es in solchen Fällen selbst für den interessierten Beobachter schwer auszumachen, ob dieser günstige Ausgang nur durch internationale Präventionsprogramme möglich wurde oder auch ohne sie erfolgt wäre.[4] Wenn dagegen zwei deutsche Fallschirmspringer bei der Rettung von holländischen Piloten ihr Leben verlieren, hat das – so zynisch dies vielleicht klingen mag – einen anderen Effekt: Es wird (a) eher wahrgenommen und schafft (b) in der Regel stärkere „Wir-Gefühle". Gemeinsame militärische Einsätze erscheinen daher unverzichtbar für die Entwicklung einer Sicherheitsidentität, die so weithin und so tief empfunden wird, dass eine allmähliche Vergemeinschaftung der Sicherheitspolitik möglich wird.[5] Insofern sie größeren Kampfeinsätzen der Euro-

---

4   Dass die EU-Staaten bis 1998 etwa 190 Mrd. DM allein für die Stabilisierung Mittel-
     und Osteuropas bereitgestellt haben (Ischinger 1998: 4), dürfte den wenigsten Bür-
     gern bekannt sein. Treffend ist daher die Beobachtung von Burghardt (1997: 327):
     „While the U.S. super-power teaches us how to achieve maximum publicity with of-
     ten little cash, the EU is the champion of maximum, notably financial, contributions
     and minimum political gains."

5   Mit der vorgesehenen Osterweiterung der EU könnten gemeinsame militärische Ein-
     sätze noch wichtiger für die Bildung einer Sicherheitsidentität werden. Insofern der
     Beitritt der postsozialistischen Transformationsstaaten als Rückgang an Homogenität
     erfahren wird, dürfte er die Bedeutung anderer identitätsstiftender Faktoren erhöhen.
     Nach Wendt (1999: Kap. 7) fördert neben Homogenität, Selbstbeschränkung und

päer im Wege steht, ist die militärische Schwäche der EU demnach nicht nur Folge, sondern gleichzeitig auch Ursache der unterentwickelten Sicherheitsidentität. Wer ernsthaft für eine echte Sicherheitsidentität plädiert, muss sich hierüber im Klaren sein.

In diesem Zusammenhang sollte man sich auch nicht der Illusion hingeben, dass der vorgesehene Rückgriff auf die Ausrüstung und Militärorganisation der NATO den Europäern hier viel weiterhelfen wird: In pragmatischer Hinsicht, solange es nur um die konkrete Bewältigung einer bestimmten Krise geht, mag dies durchaus der Fall sein – kaum jedoch bei der Verfestigung einer genuin *europäischen* Identität (Teunissen 1999: 332). Die franko-amerikanischen Auseinandersetzungen um die Details der CJTF-Verfahren zeigen, dass die Militärorganisation der NATO schwerlich zu einer jederzeit verfügbaren Hilfskolonne werden wird. Die zuweilen geäußerte Befürchtung, die NATO könne zum bloßen „Werkzeugkasten" der Europäer herabsinken, erscheint aus heutiger Sicht eher abwegig (so noch Schmidt 1996: 47). Die EU-Mitglieder werden NATO-Mittel keineswegs nach Gutdünken einsetzen können. Vielmehr werden die USA bei CJTF-Einsätzen immer auch eine gewichtige politische Rolle spielen, selbst dann, wenn sie sich nicht mit eigenen Soldaten beteiligen. Dies gilt auch für Einsätze, denen die Amerikaner bereits grundsätzlich zugestimmt haben. Amerikanische Diplomaten und NATO-Offiziere (allen voran SACEUR) werden auch auf die Durchführung laufender Operationen immer wieder entscheidenden Einfluß nehmen können (Barry 1996b; Hill 1999a; Moens 1998; Evans 1999). CJTF-Einsätze der Europäer werden mithin nicht nur *pro forma* auch NATO-Einsätze sein.[6] Solange der amerikanische „Übervater" durch die NATO ein entscheidendes Wort mitredet, werden solche Aktionen gegenüber der Öffentlichkeit kaum die sicherheitspolitische Eigenständigkeit der EU bezeugen können.

4. Fazit

Eine echte Sicherheitsidentität der Europäer wird sich weder durch pathetische Ansprachen „herbeireden" noch durch noch so clevere Arrangements „herbeiinstitutionalisieren" lassen. Sofern sie nicht durch plötzliche traumati-

---

Interdependenz auch ein gemeinsames Schicksal die Entwicklung überstaatlicher Identitäten.

6　Die Europäer werden nicht ihre militärische Autonomie gewinnen können, indem sie auf NATO-Strukturen zurückgreifen. Solche Bestrebungen zielen auf die Quadratur des Kreises ab, wie es unfreiwillig in folgender Forderung deutlich wird: „The goal now should be to ensure that NATO remains the organisation for carrying out military operations when Europeans choose to act independently of NATO (Schake/Bloch-Lainé/Grant 1999: 27)."

sche Ereignisse – beispielsweise einen Rückzug der USA während einer militärischen Verwicklung der EU – gefördert wird, wird sie allenfalls über einen längeren Zeitraum zu verwirklichen sein. Sicherheit, zumal militärische Sicherheit ist nun einmal „high politics", d.h. ein Politikfeld, das sich aufgrund seiner existentiellen Bedeutung nur sehr schwer integrieren läßt. Ihre Gewährleistung ist – gerade in historischer Perspektive – immer noch eine ganz zentrale Funktion moderner Staatlichkeit. Wie allen voran Charles Tilly aufgezeigt hat, wurde in Europa die Fähigkeit zur modernen Kriegführung meist gemeinsam mit der Schaffung staatlicher Verwaltung herausgebildet: Die Aufstellung stehender Heere ging Hand in Hand mit organisatorischer Zentralisierung und der Marginalisierung intermediärer Herrschaftsstrukturen. Staatsbildung und der Ausbau militärischer Fähigkeiten waren so eng miteinander verzahnt (Tilly 1992). Vor diesem Hintergrund wäre es nicht überraschend, wenn eine gemeinsame Sicherheitspolitik, die diesen Namen tatsächlich verdient, erst bei einer weiteren „Staatswerdung der EU" Wirklichkeit würde.

Dass die EU auf absehbare Zeit nicht die militärische Weltmacht werden kann, die manche fordern (Pflüger 1999: 5f u. 27), verdammt sie jedoch keineswegs zur Ohnmacht in diesem Politikfeld. Die absehbare Fortentwicklung der GASP könnte und sollte nur zwischen diesen beiden Polen liegen. Eine wirksame Verschmelzung der nationalen Sicherheitspolitiken zu einer Weltmacht Europa wird schon an dem Umstand scheitern, dass die territoriale Verteidigung des EU-Gebietes primär NATO-Aufgabe bleiben wird. An Militäreinsätzen jenseits der EU-Grenzen wird sich in vielen Fällen nur ein Teil der Mitgliedstaaten beteiligen wollen. Diese Missionen werden weiterhin ad-hoc-Koalitionen von NATO- und EU-Staaten überlassen bleiben, deren Zusammenwirken nicht bis in jedes Detail vorauszuplanen ist. Statt die optimale Institutionalisierung für jeden denkbaren Einsatz anzustreben, sollten sich die EU-Staaten auf anpassungsfähige Strukturen stützen, die flexible Mächte-Konfigurationen gestatten. Krisenmanagement ist nun einmal (in den Worten von Richard Holbrooke) „nicht Architektur, sondern Jazz" (Schmalz 1999: 194). Das gilt auch für die Abstimmung zwischen den Staaten, die zur Beilegung einer Krise aktiv beitragen wollen.

Für die Europäer wird es in der nächsten Zukunft vor allem darauf ankommen, ihre Instrumente auf einen Stand zu bringen, der die Voraussetzungen für das transatlantische Zusammenwirken bewahrt. Schon allein aus Kostengründen und mit Rücksicht auf den haushaltspolitischen Stabilitätspakt kann ihr Ehrgeiz mittelfristig nicht darin bestehen, den militärischen Rückstand auf die USA wett zu machen. Die EU wird damit zufrieden sein müssen, wenn diese Lücke in den nächsten Jahren nicht noch weiter wächst. Wenn sich der Trend der neunziger Jahre fortsetzt, muss die EU selbst um ihre Rolle als sicherheitspolitischer Juniorpartner der USA fürchten. Ein realistische Zielsetzung kann nur ein Ausbau der ESVI sein, der nicht eine gleichrangige Weltmachtrolle anstrebt, sondern der EU die Rolle eines attraktiven

Partners sichert, der den USA einen Teil der sicherheitspolitischen Lasten abnimmt. So betrachtet wäre schon einiges gewonnen, wenn die EU nicht auf den Status eines amerikanischen Klienten herabsinkt, der aufgrund seiner technologischen Rückständigkeit nur Bodentruppen für riskante Operationen stellt und sich bei Verhandlungen mit einer honorigen Zuschauerrolle begnügen muss. Die Beschlüsse von Helsinki zeugen insofern von einer realistischen Einschätzung der finanziellen Möglichkeiten und politischen Sachzwänge. Inwieweit ihre Streitkräfteziele tatsächlich im geplanten Umfang und Zeitraum umgesetzt werden können, muss sich allerdings erst noch zeigen.

Literatur

Andréani, Gilles: Den Fuß in der Tür. Frankreich und das Atlantische Bündnis. In: Internationale Politik 53(1998)7, S. 27-32

Axt, Heinz-Jürgen: Hat Genscher Jugoslawien entzweit? Mythen und Fakten zur Außenpolitik des vereinten Deutschlands. In: Europa-Archiv 48(1993)12, S. 351-60

Barrie, Douglas: Defense Budgets Remain Tight Throughout Europe. In: Defense News, 20.12.1999

Barry, Charles: ESDI: Toward a Bi-polar Alliance?. In: ders. (Hrsg.): Reforging the Trans-Atlantic Relationship. Washington: National Defense University Press 1996a, S. 63-84

Barry, Charles: NATO's Combined Joint Task Forces in Theory and Practice. In: Survival 38(1996b)1, S. 81-97

Becker, Elizabeth: Deep Disparity in NATO. In: International Herald Tribune, 23. 9. 1999

Becker, Jeffrey J.: Asserting EU Cohesion: Common Foreign and Security Policy and the Relaunch of Europe. In: European Security 7(1998)4, S. 12-32

Beer, Angelika: Die EU muß Zivilmacht bleiben. In: Die Welt, 27. 7. 1999

Berenson, Douglas: EU Lacks Joint Mindset. In: Defense News, 19. 7. 1999

Bildt, Carl: Hat Europa aus Bosnien gelernt? Schlußfolgerungen für die europäische Außenpolitik. In: Internationale Politik 52(1997)7, S. 3-8

Biscop, Sven: The UK's Change of Course: a New Chance for the ESDI. In: European Foreign Affairs Review 4(1999)2, S. 253-68

van den Broek, Hans: Die EU auf dem Weg zu einer Sicherheits- und Verteidigungspolitik. In: Vertretung der Europäischen Kommission in der Bundesrepublik Deutschland (Hrsg.): Europäisches Forum: Die EU auf dem Weg zu einer Sicherheits- und Verteidigungspolitik. Bonn 1997, S. 26-33

Burghardt, Günter: The Potential and Limits of CFSP: What Comes Next?. In: Regelsberger, Elfriede/de Schoutheete de Tervarent, Philippe/Wessels, Wolfgang (Hrsg.): Foreign Policy of the European Union: From EPC to CFSP and Beyond. Boulder: Lynne Rienner Publishers, 1997, S. 321-333

Cohen, A.P.: The Symbolic Construction of Community. Chichester: Ellis Horwood, 1985

Cohen, Roger: Europeans Vow New Push on Defense. In: International Herald Tribune, 12. 5. 1999

Crowe, Brian L.: Some Reflections on the Common Foreign and Security Policy. In: European Foreign Affairs Review 3(1998)3, S. 319-24

Dokumente zum Stabilitätspakt für Südosteuropa. In: Internationale Politik 54(1999)8, S. 119-36

Dowdy, John: Bureaucracy Is Killing Europe´s Defense Industry. In: Wall Street Journal Europe, 26. 5. 1999

Europäische Kommission: Preparing Europe for the 21st Century. Report on the Operation of the Treaty on European Union. Brüssel 1995

Europäische Kommission: Gesamtbericht über die Tätigkeit der Europäischen Union 1997. Brüssel 1998

Europäischer Rat: Erklärung des Europäischen Rates zur Stärkung der gemeinsamen europäischen Sicherheits- und Verteidigungspolitik. In: Internationale Politik 54(1999a)10, S. 133f

Europäischer Rat: Presidency Report to the Helsinki European Council on Strengthening the Common European Policy on Security and Defence. Helsinki, 10./11. 12. 1999b

Evans, Michael: US insists on Nato priority over EU force. In: The Times (London), 23.11.1999

Fidler, Stephen/Buchan, David: Consensus on ground troops still elusive. In: Financial Times, 26. 4. 1999

Fitchett, Joseph: U.S. Seeks More Defense Technology Cooperation With Europeans. In: International Herald Tribune, 14. 6. 1999

Fitchett, Joseph/Vincur, John: At Summit, Allies Face Ground Forces Question. In: International Herald Tribune, 24./25. 4. 1999

Fröhlich, Stefan: Der Ausbau der europäischen Verteidigungsidentität zwischen WEU und NATO. Zentrum für Europäische Integrationsforschung, Discussion Paper C 19, 1998

Gordon, Philip H.: Europe´s Uncommon Foreign Policy. In: International Security 22(1997/98)3, S. 74-100

Graham, Robert: Pledge on European military capability. In: Financial Times, 31. 5. 1999

Hill, Luke: NATO Still Wrestles With All-European Crisis Mission Plan. In: Defense News, 15.2.1999a

Hill, Luke: NATO Defense Officials To Assess Kosovo Lessons. In: Defense News, 26. 7. 1999b

Hill, Luke: Political, Technical Barriers to Impede EU Data-Sharing. In: Defense News, 6.12.1999c

Hill, Luke/Tigner, Brooks: EU Armaments Reforms Stalled. In: Defense News, 20.12.1999

Hoyer, Werner: Die Sicherheit Europas: Herausforderungen und Chancen einer europäischen Sicherheits- und Verteidigungspolitik. In: Vertretung der Europäischen Kommission in der Bundesrepublik Deutschland (Hrsg.): Europäisches Forum: Die EU auf dem Weg zu einer Sicherheits- und Verteidigungspolitik. Bonn 1997, S.10-19

Ischinger, Wolfgang: Die Gemeinsame Außen- und Sicherheitspolitik nach Amsterdam – Praxis und Perspektiven. Zentrum für Europäische Integrationsforschung, Discussion Paper C 14, 1998

Jopp, Mathias: Reformziel Stärkung der außen- und sicherheitspolitischen Handlungsfähigkeit der EU. In: Ders./Schmuck, Otto (Hrsg.): Die Reform der Europäischen Union. Analysen – Positionen – Dokumente zur Regierungskonferenz 1996/97. Bonn: Bundeszentrale für politische Bildung, 1996

Krause, Joachim: Die Zukunft der nuklearen Nichtverbreitung. In: Internationale Politik 50(1995)6, S. 61f

Krause, Joachim: Strukturwandel der Nichtverbreitungspolitik. Die Verbreitung von Massenvernichtungswaffen und die weltpolitische Tranformation. München: Oldenbourg, 1998

Kremp, Herbert: Defizite der Verteidigung. In: Die Welt, 10./11. 7. 1999

Lansford, Tom: The Triumph of Transatlanticism: NATO and the Evolution of European Security After the Cold War. In: Journal of Strategic Studies 22(1999)1, S. 1-28

Link, Werner: Die NATO im Geflecht internationaler Organisationen. In: Aus Politik und Zeitgeschichte 11/1999, S. 9-18

Michaels, Daniel: Red Alert: European Defense Gets a Wake-Up Call From Kosovo War. In: The Wall Street Journal Europe, 11. 6. 1999

Moens, Alexander: NATO's Dilemma and the Elusive European Defence Identity. In: Security Dialogue 29(1998)4, S. 463-75

Müller, Harald: Nuclear Nonproliferation Policy as Part of the European's Common Foreign and Security Policy. Center for European Policy Studies, Working Document No. 86. Brüssel 1994

Naumann, Klaus: Die Nato nach dem Kosovo-Krieg. In: Die Welt, 7. 7. 1999

Nicoll, Alexander: European grouping still in the making. In: Financial Times, 14.6.1999

O'Hanlon, Michael: Transforming NATO: The Role of European Forces. In: Survival 39(1997)3, S. 5-15

Owen, David: Balkan-Odyssee. München: Hanser 1996

Pack, Doris: Europas Versagen in Jugoslawien oder warum wir eine Gemeinsame Außen- und Sicherheitspolitik brauchen. In: Meimeth, Michael (Hrsg.): Die Europäische Union auf dem Weg zu einer Gemeinsamen Außen- und Sicherheitspolitik. Berlin: Duncker & Humblot 1997, S. 119-24

Pflüger, Friedbert: Europas globale Verantwortung – Die Selbstbehauptung der alten Welt. Zentrum für Europäische Integrationsforschung, Discussion Paper C 36, 1999

Rupp, Michael Alexander: The Institutional Structure of the Common Foreign and Security Policy After Amsterdam. In: Journal of International Relations and Development 2(1999)1, S. 50-66

Schake, Kori/Bloch-Lainé, Amaya/Grant, Charles: Building a European Defence Capability. In: Survival 41(1999)1, S. 20-40

Santer, Jacques: Die Sicherheits- und Verteidigungspolitik der Europäischen Union: Wie läßt sich der Fahrplan für 1996 einhalten?. In: NATO-Brief 43(1995)6, S. 3-9

Schmalz, Uwe: The Amsterdam Provisions on External Coherence: Bridging the Union's Foreign Policy Dualism?. In: European Foreign Affairs Review 3(1998)3, S. 421-442

Schmalz, Uwe: Aufbruch zu neuer Handlungsfähigkeit: Die Gemeinsame Außen-, Sicherheits-, und Verteidigungspolitik unter deutscher Ratspräsidentschaft. In: Integration 22(1999)3, S. 191-204

Schmidt, Peter: ESDI: A German Analysis. In: Barry, Charles (Hrsg.): Reforging the Trans-Atlantic Relationship, Washington: National Defense University Press 1996, S. 37-61

Schwennicke, Christoph: Scharping auf verlorenem Posten. In: Süddeutsche Zeitung, 12. 7. 1999

Schwennicke, Christoph: Streit über Verteidigungshaushalt wird schärfer. In: Süddeutsche Zeitung, 4. 10. 1999

Silber, Laura/Little, Allan. The Death of Yugoslavia. London: Penguin 1995

Skapinker, Michael: Time is right to reflect on Kosovo lessons. In: Financial Times, 14.6.1999

Smith, Martin A.: The European Union and the United States in a Superpower Context. In: European Security 7(1998)1, S. 55-73

Stephens, Philip: Raising the flag for Europe's army. In: Financial Times, 10.12.1999

Teunissen, Paul J.: Strengthening the Defence Dimension of the EU: An Evaluation of Concepts, Recent Initiatives and Developments. In: European Foreign Affaires Review 4(1999)3, S. 327-52

Tilly, Charles: Coercion, Capital, and European States, AD 990-1992. Cambridge: Blackwell, 1992

Wellershoff, Dieter: Wollen wir wirklich erpreßbar werden?. In: Die Welt, 20. 7. 1999

Wendt, Alexander: Social Theory of International Politics. Cambridge: Cambridge University Press, 1999

Wolf, Reinhard: Europa muss keine militärische Weltmacht sein. In: Handelsblatt, 2.11.1999

Wyn Rees, G.: The Western European Union at the Crossroads: Between Trans-Atlantic Solidarity and European Integration. Boulder: Westview, 1998

Die Europäische Union als Akteur der Weltpolitik. Ein Resümee

Klaus Schubert/Gisela Müller-Brandeck-Bocquet

Am Ende dieses Bandes zur Rolle der EU in der Weltpolitik soll ein knappes Resümee gezogen werden. Angesicht der Vielfalt der Themen, die in den einzelnen Beiträgen behandelt wurden, ist dies kein leichtes Unterfangen, zumal die einzelnen Autoren sich ihrem jeweiligen Gegenstand auf recht unterschiedliche und eigenständige Weise annäherten. Dennoch sollen in der gebotenen Kürze einige wichtige Erkenntnisse und Argumente der verschiedenen Artikel zu den EU-Außenbeziehungen nochmals in Erinnerung gerufen oder hervorgehoben werden.

1. Zur Berechtigung und Notwendigkeit der EU-Außenbeziehungen

Für alle Autoren scheint unstrittig zu sein, dass die EU Krisenvorbeugung und Krisenmanagement betreiben muß. Diese Dimension des europäischen Außenhandelns tritt verständlicherweise in jenen Studien besonders hervor, die sich mit den Beziehungen zu den Nachbarregionen der EU (Mittelosteuropa, Balkan, Rußland, Mittelmeerraum) beschäftigen. So haben die verschiedenen Heranführungsstrategien, die die EU seit etlichen Jahren zugunsten der MOE-Staaten verfolgt, wesentlich zur Stabilisierung der Beitrittskandidaten beigetragen. Angesichts der bevorstehenden EU-Osterweiterung handelt es sich dabei allerdings kaum mehr um Außenbeziehungen, sondern in zunehmendem Maße um EU-Innenbeziehungen. Darüberhinaus erwächst der EU auch in anderen benachbarten Regionen die Aufgabe und Chance, als Stabilitätsanker und Modernisierungsmotor zu wirken (Balkan, Rußland, Mittelmeerbereich, Nahost); hier muß die EU den Erfolg ihrer Bemühungen jedoch erst noch unter Beweis stellen.

Als weltgrößter Handels- und Wirtschaftsblock ist die EU zu den genannten Leistungen prinzipiell befähigt. Umgekehrt ist die EU aber ihrerseits auf eine gesicherte Rohstoffversorgung und auf konsolidierte Absatzmärkte angewiesen. Dies erfordert europäische Handlungskapazitäten auch bei der

Weiterentwicklung des Welthandelsrechts und bei der Gestaltung der Weltfinanzordnung. Nach Meinung aller Autoren erwächst der EU damit auf sämtlichen Feldern der Außenpolitik eine größere Verantwortung als bisher wahrgenommen und ausgeübt, was insbesondere in den transatlantischen Beziehungen zu der einen oder anderen Reibungsfläche führt.

Besonders seit dem Ende des Ost-West-Konflikts versucht die EU sich als internationaler Akteur zu positionieren und überregionale Interessen wahrzunehmen. Denn seit dieser Zeitenwende erfordern die weltpolitischen Konstellationen ein weitgefächertes und entschlosseneres Außenhandeln der EU. Bei der Annahme dieser Herausforderung setzt die EU in zunehmendem Maße weltweit auf die Förderung inter-regionaler Zusammenarbeit (ASEAN, ASEM, Mercosur, teilweise auch AKP-Staaten). In Anbetracht sinkender Steuerungskapazitäten einzelner Nationalstaaten scheint das neue Strukturprinzip des Inter-Regionalismus besonderes geeignet zu sein, neue Handlungsspielräume zu erschließen und stabile internationale Beziehungen zu gewährleisten. Ein zentrales Instrument ist dabei der Aufbau inter-regionaler Dialog- und Kooperationsprozesse. Die EU als die weltweit erfolgreichste und am weitesten fortgeschrittene Integrationsgemeinschaft und zugleich als postmoderner Akteur par excellence sollte nach Auffassung etlicher Autoren bei der Gestaltung der europäischen Außenbeziehungen noch stärker die Potenziale des Inter-Regionalismus-Ansatzes nutzen.

2. Zur Qualität der EU als außenpolitischer Akteur

Wenn auch alle Autoren die Berechtigung und Notwendigkeit entschlossenen und geschlossenen europäischen Außenhandelns betonen, so verweisen sie ebenso einmütig auf deutliche Defizite der derzeitigen Außenrolle der Union.

Derartige Schwächen manifestieren sich vorrangig im Fortbestehen nationaler Rivalitäten und Divergenzen sowohl bei der Perzeption außenpolitischer Herausforderungen als auch bei der Politikformulierung und -implementation, was häufig zu Inkonsistenzen und Koodinierungsproblemen führt. Hinzu kommt, dass Europa außenpolitisch auf verschiedenen Ebenen handelt und zudem durch unterschiedliche Repräsentanten vertreten wird. Denn bei der Gestaltung des europäischen Außenhandels sind sowohl die Mitgliedstaaten als auch die Organe der Union, d.h. Europäischer Rat, Ministerrat, Präsidialmacht, Troika, Kommission, Generaldirektionen und zu einem sehr geringen Anteil das Europäische Parlament involviert.

Daher kann nicht überraschen, dass die Mehrzahl der Analysen sich bei der Erklärung der Schwächen des EU-Außenhandels auf die Besonderheiten des Akteurs EU konzentriert. Denn Europas nur bedingte Fähigkeit, mit einer Stimme zu sprechen – das bisher größte Handikap bei der Ausfüllung und Wahrnehmung einer wichtigen Außenrolle – liegt zum Teil auch in den institutionellen Grundlagen des europäischen Außenhandelns begründet. Folgerichtig arbeiten verschiedene Beiträge die Probleme und Defizite heraus, die aus der eigenartigen und einzigartigen Verteilung von Zuständigkeiten und Kompetenzen im EU-System als einem System ‚geteilter Souveränitäten' entstehen: Handeln auf verschiedenen Ebenen, fragmentiertes bzw. facettenreiches Profil, die Zwei-Säulen-Konstruktion mit den Problemen mangelnder Kohärenz, eine mitunter problematische Arbeitsteilung zwischen den Handlungsträgern der beiden Säulen und innerhalb der Säulen und schließlich unklare Kompetenzenverteilung in einzelnen Fällen. Hinzu kommen die meist zeitintensiven Modalitäten der Beschlußfassung bei der Anwendung der GASP-Instrumente Gemeinsame Strategien und Gemeinsame Aktionen.

Diese Akteursstruktur wirkt sich auch insofern als Schwäche der EU-Außenbeziehungen aus, als sie auf Seiten der Politik-Adressaten oftmals Wahrnehmungsprobleme hervorruft. Drittstaaten haben häufig Schwierigkeiten, den Akteur EU zu fassen, zu verstehen und sich auf seine Entscheidungs- und Handlungsbedingungen einzustellen. Die komplexe Akteursstruktur beeinträchtigt ferner die Sichtbarkeit des EU-Außenhandelns, und zwar sowohl für EU-Bürger als auch für das internationale Umfeld. Dazu kommt eine eher mäßige, bisweilen sogar schlechte Selbstdarstellung der EU-Außenbeziehungen in der Öffentlichkeit, auch dort, wo europäische Initiativen oder Politiken erfolgreich waren (südpolitisches Engagement, Unterstützung der Transformationsprozesse in Mittelosteuropa, Vorbereitung des Friedens von Dayton etc.). Eine Ausnahme stellt hier jedoch der Bereich der internationalen Umweltpolitik dar, in dem die EU große Erfolge bei der Anerkennung als Akteur verzeichnet, was es ihr ermöglicht, in diesem hochintegrierten Politikfeld im Vergleich zu anderen Industriestaaten eine gewisse Vorreiterrolle zu übernehmen.

Die Autoren übersehen aber nicht, dass die EU insbesondere mit dem Amsterdamer Vertrag, der im Mai 1999 in Kraft getreten ist, Fortschritte in den institutionellen Grundlagen ihres Außenhandelns erreichte. So verbinden die meisten Beiträge große Hoffnungen mit der neugeschaffenen Funktion des Hohen Vertreters für die GASP, also mit Javier Solana, und mit der unter Romano Prodi erfolgten Reorganisation der Kommission, in der Christopher Patten für die EU-Außenbeziehungen zuständig ist. Ferner werden Fortschritte bei der Außenvertretung europäischer Interessen verzeichnet, beispielsweise anläßlich der – gescheiterten – Welthandelskonferenz in Seattle im Dezember 1999, als die Mitgliedstaaten geschlossen hinter ihrem Außenhandelskommissar Pascal Lamy standen und sich auch von den USA nicht gegeneinander ausspielen ließen.

Die Realisierungschancen der Europäischen Sicherheits- und Verteidigungsidentität treffen hingegen – trotz aller im Laufe des letzten Jahres zu verzeichnenden Initiativen und Beschlüsse der EU – auf große Skepsis, was nicht zuletzt auf die sehr unterschiedlichen sicherheits- und verteidigungspolitischen Traditionen der EU-Mitgliedstaaten und ebenso auf us-amerika-

nische Bedenken gegenüber einer Stärkung der Europäischen Sicherheits-
und Verteidigungsidentität verweist.

Manche Autoren verbinden mit der spezifischen Akteursqualität der EU
jedoch auch eine besondere Zukunftsfähigkeit ihres Außenhandelns; insbesondere das flexible Agieren auf verschiedenen Ebenen eröffne der EU und
ihren Mitgliedstaaten die Möglichkeit, dem Grundsatz der Subsidiarität zu
entsprechen und sachgerecht auf unterschiedliche Anforderungen zu reagieren. Analog dazu wird die Prädisposition der EU zu Multilateralismus und
Multikulturalismus, die nicht zuletzt aus den postkolonialen Verbindungen
und aus der Vielfalt der tradierten Außenbeziehungen der 15 Mitgliedstaaten
resultiert, ebenfalls als ein Vorteil für die Vertretung europäischer – und sogar einzelner nationaler – Interessen und Werte in der Welt interpretiert.

3. Zu den Instrumenten und Handlungsmustern der EU-Außenbeziehungen

Positiv gewertet wird von den Autoren weiterhin, dass die EU mit verschiedenen Teilen der Welt einen kooperativen Multilateralismus mit inter-
regionalistischen Zügen pflegt. So tritt die EU häufig als Anreger und Förde-
rer von regionalen Zusammenschlüssen oder Netzwerken und auch von Dialogforen auf. Dies erlaubt manchen Regionen, ihre Identität zu stärken
und/oder durch die Beziehungen zur EU eine Status-Erhöhung zu erlangen
(Rio-Gruppe. ASEM, ASEAN, MERCOSUR etc.). Mitunter tragen von der
EU gesponnene Netzwerke oder Dialoge sogar dazu bei, auch außereuropäi-
sche Spannungen und Konflikte zu beheben (San José-Dialog) oder zumindest zu entschärfen (Re-Integration Syriens in den Nahost-Friedensprozeß).

Auf nahezu uneingeschränkte Zustimmung stößt die EU bei den Autoren
überall dort, wo sie sich in den internationalen Beziehungen um Kooperation
und ‚Partnerschaftsgeist' bemüht. Von einem weniger repressiven Politikstil
versprechen die Autoren sich regelmäßig größere Erfolge als von einem
‚härteren' und stärker auf Sanktionen setzenden Vorgehen, wie dies vor allem die USA bei ihrer Drogenpolitik gegenüber Lateinamerika oder in ihrem
Umgang mit Kuba und den sogenannten Schurkenstaaten praktizieren. Dass
die EU sich in ihren Beziehungen zu verschiedenen, von Unterentwicklung
gezeichneten Partner-Regionen, nicht zuletzt denen, die im Osten und Süden
an die EU angrenzen, um einen neuartigen Außenpolitikansatz bemüht, wird
anerkennend vermerkt. Angesprochen sind hierbei vor allem instrumentelle
Neuerungen wie die ‚Heranführungsstrategie' im Rahmen der Erweiterungs-
politik oder der ‚Kritische Dialog' in den Beziehungen zu Iran. Gleiches gilt
für die Mehrschichtigkeit der Politik im Barcelona-Prozeß, für die Elemente
der Gemeinsamen Strategie für Russland und für die bubble-Lösung in der
internationalen Umweltpolitik. Denn insgesamt fällt in diesem Zusammen-

hang auf, dass die EU in Anlehnung an den KSZE-Prozeß häufig nach einer Art modifiziertem Drei-Körbe-Modell vorgeht, also die ökonomisch-finanzielle Beziehungsdimension nicht nur mit (sicherheits-) politischen Fragen verkoppelt, sondern auch mit gesellschaftlich-kulturellen Belangen, z.B. mittels einer betonten Förderung von Menschenrechten oder zivilgesellschaftlichen Strukturen bei ihren Partnern.

Dass mit einem derart umfassenden und innovativen Politikansatz indes auch gewisse Probleme verknüpft sein können, wird ebenfalls nicht übersehen. So zeigen etliche Autoren, dass verschiedene EU-Partner – wie Russland, die EMP, ASEAN, ASEM und die AKP-Staaten – entsprechende EU-Initiativen zuweilen als Einmischung in ihre inneren Angelegenheiten kritisieren oder zurückweisen. Daneben gelingt es einzelnen dieser Partnerregionen immer wieder, die unterschiedliche Stringenz, mit der die verschiedenen Ebenen und Organe des EU-Systems sich z.B. Fortschritte der Situation der Menschenrechte angelegen sein lassen, auszunutzen, so dass der EU mitunter eine unglaubwürdige Menschenrechtspolitik vorgeworfen werden kann. Im Lomé-V-Vertrag aus dem Jahr 2000 vermochte die EU es indes, konsequentere Konditionalitätsregeln durchzusetzen, die Sanktionen im Falle von Verstößen gegen Menschenrechte und *good governance* leichter handhabbar machen.

Lediglich im Bereich der Sicherheits- und Verteidigungspolitik erscheinen die Instrumente und Handlungsweisen der EU als unzureichend bis unangemessen. Dies kann insofern kaum verwundern, als die EU hier an ihrem von ‚Zivilmachts-Aspirationen' gekennzeichneten Politikansatz gewisse Modifikationen und Erweiterungen vornehmen müßte, die nicht unter allen Mitgliedstaaten konsensfähig sind. Daher scheint die EU zur offensiven Formulierung einer ESVI trotz der jüngsten Beschlüsse – von Köln bis Helsinki – noch nicht willens oder fähig zu sein.

4. Zur Bilanzierung des EU-Außenhandelns

Die Bilanzierung des EU-Außenhandelns in seiner Gesamtheit fällt – wie nicht anders zu erwarten – ebenfalls ambivalent aus. Aktiva mischen sich mit Passiva.

Positive Aspekte erkennen die Autoren beispielsweise in den Leistungen der EU bei der Stabilisierung ihrer mittelosteuropäischen Nachbarschaftsregionen (mit der eklatanten Ausnahme Ex-Jugoslawiens) sowie in der Tatsache, dass die EU der größte Geber von Entwicklungshilfe ist. Im Vergleich zu anderen Industriestaaten wird ferner das umweltpolitische Engagement der EU und generell ihr Bemühen um eine Stärkung multilateraler Institutionen und Verfahren in den internationalen Beziehungen gewürdigt. Entsprechende Bemühungen um die Regulierung der Weltwirtschaft, die zugleich den Rang als größte Welthandelsmacht sichern sollen, werden ebenfalls positiv hervorgehoben.

Insgesamt überwiegen jedoch eher skeptische bis pessimistische Bewertungen des EU-Außenhandelns. In der Tat ist Skepsis der dominante Tenor der meisten Beiträge. Denn wenn die Autoren die Berechtigung und Notwendigkeit eines weitgefächerten und entschlossenen EU-Außenhandelns auch einhellig bejahen und somit der EU eine bedeutende Rolle als Akteur der Weltpolitik zuerkennen, so sind doch allenthalben Zweifel an der Fähigkeit der Union spürbar, eine derartige Rolle auszufüllen. Dies äußert sich zum Teil in Warnungen vor rein symbolischem Außenhandeln (z.B. im Verhältnis zu ASEAN) oder vor sinkendem Engagement in bestimmten Weltregionen (v.a. in Afrika und Lateinamerika); die Skepsis kann sich aber auch in deutlichen Zweifeln an der Befähigung der EU zu konsistentem Außenhandelns äußern (z.B. im Welthandel und im Weltfinanzsystem). Und selbst die Autoren, die den Außenpolitikansatz, die Zielsetzungen und die Instrumentarien des EU-Außenhandelns als prinzipiell gut bewerten, neigen in ihrer Bilanzierung zu großer Vorsicht. Dies gilt selbst hinsichtlich der ansonsten positiv eingeschätzten Osterweiterungspolitik, in der große Gefährdungspotenziale für das künftige Außenhandeln einer gegebenenfalls auf annähernd 30 Mitgliedstaaten anwachsenden Union gesehen werden.

Zugegebenermaßen ist es keineswegs einfach, überzeugende und in sich stimmige Bewertungskriterien für das EU-Außenhandeln zu formulieren, wie sich z.B. an der Einschätzung des Kyoto-Protokolls aufzeigen läßt, das je nach Prämisse als Erfolg (Erreichen eines Abschlusses mit festgeschriebenen Reduktionsquoten) oder Mißerfolg (höhere Reduktionsquoten für die EU als für ihre Konkurrenten) interpretiert werden kann. Damit aber ist die Frage nach den Bewertungsmaßstäben für das EU-Außenhandeln insgesamt aufgeworfen: Wann ist dieses erfolgreich, aufgrund welcher Ergebnisse ist EU-Außenhandeln positiv zu bewerten?

5. Zum Maßstab der Bewertung des EU-Außenhandelns

Ohne diese Frage hier erschöpfend beantworten zu können, soll doch auf zwei auffällige Grundlinien in den meisten Beiträgen hingewiesen werden.

Zum ersten ist nämlich eine Tendenz erkennbar, an das EU-Außenhandeln besonders hohe Anforderungen zu stellen, und dies nicht nur in Sachen Kohärenz, Konsistenz und Effizienz, sondern fast mehr noch bezüglich der Moralität des auswärtigen EU-Handelns. So wird mehrfach die teils widersprüchliche EU-Menschenrechtspolitik aufgezeigt und kritisiert, die immer wieder einmal zugunsten von Wirtschaftsinteressen geopfert wird. Gleichwohl ist ein derartiges Fehlverhalten aber keineswegs allein für die EU typisch oder gar kennzeichnend; vielmehr stellen die Außenpolitiken tradierter einzelstaatlicher Akteure ebenfalls entsprechende Interessenabwägungen an. Die Stichworte Tibet, Tschetschenien oder der Verweis auf die Problematik von Rüstungsexporten in Spannungsgebiete mögen zur Illustration genügen. Und was das Problem WTO-widrigen Handelns seitens der EU betrifft (Stichwort: Bananenmarktordnung), gilt ebenfalls, dass es völlig an der Realität vorbeiginge, die EU als den einzigen oder herausragenden Regelverletzer unter lauter uneigennützigen Partnern anzusehen. Dass letztere aber stets effektiver oder zielführender handelten als die EU, ließe sich gleichfalls mit vielen guten Gründen bezweifeln. Derlei Hinweise sollen kritikable oder ineffiziente Handlungsmuster der EU weder dementieren noch entschuldigen, sondern lediglich darauf aufmerksam machen, dass die zur Beurteilung des EU-Außenhandels üblicherweise herangezogenen bzw. legitimerweise heranzuziehenden Beurteilungkriterien durchaus diskussionswürdig sind.

Ein zweiter auffälliger Grundzug der einzelnen Beiträge zeigt sich bezüglich des zentralen Maßstabes, an dem die EU und ihr Außenhandeln immer wieder gemessen werden und den offenkundig die USA und deren Außenpolitik darstellen. Angesichts der engen und vielschichtigen Beziehungen der EU zur einzig verbliebenen Supermacht mag dies einen geradezu ‚natürlichen' Reflex darstellen. Gleichwohl impliziert dieser meist eher implizit als explizit angelegte Vergleichsmaßstab, dass die Besonderheiten des weltpolitischen Akteurs EU, der nun einmal eine Integrationsgemeinschaft aus 15 und bald mehr Nationalstaaten ist, bisweilen vorschnell als Schwächen und Defizite des EU-Außenhandelns interpretiert werden. Dadurch geraten die Potenziale der EU als postmodernem außenpolitischen Akteur leicht aus dem Blickfeld, so dass die Gesamtbilanzierung – trotz positiver Wertung vieler Teilaspekte des EU-Außenhandelns – eher negativ ausfällt. Auch wird bei der Bezugnahme auf den Vergleichsmaßstab der USA meist nicht danach gefragt, inwieweit deren Außenpolitik tatsächlich erfolgreicher oder für die Lösung globaler Herausforderungen angemessener ist als die der EU.

Damit stellt sich erneut die Frage, welche außenpolitische Rolle der EU in der Weltpolitik zukommt bzw. zukommen soll und welchem außenpolitischen Leitbild die EU als Akteur der Weltpolitik folgen soll. Zu dieser Debatte, deren die EU dringend bedarf, lassen sich aus den einzelnen Beiträgen durchaus wichtige Hinweise gewinnen, ein einheitliches, allen Autoren gemeinsames Rollenkonzept der EU als Akteur der Weltpolitik läßt sich aber noch nicht erkennen.

So könnten die USA nur dann als „Vorbild" für ein gemeinsames außenpolitisches Rollenkonzept der EU herangezogen werden, wenn es für die EU wirklich Sinn machte, um eine vergleichbare Stellung und vergleichbare Wege der Machtausübung in der Weltpolitik zu konkurrieren. Wer einen derartigen Wettstreit jedoch für wenig opportun hält, muß deswegen noch längst nicht davon absehen, der EU ein kohärenteres und effizienteres Außenhandeln anzuempfehlen. Diesbezügliche Verbesserungen sind zweifellos möglich und erforderlich, um es den Europäern zu ermöglichen, sich von meist schwer kontrollierbaren äußeren Einflüssen weiter zu befreien und eine möglichst selbstbestimmte Rolle in der Weltpolitik zu spielen. Damit ist mitnichten der Ratschlag einer isolationistischen Abwendung vom Rest des Globus verbunden. Dies wäre gar nicht möglich, ohne den Reichtum Europas aufs Spiel zu setzen. Daher erscheint allein die gegenteilige Strategie als sinnvoll, die darin besteht, das Schicksal Europas mit demjenigen nicht nur seiner Nachbarn, sondern auch der sonstigen Welt zu verkoppeln. In Anbetracht der Herausforderungen, vor die die Menschheit sich heute gestellt sieht und die in den Beiträgen des vorliegenden Buches vielfach zum Thema wurden, gibt es dazu keine Alternative, vor allem dann nicht, wenn Europa in jenem Geschehen, das unter dem Namen der Globalisierung für so viel Aufsehen sorgt, nicht bloß ‚Getriebener‘ sein will, sondern einen aktiven Part zu übernehmen beabsichtigt.

Ein gangbarer Weg, internationale Verantwortung zu übernehmen und die Weltpolitik selbstbewußt mitzugestalten, besteht für die EU darin, den Prozeß der Verregelung bzw. Verrechtlichung der internationalen Beziehungen aktiv zu befördern. Auf diese Weise könnte Europa dazu beitragen, jene Modi eines friedvollen Ausgleichs von Interessen und eines koexistenzfähigen Miteinanders pluraler Werthaltungen zu sichern, die nach wie vor zu den Errungenschaften der Moderne zählen – auch wenn sie immer wieder einmal wegen der zuweilen flagranten Konkurrenz zwischen Nationalstaaten und dadurch provozierten Gewaltaktionen verletzt werden. Zu solchen Beschädigungen des Friedens und des internationalen Rechts kam und kommt es aber vor allem dort, wo eigenmächtiges Handeln mit weniger Widerstand zu rechnen hat bzw. weniger eingehegt ist als dies heute in Europa – außerhalb des Balkan – der Fall ist. Auf diesem Pfade des Fortschritts in den internationalen Beziehungen voranzuschreiten und den Prozess der Verregelung bzw. Verrechtlichung der internationalen Beziehungen weiter zu befördern, stellt deshalb für den Akteur EU, der von seiner Verfaßtheit und von der Qualität seiner Außenbeziehungen her ein postmodernes Verständnis von Staatlichkeit und Außenpolitik repräsentiert, eine gleichermaßen attraktive wie lohnende Aufgabe dar.

Nicht das Vorbild einer mitunter unilateral ausgerichteten Hegemonialmacht kann somit für die EU-Außenbeziehungen maßgeblich sein. Weitaus vorteilhafter und der politischen Lage Europas viel angemessener wäre es hingegen, wenn die EU und ihre Mitgliedstaaten sich noch mehr als bisher darum bemühten, ihre gemeinsamen Außenbeziehungen und damit die Identität der Union durch die Pflege ihres Grundcharakters als transnationale Zivilmacht zu stärken. Im Interesse des weiteren Auf- und Ausbaus der Union erfordert dies ein konsequentes und entschiedenes Bekenntnis zu Multilateralismus, zu Konfliktprävention sowie zu Dialog- und Kooperationsstrategien als Leitbild der EU-Außenbeziehungen. Darin sollte der europäische Beitrag zur Lösung aktueller und kommender Probleme der Weltpolitik liegen. In der Wahrnehmung einer derartigen Rolle könnte die Europäische Union sich zu einem wichtigen und zukunftsfähigen Akteur der Weltpolitik entwickeln.

Autoren und Kontaktadressen

Prof. Dr. Stefan Brüne, Institut d'Etudes Politiques, Paris
eMail: bradish_bruene@yahoo.de

Dr. Karl-Dieter Hoffmann, Geschäftsführer des Zentralinstituts für Lateinamerica-Studien (ZILAS), Katholische Universität Eichstätt
eMail: karl.hoffmann@ku-eichstaett.de

PD Dr. Annette Jünemann, FB 08, Universität-Gesamthochschule Kassel
eMail: Annette.Juenemann@t-online.de

Dipl.-Pol. Michael Kraack, Sozialwissenschaftliches Forschungszentrum der Universität Erlangen-Nürnberg
eMail: michael.kraack@wiso.uni-erlangen.de

Prof. Dr. Hanns W. Maull, Lehrstuhl für Außenpolitik und Internationale Beziehungen, Universität Trier
eMail: maull@uni-trier.de

Dipl.-Pol. Christian Meier, wissenschaftl. Oberrat, Bundesinstitut für ostwissenschaftliche und internationale Studien (BIOst), Köln
eMail: research@biost.de

Dr. Reinhard C. Meier-Walser; Leiter der Akademie für Politik und Zeitgeschehen, *Hanns-Seidel-Stiftung e.V.*
eMail: meier-w@hss.de

Prof. Dr. Gisela Müller-Brandeck-Bocquet, Professur für Internationale Beziehungen, Universität Würzburg
eMail: mbb@mail.uni-wuerzburg.de

Jörg Nadoll, M.A., wissenschaftl. Mitarbeiter, Universität Trier
eMail: nado3301@uni-trier.de

Prof. Dr. Beate Neuss, Professur für Internationale Politik, Technische Universität Chemnitz
eMail: beate.neuss@phil.tu-chemnitz.de

Prof. Dr. Hermann Reichold, Lehrstuhl für Bürgerliches Recht, deutsches und europäisches Handels- und Wirtschaftsrecht, Katholische Universität Eichstätt
eMail: hermann.reichold@ku-eichstaett.de

Dr. Johannes Reissner, wissenschaftl. Referent, Stiftung Wissenschaft und Politik (SWP) Ebenhausen
eMail: reissner@swp.extern.lrz-muenchen.de

Dr. Mechthild Schrooten, Deutsches Institut für Wirtschaftsforschung (DIW), Berlin
eMail: mschrooten@diw.de

Prof. Dr. Klaus Schubert, Professur für Politikwissenschaft IV, Katholische Universität Eichstätt
eMail: klaus.schubert@ku-eichstaett.de

Dr. Bernhard Stahl, wissenschaftl. Mitarbeiter, Projektleiter „Vergleichende Europäische Außenpolitik", Universität Trier
eMail: stahlb@uni-trier.de

PD Dr. Reinhard Wolf, wissenschaftl. Oberassistent, Institut für Politikwissenschaft der Martin-Luther-Universität Halle-Wittenberg
eMail: wolf@politik.uni-halle.de

If you have any concerns about our products,
you can contact us on
ProductSafety@springernature.com

In case Publisher is established outside the EU,
the EU authorized representative is:
Springer Nature Customer Service Center GmbH
Europaplatz 3, 69115 Heidelberg, Germany

Printed by Libri Plureos GmbH
in Hamburg, Germany